Über dieses Buch Das Buch versucht das besondere Körper- und Trieberleben von Mädchen und Jungen in den ersten Lebensjahren nachzuvollziehen und miteinander zu vergleichen. Die Autorin gibt zunächst einen Überblick über die wissenschaftliche Diskussion des Verhältnisses von früher Kindheit und geschlechtsspezifischer Entwicklung. Sie untersucht sodann das zugrunde liegende empirische Material in seinen sozialen und sozialisatorischen Aspekten. Anschließend werden die Beziehungen beschrieben, die Erwachsene und Kinder in dem untersuchten sozialen Gefüge miteinander eingehen. Auf der Grundlage von Fallmaterial zeichnet die Autorin ausschnitthaft die Geschichte von vier Kindern, zwei Mädchen und zwei Jungen, nach und entschlüsselt die Form der Verschränkung von äußerer und innerer Realität, die die individuelle weibliche oder männliche Identität hat entstehen lassen.

Die Autorin Dr. phil. Ulrike Schmauch, 1949 in Peine geboren, studierte Psychoanalyse, Heilpädagogik und Sozialwissenschaften in Frankfurt; mehrere Jahre in pädagogischer Praxis, Beratung und Fortbildung tätig, derzeit vorwiegend in psychoanalytischer und feministischer Forschung und Lehre. Veröffentlichungen zu Themen der frühen Kindheit, der Weiblichkeit und des Geschlechtsverhältnisses.

Ulrike Schmauch

Anatomie und Schicksal

Zur Psychoanalyse der frühen Geschlechtersozialisation

Fischer
Taschenbuch
Verlag

Geist und Psyche
Begründet von Nina Kindler 1964

Originalausgabe
Veröffentlicht in der Fischer Taschenbuch Verlag GmbH,
Frankfurt am Main, April 1987

Lektorat Willi Köhler
Umschlaggestaltung: Graupner & Partner, GmbH
Gesamtherstellung: Clausen & Bosse, Leck
Printed in Germany
1680-ISBN-3-596-42289-2

Inhalt

Vorbemerkung

In »Angst und Methode in den Verhaltenswissenschaften« schreibt G. Devereux:

»Die Tatsache, daß die Menschheit aus Männern und Frauen besteht, ist niemals als irreduzibles Faktum, das nun einmal gegeben ist, akzeptiert worden. Sie wurde vielmehr, soweit die menschlichen Zeugnisse – einschließlich der Mythen – zurückreichen, als Angstquelle erfahren.«[1]

Wenn die Angst vor der Geschlechterdifferenz tatsächlich ein universelles menschliches Phänomen war und ist, wie G. Devereux behauptet, so bleibt noch offen, in welchem Maß der »sexuelle Dimorphismus«[2] als Naturtatsache beängstigend wirkt und welcher Anteil der Angst aus der Machtbeziehung entspringt, die mit dem Geschlechterverhältnis in historisch und kulturell jeweils besonderer Form verschmolzen ist.

In ähnlicher Weise läßt sich schwer ausmachen, was das kleine Kind mehr beunruhigt: der anatomische Geschlechtsunterschied und die Macht der Körpergefühle oder die psychosoziale Geschlechterdifferenz und die an sie gebundenen Erfahrungen von Macht und Ohnmacht.

Bei der kindlichen Frage, was der Unterschied zwischen Frau und Mann bzw. Mädchen und Jungen sei und warum sie sich unterscheiden, scheint es zunächst, als betreibe das Kind reine Naturforschung. Ausgehend vom eigenen Körper, möchte es die körperlichen Unterschiede zwischen den Geschlechtern, d. h. zwischen sich und anderen Kindern bzw. zwischen den Eltern, kennen und verstehen.

In der Tat erweist sich aber die kindliche Sexualforschung ebenso als »Familien- und Sozialforschung«. Denn das körperliche Geschlecht seiner Eltern und seiner selbst kann es nur erfahren im Medium der Bedeutungen, die die Körper

1 G. Devereux, Angst und Methode in den Verhaltenswissenschaften, Frankfurt 1976, S. 209
2 G. Devereux, a. a. O., S. 210

innerhalb der elterlichen Beziehung und in der Wirkung auf die übrige außerfamiliale Welt haben.

Umgekehrt gilt, daß das Kleinkind das Geschlechterverhältnis nicht als bloß gesellschaftliches und psychisches Phänomen erleben kann, sondern immer nur ver»körpert«, also vermittels der Körper der Erwachsenen, ihrer physischen Beziehung zu ihm selbst, ihrer Körpersprache untereinander und vermittels seiner eigenen körpernahen Empfindungen und Phantasien.[1]

Die vorliegende Arbeit knüpft an die offene Frage, die von G. Devereux' These aufgeworfen wird, aber auch an den Doppelcharakter (von »Natur- und Sozialforschung«) der kindlichen Sexualneugier an. Sie sucht spezifisches Körper- und Trieberleben von Mädchen und Jungen in den ersten Lebensjahren nachzuvollziehen und zu vergleichen. Zugleich sucht sie es als Erfahrung geschlechtstypischer familialer Objektbeziehungen und damit als die Form zu erfassen, in der Kleinkinder das gesellschaftliche Geschlechterverhältnis und darin das eigene Geschlecht wahrnehmen können und in sich aufnehmen.

So sind die beiden Stränge von Körper- und Sozialforschung im Text großenteils verbunden (in Kapiteln, die sich unmittelbar auf Gruppen- und Fallmaterial stützen). In einem anderen Teil wird ein Ausschnitt aus den sozialen Lebensverhältnissen der Erwachsenen gesondert vom kindlich-körperlichen Erleben betrachtet (in der Untersuchung des sozialen Feldes »Krabbelstube«).

Das Interesse der vorliegenden Arbeit, Anfänge geschlechtspezifischer Sozialisation und Erfahrung in früher Kindheit zu untersuchen, läßt sich indessen nicht allein mit universell menschlicher bzw. kindlicher Beunruhigung über Unterschiede zwischen den Geschlechtern in Verbindung bringen.

[1] Diesen Punkt meint auch C. Hagemann-White, wenn sie den »skandalösen Satz von Freud«: »Irgendeinmal macht das kleine Mädchen die Entdeckung seiner organischen Minderwertigkeit.« kommentiert: »Der Satz ist empörend. Doch wer aufklärerisch schreiben wollte: Das kleine Mädchen macht die Entdeckung seiner gesellschaftlichen Unterdrückung, würde lügen.« C. Hagemann-White, Frauenbewegung und Psychoanalyse, Frankfurt 1979, S. 34

Vielmehr ist das Untersuchungsinteresse auch motiviert von der Frage, wie in unserer patriarchalen Gesellschaft aus Säuglingen, d. h. aus kleinen, anfangs scheinbar noch weitgehend »gleichen Menschen« mit vergleichbaren seelischen und sozialen Möglichkeiten, dann Frauen und Männer werden, die sich, bei gleichzeitigen, widersprüchlichen Tendenzen zu partieller Annäherung, weitgehend doch fremd, nichtverstehend und mißtrauisch, wenn nicht feindselig gegenüberstehen.

Schließlich kommt der Wunsch hinzu, sich mit sozialisationstheoretischen Forschungen insbesondere der Psychoanalyse auseinanderzusetzen und sie mit empirischem Material aus eigener beruflicher Arbeit auf dem Gebiet frühkindlicher Sozialisation von Jungen und Mädchen zu konfrontieren.

Die Arbeit ist in fünf Kapitel gegliedert. Kapitel I gibt einen Überblick über die wissenschaftliche Diskussion des Verhältnisses von früher Kindheit und geschlechtsspezifischer Entwicklung. Es werden in der Auseinandersetzung mit sozialisationstheoretischen, vor allem psychoanalytischen Konzepten die kritischen Fragen herausgearbeitet, die für die eigene Untersuchung erkenntnisleitend sind.

In Kapitel II wird das besondere Feld, dem das empirische Material der vorliegenden Arbeit entstammt, in seinen sozialen und sozialisatorischen Aspekten untersucht, wobei der Form, die das Geschlechterverhältnis und die geschlechtliche Arbeitsteilung in diesem Feld haben, besondere Bedeutung zugemessen wird.

Kapitel III beschreibt die Beziehungen, die in diesem sozialen Gefüge Erwachsene und Kinder miteinander herstellen, und die Bedeutung, die das jeweils für Mädchen und Jungen, ihre körperlich-seelische und insbesondere ihre geschlechtliche Entwicklung haben kann. Aus der Vielfalt der Beziehungs- und Entwicklungsaspekte sind diejenigen ausgewählt, die vom Material nahegelegt werden und sich bei Kindern beiden Geschlechts finden und vergleichen lassen.

Kapitel IV zeichnet auf der Basis von Fallmaterial ausschnitthaft die Geschichte von vier Kindern, zwei Jungen und zwei Mädchen, nach und sucht in einem hermeneutisch-verstehenden Verfahren zu entschlüsseln, welche spezifische Verschränkung von äußerer mit innerer Realität jeweils die individuelle weibliche bzw. männliche Erfahrung und Identität entstehen ließ.

Im Kapitel V werden die Ergebnisse der Untersuchung zusammengefaßt und der anfangs diskutierten Literatur gegenübergestellt.

I. Die wissenschaftliche Diskussion: Zwischen geschlechtsneutraler und geschlechtsspezifischer Frühkindheit

Zur Frage nach dem Verhältnis zwischen Geschlecht und kindlicher Entwicklung lassen sich im groben zwei wissenschaftliche Tendenzen unterscheiden:

- Ansätze, die von einer geschlechtsneutralen Frühkindheit in den ersten Jahren und dann einsetzender geschlechtsspezifischer Differenzierung ausgehen;
- Ansätze, die für beide Geschlechter von Geburt an unterschiedliche Entwicklungen postulieren.

Für beide Tendenzen gilt, daß sie jeweils von ansonsten divergierenden Theorien vertreten und mit zum Teil entgegengesetzten Wertungen verknüpft sein können. Sie seien im folgenden skizziert, soweit sie für die Problemstellung der Arbeit von Interesse sind.

Ansätze, die eine geschlechtsneutrale Frühkindheit postulieren

Diese Position beruht auf der Annahme einer geschlechtsneutralen, gewissermaßen universellen, menschlichen Frühkindheit, der »normalen frühen Mutter-Kind-Beziehung«. Dieser Annahme folgend, kann frühe Kindheit definiert werden über den Charakter der mehr oder weniger gelungenen Mutter-Kind-Beziehung. Sie ist zu relativieren durch Besonderheiten der Epoche, der Kultur und der materiellen Lage und zu bestimmen durch den Grad sozialer Zwänge und individueller Pathologie. Demgegenüber wird für die ersten Lebensjahre das Geschlecht des Kindes als noch überwiegend oder gänzlich bedeutungslos angesehen.

Das funktionalistische Rollenmodell beschreibt in seinen klassischen[1] und seinen modernen[2] Varianten geschlechtliche

[1] T. Parsons, R. F. Bales, Family, Socialization and Interaction-Process, New York 1955

[2] H. M. Trautner, Psychologische Theorien der Geschlechtsrollen-Entwick-

Sozialisation als Übernahme vorhandener Rollen. Nachdem in der frühkindlichen Phase beide Geschlechter am weiblichen Modell gelernt haben, beginnt dann die geschlechtsspezifische Rollenorientierung und -ausformung innerhalb der jeweils gegebenen geschlechtlichen Rollenteilung.

Während die Intention dieses Ansatzes auf den sozialen Prozeß beim Erwerb von Geschlechtsrollen und im Umgang mit ihnen gerichtet ist, kann darüber hinausgehend in bezug auf die psychische Dimension dieses Prozesses und mit besonderem Interesse für die ersten Lebensjahre gefragt werden: Welche Ambivalenzen in der Geschlechtsidentität der Eltern resultieren aus den Wirklichkeiten und Normen, wie sie aus der geschlechtlichen Arbeitsteilung entspringen? Wie widersprüchlich sind Erwartungen der Erwachsenen ihren männlichen bzw. weiblichen Kindern gegenüber? Welche Konflikte erleben die Kinder selbst im Umgang mit elterlichen Geschlechtsrollen-Anforderungen?

Die im folgenden aufgeführten Ansätze beziehen sich auf diese innerpsychische Dimension. Sie sind gegliedert nach dem Zugang, durch den jeweils Erkenntnisse über frühkindliche Aneignungsprozesse gewonnen wurden.

Frühe, vorsprachliche und unbewußte Prozesse der Individuation werden, auf dem Weg lebensgeschichtlicher Rekonstruktion in psychoanalytischen Behandlungen Erwachsener, in Konzepten »primärer Liebe«, des »primären und sekundären Narzißmus'« und narzißtischer Störungen entfaltet. Balint[1], Kohut[2] und Miller[3] seien beispielhaft als Autoren genannt, die im Zuge wachsender therapeutischer Kunst an der zunehmend genauen theoretischen Annäherung an narzißtisches Erleben arbeiten.

Es werden bedeutungsvolle Stadien der Mutter-Kind-Beziehung rekonstruiert, in deren Verlauf das Kind seine innere

lung, in: A. Degenhardt, H. M. Trautner, Hrsg., Geschlechtstypisches Verhalten, München 1979, S. 50

1 M. Balint, Therapeutische Aspekte der Regression, Stuttgart 1970

2 H. Kohut, Narzißmus, Frankfurt 1973

3 A. Miller, Das Drama des begabten Kindes und die Suche nach dem wahren Selbst, Frankfurt 1979

Welt herausbildet, die Grundlagen seiner körperlichen und seelischen Funktionen und seiner Individualität.

Dem Geschlecht des Kindes kommt für diese basalen inneren Prozesse und die Interaktion mit seinem primären Liebesobjekt noch keine wirksame Bedeutung zu. In den Narzißmus-Konzepten wird keine der grundlegenden Annahmen jeweils für männliche und weibliche Entwicklung differenziert. Erst mit der phallischen Phase und der ödipalen Konfliktebene wird das Geschlecht des Kindes zum Thema und hat Auswirkungen für seine Erfahrung und seine psychische Struktur.

Aus dieser Perspektive ist in der Mutter-Kind-Beziehung die Frau als eigenständiges Subjekt kaum im Blick. Indes kann angenommen werden, daß die Mutter ihrerseits auf der Basis ihrer eigenen weiblichen, wie auch immer gebrochenen Geschlechtsidentität gegenüber einem Sohn von Anfang an emotional anders eingestellt ist als gegenüber einem Kind ihres eigenen Geschlechts, weiterhin, daß dies auf der Beziehungs- und Verhaltensebene deutliche Auswirkungen hat.

Während die Mutter in den Narzißmus-Konzepten nur funktional – als gut oder schädlich für das Kind – und darum verzerrt dargestellt ist, bleibt der Vater ganz im Dunkel. So gerät auch die Qualität der elterlichen Beziehung aus dem Blick und damit die hohe Bedeutung, die dieses Verhältnis für die geschlechtliche Persönlichkeitsentwicklung des Kindes hat.

Eine Mischung von direkter Kinderbeobachtung und Retrospektive ist in der Kinderpsychotherapie möglich, oft verbunden mit der Vervollständigung der frühkindlichen Geschichte durch Mitteilungen seitens der Eltern. Stellvertretend für viele seien hier Winnicott[1] und Bettelheim[2] genannt. Auch hier wird die frühkindliche Periode in ihren gelungenen wie gestörten Aspekten analysiert, ohne daß schon das Geschlecht des Kindes als ausschlaggebender Faktor einbezogen wird.

Das Geschlecht wird zum – nunmehr sogar zentralen –

1 D. W. Winnicott, Die therapeutische Arbeit mit Kindern, München 1973, ders., Reifungsprozesse und fördernde Umwelt, München 1974
2 B. Bettelheim, Liebe allein genügt nicht, Stuttgart 1970

Thema in der Analyse der ödipalen Konstellation. Hier entstehen für Mädchen und Jungen spezifische, unvermeidbare Konflikte, denen geschlechtstypische Lösungen bzw. Schädigungen folgen.

Auch die kinderpsychotherapeutischen Konzepte können durch Überlegungen auf der Ebene gesellschaftlicher Strukturen ergänzt werden. Unter den Bedingungen einer patriarchalen Gesellschafts- und Familienform, so kann angenommen werden, prägen Erwachsene sowohl willentlich als auch unbewußt die Identität ihrer Kinder auf allen, auch den frühesten Entwicklungsstufen gemäß den gesellschaftlichen Bewertungen von Männlichkeit und Weiblichkeit.

Daher können individuell unterschiedliche, präödipale Entwicklungsprozesse und Konfliktverläufe von Anfang an in ihrem Bezug auf das Geschlecht des Kindes reflektiert werden. Dabei ist zu vermuten, daß zwischen bewußtem, geschlechtsbezogenem Erziehen und unbewußten Beziehungsangeboten der Eltern an das Kind Widersprüche bestehen, die vom Kind in der Ausformung seiner sexuellen Identität verarbeitet werden.

Auf dem Gebiet der analytisch orientierten direkten Beobachtung sind Spitz'[1] Arbeiten klassisch geworden. Spitz untersucht die Entwicklung »vom Säugling zum Kleinkind« in den Dimensionen von Trieb-, Ich- und Objektbeziehungsentwicklung. Dabei thematisiert er das Geschlecht des Kindes in seiner Bedeutung für diese Dimensionen an keiner Stelle. Im Hinblick auf die Problemstellung dieser Arbeit läßt sich die Überlegung anknüpfen, ob und wie die von Spitz so klar herausgearbeiteten Entwicklungsprozesse in spezifischen Bereichen bei Jungen und Mädchen unterschiedlich verlaufen können.

Der Autor, der auf die Notwendigkeit der Erforschung kultureller Determinanten der Dyade hinweist, bezieht seinerseits sozialpsychologische und soziologische Erwägungen in seine Theoriebildung nicht mit ein. Damit sind auch Lebenssituation, Interaktionsform und Geschlechtsidentität von Mutter und Vater nicht im Blick, die doch das Kind als weibliches oder männliches Individuum mit hervorbringen.

[1] R. A. Spitz, Vom Säugling zum Kleinkind, Stuttgart 1972

Den bisher genannten Ansätzen ist gemeinsam, daß der Vater kaum berücksichtigt wird, sei es, daß er systematisch weggelassen ist wie in den Begriffen »Dyade« und »Mutter-Kind-Beziehung« oder daß er in Forschung und Theorie nicht einbezogen ist wie bei Spitz und in den Narzißmus-Konzepten.

Der gesellschaftlich übliche Mangel an aktiver Beteiligung der Väter an der frühen Sozialisationsarbeit wird so in den Status des Nicht-Vorhandenseins der Väter versetzt. Damit wird ein wichtiger Teil familialer Realität ausgeblendet. Es erscheint lohnenswert, die Aufmerksamkeit auf die Väter und ihre vielschichtigen, aktiv und passiv sozialisierenden »Einwirkungen« und Bedeutungen zu richten, die sie in den ersten Lebensjahren für Söhne und Töchter haben können.

Für eine Blickrichtung, die psychologische mit gesellschaftstheoretischen Fragestellungen, bezogen auf Probleme frühkindlicher Entwicklung, zu kombinieren sucht, stehen die Arbeiten von Erikson[1]. In jüngerer Zeit wurde mit Lorenzers »Begründung einer materialistischen Sozialisationstheorie«[2] ein Ansatz zur Integration der psycho-physischen und der sozialen Aspekte des frühkindlichen Sozialisationsprozesses vorgelegt. Mit der dort eingeführten Kategorie der »Einigung« ist der präverbale Verständigungsprozeß zwischen Mutter und Kind als Herstellung einer Wechselbeziehung zwischen beiden gefaßt, in der sich Lösungsformeln eintarieren. Beide Seiten – der Säugling mit seinen Bedürfnissen und die Mutter mit ihrer Geschichte und Lebenspraxis – können um den Gesichtspunkt der Geschlechtszugehörigkeit erweitert werden.

Der theoretische Rahmen läßt Raum genug, um die formgebenden Körpervorgänge der Mutter in Verbindung zu setzen zu ihrer psychosozialen Realität als Frau. Auch läßt sich die Annahme anknüpfen, die Mutter biete einer Tochter in der Einigung mit ihr von vornherein unbewußt andere Seiten von sich an als einem Sohn.

1 E. Erikson, Kindheit und Gesellschaft, Stuttgart 1965

2 A. Lorenzer, Zur Begründung einer materialistischen Sozialisationstheorie, Frankfurt 1972

Ansätze, die für beide Geschlechter von Geburt an unterschiedliche Entwicklungen postulieren

Am meisten verbreitet ist diese Position in der alten, kulturell, religiös und ideologisch vielfach variierten Version vom männlichen und weiblichen Wesen. Die Position basiert auf der Vorstellung von der Inferiorität der Frau und von der natürlichen Überlegenheit des Mannes.

Während die legitimatorische Bedeutung des Begriffs der »Natur« in diesem Zusammenhang unverkennbar ist, erscheint sie in neueren naturwissenschaftlich orientierten Arbeiten zur Geschlechterdifferenzierung zunächst verdeckter. Aus der Sicht ethologischer Forschungen gewinnt das Studium von genetisch angelegten, geschlechtstypischen Verhaltensweisen bei Affen erklärende Funktion auch für die Genese geschlechtsspezifischen Verhaltens bei Menschen.[1] In der differentiellen Psychologie werden physiologische und psychologische Grundlagen der Geschlechterdifferenzierung untersucht. Es werden, bezogen auf männliche und weibliche Entwicklung, Faktoren wie beispielsweise Entwicklungsgeschwindigkeit, Muskulatur, Ausbildung und Funktion der Großhirnhemisphären u. a. m. ins Verhältnis gesetzt zu Verhaltensmerkmalen wie Aggressionsbereitschaft, Leistungsmotivation, Dominanzverhalten usw.[2]

In ihrer großen Ähnlichkeit mit herrschenden Geschlechter-Stereotypien erweisen sich die Ergebnisse dieser Untersuchungen als alter Wein in neuen biologistischen Schläuchen.

Ansätze zur Analyse der primären Mutter-Tochter-Beziehung sind von Chasseguet-Smirgel[3] und Torok[4], ausgehend

[1] C. Vogel, E. Voland, M. Winter, Geschlechtstypische Verhaltensentwicklung bei nicht-menschlichen Primaten, in: A. Degenhardt, H. Trautner, Hrsg., op. cit., S. 145

[2] E. Kloehn, Typisch weiblich? Typisch männlich? Hamburg 1980; F. Merz, Geschlechterunterschiede und ihre Entwicklung, Göttingen 1979; H. Keller, Hrsg., Geschlechtsunterschiede – Psychologische und physiologische Grundlagen der Geschlechterdifferenzierung, Weinheim1979

[3] J. Chasseguet-Smirgel, Die weiblichen Schuldgefühle, in: dies. Hrsg., Psychoanalyse der weiblichen Sexualität, Frankfurt 1981

[4] M. Torok, Die Bedeutung des »Penisneides« bei der Frau, in: J. Chasseguet-Smirgel, Hrsg., op. cit., S. 192

von empirischem Material aus der psychoanalytischen Behandlung erwachsener Frauen, geleistet worden. Die ihren Forschungen zufolge im allgemeinen besonders unbefriedigende präödipale Mutterbeziehung des Mädchens, die sich durch übermäßige Versagungen auszeichnet – sowohl, was die Bedürfnisbefriedigung der oralen, analen und klitoralen Wünsche des Mädchens anbelangt als auch in bezug auf die notwendige narzißtische Bestätigung in den frühen Lebensphasen –, wird als Fixierungspunkt der Weiblichkeit analysiert und für die gewissermaßen normale Pathologie, die allgemeinen Störungen der Sexualität und Identität von Frauen, verantwortlich gemacht. Indes wird die Erklärung der spezifischen Störungen weiblicher Trieb- und Ichentwicklung aus den Problemen der präödipalen Phase des Mädchens zur »universellen Schwierigkeit in der Entwicklung der Frau« bei Torok[3] und, bei Chasseguet-Smirgel, zu einem Entwicklungsverlauf, der »dem weiblichen Schicksal quasi inhärent«[4] sei.

Die geschichtlich gewordene Familienform, die dem Kind als primäre Sozialisationsinstanz gesellschaftliche Realität vermittelt, wird auf diese Weise sehr weitgehend verallgemeinert. Damit wird die historische und kulturelle Bedingtheit der spezifisch weiblichen Kindheitskonflikte außer acht gelassen.

Trotzdem sind die Arbeiten von Torok und Chasseguet-Smirgel für diese Arbeit bedeutungsvoll, denn sie formulieren Hypothesen zum ursächlichen Zusammenhang zwischen Geschlecht, Erfahrung und psychischer Strukturbildung in den ersten Lebensjahren des Mädchens.

Diesen Hypothesen zufolge besteht das spezifisch weibliche Problem, das sich in dem Syndrom »Penisneid« als symbolischem Ausdruck des Wunsches nach Autonomie und Identitätsfindung verdichtet, in den Schwierigkeiten der Tochter, sich von der Mutter loszulösen und eine von ihr unterschiedene weibliche Selbstrepräsentanz zu entwikkeln.[3]

1 M. Torok, a. a. O., S. 229
2 J. Chasseguet-Smirgel, a. a. O., S. 139
3 M. Torok, a. a. O., S. 201, und J. Chasseguet-Smirgel, a. a. O., S. 166

Neuere Ansätze der Frauenforschung liefern ebenfalls Beiträge, die für diese Untersuchung von Bedeutung sind. Sie wollen die strukturelle Benachteiligung in der Sozialisation des Mädchens belegen und zielen darauf ab, zu zeigen, wie seine Existenz auf jeder Entwicklungsstufe unter dem Vorzeichen der Weiblichkeit steht. Während z. B. Belotti[1] für italienische Verhältnisse an vielen Details und Gewohnheiten des Alltagslebens darstellt, wie sich die vor der Geburt beginnende, die Frühkindheit prägende und im Kindergarten bereits sichtbar wirkungsvolle Erziehung des Mädchens zur zukünftigen selbstlosen Dienerin des Mannes vollzieht, stützen sich etwa Scheu[2] und Schultz[3] auf eine Fülle von Daten aus amerikanischen Untersuchungen, um für primäre und schulische Sozialisation Ausmaß und Art der Unterdrückung aufzuzeigen.

Stehen diese Arbeiten für die Notwendigkeit zu dokumentieren, »was ... mit kleinen Mädchen (geschieht)«[4], so bleiben sie andererseits insofern unbefriedigend, als sie einer erdrükkenden patriarchalischen Benachteiligung die Mädchen tendenziell nur mehr als Opfer entgegenstellen. Andere Ansätze der Frauenforschung gehen einen Schritt weiter und versuchen zu analysieren, wie Mädchen dies mit sich geschehen lassen und warum und auf welchen aktiven Wegen sie sich in früher Kindheit mit Verletzungen auseinandersetzen. Prokop[5], Moeller-Gambaroff[6] und Hagemann-White[7] reflektieren Inhalte und Gründe jener frühen, unbewußten Prozesse, in denen sich die Tochter das aneignet, wodurch sie, auch in Gestalt der liebenden Mutter, entwertet und unterdrückt wird.

Es fehlen bisher qualitative Studien, die die neu formulierten Problemstellungen und Hypothesen an Ergebnissen direkter Beobachtung von Kleinkindern und von Eltern-Kind-

1 E. Belotti, Was geschieht mit kleinen Mädchen? München 1975

2 U. Scheu, Wir werden nicht als Mädchen geboren, wir werden dazu gemacht, Frankfurt 1977

3 D. Schultz, Ein Mädchen ist fast so gut wie ein Junge, Berlin 1978

4 E. Belotti, op. cit.

5 U. Prokop, Weiblicher Lebenszusammenhang, Frankfurt 1976

6 M. Moeller-Gambaroff, Emanzipation macht Angst, in: Kursbuch 47, Berlin 1977, S. 1

7 C. Hagemann-White, Frauenbewegung und Psychoanalyse, Basel 1979

Interaktionen prüfen. Und, da in der Konzentration auf weibliche Lebensgeschichte die Frage nach der Entstehung von »Männlichkeit« nur am Rande berührt wurde, es fehlt die Gegenüberstellung mit dem widersprüchlichen Prozeß, in dessen Verlauf der Junge eine männliche Identität sich aneignet, wie sie ihm in der Interaktion mit seinen Erwachsenen zugeschrieben, ermöglicht und auch aufgezwungen wird.

Einen überzeugenden Ansatz bietet auch M. Mitscherlich-Nielsen mit ihren psychoanalytischen Untersuchungen zu Problemen der Weiblichkeit. Ausgehend von Material aus der therapeutischen Arbeit mit erwachsenen Frauen, analysiert sie weibliche unbewußte Phantasien und Verhaltensweisen immer in Verknüpfung mit dem gesellschaftlichen Geschlechterverhältnis.[1]

Beiden Geschlechtern gemeinsam ist die primäre symbiotische Beziehung mit der Mutter und die frühe Identifikation mit ihr. Beiden werden Enttäuschungen auf allen Stufen der Libidoentwicklung nicht erspart, ebenso wenig wie unverstandene Versagungen, was Ambivalenz, Projektionen und Haß erzeugt. In der Abhängigkeit von der »allmächtigen Mutter« werden Junge wie Mädchen ebenfalls Gefühle des Hasses und der Machtlosigkeit erleben. Während diese emotionalen Erfahrungen in der frühen Entwicklung beiden Geschlechtern eigen und unvermeidbar scheinen, werden sie bei der Autorin andererseits auch reflektiert als Resultat des Umstands, »daß die Erziehung und Versorgung des kleinen Kindes fast ausschließlich der Mutter überlassen wird«.[2] Die kindlichen Erfahrungen werden in den Kontext einer typischen familialen Konstellation gestellt, die Mädchen wie Jungen in unserer Gesellschaft häufig erleben. In dieser Konstellation, die auf der gegenwärtigen Form geschlechtlicher Arbeitsteilung und der damit verschränkten Art von Ehebeziehung basiert, werden Vater wie Mutter in jeweils unterschied-

[1] Im folgenden beziehe ich mich auf folgende Texte der Autorin:
Entwicklungsbedingte und gesellschaftsspezifische Verhaltensweisen der Frau, Psyche 1971/12, S. 911;
Psychoanalyse und weibliche Sexualität, Psyche, 1975/9, S. 769;
Zur Psychoanalyse der Weiblichkeit, Psyche, 1978/8, S. 669.
[2] Mitscherlich-Nielsen, 1971, S. 920

lichen Aspekten sowohl verachtet als auch idealisiert.[1] Die beiden Geschlechtern gemeinsame Gefühlsspaltung und Einfühlungsstörung hat für Jungen und Mädchen unterschiedliche Folgen, vor allem hinsichtlich der Identifikation, der Bildung von Ichideal und Überich.

Während Mitscherlich-Nielsen hier die gemeinsame patriarchalische Grundlage der Erziehung und des Erlebens beider Geschlechter hervorhebt, betont sie andererseits auch Besonderheiten in der psychischen Entwicklung des Mädchens und des Jungen.

Für den Jungen geht sie davon aus, daß er von der Mutter meist unmittelbarer angenommen und geliebt wird als das Mädchen und daß er damit – in unserer Gesellschaft und bei unserer Art der Erziehung – mehr Chancen hat, einen geglückten Narzißmus zu entwickeln.[2] Als typische Tendenz in der Erziehung des Jungen sieht die Autorin die Neigung Erwachsener, ihm die Unterdrückung seiner Gefühle, aggressive Selbstbehauptung und das Ausleben egoistischer Launen nahezulegen. Über den Umgang mit seiner »Männlichkeit« schreibt sie:

> »Wenn z. B. die Mutter in unserer Gesellschaft den Knaben von sich weg und in das, was bei vielen noch als ›männlich‹ verstanden wird, hineinstößt, erleben wir oft, daß sie damit für ihn eine wichtige Identifikationslinie traumatisch unterbricht. Dadurch kann sie den untergründigen Haß des Knaben – und später auf alle Frauen – noch verstärken, der... in der frühen Abhängigkeit... seine Wurzeln hat.«[3]

Beim Mädchen sieht Mitscherlich-Nielsen aufgrund fehlender Liebeszuwendung eine früh gestörte Selbstliebe[4] und darin die Notwendigkeit zu mehr sekundärem, kompensierendem Narzißmus und zu mehr Bestätigungssuche bei äußeren Objekten.

Die Wahrnehmung des eigenen, weiblichen Geschlechts kann unter bestimmten Bedingungen traumatisch sein, aber es gibt für die Autorin eine »unabweisbare weibliche Defekt-

[1] dies., 1978, S. 683
[2] Mitscherlich-Nielsen, 1975, S. 786
[3] dies., 1978, S. 682
[4] dies., 1975, S. 786

gewißheit« ebensowenig wie »unvermeidbare Kastrationsangst«[1]. Der Penisneid wird nur dann Ursache und Kristallisationspunkt von Selbstwertdefiziten, wenn die Eltern die Minderbewertung des Weiblichen teilen und bewußt oder unbewußt ausdrücken.

In der Beziehung zwischen Mutter und Tochter sieht die Autorin nicht unbedingt immer auf der symbiotischen Stufe die zentrale Enttäuschung oder den Ursprung des ungelösten Konflikts mit ihr, vielmehr häufig auch während des Loslösungs- und Individuationsprozesses, wenn die Mutter Trennungswünsche des Mädchens behindert, weil diese sie bedrohen.

Mitscherlich-Nielsens Forschungen sind für die vorliegende Untersuchung richtungsweisend. Als Resultate, die an Material aus dem psychoanalytischen Prozeß in der Arbeit mit Erwachsenen gewonnen wurden, werfen sie, wie die Thesen und Problemstellungen der Frauenforschung, die Frage nach der direkten Beobachtbarkeit an Eltern und an Kindern auf.

Es wäre zu erproben, ob man an der Art des alltäglichen Umgehens und der Beziehung zwischen Erwachsenen und ihren Kleinkindern beobachten bzw. miterleben kann, wie und warum Mädchen und Jungen emotionale Grundmuster dessen entwickeln, was uns als »typisch weiblich« und »typisch männlich« in unserer Gesellschaft begegnet.

Gegenüber den umrissenen wissenschaftlichen Tendenzen in der Beurteilung des Verhältnisses zwischen Geschlecht und kindlicher Entwicklung nehmen Mahler et al.[2] eine Zwischenstellung ein. Im folgenden gehe ich auf ihre Forschungsarbeiten über »Die psychische Geburt des Menschen« und ihre Aussagen zur Geschlechtsidentität ein, da meines Erachtens die Autoren die derzeit genauesten und umfassendsten Erkenntnisse über die ersten drei Lebensjahre auf der Grundlage direkter Beobachtung und psychoanalytischer Entwicklungspsychologie zur Verfügung stellen.

Gegenstand ihrer Forschung ist der Verlauf des innerpsy-

[1] dies., 1975, S. 775
[2] Mahler et al., Die psychische Geburt des Menschen, Frankfurt 1978

chischen Loslösungs- und Individuationsprozesses etwa zwischen dem 5. und dem 36. Lebensmonat.

In der von ihnen so definierten Wiederannäherungsphase, etwa zwischen dem 15. und 22. Monat, werden, nach der vorausgegangenen zeitweiligen Abwendung des Kindes in der Übergangsphase, die Ansprüche an die Mutter erneuert. Die Mutter wird in zunehmendem Maße als getrenntes Wesen empfunden, während das Wachstum der autonomen Ich-Apparate fortschreitet.

In diese Subphase der Wiederannäherung an die Mutter fällt nach der Beobachtung der Autoren die Entdeckung des anatomischen Geschlechtsunterschiedes. Ähnlich wie S. Freud, der diese Entdeckung für ein späteres Alter, die phallische Phase, postuliert hatte, geben ihr die Autoren den Stellenwert eines schicksalhaften Einschnittes, von dem an sich erstmalig weiblicher und männlicher Individuationsprozeß mit nunmehr scharfen Unterschieden auseinanderbewegen – ohne daß es dafür eine Vorgeschichte gäbe.

Im Widerspruch zu dieser Annahme stehen Aussagen von Mahler et al., die den Jungen und das Mädchen dann doch von vornherein mit »geschlechtsbedingten Dispositionen« ausstatten, wie etwa den Jungen mit »Phallizität«[1] (einer ihrer Auffassung nach notwendigen, aber nicht erläuterten Qualität) oder mit »geschlechtsbedingter motorischer Orientierung«[2], und andererseits das Mädchen mit einer »stärkeren Neigung zu einer depressiven Grundstimmung«[3]. Handelt es sich hierbei aber um zwangsläufige, quasi natürliche Tendenzen beider Geschlechter, so müßten sie bereits vor der bewußten Entdeckung des Geschlechtsunterschiedes wirksam und beobachtbar sein.

Als weiterer Widerspruch zeigt sich, daß im beispielhaften empirischen Material der Autoren durchaus Erfahrungen in der Beziehung zwischen Kind und Eltern deutlich werden, die die jeweils weibliche bzw. männliche Entwicklung erklärbar machen können.

Im folgenden sei wiedergegeben, wie Mahler et al. den Jun-

[1] Mahler et al., a.a.O., S. 268
[2] dies., a.a.O., S. 266
[3] dies., a.a.O., S. 270

gen und das Mädchen an diesem Wendepunkt ihres Individuationsprozesses sehen.

Nach den Befunden der Autoren führt die Entdeckung des anatomischen Geschlechtsunterschiedes in der Wiederannäherungsphase beim Jungen dazu, daß er sein Geschlechtsorgan mit Lust erlebt, es libidinös hoch besetzt und erforscht. Sie beobachteten, daß der Junge um das Ende des zweiten Lebensjahres seinen Penis festhält, d. h. sich seiner zur Angstmilderung versichert.

Das Gefühl und die Erkenntnis der Getrenntheit werden beim Jungen in hohem Maße durch seine motorischen und perzeptuell-kognitiven Aktivitäten hergestellt. Die Autoren schreiben:

> »Unsere Befunde zeigen, daß die aktiven und aggressiven Strebungen des Jungen, seine geschlechtsbedingte motorische Orientierung ihm helfen (sicherlich mit vielem Auf und Ab), die Schwungkraft seiner Körper-Ich-Empfindungen, den Glauben an seine körperliche Stärke und seine Funktionslust zu bewahren.«[1]

Weiter stellen Mahler et al. fest, daß im zweiten Lebensjahr die Jungen selbständiger als die Mädchen gleichen Alters funktionieren und

> »... daß sie besser imstande (sind), sich der Außenwelt oder ihrem eigenen Körper zuzuwenden, um Lust und Befriedigung zu erreichen«[2].

Wenn »... die Mutter die Phallizität des Jungen auf der ganzen Linie achtet und sich darüber freut«[3], kann er seine Geschlechtsidentität mehr oder weniger konfliktfrei erwerben, was unterstützt wird durch die Identifizierung mit dem Vater. Charakteristisch für die Phase der Wiederannäherung ist beim Jungen nach Auffassung der Autoren die »Symbiose-Angst«, die vage Furcht vor Wiederverschlingung durch die vordem symbiotische Mutter. Diese Furcht bezieht sich auf die phantasierte Gefahr der erneuten Verschmelzung mit der Mutter, was dem Verlust der autonomen Selbstidentität gleichkäme.

[1] Mahler et al., a. a. O., S. 266
[2] dies., a. a. O., S. 138
[3] dies., a. a. O., S. 268

»Das Hauptbestreben des Jungen ist es daher, andere Ich-Ideale als die Mutter zu finden, mit denen er sich identifizieren kann.«[1]

Was die Reaktion des Mädchens in der Wiederannäherungsphase auf die Entdeckung des anatomischen Geschlechtsunterschiedes angeht, so schreiben die Autoren:

»Die Entdeckung des Penis durch die Mädchen konfrontierte sie mit etwas, das ihnen fehlte. Dies führte zu einer Anzahl von Verhaltensweisen, die deutlich Angst, Ärger und Trotz verrieten. Sie wollten den Geschlechtsunterschied zunichte machen. (...) bei manchen unserer kleinen Mädchen könnte der frühe Penisneid erklären, weshalb der Neid ihre vorherrschende Eigenschaft blieb.«[2]

Der Penis wird demnach für die Mädchen zum Prototyp eines ersehnten, aber unerreichbaren Besitzes. Das Gefühl und die Erkenntnis der Getrenntheit werden nicht wie beim Jungen auf dem Wege autonomer motorischer Aktivität erworben, sondern über das Gewahrwerden der anatomischen »Unzulänglichkeit«. Die Autoren stellen fest, daß die Aufgabe, ein getrenntes Individuum zu werden, in dieser Periode für die Mädchen im allgemeinen schwieriger ist als für die Jungen.

Nach ihrer Beobachtung ist die Wiederannäherung des Mädchens an die Mutter von Enttäuschung, Vorwürfen und von erhöhter, ambivalenter Anklammerung gekennzeichnet. Es fühlt sich von der allmächtigen Mutter benachteiligt bzw. verletzt. Der Vater scheint in keinem Fall von der Tochter für die phantasierte Unzulänglichkeit verantwortlich gemacht zu werden. In seiner Vorwurfshaltung fordert das Mädchen gewissermaßen von der Mutter, eine Schuld zu begleichen.

»Sobald sich das Mädchen seiner Unvollkommenheit bewußt wird, kann es sein, daß es auch im Unbewußten der Mutter unvollkommen wird.«[3]

Für Mahler et al. ist bei Mädchen die Neigung zu einer depressiven Grundstimmung stärker ausgeprägt als bei Jungen. Die echte Ich-Identifizierung mit der Mutter und vor allem

[1] dies., a.a.O., S. 270
[2] Mahler et al., a.a.O., S. 138
[3] ebenda

mit der Mutterrolle erfolgt erst später, gegen Ende des dritten Lebensjahres. Sie erst bildet die Grundlage der weiblichen Geschlechtsidentität.

Nicht nur von der bereits genannten Widersprüchlichkeit, sondern auch von einigen inhaltlichen Punkten des Mahler'schen Konzeptes werden Fragen aufgeworfen.

Die Autoren gehen davon aus, daß die Entdeckung des Geschlechtsunterschiedes identisch sei mit der Entdeckung des Penis bzw. der Penislosigkeit. Dem korrespondiert der Begriff der »Phallizität« des Jungen, dem in ihren Ausführungen nichts Vergleichbares auf der Seite des Mädchens entspricht. Es bleibt die Frage offen, warum Jungen und Mädchen nicht die zwei verschiedenen Geschlechter entdecken. Die Untersuchung der Frage, was die autonome Inbesitznahme des eigenen Körpers und Geschlechts durch das Mädchen verhindert und was sie demgegenüber beim Jungen relativ ungestört ermöglicht, kann sich hier anschließen.

Der Junge erscheint in der vergleichenden Gegenüberstellung bei Mahler et al., wie in den meisten Untersuchungen zum Thema, als derjenige, dessen Entwicklung grundsätzlich ungestörter, gelungener und gesünder verläuft als beim Mädchen. Das Mädchen seinerseits erscheint als strukturell problematischer, geschädigter und geschwächter als der Junge, als Abweichung gegenüber der implizit normativen männlichen Entwicklung.

Diese Polarisierung soll hier in Frage gestellt werden und Ausgangspunkt sein für das Interesse an den spezifischen Eingriffen und Zwängen, die sich mit der männlichen Entwicklung verbinden.

Die sehr unterschiedliche Reaktion von Mädchen und Jungen auf die Entdeckung des anatomischen Geschlechtsunterschiedes und der stark voneinander abweichende Verlauf ihrer Loslösungs- und Individuationsschicksale können ihrerseits als Resultate einer bereits unterschiedlichen Vorgeschichte beider Geschlechter aufgefaßt werden. Die Frage für unseren Zusammenhang ist, welche früheren Erfahrungen und welche Familienkonstellation »die Entdeckung« zu einem Ereignis werden lassen, das für die Entfaltung psychischer Differenzen zwischen Jungen und Mädchen in so hohem Maß wirksam ist.

Die Autoren sind, wie sie selbst feststellen[1], aufgrund der Anlage ihres Forschungsprojektes in bezug auf die Funktion des Vaters überwiegend auf Vermutungen angewiesen, die sie nicht unmittelbar durch ihr Untersuchungsmaterial bestätigen können. Im Zusammenhang mit der Entwicklung des Mädchens werden jedoch selbst Vermutungen über die Bedeutung des Vaters nicht geäußert, was die Schlußfolgerung nahelegt, daß die Autoren die präödipale Rolle des Vaters für seine Tochter für völlig bedeutungslos halten. Bezogen auf den Sohn bleiben die Vorstellungen über die Interaktion mit dem Vater und die »notwendige Identifikation« mit ihm unausgeführt.

So stellt sich von hier aus weitergehend die Frage nach der spezifischen Relevanz des Vaters für die frühe Erlebniswelt von Mädchen und von Jungen.

Aus den Fallgeschichten von Mahler et al. entsteht in der Regel schemenhaft das Bild der Mutter. Es werden ihre Gefühlsäußerungen dem Kind gegenüber in dessen wechselnden Phasen beschrieben, so daß einige Züge der jeweiligen Mutter zwar aufblitzen, aber, da ohne Bezug zu ihrer Persönlichkeit und Lebenssituation, nicht wirklich verständlich werden können.

Es ist unübersehbar, wie ein zentraler »Faktor«, nämlich die Subjektivität der Frau, hier zwar auf der empirischen Ebene von den Autoren immerhin berührt wird, jedoch begrifflich und konzeptuell keinen Niederschlag findet.

[1] Mahler et al., a. a. O., S. 270

II. Soziales Feld »Krabbelstube«

Im folgenden stelle ich das soziale Feld dar, in dem ich selbst die Sozialisation kleiner Mädchen und Jungen über einige Jahre miterlebt und mitgetragen habe und aus dem mein Material stammt, die Krabbelstube einer autonomen Elterninitiative.

Zuerst wird auf ganz praktische Weise geschildert, was eine Krabbelstube ist und wie der Alltag in ihr für Erwachsene und Kinder aussieht. Dann untersuche ich typische Elemente in den Lebenssituationen der Frauen und Männer, die Krabbelstuben für ihre Kleinkinder organisieren. Des weiteren werden die Elterninitiativen charakterisiert als allgemeines, sich ausbreitendes gesellschaftliches Phänomen vor dem Hintergrund städtischer und schichtspezifischer Familienerfahrungen. Schließlich betrachte ich sie im Zusammenhang gegenwärtiger alternativer Bewegungen sowie in Verbindung mit einer gesellschaftlichen Tendenz zur Pädagogisierung der Frühkindheit.

Diese Gesichtspunkte sollen zusammengenommen eine Vorstellung vermitteln von dem besonderen sozialen Gefüge, in dem die Jungen und Mädchen ihre frühe Kindheit erleben und ihre geschlechtliche Identität erwerben.

Meine Sicht verdankt sich zum einen der Nähe: Fast vier Jahre lang arbeitete ich als Betreuerin in einer Krabbelstube, in deren Geschichte ich ebenso bestimmend wie auch abhängig von den Eltern und Kindern war. Den Kindern nahe zu sein bedeutete jahrelange Bindung an sie und Anteilnahme an ihren Lebensläufen. Es hieß Liebe, Stolz und Streit, mit den blinden Flecken, wie sie narzißtischen und ambivalenten Anteilen solcher engen Beziehungen eigen sind.

Den Eltern der Initiative nahe zu sein bedeutete, auf der Grundlage eines nicht selten verleugneten Arbeitsverhältnisses, neben beruflicher Distanz auch affektive Verstrickung, Freundschaft und Konkurrenz, »große Familie« und Verdruß.

Zum anderen verdankt sich meine Sicht aber auch der Distanz, denn erst jetzt, Jahre nach dem Ende meiner Arbeit mit Kindern und Eltern, schreibe ich über Material aus jener Zeit. So sicher Distanz überhaupt die Reflexion der Beziehungen und der in sie eingebetteten Sozialisationsprozesse möglich macht, so spürbar kann sie mir auch das tatsächliche Erleben der »Krabbelstuben-Zeit« entfremden und es glätten. Dafür, daß der verändernde Einfluß der Distanz nicht zu stark ist, sehe ich eine Gewähr in dem Verbindungsstück zwischen früherer Nähe zur Krabbelstube und meiner heutigen Entfernung zu ihr. Damit meine ich meine damaligen Mittel der Distanzierung, die schriftlichen Aufzeichnungen, Tonbandaufnahmen und Videofilme.

1. Was ist und wie funktioniert eine Krabbelstube?

In Frankfurt am Main leben gut 15 000 Kinder unter drei Jahren; von ihnen sind knapp 700 in städtischen Krippen und gut 300 in offiziellen Tagespflegestellen untergebracht.[1] Rund 300 Kleinkinder werden in etwa 30 Krabbelstuben bzw. fast ebenso vielen altersgemischten Kinderläden betreut.[2]

Meist kommen Krabbelstuben zustande auf Initiative einzelner Eltern, die über Zeitungsanzeigen und Mundpropaganda, durch Aushang im Supermarkt, in einer Kinderarztpraxis oder im Frauenzentrum, manchmal auch über Schwangerschaftskurse andere interessierte Eltern finden.

[1] Die exakten Zahlen waren für 1985 laut Auskunft der Stadt Frankfurt: 15 143 Kinder unter drei Jahren, 687 städtische Krippenplätze und 331 offizielle Tagespflegestellen.
Rechnet man die Krabbelstuben hinzu und bedenkt andererseits die 30%ige Erwerbstätigkeitsquote unter den Müttern von Kleinkindern, so ergibt sich ein Verhältnis von 1 320 Tagesbetreuungsplätzen gegenüber gut 3 000 Kleinkindern in Frankfurt, die während der Erwerbstätigkeit ihrer Mütter »irgendwie privat«, d. h. von Großmüttern, anderen Angehörigen, Nachbarinnen o. ä. versorgt werden.

[2] Die exakten Zahlen waren für 1986 laut Auskunft der Landesarbeitsgemeinschaft für freie Kinderarbeit in Hessen: 232 Kinder in 29 zugelassenen Krabbelstuben, ca. 40 Kinder unter drei Jahren in 28 altersgemischten, zugelassenen Kinderläden und schätzungsweise 45 Kleinkinder in »grauen« Krabbelstuben.

Die Elterngruppe mietet eine Wohnung (bereits ein Bravourstück auf dem kinderfeindlichen Wohnungsmarkt) und richtet sie selbst so ein, daß die Kinder dort gewickelt und umgezogen, gewaschen oder gebadet werden können, daß Essen für sie zubereitet werden kann, und daß sie dort schlafen können, wenn sie noch sehr klein sind oder bis in den Nachmittag bleiben. Die Räume werden entsprechend den Spiel- und Bewegungsbedürfnissen der Kinder ausgestattet, also mit vielen zusammengesuchten und selbst hergestellten Möglichkeiten zum Klettern, Verstecken, Rutschen, Höhlenbauen und so weiter. Mit dem Wachstum der Kinder wächst und verändert sich im Lauf der Jahre auch das Inventar.

Neben dem Regelfall der Raumsuche über den Wohnungsmarkt gibt es auch die Ausnahme, daß ein kirchlicher oder anderer freier Träger Räume zur Verfügung stellt. Schließlich findet man Gruppen, die in der Privatwohnung der Bezugsperson oder eines Elternteils zusammenkommen, weil Räume für die Kinder im Stadtteil nicht zu finden oder zu teuer waren.

Die Mehrheit der Krabbelstuben ist vom Landesjugendamt zugelassen, ein kleiner Teil nicht, weil Arbeitsaufwand und Kosten, die aufgrund der Zulassungsbedingungen notwendigerweise entstehen, den Eltern zu hoch sind.

Etliche Elterninitiativen bilden allein oder zu mehreren gemeinnützige Vereine. In größeren Städten gibt es Zusammenschlüsse mehrerer Krabbelstuben zu lokalen Dachverbänden mit eigenen Kontakt- und Beratungsstellen, die die Interessen von Kindern und Eltern bzw. Bezugspersonen nach außen und innen vertreten.

Bei der Gründung wird oft versucht, die Kindergruppe altershomogen zu gestalten. So gibt es Gruppen, in denen alle Babies zwischen 4 und 7 Monate alt sind. Andere Eltern einigen sich mit ihren 9- bis 12monatigen oder auch mit ihren etwa 2jährigen Kleinkindern auf den gemeinsamen Anfang. Am häufigsten scheint es die Zeit des Laufenlernens zu sein, in der die Eltern ihr Kind in die Gruppe bringen wollen.

Die Altershomogenität wird oft neu in Frage gestellt, wenn

die Kindergruppe aufgefüllt oder erweitert werden soll. Die Erwachsenen suchen manchmal gezielt nach jüngeren oder älteren neuen Kindern, weil sie eine geschwisterähnliche Altersmischung für angemessener halten. In anderen Fällen wird die Gleichaltrigkeit der Kinder weiterhin vorgezogen.

Öffnungszeiten schwanken zwischen 4 und 8½ Stunden; am häufigsten findet man jedoch den 5stündigen Vormittagsbetrieb. In der Eingewöhnungszeit, solange die Kinder noch sehr klein sind und in besonderen Situationen bleiben die Kinder auch kürzer da.

Die Zahl der Kinder variiert zwischen 5 und 10, je nach den räumlichen und finanziellen Bedingungen und abhängig von der Anzahl der Bezugspersonen und vom Alter der Kinder.

Die Bezugspersonen arbeiten, je nach Gruppengröße, zu zweit oder zu dritt, manchmal mit einem reihum wechselnden Elterndienst, in kleinen Gruppen auch allein. Sie sind etwa zu zwei Dritteln Frauen und zu einem Drittel Männer. Unter ihnen gibt es pädagogische Fachkräfte mit Ausbildungen an Erzieherfachschulen, Fachhochschulen und der Universität; daneben Studenten, Praktikanten und Zivildienstleistende, außerdem Angehörige fremder Berufszweige. In der Tendenz scheint die Beteiligung von überqualifizierten und berufsfremden Bezugspersonen etwas abzunehmen zugunsten einer häufigeren Anstellung von Erzieherinnen und Erziehern.

Sie sind mittlerweile, anders als in den Anfängen, meistens angemessen entlohnt und sozialversichert; manche, wie z. B. Praktikanten, arbeiten auch unbezahlt. Viel »ehrenamtliche« Arbeit wird von den Eltern geleistet, im reihum verteilten Koch- und Putzdienst, beim Waschen und Einkaufen und in den Verwaltungsarbeiten, beim Herstellen, Beschaffen und Instandhalten von Spielmaterial und Einrichtungsgegenständen.

In manchen Initiativen treffen sich die Erwachsenen wöchentlich zum Elternabend, in anderen alle zwei bis drei Wochen oder in größeren Abständen. Alle materiellen und pädagogischen Fragen sollen gemeinsam gelöst werden, wobei Anspruch und Realität nicht immer übereinstimmen. Zur Besprechung ihrer Arbeitsprobleme organisieren Bezugspersonen in manchen Städten eigene Treffen, andere suchen sich eine Gruppensupervision.

Geldnot und Geldbeschaffung stehen fast immer auf der Tagesordnung. Relativ hohe Elternbeiträge bilden die finanzielle Basis zur Deckung der laufenden Betriebskosten. Im Falle niedrigen elterlichen Einkommens übernimmt das Sozialamt für einzelne Kinder den Beitrag, wenn auch nicht immer ohne Schwierigkeiten. Auf allgemeine Bezuschussung besteht, mangels gesetzlicher Regelung, kein Anspruch; sie wird, je nach Kommune, verweigert oder gewährt, unterschiedlich nach Art und Höhe, abhängig auch von der Beharrlichkeit, mit der Elterninitiativen ihre Forderung vertreten.

In einigen Fällen gelingt es, einen Zivildienstleistenden oder eine Arbeitsbeschaffungsmaßnahme vom Arbeitsamt bewilligt zu bekommen, manchmal auch, Spenden von Firmen oder Stiftungen zu erhalten.

2. Traueninteressen

Im folgenden gehe ich den Interessen der Frauen nach, die für ihre Kleinkinder Krabbelstuben organisieren. Dabei sollen sie in ihrer sozialen Situation zwischen Berufstätigkeit und Familie erkennbar werden, aber auch als spezifische »Nachkriegs-Generation« von Frauen der westdeutschen Gesellschaft. Typische Erfahrungen ihrer Kindheit mit der eigenen Mutter und mit damals herrschenden Weiblichkeitsgeboten werden konfrontiert mit ihrer heutigen Erfahrung als Mütter und mit derzeitigen gesellschaftlichen Mutter- und Weiblichkeitsidealen. Als eine Form der Frauen, widersprüchliche Anteile ihres Lebens zu organisieren, kann dann die »Lösung Krabbelstube« verständlich werden.

In erster Linie sind Elterninitiativen Ausdruck des Bestrebens von Frauen, ihre Interessen in den beiden Bereichen der Familie und der Berufsarbeit auf bestmögliche Weise miteinander zu verbinden, bzw. ihren Spielraum zwischen den Anforderungen beider Bereiche zu erweitern.

Dieses Bestreben selbst ist in keiner Weise neu oder auffällig; es bestimmt Lebensplanung und Alltagsorganisation der

Mehrheit der Frauen. Neu ist die kollektive Form, in der sie eine Lösung für ihre Situation suchen, und auffällig der Grad an Selbstbestimmung. Als neu erscheint auch das frühe Alter der Kinder – im 1. bis 3. Lebensjahr –, in dem die Frauen Zeiträume für Selbstentfaltung und Erwerbstätigkeit oder Ausbildung für sich organisieren.

Vorwiegend gehören sie städtischen Mittelschichten an. Viele haben qualifizierte Berufsausbildungen oder befinden sich mitten in einer solchen Ausbildung. Im Fall von Berufserfahrung und höherem Lebensalter haben sie vor der Geburt des Kindes oft in Dienstleistungsbereichen gearbeitet, als Angestellte oder Beamte im Erziehungs-, Sozial- und Gesundheitswesen, bei der Post, im Schul- und Bildungsbereich.

Da es im Dienstleistungssektor, weit mehr als in der industriellen Produktion, Teilzeit-Arbeitsplätze und die Möglichkeit auch zu flexibler, gelegentlicher Tätigkeit gibt – wie Nachtdienste, Honorartätigkeiten, Volkshochschulkurse und ähnliches –, finden sie auch teilweise passende Arbeitsplätze für ihren Wunsch nach weiterer Berufsarbeit und können die Verweildauer des Kindes in der Krabbelstube dazu in etwa abstimmen.

Etliche Mütter allerdings, die dann die Betreuung ihres Kindes für den halben Tag organisiert haben, finden anschließend, im Kontext der gegenwärtig sinkenden Nachfrage gerade auch nach qualifizierten weiblichen Arbeitskräften, nur schwer oder gar nicht eine angemessene Stelle. Wenn sie in diesem Fall verheiratet sind und der Mann über ein ausreichendes Einkommen verfügt, kann diese Phase des Suchens zwar nicht in ökonomischer Hinsicht, wohl aber für manche Mütter in ihrer Identität als selbständige, berufstätige Frau bedrohlich sein.

In ähnlicher Lage sehen andere Frauen die Chance, getrennt von ihrem Kind einen halben Tag lang Zeit für sich zu haben, sei es für Müßiggang oder politische Betätigung, sei es als Spielraum für gesellige, künstlerische oder andere Bedürfnisse. Einige entschließen sich in dieser Situation zu einer neuen Ausbildung.

Mütter ohne Ehemann und passenden Arbeitsplatz leben vom »Jobben« oder wenden sich wegen des Unterhalts an den Staat. Häufig jonglieren sie mit wechselnden Mischformen zwischen sozialstaatlicher Unterstützung und Gelegenheits-

Kopf- und -Handarbeit. Manche sind kleine Selbständige, d. h. sie haben beispielsweise ein Taxi, einen Laden oder einen Entrümpelungsbetrieb, den sie allein oder mit anderen betreiben. Diese Situation bedeutet für manche der Frauen nur Mangel und Zwang, für andere eher eine Art experimentellen Zwischenraum ohne die Bindung von regulärer Lohnarbeit und Ehe.

Wie verschieden sie ihre Situation als Mütter von Kleinkindern auch erleben und bewältigen, so ist ihnen doch einiges gemeinsam:

Sie orientieren sich in etwa gleich starker Weise am eigenen Familieninteresse und an den Bedürfnissen ihres Kindes wie andererseits an nichtfamilialen Bereichen, der Berufsarbeit oder einem eigenen Spielraum.

Sie setzen ihre Orientierungen in eine gemeinsame Handlungsstrategie um, in die Organisation der Krabbelstube, deren formale – zeitliche, räumliche, finanzielle usw. – und inhaltliche Struktur sie so gestalten, daß sie beiden Orientierungen möglichst gerecht wird.

Zugleich zielt ihre zweifach orientierte Aktivität auf eine tendenzielle Auflösung geschlechtlicher Arbeitsteilung. Zwar in unterschiedlichem Maß von den einzelnen Frauen vertreten und durchgesetzt, gehört es doch zu den Ansprüchen aller Elterninitiativen, daß Väter ebenfalls gleiches Gewicht auf beide Bereiche, den beruflichen wie den familialen, legen und folglich die Arbeit mit den Müttern teilen.

Nicht nur die Realität in den einzelnen Familien und in der Krabbelstube steht oft in Widerspruch zu dieser angestrebten Veränderung geschlechtlicher Arbeitsteilung, sondern auch widersprüchliche Ideale und Gefühle der Frauen selbst.

Mit dem Anspruch auf diese Veränderung, mit ihrer doppelten Orientierung und der kollektiven Organisation ihrer Interessen schaffen die Frauen soziale Tatsachen, die für ihre Umgebung und für ihre Männer, aber nicht zuletzt auch für sie selbst neu sind.

Ob das Thema der Arbeitsteilung zwischen den Geschlechtern verdeckt bleibt oder explizit zum Gegenstand scharfer Auseinandersetzungen wird, es ist für die Erfahrungen der Erwachsenen allemal bedeutungsvoll und zugleich intensiv wirksam für die Gefühlsbeziehung zu ihren weiblichen und männlichen Kindern. Wesentliche Elemente geschlechtlicher Sozialisation sind hier, zwischen Realität und Anspruch eingebettet.

Das mittelschichtspezifische Frauenbild der siebziger und achtziger Jahre unterscheidet sich deutlich vom weiblichen Rollenbild der vorausgegangenen Generation. Die Frauen, die in der deutschen Nachkriegszeit, in den fünfziger und sechziger Jahren, Kinder aufzogen, mußten ihr Leben am Maßstab der »normalen« Ehefrau und Mutter messen lassen, die ausschließlich in der Familie arbeitet. Besonders für Frauen mit qualifizierten Berufen galt nur als Alternative, die Erwerbstätigkeit mit der Geburt von Kindern endgültig aufzugeben oder ledig und kinderlos zu bleiben. Ganz außer Zweifel stand die exklusive Familienpflicht der Frau für die *ersten* Lebensjahre der Kinder.

Während die geschlechtliche Arbeitsteilung vom Nationalsozialismus zementiert worden war, war sie am Ende des Krieges jedoch im allgemeinen Elend faktisch aufgehoben.[1] Sie wurde in der Zeit bundesdeutscher Restauration und konservativer Familienpolitik in besonders rigider Form wiederhergestellt und unter anderem mit entsprechenden Idealbildern richtiger Weiblichkeit und Mütterlichkeit stabilisiert. Die realen Lebensbedingungen der Frauen, die in dieser Zeit Mütter waren, sahen sehr viel differenzierter aus.

Mit dem Beginn des »deutschen Wirtschaftswunders« entstand erstmals die ökonomische Möglichkeit für eine größere Anzahl von Frauen – meist aus der Mittelschicht –, tatsächlich eine Hausfrauenehe zu führen.

Dieser Familienform entstammen etliche der Frauen, die heute Krabbelstuben-Mütter sind. Sie erlebten als Töchter die ganze Zwiespältigkeit eines Lebens, in dem die Mutter »im Prinzip immer« für Kinder und Mann da war und zugleich unter dieser Eindimensionalität, dem Verlust eigener und beruflicher Bereiche, litt.

Sie spürten die mehrdeutigen Gefühle der Mutter – ihre

[1] Vgl. C. Eckart, Es führt kein Weg zurück – Historische Veränderungen der Existenzsicherung von Frauen durch Ehe und Erwerbstätigkeit, in: Kommune 1986/5, S. 23–30

putzteufelig wütende Anstrengung, dem Idealbild der perfekten Hausfrauenehe nachzueifern, aber auch ihre wohlige Befriedigung im Leben mit den Kindern und in der Häuslichkeit. Den Wunsch nach einer Oase eigener Erfahrung und das Krankwerden an der Unmöglichkeit dazu, aber auch Härte gegen die »egoistische« Tochter, wenn sie nicht gleichfalls selbstlos verzichtend war.

Die Sehnsucht der Mutter nach Ordnung und Überschaubarkeit schien, gerade nach den Erlebnissen chaotischer Auflösung im Krieg und in den ersten Jahren danach, erfüllbar im Alltag. Und der Wunsch, gut zu leben, schien erreichbar, wenn man nur zäh genug war. Aber was war mit der Sehnsucht nach Ausbruch und mit der Lust auf Erlebnisse, auf Glanz und Erotik?

Zweifellos wollten auch diese Mütter ihre Kleinkinder manchmal loswerden und ließen sie dann bei der Großmutter, anderen Verwandten und älteren Geschwistern, bei Nachbarn oder in der Obhut eines Kindermädchens. Irgendeine Form von vorübergehender Distanzierung fanden sie immer; wenn nicht als begrenzte äußere Trennung, so in der Weise, daß sie sich eher gefühlsmäßig und körperlich der dauernden Nähe des kleinen Kindes entzogen. Dies war jedoch nicht nur bewußtseinsferner und schuldbehafteter, sondern auch verwirrender für das Kind.

Wie auch immer diese Mütter die zeitweise Distanzierung von ihren kleinen Kindern erlebten, es geschah als Umgang mit einem individuellen Problem, das es eigentlich gar nicht zu geben hatte.

Neben dieser Gruppe von Frauen, die heute Krabbelstuben gründen, stammen andere von ihnen aus Familien, in denen Mütter die für weibliche Lebensläufe typischere Mischung praktizierten: Wechsel zwischen Jahren ausschließlicher Familienarbeit und auf der anderen Seite Zeiten der Doppelbelastung durch zusätzliche Lohnarbeit. In anderen Fällen etwa durch Mitarbeit im familieneigenen Betrieb, z. B. Geschäft, Arztpraxis, Handwerksbetrieb und Landwirtschaft. Oder durch Formen des »Zuverdienstes«, durch Heimarbeit wie Schneidern und Nachhilfestunden oder stundenweise außerhäusliche Tätigkeit wie Putzen und Kellnern.

Diese Frauen entsprachen als Mütter nicht dem gesellschaftlichen Idealbild, großenteils, weil es die ökonomischen Verhältnisse der Familie bis Anfang der sechziger Jahre der Mehrheit nicht erlaubten; aber auch, weil ihre Bedürfnisse andere waren.

»Die Kosten für den Aufbau eines Haushalts und einer Familie mußten wegen der Zerstörung und Verluste im Krieg von der Generation, die in diese Lebensphase trat, ganz allein ohne materielle Unterstützung der Eltern oder Verwandten aufgebracht werden... Die verlängerte Ausbildung der Kinder bedeutete weitere Kosten für die Familie. Diese Kosten auf der einen und das relativ niedrige Lohnniveau auf der anderen Seite machten – an jenem Idealbild gemessen – ›zusätzliche Verdienste‹ unumgänglich.«[1]

Auch die Töchter dieser Frauen lebten mit den Widersprüchen der Mutter. Sie spürten ihr Leiden unterm ökonomischen Zwang zum »Mitverdienen«, aber auch ihr Selbstbewußtsein über den sichtbar eigenen Beitrag zum Lebensunterhalt. Sie erlebten die energische Mutter, die geschickt Erwerbs- mit Familienarbeit arrangierte, aber auch die angepaßte Mutter, die das herrschende Legitimationsmuster übernahm, wonach weibliche Erwerbsarbeit akzeptabel war, wenn sie die Mutteraufgaben nicht in Frage stellte. Die Töchter fühlten Schuldgefühle der Mutter und Wiedergutmachungen dafür, keine vollkommene Mutter zu sein, aber ebenso ihr Engagement für ganz andere Ziele wie etwa Anschaffungen und Hausbau, und ihren Gefallen am außerhäuslichen Bereich.

Das Leben schien etwas »unordentlicher« zu verlaufen als beim ersten Typus Frau, offener in seinen Widersprüchen. Der Wunsch der Mutter nach Ordnung im Leben und jener nach Freiheit schienen ähnlich stark zu sein und auch im Wettstreit zu liegen. Vielleicht gab es in dem etwas »unordentlichen« Element für die Mutter auch eher die Möglichkeit, Unbekanntes, Nichtalltägliches zu erleben.

Gegenüber regulärer Lohnarbeit hatten einige der oben genannten Arbeitsformen den Vorzug, daß in ihnen die Mütter ihre Kleinkinder auch dabeihaben konnten, so in der Land-

1 C. Eckart, Teilzeitarbeit in den 60er Jahren, unveröffentlichtes Manuskript, Frankfurt 1982, S. 20

wirtschaft, im familieneigenen Geschäft und Kleinbetrieb wie auch im Falle der Heimarbeit. Ebenso konnten die Frauen zu bestimmten außerhäuslichen Tätigkeiten ihre Kleinkinder gelegentlich mitnehmen wie zum Putzen, Bügeln und ähnlichem. In diesen familienintegrierten Arbeitsformen und wenig regulierten Gelegenheitsarbeiten war also wiederkehrende Trennung zwischen Kleinkind und Mutter ebenso enthalten wie die Vermischung ihres Zusammenseins mit der Arbeit der Mutter.

Diese Möglichkeit der Verbindung beider Tätigkeiten von Frauen hat sozialgeschichtlich kontinuierlich abgenommen. Zwischen 1950 und 1970 war der Rückgang der Zahl mithelfender Familienangehöriger auf weniger als die Hälfte und andererseits die Zunahme der Zahl lohnabhängig arbeitender Mütter auf mehr als das Doppelte auffällig.[1]

Schließlich sind einige der heutigen Frauen in Elterninitiativen als Töchter alleinstehender Mütter aufgewachsen, die ledig, geschieden oder durch den Krieg verwitwet waren und die unweigerlich einer Erwerbsarbeit nachgehen mußten, oft auch während der ersten Lebensjahre des Kindes. Diese erwerbstätigen Mütter ohne Ehemann, die in den Nachkriegsjahren in den Alltag am Arbeitsplatz und in der Nachbarschaft gehörten, »... galten aber als Opfer einer Zeit und politischer Verhältnisse, die zu verdrängen ein wesentliches Merkmal der veröffentlichten Meinung der 50er Jahre war«[2].

Vielfach arbeiteten die Frauen ganztags, bis 1956 auch noch an 6 Wochentagen, oft in der Fabrik, aber auch als Angestellte im Handel, Gewerbe und bei Selbständigen. Sie trugen die ganze, gleichzeitige Verantwortung für Beruf und Familie und konnten beide Bereiche und ihre Interessen darin nicht wirklich kombinieren, sondern nur den Zumutungen beider Bereiche standhalten bzw. ausweichen. Sie »...bildeten die große Gruppe der Frauen, denen die gesellschaftliche Dissoziation von Produktions- und Reproduk-

[1] Vgl. C. Eckart, Halbtags durch das Wirtschaftswunder – Die Entwicklung der Teilzeitarbeit in der 60er Jahren, in: H. Kramer, C. Eckart, I. Riemann, K. Walser. Grenzen der Frauenlohnarbeit, Frankfurt/New York 1986

[2] dies., a. a. O., S. 204

tionsbereich in der Doppelarbeit die individuelle Leistung der Verknüpfung beider aufzwingt«[1].

Was es für die Frauen bedeutete, quer zum öffentlichen Bild der idealen Mutter und Frau zu leben, keinen Mann zu haben, sondern quasi Frau und Mann in einer Person zu sein, erfuhren sie individuell sehr unterschiedlich auf einer Skala zwischen Pech, Schuld und gewählter Unabhängigkeit.

»Diese Frauen praktizieren tagtäglich die Veränderung der geschlechtlichen Arbeitsteilung, führen faktisch das Rollenklischee ad absurdum. Sie tun dies aber vereinzelt, begreifen ihr Schicksal als einzigartig, ursprünglich selbstverschuldetes, und beziehen individuelles Selbstbewußtsein aus der Bewältigung der großen Belastungen, ohne dieses Selbstbewußtsein gegen die Bedingungen zu kehren, die ihnen diese Belastungen aufbürden.«[2]

Töchter erfuhren die Stärke ihrer Mütter, die alle »männlichen« und »weiblichen« Arbeiten übernahmen und zugleich ihre Sehnsucht danach, das eigene Leben dem Ideal der normalen, harmonischen Kleinfamilie anzunähern. Sie erlebten die erschöpfte Mutter, für die Kinder und Beruf nur Last waren, und dann wieder ihre Freude am Zuhause und an einigen Spielräumen, die sie sich teilweise leichter schaffen konnte als Frauen in einer Ehebeziehung.

Wenn ihre ganztägige Lohnarbeit bereits während der ersten Lebensjahre des Kindes notwendig war, mußten sich die Frauen oft in langen Zeiträumen von ihm trennen. Manche überließen es tagsüber oder auch während der ganzen Arbeitswoche der Großmutter, um es am Wochenende zu sich zu holen. Oder sie gaben ihr kleines Kind zeitweise in Pflege oder brachten es in eine städtische Krippe.

Wir können jetzt umreißen, was das Gemeinsame im historischen und biographischen Hintergrund der Frauen ist, die heute Krabbelstuben organisieren:

Kindheit und Jugend erlebten sie in den beiden Jahrzehnten nach dem Nationalsozialismus und dem Zweiten Weltkrieg, in einer Zeit zwischen Zerstörung und Wiederaufbau, zwischen Verdrängung und Restauration.

[1] Eckart, a.a.O., S. 188

[2] C. Eckart, U. Jaerisch, H. Kramer, Frauenarbeit in Familie und Fabrik, Frankfurt 1979, S. 380

Die Erwachsenen, mit denen sie aufwuchsen, Männer wie Frauen, restaurierten das bei Kriegsende desorganisierte Geschlechterverhältnis und restabilisierten die geschlechtliche Arbeitsteilung in rigider sexistischer Form, sowohl in einer Fülle faktischer wie rechtsförmiger Grenzen und Ungleichheiten als auch in den Idealbildern der normalen Kleinfamilie, der guten Ehefrau und Mutter, »richtiger« Weiblichkeit (und analog natürlich auch »richtiger« Männlichkeit).

Im Alltag, so war es selbstverständlich für die Tochter, machte die Mutter alle Haushalts- und Versorgungsarbeit in der Familie und verknüpfte sie in einer individuellen Leistung mit dem anderen Bereich, der Erwerbsarbeit. Sei es als Lohnarbeit nur des Ehemannes, auf dessen Rhythmus und Regenerationserwartung hin sie die Hausarbeit organisierte. Sei es als eigene Zusatzarbeit für den Unterhalt oder als volle Existenzsicherung für sich und das Kind.

Die Tochter machte die Erfahrung, daß die Mutter die Norm geschlechtlicher Arbeitsteilung nicht angriff. Forderungen auf diesem Gebiet schien sie nicht zu erheben oder nicht durchsetzen zu können. Idealbilder wurden festgehalten, wie unverträglich auch immer sie waren mit dem besonderen Lebens- und Liebesschicksal und mit den realen Männern, mit eigenen, ideal-widrigen Bedürfnissen und ökonomischen Tatsachen. Anfangs als betroffenes Kind und später als kritische Beobachterin nahm sie in sich auf, wie die Mutter und andere Frauen mit ihren Kleinkindern umgingen: Mütter waren entweder fast immer da, wie eine naturgegebene Einheit von Liebe und Kontrolle, oder sie waren abwesend, und das Getrenntsein bedeutet Schuld und Unglück. In welchem Arrangement zwischen beiden Arbeitsbereichen die Mutter auch lebte, sie vermittelte der Tochter jedenfalls eine hohe Ambivalenz bezüglich ihrer Lebensentscheidungen und die doppelte Erwartung, das Mädchen möge ihr gleich wie auch ihr Gegenteil werden.

Die normativen Frauen- und Mutterideale der siebziger und achtziger Jahre wirken zunächst vielseitiger und weniger einengend als früher. Bei näherer Betrachtung zeigt sich aber, daß die in ihnen enthaltenen, gewandelten gesellschaftlichen Anforderungen an Frauen mindestens so hoch sind wie in der vorausgegangenen Generation, wahrscheinlich sogar höher. Denn während zuvor jede Frau einen privaten und vielleicht heimlichen – guten oder schlechten! – Kompromiß arrangierte zwischen dem Gebot der totalen Hausfrau-und-Mutter und all den anderen, damit nicht zu vereinbarenden, verleugneten Lebensbereichen, gehört es jetzt zum offen erklärten Inhalt des modernen Frauenbildes, unvereinbare Zwänge und Interessen souverän integrieren zu können.

Im öffentlichen Bild der modernen Mutter der siebziger und achtziger Jahre fällt die Entwertung der nur in der Familie arbeitenden Frau auf. In verächtlichen populären Ausdrücken wie der »dummen Hausfrau«, dem »Heimchen am Herd«, dem doofen »Muttchen« und der »Glucke«, und, auf etwas gehobener Ebene, in Formulierungen wie der »unausgefüllten Nur-Hausfrau«, der »frustrierten, besitzergreifenden Mutter« und ihrem schädlichen »over-protecting-Verhalten«.

Eine Fülle von Frauen- und Erziehungszeitschriften, von Eltern-, sprich: Müttersendungen in Funk und Fernsehen, von ärztlichen und ministeriellen Ratgebern und von Kursen an kirchlichen und anderen Einrichtungen will die Mütter jetzt zu noch besseren Müttern erziehen. Sie sollen nunmehr vielseitig interessiert sein, aufgeschlossen und »nicht nur aufs Kind fixiert«, voller Liebe, aber auf die richtige Art und daher aufgeklärt über all die Gefahren kindlicher Störungen durch falsches mütterliches Verhalten. In der Absicht, einen angeblich übermächtigen mütterlichen Einfluß einzuschränken, werden von der Frau nicht weniger, sondern mehr und differenziertere Interaktionsweisen verlangt. Sylvia Kontos und Karin Walser haben diese Tendenz als »zunehmende Professionalisierung der psychischen Dimension der Hausarbeit«[1] bezeichnet.

Ohne Dressur oder gar Gewalt soll die moderne Mutter ihr Kind dennoch zu guter Leistungsbereitschaft motivieren. Triebfreundlicher und körperbewußter, als sie selbst es in ihrer Sozialisation erfuhr, soll sie sich in kindliche Bedürfnisse einfühlen und doch nie die notwendigen, phasengerechten

[1] Sylvia Kontos, Karin Walser, ... Weil nur zählt, was Geld einbringt, Gelnhausen 1979, S. 69

Fortschritte in der Entwicklung[1] aus dem Auge verlieren. Dem Kind Geborgenheit zu geben ist ihr ebenso selbstverständlich wie ihm Selbständigkeit zu ermöglichen und so fort. In der Integration dieser konträren Qualitäten, die niemand sonst in der übrigen Gesellschaft einfach so selbst leben, geschweige denn geben kann, soll sie aber beileibe nicht aufgehen. Darüber hinaus muß sie die Partnerschaft in ihrer Ehe lebendig halten[2] einen Aufgabenbereich außerhalb der Familie haben[3] und sich, »im Rahmen«, also passend zu ihren Mutterpflichten, auch beruflich und öffentlich betätigen.

M. Mitscherlich-Nielsen umreißt diese Situation so:

»Zunehmend geraten die gesellschaftlichen Rollenerwartungen in Fluß. Das Gefühl der Unsicherheit verstärkt sich für die Frauen noch umfassender als für die Männer. Widersprüchliche Forderungen machen sich geltend: Frauen sollen in unserer Kultur lernen, sich selbständig zu machen. Zugleich können sie Freiheitsmöglichkeiten nicht ausnutzen, weil ihnen die familiären, beruflichen und psychischen Voraussetzungen dafür fehlen.

Das vermittelt ihnen ein sich verstärkendes Gefühl der Wertlosigkeit. Sie sollen eine sich in die komplizierten psychischen Probleme ihrer Kinder einfühlende Mutter sein, eine gute Hausfrau abgeben, darüber hinaus aber die gleichberechtigte Partnerin ihres Mannes sein, die sich auch beruflich durchsetzen kann.

Das sind Forderungen, die kaum jemand erfüllen kann.«[4]

Während sie als Mutter den Schäden des Kapitalismus an Körper und Seele zuvorkommen soll, wird von der erwerbstätigen Frau erwartet, daß sie das Berufsleben meistert und nach seinen Regeln lebt, als habe und wolle sie keine Familie. In dieser Rollen-Festlegung besticht die positiv bewertete

[1] Vgl. Barbara Sichtermann, Leben mit einem Neugeborenen, Frankfurt 1981, S. 36f.

[2] Vgl. etwa die Broschüren des Bundesministeriums für Familie, Jugend und Gesundheit: »Familienbilder«, »Freizeit«, »Familienszenen«, Bonn 1980.

[3] Vgl. die Kampagne des gleichen Ministeriums »Aktivierung von Frauen – Frauen können mehr«, eine Kampagne, in der Frauen verstärkt zu ehrenamtlicher Betätigung im sozialen Sektor aufgefordert werden.

[4] M. Mitscherlich-Nielsen, Zur Psychoanalyse der Weiblichkeit, a.a.O., S. 688

ökonomische Unabhängigkeit der Frau – man denke etwa an die auf weibliche Kunden zugeschnittene Werbung von Banken und Bausparkassen –, gepaart mit unverminderter sexueller Attraktivität. In ihr liegt das implizite Gebot, auf Vermännlichung und das heißt hier: auf berufliche Konkurrenz und aufstiegsorientierten Ehrgeiz zu verzichten, bei aller geschätzten Qualifikation.

Bei der modernen berufstätigen Frau hat der Leistungsstress am Arbeitsplatz überhaupt keine Auswirkungen zu haben, weder positive Resultate wie die Gratifikation einer Karriere und einen sicheren Arbeitsplatz noch negative Auswirkungen wie Ermüden, Altern und gar zusätzliches Belastetsein durch Familienarbeit.

Dieses Bild der leistungsbereiten Erwerbstätigen ohne Anspruch auf Erfolg und Sicherheit gerät zur gegenwärtigen Arbeitslage von Frauen zunehmend in Widerspruch. Man denke an den Rückgang qualifizierter Frauenarbeitsplätze, an die Wegrationalisierung von Hunderttausenden von Produktions- und Büroarbeitsplätzen und an den hohen Anteil der Frauen an den gemeldeten Arbeitslosen. »Gefragt sind... qualifizierte, junge, topgesunde, deutsche Männer für Vollzeitarbeit.«[1]

Auch vor diesem Hintergrund sind aktuelle Modifikationen des modernen Mutterbildes durch den Rückgriff aufs Modell der totalen Hausfrau-und-Mutter zu sehen. Wie N. Blüm in »Die sanfte Macht der Familie« es sagte: »Daß viele Frauen mit der Ehe oder nach dem ersten Kind die Erwerbsarbeit aufgeben, ist kein Erkennungszeichen für Unterdrückung, für viele ist es Befreiung.«[2]

Die wesentliche Zumutung an die Frau besteht darin, daß sie unbegrenzt flexibel und belastbar zu sein hat. Sie ist Managerin in der Koordination der widersprüchlichen Lebens- und Arbeitsbereiche, schafft es locker, Mutter, Beziehungspartnerin und berufstätig zu sein, sich dazu politisch und kulturell zu interessieren und am besten auch ein bißchen politisch zu engagieren. Reibung und Konflikte damit zu haben steht ihr jedoch nicht zu, denn sie selbst will ja schließlich an diesen

[1] Frankfurter Rundschau v. 15.2.1982
[2] Norbert Blüm, Thesen zur sanften Macht der Familie, Bonn 1982

Bereichen teilhaben. Auch Forderungen an den Mann stehen ihr nicht zu, die seine Bequemlichkeit und Vorherrschaft in Frage stellen, denn sein Leben soll weitergehen wie bisher, nur angeregter durch eine interessantere Frau.

H. Ortmann faßt den Konflikt zusammen:

»Willst du nun Karriere machen und auf Intelligenz und Leistung setzen oder willst du ganz Frau sein und dich Haus und Kind und Ehemann widmen? Oder willst du gleich beides und beides gleich perfekt? Dann sieh aber selber zu, wie du zurecht kommst! Dein Scheitern ist programmiert!«[1]

Die Spannung zwischen den geforderten Fähigkeiten und dem angedrohten Scheitern erzeugt hohen Leistungsdruck. Frauen reagieren darauf mit verschiedenen Formen individueller Verweigerung. Indizien sind u. a. der Geburtenrückgang und die sinkende Zahl der Eheschließungen gegenüber einer Zunahme von Ehescheidungen, vor allem derjenigen, die von Frauen eingereicht werden.[2]

Auch die in den sechziger und siebziger Jahren durchgesetzte Umwandlung bzw. Schaffung von Teilzeitarbeitsplätzen in größerer Zahl muß als Zugeständnis an die Frauen in diesem Zusammenhang gesehen werden. Auf der anderen Seite können auch Formen des sogenannten »Aussteigens« als Reaktionen gelten, Subsistenzsicherung ohne Lohnarbeit und Ehemann durch den Staat oder durch passagere »alterna-

[1] H. Ortmann, Bewußte Mütterlichkeit und mütterliche Bewußtheit, in: Alma mater – Mütter in der Wissenschaft, München 1982, S. 80

[2] Zwischen 1950 und 1980 sank die Zahl der Eheschließungen und der (Lebend-)Geburten folgendermaßen (im Verhältnis zu je 1000 Einwohnern):
1950: 10,7 Eheschließungen; 16,2 Geburten
1960: 9,4 Eheschließungen; 17,4 Geburten
1970: 7,3 Eheschließungen; 13,4 Geburten
1980: 5,9 Eheschließungen; 10,1 Geburten
Zahl der Scheidungen, die von Frauen bzw. von Männern beantragt wurden:
1950: 44084 Frauen; 40656 Männer
1960: 16070 Frauen; 32808 Männer
1970: 22773 Frauen; 53747 Männer
1980: 56687 Frauen; 30482 Männer
1981: 65067 Frauen; 34349 Männer
Quellen:
Statistisches Jahrbuch 1982, Wiesbaden 1982; und: Frauen in Familie, Beruf und Gesellschaft, Bundesamt für Statistik, Wiesbaden 1983

tive« Existenzformen wie Langzeitreisen, autonome Land- und andere Projekte.

Frauen reagieren auch, indem sie anstelle der geforderten privaten Integrationsleistung oder deren individueller Verweigerung gemeinsame praktische Formen suchen und selbst die Schwerpunkte im Umgang mit den widersprüchlichen Zumutungen setzen. Neben der ganzen Skala der Projekte der Frauenbewegung sind die Krabbelstuben in diesem Kontext zu verstehen.

In Elterninitiativen suchen Frauen der überfordernden Weiblichkeitsnorm etwas Eigenes entgegenzusetzen und ihr kollektiv zu trotzen. Möglicherweise kommen sie ihr dabei unbemerkt besonders nahe. Sie lehnen ausdrücklich das reduzierte Leben und die Hausfrauenehe ihrer Mütter für sich ab und behandeln ihre Situation nicht als individuelles Problem. Das gilt für ihren Wunsch nach früher täglicher Trennung von ihrem kleinen Kind wie nach einem Spielraum für eigene Zeit oder für Berufsarbeit, und es gilt auch für ihr begonnenes forderndes Rütteln an der bisherigen geschlechtlichen Arbeitsteilung.

Damit erfüllen sie einen Teil der nicht gelebten Freiheitswünsche ihrer Mütter, fordern aber zugleich ihren Neid heraus, vielleicht tatsächlich, vielleicht in der Phantasie und begeben sich in eine rivalisierende Position gegenüber ihren Müttern: es als Mutter besser zu machen, autonomer und erfolgreicher zu sein, es mit dem Mann besser zu machen usw. So können sie in eben den Leistungsdruck geraten, der die moderne Frau als »reibungslos funktionierende« Managerin aller Lebensbereiche antreibt.

Als aktuelles Austragungsfeld für diesen inneren Konflikt eignet sich die Elterninitiative. Und tatsächlich konkurrieren die Frauen, heimlich und offen, miteinander, teils in ihren Stärken: Wer einfühlsamer, wessen Kind schon weiter ist und wer alles souveräner organisiert –, teils in ihren Mühen: wer es schwerer hat und mehr leiden muß, mehr Rücksicht braucht und so weiter.

Aber auch für eine noch immer lebendige Wirksamkeit des alten mütterlichen Idealbildes der nur an die Familie hingegebenen Mutter gibt es, bei aller bewußten Ablehnung, Motive. Zum einen in früher Identifikation der Tochter mit befriedigenden und beneideten Aspekten des Mutterseins, zum anderen in späterer Identifikation mit anlehnend-erotischen und romantischen Wünschen der Mutter. Dann ist da auch der verbreitete, unbewußte kindliche Vorwurf an sie, die Tochter nicht genug geliebt zu haben, und die Wendung zu der Phantasie, nunmehr selbst im eigenen Kind sich all das Vermißte selbst geben zu können. Schließlich auch Buße für die Schuld, die Mutter übertrumpfen zu wollen, und Beschwichtigung ihres herausgeforderten Neides: Die Tochter darf nicht wirklich eigenständiger und glücklicher leben als die Mutter.

So kann unvermutet das Weiblichkeitsideal der Müttergeneration im Verhalten der erwachsenen Töchter wiederkehren – indem sie, die Frauen der Krabbelstube, sich unermüdlich Gedanken machen um die gute Entwicklung und die optimale Versorgung und die alternative Gruppenpädagogik der Kinder.

Manche können die freiwerdenden zeitlichen Spielräume nur sehr allmählich für sich selbst nutzen, beschäftigen sich statt dessen übermäßig mit allen Belangen der Krabbelstube und wollen sich durchaus nicht aus dem Bannkreis ihres Kindes herausbewegen.

Der Koexistenz gegenwärtiger mit früheren Idealbildern, verinnerlichter Sehnsüchte der Mütter der vorausgegangenen Generation mit eigenen entspricht die Koexistenz widersprüchlicher Alltagserfahrungen in unterschiedlichen Lebensbereichen:

Die Frauen lösen einen bedeutsamen Teil ihres Lebens gemeinsam, im Kollektiv der Elterninitiative, und zugleich lebt die Mehrheit von ihnen nicht in Gruppen, sondern in der Kleinfamilie und (Ehe-)Beziehung oder allein.

Im Krabbelstubenalltag und an Elternabenden veröffentlichen sie Erfahrungen aus der Familie, und zugleich suchen sie ihr Privatleben zu schützen und zu verbergen – während es ihr Kind wiederum in seinen Spielen oder Symptomen »veröffentlicht«.

Meist handeln die Frauen selbstbewußt in der Krabbelstube, engagieren sich souverän, oft emanzipatorisch in der Berufsarbeit und nehmen zugleich in ihrer Paarbeziehung oft die eigene Stärke dem Mann gegenüber zurück, akzeptieren manchmal patriarchale Vorrechte des Mannes.

Sie sind »Rabenmütter«, egoistischer als ihre Mütter und trennen sich den halben Tag von ihren kleinen Kindern, eigener Zeit und Interessen wegen. Und zugleich sind sie auch »bessere Mütter«, denn sie geben ihren Kindern ja besonders gute Lebenserfahrungen durch all die Bemühungen in der Krabbelstube.

Diese Widersprüche verschränken sich auch im Leben anderer Frauen. Hier werden sie nur besonders sichtbar, weil gegensätzliche Lebensinteressen und Arbeitsformen sich real und organisatorisch gegenübertreten. Typische individuelle, ambivalente Gefühlsmischungen können sich handfest in ihre Anteile aufspalten, um in Gruppenprozessen zwischen Erwachsenen und Kindern zu erscheinen als Fraktionen, als Konkurrenzen, als mühsame Einigung von Gegensätzen und so weiter.

Zwischen den Nachkriegs- und Wiederaufbaumüttern und den Krabbelstubenkindern sind die erwachsenen, »emanzipierten« Töchter die Mittlerinnen. Von ihnen »erben« die Jungen und Mädchen bewußte und unbewußte Ideale, Sehnsüchte und Verleugnungen.

Mütterliche Gefühle erfahren die Kinder hier nicht nur als Interaktion in der Beziehung, sondern auch in unterschiedlichen Formen der Alltagsorganisation: im Familienleben und im Krabbelstubenleben und in Vermischungen zwischen beiden durch gegenseitige Besuche, Elterndienst und häuslichen Elternabend.

3. Männerinteressen

In diesem Abschnitt geht es um einige Aspekte der Situation von Männern in Elterninitiativen. Typische Variationen des Vater-Seins werden charakterisiert als Reaktion von Männern auf den weiblichen Anspruch, die bisherige geschlechtliche Arbeitsteilung in der Kinderversorgung konkret zu verändern. Dann skizziere ich den gesellschaftlichen Prozeß, in dem das Verhalten der hier betrachteten Väter auch verstehbar wird, nämlich die zunehmende Trennung von Reproduktions- und Produktionsbereich, die Abnahme von Lohnarbeit in der Form langfristiger, gut bezahlter Arbeitsplätze, und die damit zusammenhängenden veränderten Anforderungen an die männliche Arbeitskraft. In diesem Zusammenhang wird der Wandel der Väterlichkeits-Norm über zwei Generationen gesehen.

Krabbelstuben werden typischerweise nicht allein von Frauen getragen. Zwar sind sie großenteils ein Produkt weiblicher Arbeit und Lebensbedürfnisse, aber nicht wenige der dazugehörigen Männer nehmen mit ihren Interessen teil.

Fast alle Väter artikulieren, jedenfalls verbal und zu Anfang engagiert, ein Gefühl der Gemeinsamkeit, das sie zusammen mit der Frau für ihr Kind empfinden, und sie teilen die Absicht, die Krabbelstube als gemeinsame Sache zu betreiben. Trotzdem scheint es sie immer wieder zu verwirren, daß die Frauen ebenso an ihren Bedürfnissen als Mütter festhalten wie an Berufsinteressen und dem Wunsch nach einem eigenen Spielraum. Denn mit dieser »Unbescheidenheit« der Frauen erleidet nicht nur das tradierte männliche Anrecht auf vorbehaltlose Reproduktion, auf versorgende Liebe Einbußen. Es folgen dem verbalen Anspruch auch Forderungen an die Männer, ihrerseits Aufgaben der Reproduktion verläßlich zu übernehmen.

Nur zögernd lernen Väter, die Verantwortung für Kinder und die dazugehörigen unattraktiven Arbeiten tatsächlich zu tragen. E. Strüber, die Sprecherin der Frankfurter Kontaktstelle für Krabbelstuben, sagte dazu:

> »Das gemeinsame Interesse ist auch in der Form bei den Männern in der Regel da, daß sie mit den Frauen sprechen, ihnen zuhören, was die Kinder und die Krabbelstube betrifft. Sie sagen also nicht wie traditionelle Männer: ›Laß mich in Ruh mit dem Kinderkram.‹ Aber im praktischen Übernehmen von Verantwortung sind sie sehr viel langsamer, und zwar nicht, weil die Frauen sie hindern, sondern weil sie berufsorientiert, bequem und unvertraut mit der Kinderwelt sind.«[1]

Auf die Herausforderung der Frauen gibt es bei den Männern unterschiedliche Reaktionen.

Manche antworten mit erhöhter Abgrenzung, Selbstausschließung und Verschanzung in ihrer »Männerwelt«. Sie

[1] Persönliche Mitteilung, Frankfurt 1983

tauchen fast nie bei Elternabenden auf und überlassen Koch-, Putz- und andere Dienste grundsätzlich anderen. Sich einen Tag für die Krabbelstube vom Beruf freizunehmen ist für sie undenkbar. In ihrer Abwehr der Flaschen- und Windelwelt der Kleinkinder bringen sie sich um den Genuß vielfältiger Beziehungen zu Kindern und Erwachsenen.

Die Angst dieser Väter, in naher Berührung mit dem Frauen- und Kinderbereich und im Einlassen auf Gefühl und Körper selbst »weiblich« zu werden oder auch kindlich, scheint so stark zu sein, daß sie sicherheitshalber Kinder und Krabbelstube nur als pflichtenreiche Strapaze und als Problem der Frau definieren, dem sie sich durch verstärkte Konzentration auf Beruf und Aufstieg entziehen müssen. Der männlichen Angst korrespondieren rigid verdrängte Sehnsucht und Neid, und es scheint keine andere Lösung zu geben als phobische Vermeidung.

Dann gibt es ambivalente Väter, die angesichts der Verlokkungen der geballten Kinder- und Frauenwelt in der Krabbelstube und angesichts der weiblichen Ansprüche auf ihre Mitarbeit in starke innere Widersprüche geraten.

Sie sind ihrem Kind näher und in der Krabbelstube mehr präsent als die angstvoll rigiden Väter, aber ihr Verhalten trägt die Spuren ihrer Widersprüche. In ihr Interesse für das eigene Kind ist viel Konkurrenz mit den Müttern gemischt. Zwischen Phasen der Offenheit verstricken sie sich in aggressive Machtkämpfe mit der Frau, und in der Krabbelstube suchen sie oft das Ganze zu kontrollieren, indem sie die Organisation »rationaler« gestalten, Diskussionen dominieren und Behördenkontakte an sich reißen wollen.

Engagiert vertreten sie Ansprüche der Gleichheit und der demokratischen Aufteilung von Rechten und Aufgaben zwischen den Geschlechtern. Faktisch halten sie meist, wie die ersten Väter, an der Priorität von Beruf und Karriere fest und wenden so viel Zeit für Kind und Krabbelstube auf, wie zu ihren vorrangigen Interessen paßt.

Diese Väter leiden zwar auch an der (Selbst-)Abtrennung vom lebendigen Alltag zwischen Kindern und Frauen, an dem Tribut, den sie für ihre gesellschaftliche Macht als Männer zahlen, aber sie kämpfen um die Privilegien, die als Prämie auf ihre »Entlebendigung« gesetzt sind.

Eine Minderheit von Vätern schließlich macht bei den reihum anfallenden Hausarbeiten in der Krabbelstube mit, genießt Besuche und Elterndienst in der Kindergruppe und trägt an den Elternabenden die Debatten um praktische Organisation und um Erziehungsfragen als eigene Anliegen mit. Sie haben eine eigenständige, oft intensive Beziehung zu ihrem Kind und teilen die Verantwortung meist partnerschaftlich mit der Frau. Bei Trennung des Paares übernehmen sie dann häufig das Sorgerecht oder leben ohne juristische Regelung, allein oder in Wohngemeinschaften, mit dem Kind zusammen.

Sie bemühen sich um halbe Stellen oder begrenzte Jobs, setzen auch für längere Zeiträume während der ersten Lebensjahre des Kindes ihre Berufstätigkeit aus. Nicht selten suchen sie sich, wenn sie wieder einsteigen, Arbeitsformen und -inhalte, die ihren beziehungsorientierten Bedürfnissen näher liegen als zuvor.

Die Gefahr, »unmännlich« zu werden, fürchten diese Väter offenbar weniger als das unentwegte Bemühen um »Männlichkeit« und als die Deformationen der »Männerwelt«. Und dem Zulassen eigener Gefühle und weiblicher Anteile können sie mehr Befriedigung abgewinnen als der Anstrengung um Vorherrschaft. Sie gebrauchen die Krabbelstube, um für ihre Wünsche, zu fühlen, zu spielen und zu versorgen, zusammen mit den Frauen eine neue soziale Form zu suchen, oder, anders gesagt, um sich Aspekte des weiblichen Arbeitsvermögens und kindlicher Lebendigkeit anzueignen.

Im Alltag treffen Väter zwar auch in der Ausprägung aufeinander, wie ich sie hier typisiert habe, aber ebenso in widersprüchlichen Mischungen und Übergängen. Zum Beispiel denke ich an Väter, die voll im Beruf engagiert sind und die zugleich sich nach Arbeitsschluß mit ihren Kindern verausgaben, viel für die Krabbelstube machen und aktiv die Diskussionen mittragen.

So groß wie die Spannweite zwischen unterschiedlichen Vätertypen, zwischen den dazugehörigen, sehr verschiedenen Paarbeziehungen und unter den einzelnen Frauen ist, so stark können dann auch Spannungen in der Elterngruppe sein. Man vergleicht einander, grenzt aus, erkennt wieder und so weiter. Feste Bilder von der Zweierbeziehung und von Elternschaft, von »Männlich- und Weiblichsein« geraten in Bewegung, auch in Wettbewerb und Feindschaft.

Die Männer reagieren, wie ich behauptet habe, mit ihren Fluchten, Kämpfen und Selbstveränderungen auf die gewachsene Stärke, mit der die Frauen ihre Lebens- und Arbeitsinteressen in einer neuen Organisationsform durchzusetzen suchen. Der Autonomiegewinn von Frauen steht dem gesellschaftlich legitimen, auch legalisierten männlichen Anspruch auf Erhaltung der Arbeitskraft und Person durch die Reproduktionsleistungen der Frau entgegen. Mit den Auswirkungen dieses »Eingriffs« in die psychische und materielle Basis der bisherigen männlichen Funktionsweise setzen sich die Väter in den Elterninitiativen auseinander.

Das beschriebene Verhaltensspektrum kann weiterhin verstanden werden als Reaktion auf widersprüchliche Tendenzen im Verhältnis zwischen Produktions- und Reproduktionsbereich. Denn zum einen treten die beiden Bereiche seit dem Ende des Zweiten Weltkrieges zunehmend auseinander. In der Familie besteht noch, mehr schlecht als recht, ein Versuch, die Geschlechter zusammenzubringen, die in der kapitalistischen geschlechtlichen Arbeitsteilung so scharf getrennt sind.

Zum anderen nimmt, im Zusammenhang der sich gegenwärtig ausweitenden Weltwirtschaftskrise und in jüngerer Zeit auch in der Bundesrepublik deutlich spürbar, die Lohnarbeit als Arbeitsform ab, ist beschleunigter Rationalisierung, Auslagerung und Vernichtung ganzer Branchen ausgesetzt.

Statt dessen nehmen, wie Claudia v. Werlhoff zeigt, andere, rechtlosere Formen der Ausbeutung in vielfältiger Weise zu,

> »... als Teilzeitarbeit, Kontraktarbeit, Saison- und Gastarbeiterarbeit, illegale Arbeit, Leiharbeit sowie unentlohnte Arbeit wie die sog. ›Eigenarbeit‹, ›Schattenarbeit‹, Subsistenzarbeit und, meist ›vergessen‹, Hausarbeit, also generell (Lohn-)Arbeit, die nicht ›frei‹ ist.«[1]

Dieser Prozeß hat zwei entgegengesetzte Folgen.

[1] C. v. Werlhoff, Der Proletarier ist tot. Es lebe die Hausfrau? in: dies. et. al., Frauen die letzte Kolonie, Reinbek 1983, S. 118

Zunächst wird sichtbar, daß die Vernichtung von Lohnarbeitsplätzen zur Verschärfung der Arbeitsbedingungen und zu mehr Disziplinierung führt, damit zu mehr Angst und Hetze.

Unter den noch privilegierten »Inhabern« bezahlter Arbeitsplätze steigt der Konkurrenzdruck ebenso an wie die Zahl der Infarkte,[1] während die bereits kürzere Lebensdauer von Männern weiter sinkt.

Der Status des dauerhaften, männlichen Alleinverdieners für die Familie wird, so prognostiziert auch C. Eckart, tendenziell zur Seltenheit.[2]

Für vermehrte männliche Angst vor dem Verlust ökonomischer und psychischer Macht über Frauen gibt es also realen Grund. Auflösungstendenzen im Geschlechterverhältnis sehen auch Danecker und Reiche; sie schreiben über deren Auswirkung auf die Herrschaft des Mannes über die Frau in sexueller Hinsicht:

> »Wenn unsere Beobachtung richtig ist, sind die von der bürgerlichen Gesellschaft ausgestanzten soziosexuellen Rollenunterschiede von Mann und Frau bereits in ein Stadium wirklicher, nur schwer rückgängig zu machender Zersetzung eingetreten.
>
> Die Männer werden verzweifelt um ihre männliche Überlegenheit und Vorherrschaft kämpfen. Dieser Kampf wird um so grausamere Züge annehmen, desto stärker die männliche Niederlage zu spüren ist.
>
> Aber vielleicht läßt mit jedem weiteren Stück Zersetzung, auch Zersetzung im Bereich der Symptome, gleichzeitig die Kraft der Männer nach, sich gegen die Lust zu wehren, die davon ausgeht, als Sexualobjekt Subjekt sexueller Lust zu sein, weich, anschmiegsam, lasziv und verantwortungslos.
>
> Dabei wird die Verschiebung der Machtbilanz und des sexuellen Ungleichgewichts zugunsten der Frau für diese

[1] Vgl. die enge Beziehung zwischen Männlichkeits-Ideal und Herzinfarkt-Profil, die H. E. Richter darstellt, in: Lernziel Solidarität, Reinbek 1974

[2] C. Eckart, Die Teilzeitarbeit von Frauen – Eine prekäre Strategie gegen Einsamkeit und Doppelbelastung, in: E. Talos, G. Vobruba (Hrsg.), Perspektiven der Arbeitszeitpolitik, Wien 1983, S. 83–102

beileibe nicht unmittelbar identisch sein mit einer größeren Glücksbilanz.«[1]

Als entgegengesetzte Auswirkung der schrumpfenden Lohnarbeit läßt sich die Tendenz benennen, daß Qualitäten, die bisher mit der männlichen Arbeitskraft assoziiert sind, von einer wachsenden Mehrheit der Männer immer weniger gebraucht werden – wie etwa aggressive Dominanz und Konkurrenz, die Bereitschaft zu Hochleistungen und zu dauerhafter Spezialisierung. Die kapitalistisch-patriarchalische Epoche, die diese Qualitäten männlicher, freier und gleicher Lohnarbeiter bei bürgerlichen und proletarischen Männern benötigt und ausgeprägt hat, bewegt sich ihrem – wie auch immer gearteten – Ende zu.

In dieser sozialhistorischen Situation ist zweifellos der Zwang, aber ebenso die Möglichkeit zu einer vermehrten aktiven Ausstiegstendenz von Männern aus der Lohnarbeit und zu Annäherung an weibliche Arbeits- und Lebensformen gegeben.

In diesem Zusammenhang wären Phänomene wie die Kritik an der Männerrolle seitens der Schwulen- und (wenn auch äußerst zaghaften) Männerbewegung zu verstehen, die häufiger werdende Verweigerung nicht nur des Militärdienstes, sondern auch gegenüber Leistungs- und Karriereerwartungen, der vereinzelt auftauchende »Hausmann« und die allgemein *etwas* aktivere, öffentliche und individuelle, Auseinandersetzung mit dem Vatersein.

Auch wenn noch vor einer Generation ein Mann die exklusive Berufsorientierung für sich abgelehnt und statt dessen den bewußten Wunsch nach Kinderversorgung und Hausarbeit gehabt hätte, so wäre ihm eine akzeptierte soziale Existenz kaum möglich gewesen. Bereits der Wunsch konnte für diese Zeit als sehr unwahrscheinlich gelten – die Mehrheit der Väter waren Männer, die einen Krieg verloren, existentielle politische Desillusionierung erlitten und die Zertrümmerung des nationalsozialistischen Männlichkeitswahns erfahren hatten.

Nach diesem sogenannten »Zusammenbruch« ging es um

[1] M. Dannecker, R. Reiche, Der gewöhnliche Homosexuelle, Frankfurt 1974, S. 342

die Wiederherstellung »männlicher Würde«, unter keinen Umständen aber um die Beschäftigung mit der sozial gering geschätzten Haus- und Familienarbeit.

Demgegenüber wird ein Mann heute in der BRD, zumindest in städtischen Kreisen, sozial anerkannt, der Haushalt und Kind in gleichem Maße wie die Frau oder allein versorgt.

Die gesellschaftliche Möglichkeit, auf bislang unbekannte und befriedigende Weise als Vater zu leben, und den Druck, tradierte Grundpfeiler männlichen Selbstverständnisses aufzugeben, erfahren Männer in Elterninitiativen als konkreten Widerspruch.

4. Mittelschicht und Stadtleben

Während Krabbelstuben in besonderem Maße aus der beschriebenen Lebenssituation von Frauen und Männern verständlich werden, können wir sie darüber hinaus auf dem Hintergrund schichtspezifischer und städtischer Familienerfahrungen sehen.

Wie bereits gesagt, stammen die Eltern überwiegend aus der Mittelschicht. Das bedeutet in diesem Zusammenhang, daß sie ausreichend Zeit, Geld oder Informationen haben, um die Krabbelstube zu organisieren. Manche haben genug Zeit durch ausreichendes Einkommen eines Elternteils oder durch Halbtagsstellen, durch freie Honorartätigkeit oder Erwerbslosigkeit. Andere haben genügend Geld durch ein bis zwei Gehälter in qualifizierten Berufen. Viele verfügen über die notwendigen Informationen, um für sich selbst und den Betrieb der Initiative ausreichend Mittel und Wege zu finden, über Kenntnisse zur Erschließung von Geldern beim Sozial-, Jugend- und Schulamt und zur Selbstdarstellung nach außen und nicht zuletzt über Verhandlungsgeschick gegenüber Vermietern, Behörden und Stiftungen.

Auch wenn diese Eltern zum Beispiel alleinstehend sind, von Stellenlosigkeit, Geldnot oder anderen Zwängen beengt, so sehen sie sich doch nicht gezwungen, jahrelang mit schwerer körperlicher Arbeit ihre Existenz zu erhalten und ihr Kind in Pflege oder ganztags in eine Krippe zu geben. Statt dessen gelingt es ihnen aufgrund ihrer primären und beruflichen Sozialisation und durch ihren Zugang zu Informationsquellen, erträglichere Kompromisse zu arrangieren zwischen der Geldbeschaffung und eigenen Lebensbedürfnissen sowie denen der Kinder.

Mittelschicht-typisch scheint auch die Entscheidung der Eltern, einen erheblichen Teil ihres Einkommens, ihrer Zeit und Energie in die Krabbelstube zu »investieren«. Wenn man sich hier etwa ein Paar vorstellt, das seinen Lebensunterhalt aus einer Mischung von Honorarjobs, Taxifahren und Sozialhilfe bestreitet, so kann demgegenüber ein Arbeiterpaar zwar ebenso viel oder mehr Geld zur Verfügung haben; es wird aber eher eine andere Entscheidung für sein Kind treffen. Entweder bleiben die Frau und das Kleinkind zu Hause, und das Einkommen des Mannes wird in höherem Maß für die Ausstattung des Haushalts und Freizeitgestaltung aufgewendet. Oder es gehen beide Eltern arbeiten, und das Kind wird ganztags in eine Krippe gegeben, was teurer sein kann als ein Krabbelstubenplatz.

Mit »kinderzentrierten«[1] Eltern erfahren Kleinkinder eine Fülle von differenzierten Interaktionen, von körperlichen und sprachlichen Beziehungserlebnissen. Geliebte Erwachsene sind da, für Lust und Langeweile, für Trost und Kämpfe. Zugleich ist es möglich, daß Erwachsene zu häufig anwesend und um die Kinder herum sind. Gerade als Wunschkinder können sie von elterlichen Erwartungen umstellt, von Angeboten erdrückt oder verzärtelt sein. Wachsen sie einzeln oder höchstens mit einem Geschwister auf, wie die Mehrzahl aller Kinder in der BRD[2], so entgehen sie erwachsener Übersetzung und Kontrolle noch am ehesten durch das Korrektiv einer Kindergruppe mit eigenständigen kindlichen Beziehungen.

Nicht nur Erwachsene, sondern auch die Dinge sind verfügbar. Verglichen mit den Spielsachen meiner Kindheit in den fünfziger Jahren und mit dem geringen Besitz zum Beispiel von ausländischen Kindern in der BRD heute herrscht

[1] Vgl. K. Wahl et. al., Familien sind anders, Reinbek 1980

[2] 1982 waren 25% der Ehen kinderlos. In 30% der Ehen gab es 1 Kind, in 35% der Ehen gab es 2 Kinder, in 8% der Ehen 3 Kinder, in 2% der Ehen 4 und mehr Kinder, in: Frankfurt Rundschau, 21.6.1983

»Reichtum« in der Krabbelstube und oft erst recht in den häuslichen Kinderzimmern. Für die Kinder bedeutet dies einen Alltag in der Gewißheit, daß Essen, Spielsachen und überhaupt Gegenstände allzeit erreichbar und zu Recht zu beanspruchen sind.

Den Teller müssen sie nicht leer essen, die Milchflasche nicht austrinken und dürfen im Essen manschen – es gibt genug. Sich und ihre Kleidung dürfen sie dreckig machen – die Erwachsenen haben immer warmes Wasser und die Waschmaschine. Bei zerbrochenem Spielzeug gibt es wenig Probleme und selten Strafen – die Erwachsenen haben Ersatz.

Zweifellos sind Eltern auch in großem materiellen Reichtum fähig, ihren Kindern alles zu verbieten und ihnen seelisch das Rückgrat zu brechen. Andererseits sehe ich doch im relativen Wohlstand der Eltern eine Voraussetzung dafür, daß sie den freieren Umgang der Kinder mit sich selbst und der Welt der lebendigen wie dinglichen Objekte.

Wenn das Kind geboren ist und die Erwachsenen mit ihm in der Stadt zu leben beginnen, werden ihnen viele Eigenarten städtischen Alltagslebens zum Ärgernis, die ihnen als kinderlose Menschen nicht unbedingt aufgefallen waren.

Es zeigt sich, daß es für die Frauen, die mit ihrem Säugling den Tag verbringen, und für die wenigen Väter, die das tun, kaum gesellige Orte gibt, außer den unsäglichen Bänken längs der Sandkästen auf den Spielplätzen. Andere Orte erweisen sich als wenig geeignet. Kneipen sind meist abends geöffnet, und in diesen wie in Cafés ernten Frauen strenge Blicke, manchmal auch strenge Verweise, wenn sie dort ihrem Baby die Brust geben oder ihr Kleinkind frei umherforschen lassen.

> »Die schwangere Frau, die stillende Mutter sind verehrungswürdig, solange sie unauffällig und eingesperrt sind – entweder im Goldrahmen an der Wand oder in den häuslichen vier Wänden, solange sie ihr Geheimnis taktvoll in Schleier, Abgeschiedenheit, sanfte Träume und unbestimmt nach innen gerichteten Blicken verhüllen. Achtung und Ehre bekommen sie dann, wenn sie unsichtbar bleiben.«[1]

Im Supermarkt ist Gespräch und Kennenlernen kaum mög-

[1] E. Kiderlen, in: Mutterfrust – Mutterlust, Frankfurt 1979, S. 8

lich, und die Straßen werden vom Autoverkehr voller Krach und Gefahren beherrscht; hohe Mauern trennen die Hinterhofgärtchen städtischer Mietshäuser. In Parks fehlen feste Punkte, an denen man sich treffen, Räume, in denen man sich mit spielenden Kindern gesellig ausbreiten kann. Kirchliche Einrichtungen sind in der Stadt für immer weniger Leute Anziehungspunkte. Der frühere Arbeitsplatz, den man vielleicht gelegentlich gern mit Kind besuchen würde, um kollegiale Beziehungen zu erhalten und im Beruf etwas auf dem laufenden zu bleiben, läßt das gewöhnlich nicht zu, ebenso wenig wie der Arbeitsplatz des Mannes oder von Freunden.[1]

Während die formalen und zeitlichen Strukturen der Lohnarbeit und der auf sie zugeschnittenen städtischen Bedingungen Mütter und kleine Kinder konkret in ihrem lebendigen Dasein ausschließen und lediglich abstrakt, in ihrer langfristig verwertbaren, gesellschaftlichen Funktion einbeziehen, wird das Ausgeschlossensein dadurch verstärkt, daß in Großstädten und Trabantensiedlungen die Nachbarschaftlichkeit kaum mehr funktioniert.[2]

Zum Vergleich die Schilderung der starken nachbarschaftlichen Verbindungen zwischen Frauen in einem amerikanischen Vorort der fünfziger Jahre, wie sie von M. French gegeben wird:

> »Die Frauen in den Vororten haben einander... Es gab zwei Gesellschaften: die Welt, in der es Männer gab, und ihre eigene, die ausschließlich aus Frauen und Kindern bestand. In ihrer eigenen Welt waren sie alle füreinander da, physisch und emotional. Durch gute Laune und stummes Verstehen halfen sie einander, zeigten sie einander ihre Zuneigung und ihr Verständnis, auch für ihre gemeinsamen Sorgen. Mira dachte, daß sie füreinander wichtiger waren als ihre Ehemänner es für sie waren. Sie fragte sich, ob sie ohne einander hätten leben können. Sie liebte sie.«[3]

[1] Das kann in einer Krabbelstube anders ein. Nach meiner Erfahrung waren Besuche fremder und befreundeter Erwachsener mit Kindern ebenso häufig wie beliebt und wurden selbstverständlich integriert. Wir stellten weder einen geregelten Tagesablauf noch die Geschlossenheit der Arbeitssituation über spontane Kontakte zwischen privater und beruflicher Sphäre.

[2] Vergleiche auch: C. Heide, Kind in Deutschland, Hamburg 1981, S. 44ff.

[3] M. French, Frauen, Reinbek 1978, S. 105

Eine so unterstützende, nachbarschaftliche »Frauenwelt« wird hierzulande und gegenwärtig von Müttern – und Vätern – in ihrem Stadtteil und Mietshaus offenbar weder in ausreichendem Maß vorgefunden noch hergestellt.

Auch das andere traditionelle Netz, das der weitläufigen, nah erreichbaren Familie, fehlt, zumal in der Mittelschicht – während es typischerweise in ländlichen und proletarischen Zusammenhängen, wie auch immer repressiv, existiert. Frauen, die ihr erstes Kind bekommen, können nicht im nahen Umkreis bei Verwandten miterleben oder nachfragen, wie man es macht mit einem Kind. Zu der Erfahrung des Ausgeschlossenseins kommt also die Unsicherheit in der Erziehung der Kinder, vor allem der erstgeborenen, hinzu.

Vor diesem Hintergrund werden die zunehmend sich vermehrenden Elterninitiativen auch verständlich als Selbsthilfeaktivitäten der Erwachsenen, besonders der Frauen, als selbstgeschaffenes, zuverlässiges Beziehungsnetz, das den Mangel an familiärer Hilfe, an nachbarschaftlicher Zusammengehörigkeit und an Heimat im Stadtteil aufheben soll – und zum großen Teil auch tatsächlich aufheben kann.

Es entstehen über die gemeinsame alltägliche Organisation und über die darin angelegte Öffnung des Privatlebens, über die Kinder und all die Erfahrungen voller Freude, Streit und Strapazen jahrelange, enge Beziehungen. Man hat Anteil am Leben der anderen, hilft sich und knüpft Freundschaften. Ferien werden gemeinsam verbracht und manchmal auch Wohngemeinschaften miteinander gegründet. Natürlich gibt es ebenso Feindseligkeiten und Intrigen, Machtkämpfe und querlaufende Liebschaften, eben die dazugehörigen Verstrikkungen in engen, lebendigen Verhältnissen.

Mindestens so wichtig wie die Gruppenerfahrung der Kleinkinder ist also die Tatsache, daß es den Frauen, und zum Teil auch den Männern, gelingt, die einsam abgekapselte Existenzweise der einzelnen Familie in der Stadt gemeinsam ein Stück weit zu überwinden.

Für die Kinder werden beide Seiten erlebbar, das Gemeinsame, die Gruppe, wie auch weiterhin Aspekte sozialer Isolierung. Denn, um mit letzterem zu beginnen, das Element der städtischen Einkapselung ist nicht vollständig aufgehoben.

So kehrt es augenfällig wieder in dem Umstand, daß das Leben auch der Krabbelstubenkinder zum sehr großen Teil *drinnen*, in Wohnungen stattfindet. Spielen und Umherstreifen draußen in der Stadt ist zu gefährlich, allemal für noch so kleine Kinder, und Verkehrsstraßen, Bürgersteige und Höfe enthalten auch kaum noch Geheimnisse. Was Kinder besonders bezaubert, Viehzucht und Ackerbau, gibt es nur im Bilderbuch zu sehen; und sie wohnen oft so weit voneinander und von der Krabbelstube entfernt, daß auch Wege kaum mögliche gemeinsame Stadterlebnisse bergen.

Das überwiegende »Drinnensein« schließt erneut viel erwachsene Beobachtung ein bzw. die besondere Anforderung an die Kinder, unter deren Augen oder in spezifischer Abschirmung gegen sie zu leben. Im Unterschied zu einer Kindheit am Stadtrand oder auf dem Land, wo man zu Hause schläft und ißt, aber oft, auch schon als kleines Kind, draußen mit anderen Kindern auch sein unbeobachtetes Eigenleben führen kann.

Immerhin haben Kinder der Krabbelstube die Möglichkeit, zwischen unterschiedlichen vertrauten Erwachsenen zu wechseln. Außerdem errichten sie in ihren Kinderfreundschaften eine eigene Erlebniswelt, die mit ihrem sonderbaren Humor, ihrer eigentümlichen Körperlichkeit und ihrer endlosen Wiederholungslust für Erwachsene oft unzugänglich und unverständlich bleibt. So sind sie erwachsener Beobachtung und Kontrolle ein Stück weit entzogen.

Wenn Eltern und Bezugspersonen sich gelegentlich bewußt machen, daß die Dichte und Gefährlichkeit der Stadt sie allzu bewachend werden ließen und daß sie das Leben ihrer Kinder zu sehr beäugen und steuern, so können sie jedenfalls sich gemeinsam um etwas mehr Zurückhaltung bemühen.

Im Leben und Spielen drinnen können sich die Kinder also gleichermaßen geschützt wie den Erwachsenen ausgeliefert fühlen. Es scheint auch die Verführung nahezuliegen, sich allzu viel in den Augen und den emotionalen Reaktionen der Großen spiegeln zu wollen.

Je länger sie in der Gruppe sind, um so mehr Bindung und Sicherheit gewinnen sie dort, allerdings zum Teil verbunden mit der Schwierigkeit, überhaupt körperlich und seelisch allein zu sein.[1] Erfahrungsgemäß haben sie es schwer, sich in fremden Gruppen, Situationen und Orten allein zu orientieren und zu öffnen. Diese Hemmung scheint mir nicht allein durch das frühkindliche Alter und die intensive Gruppensozialisation erklärbar. Vielmehr ähnelt sie auch der Selbstabschließung der Erwachsenen innerhalb ihrer Gruppe, ihrer »scene«, gegenüber Menschen außerhalb der eigenen sozialen Klasse und Kultur.

Auch die Erfahrung, ständig diffuser und oft konkreter Kontrolle ausgesetzt zu sein, scheint der Situation der Erwachsenen zu gleichen: quasi-elterliche Instanzen wie Jugendamt, Schulamt, Finanzamt, Feuerpolizei, Baupolizei und Vermieter haben ein wachsames Auge auf die Initiativen und ihre »Experimente«, ihre »Spielwiese«. Mit der Wachsamkeit ist die reale Drohung verknüpft, bei »Unbotmäßigkeit« Geld, Existenzrecht und Räume zu entziehen.

Die andere Seite, die Gemeinsamkeit der Erwachsenen, bedeutet für die Kinder, alltäglich ihre Eltern in einem Gruppenzusammenhang zu erleben. So zum Beispiel morgens, wenn sie sich beim Bringen der Kinder in den Räumen der Krabbelstube ballen, sich ums Essen oder die Ölöfen kümmern und schwatzen. Da sind die häufigen gegenseitigen Besuche, Unternehmungen und Reisen und periodisch die vielen vertrauten Erwachsenen im Wohnzimmer, die sich zum Elternabend versammeln.

In diesen Situationen beobachten die Kinder, wie Eltern und Betreuer anders als mit ihnen agieren. Eher an solche kind-abgewandten Aspekte, vor allem an der Mutter, gewohnt als in eingekapselten Familien, scheinen die Kinder diese mit der Zeit weniger bedrohlich, höchstens ärgerlich zu finden. So erleben sie wahrscheinlich etwas mildere Schrekken angesichts der elterlichen Unvollkommenheit und können das Fremde in den vertrauten Eltern in verdaulichen Portionen aufnehmen.

[1] B. Bettelheim hat ebenfalls auf die Abhängigkeit der Kibbuzkinder von ihrer Altersgruppe und z. T. von deren physischer Präsenz hingewiesen. Vgl.: Die Kinder der Zukunft, München 1973

5. Ein alternatives Projekt

Als selbstorganisierte, autonome Initiativen haben Krabbelstuben ihre Vorgeschichte in den anti-autoritären Kinderläden der studentischen Protestbewegung und ihren Ort in der gegenwärtigen alternativen Projekt-Szene.

Ein Blick zurück auf die Kinderläden lohnt sich, denn vergleicht man sie mit den heutigen Krabbelstuben und wägt seither hinzugewonnene gegenüber verlorengegangenen Einsichten ab, so wird eine gewisse Verschiebung im Geschlechterverhältnis sichtbar. Im folgenden stütze ich mich auf die Darstellung von H. Sander, die in Berlin den ersten Kinderladen mit aufbaute und diese Erfahrungsgeschichte zehn Jahre später reflektierte.[1]

Frauen linker Männer, die sich im »Aktionsrat zur Befreiung der Frauen« organisierten, gründeten 1968 die ersten Kinderläden in Berlin. Auch ihnen ging es zunächst um Selbsthilfe, um eine Organisationsform, die den Müttern Zeit für »... Studium, Liebe, Kinder ...« und damals vor allem für politische Arbeit brachte und die den Kindern nicht schadete.

> »Die Frauen linker Männer mit Kindern empfinden den Widerspruch zwischen dem politischen Anspruch und ihrer eigenen abhängigen Situation am schärfsten.
> Sie fallen praktisch für die politische Arbeit, die sie als notwendig erkannt haben, aus, weil ihnen im wesentlichen die Sorge für die Kinder überlassen bleibt (...)
> Das Verdrängen des Problems der Kinder in der Theorie ist symptomatisch für eine entscheidende Lücke in der Zukunftsperspektive für eine sozialistische Gesellschaft.
> Solange Mütter und Kinder in der Dunkelkammer bleiben müssen, in die sie von der Gesellschaft gesteckt werden, bis sie in die Lage kommen, produktiv zu arbeiten, werden sie ein Klotz am Bein der Revolution bleiben.«[2]

Im weiteren kritisierten die Frauen die öffentliche Kindergartenerziehung ebenso wie die private Familienerziehung:

[1] Helke Sander, Die Kinderfrage seit '68 – Mütter sind politische Personen, in: Courage 1978/9

[2] Aus einem paper des »Aktionsrates zur Befreiung der Frauen« von 1968, zitiert bei H. Sander, a. a. O., S. 44

»... unser Recht und unsere Pflicht, Kinder zu erziehen (...) kann von keinem noch so fortschrittlichen Kindergarten in unserer Gesellschaft erreicht werden, schon deshalb nicht, da die Erziehung dort den Konflikt des Kindes mit seinem autoritären Elternhaus vermeiden muß.
Das kann nur durch die Selbstorganisation der Erzieher, d. h. in unserer Gesellschaft erst einmal durch die Selbstorganisation der Frauen geschehen.«[1]

Auch für die Frauen in den heutigen Elterninitiativen ist das Element der Selbsthilfe wesentlich, als Konsequenz aus der Ablehnung öffentlicher Erziehung und aus der Kritik an der isolierten, mütterlichen Erziehung im kleinfamilialen Rahmen.

Unterschiede werden deutlich, wo es um Begründungen geht. Mit dem Freiraum, der über Studium und Beruf hinausgeht, war damals Zeit für sozialistische Politik und ist heute Zeit zuerst für sich selbst und verschiedene, darunter dann eventuell auch politische Interessen gemeint.

Beim Aufbau der Kinderläden erarbeiteten die Frauen damals theoretische Analysen ihrer Unterdrückung und der ihrer Kinder und stellten ihr Erziehungs- und Befreiungskonzept in einen revolutionären Zusammenhang.

Heute organisieren die Frauen Krabbelstuben ohne politische Konzepte, ohne theoretische und revolutionäre Begründung. Das hat den positiven Aspekt, daß das Bedürfnis der Mütter nach Selbstorganisation für sie selbst und ihre Umgebung offenbar in höherem Maße legitim und verständlich erscheint. Es bedarf nicht mehr solch intellektueller und sozialistischer Legitimation, um verwirklicht zu werden.

Aber das hat zugleich den negativen Aspekt der Konzeptlosigkeit und des Theoriemangels der heutigen Elterninitiativen. Schließlich zeigt sich, daß die Krabbelstuben sich längst nicht mehr als Teil einer revolutionären Strategie verstehen – ein Gewinn an Ehrlichkeit und Realismus, der aber auch mit dem Verlust jeglicher Utopie einhergeht.[2]

[1] ebd.

[2] Ein Verlust an Utopie, wie er allgemein die oppositionellen Bewegungen und alternativen Projekte gegenwärtig kennzeichnet. An die Stelle der alles sprengenden Revolution scheint der alles zerstörende Atomkrieg oder die to-

Ein weiterer wichtiger Unterschied wird im Verhalten der Männer deutlich. Helke Sander berichtet von einem Prozeß der »Enteignung«[1]:

»Die auf die männlichen Industriearbeiter fixierte Linke nahm das politische Konzept der Frauen nicht zur Kenntnis, sondern übernahm lediglich – und in Phasen geradezu putschistisch – die von den Frauen konzipierten Kinderläden und entwickelte daraus die Theorie einer sozialistischen und antiautoritären Erziehung, die sich von Anfang an in großen Widersprüchen zu den von Frauen aufgeworfenen Fragen befand und zu Auseinandersetzungen zwischen Aktionsrat einerseits und dem inzwischen gegründeten »Zentralrat der sozialistischen Kinderläden« führte. Die bisher private Erziehung der Kinder durch die Mütter wurde in dem Augenblick zur Sache der Männer erklärt, als Mütter die ersten *öffentlichen* Anstrengungen machten, selber die Ziele der Kindererziehung zu bestimmen und Strategien für ihre Durchsetzung zu erarbeiten (...)
... in sämtlichen damals veröffentlichten Publikationen von Männern (die Frauen hatten keine Zeit) über die Kinderläden und die sozialistische Erziehung blieb die inhaltliche Auseinandersetzung zwischen dem Aktionsrat zur Befreiung der Frauen und dem Zentralrat unerwähnt (...)
Das Schema war immer dasselbe: Frauen entwickelten eine langfristige Arbeit, um ihre Aufgabe erkennen und einschätzen zu lernen, Männer machten *Proletarische* Schülerläden, nannten die Kinder *rote Panther*, schrieben Papiere über ihre Erfolge und Bücher, machten Uniseminare...«[2]

Offenbar haben es demgegenüber gut zehn Jahre Frauenbewegung und die Desillusionierung der organisierten Linken zuwege gebracht, daß die Frauen heute die Regie über ihre Interessen eher behalten und Entscheidungen mehr als damals mit den Männern teilen. Eine Enteignung wie früher fin-

tale ökologische Katastrophe oder »no future« getreten zu sein. In vielen Projekten haben Existenzsicherung und Pragmatismus die Diskussion um Ziele und Zukunftsvisionen an die Wand gedrückt.

[1] H. Sander, a. a. O., S. 41

[2] H. Sander, ebd.

det nicht statt, vermutlich nicht nur, weil die gewachsene kollektive Stärke der Frauen dies nicht mehr zuläßt. Sondern auch, weil den Männern für eine Instrumentalisierung des Projekts und damit für Prestigegewinn darüber kein revolutionäres Nahziel mehr zur Verfügung steht. Und mit dem Scheitern aufgesetzter politischer Ansprüche ist vielleicht unter anderem die Einsicht aufgetaucht, daß Kindererziehung ein sehr langsames und alltägliches, dabei unberechenbares Unterfangen ist.

An die Frauen in den heutigen Elterninitiativen richtet sich die kritische Frage, wo denn gegenüber Kinderladen-Zeiten ihre Utopie und der Stachel ihrer umstürzlerischen politischen Phantasie geblieben sind. Im Alltag und im Zeitmangel untergegangen – das erklärt nicht alles. Im gleichen Boot wie die meisten anderen autonomen Initiativen, die Lebensbedürfnisse nicht in der Zukunft, sondern jetzt und konkret erfüllen wollen – das ist wichtig, aber auch nur ein Teil.

Daß die Frauen der Krabbelstuben keine Konzepte formulieren und veröffentlichen, liegt diesmal auch nicht an Übergriffen der Männer. Wie so oft praktizieren die Frauen eine neue Form des Arbeitens und Erziehens, eben des Alltagslebens, ohne sie jedoch theoretisch wie politisch auszuwerten und offensiv nach außen zu wenden.

Bei aller Glaubwürdigkeit von H. Sanders kritischem Bericht über den Stellenwert männlicher Publikationen zu den frühen Kinderläden besticht doch deren breite Wirkung auf die damals schockierte Öffentlichkeit. Der allgemeinen Empörung über skandalöse Film- und Zeitungsberichte und über aggressiv tabuverletzende Texte der Kinderladen-Vertreter folgte dann eine allmähliche öffentliche Diskussion um reformbedürftige Erziehungsinstitutionen, dann gewisse Tendenzen zur »Demokratisierung« des Verhältnisses zwischen Kindern und Erwachsenen und zur partiellen Lockerung in der Sexualerziehung.

Möglicherweise ruhen sich die Frauen allzu sprachlos und träge auf den Erkenntnissen und Kämpfen ihrer Vorstreiter/-innen aus und genießen deren Früchte. Sie messen aber offenbar ihren Erfahrungen mit der begonnenen Veränderung der geschlechtlichen Arbeitsteilung und mit der teilweise kollektiven Sozialisation ihrer Kinder nicht genug Wert bei, um sie zu veröffentlichen. Bis auf einige (Ehe-)Männer scheinen Krabbelstuben kaum jemanden ernstlich zu stören und zur Auseinandersetzung zu provozieren.

Das wird zum Teil daran liegen, daß die Frauen ihre Arbeit nicht explizit verknüpfen mit grundsätzlicher Kritik an der Ehe und an männlicher Herrschaft, an Institutionen und an der aktuellen Familienpolitik, so sehr diese Kritik auch implizit in ihrer gemeinsamen Aktivität enthalten sein mag.

Vielleicht sind auch weniger Feigheit und Anpassung verantwortlich für die fehlende offensive Kritik der Frauen als die Erfahrung, daß es eher gelingt, der Gesellschaft die Mittel – staatliche Gelder, amtliche Anerkennung, Räume und so weiter – für eigene Lebensbedürfnisse durch beharrliche Praxis abzugewinnen als durch spektakuläre Proteste.

Andererseits haben in jüngerer Zeit Gruppen wie die Alten – und das sind mehrheitlich Frauen – als Graue Panther, dann Behinderte mit ihren Krüppeltribunalen und geschlagene Frauen mit öffentlichen Protestaktionen Aufmerksamkeit und auch Zugeständnisse erzwungen. Möglicherweise sind es demgegenüber die Kleinkinder, der eigentliche Anlaß des Zusammenschlusses, die den Frauen nichts übrig lassen, als den Alltag mit ihnen zu organisieren, unter Verzicht auf aufwendige Aktionen.

Es könnte auch sein, daß die Faszination von skandalösen Protesten als Motor gesellschaftlicher Veränderung auf einer Täuschung beruht, daß letztlich langsame, unaufhaltsame Alltagsprozesse das gewalt- und angstbestimmte Geschlechterverhältnis zersetzen und damit die geschlechtliche Sozialisation der Kinder wandeln.

Schließlich ist, wie schon gesagt, etlichen Frauen in Elterninitiativen der eigene Spielraum im Sinne ihrer individuellen Subjektivität wichtiger als ein kämpferisches Eintreten für ihre »kollektive Subjektivität«[1]. Das kann auch damit zusammenhängen, daß viele von ihnen heute in einer späteren Lebensphase Kinder haben als die damals zumeist studierenden SDS-Mütter. Nach Jahren engagierter Aktivität in Ausbildung und Beruf neigen sie nunmehr, im Leben mit den Kin-

[1] D. Cohn-Bendit, Eine Schwalbe macht noch keinen Sommer, in: Autonomie oder Getto, Frankfurt 1978, S. 197

dern und der Krabbelstube, zu eher kräftesparender und pragmatischer Bequemlichkeit.

Antiautoritäre Tradition und organisatorische Autonomie der Krabbelstube bedeuten für die pädagogische Praxis, daß die Kinder nicht-repressiv und triebfreundlich, autonomie- und gruppenfähig erzogen werden – jedenfalls programmatisch. Gut zehn Jahre nach den Erfahrungen der Kinderläden müssen immerhin einige ihrer Fehler heute nicht gemacht werden, die damals übereiligen und falschen Schlüssen aus der psychoanalytischen Theorie und aufgesetzten revolutionären Ansprüchen entsprangen. Die Kinder werden nunmehr weder völlig sich selbst und der sogenannten Selbstregulierung überlassen noch zu proletarischen Kämpfern getrimmt.

Für die Kinder ist es natürlich nur sinnvoll, daß sie nicht mehr an politischen Projektionen gemessen und stellvertretend zur Avantgarde werden sollen. Sie erleben, daß sie in ihrer Gegenwart und nicht bezogen auf ungreifbare erwachsene Kampfphantasien, in ihrem aktuellen Liebes- und Sicherheitsbedürfnis und mit ihrer Konflikthaftigkeit weitgehend angenommen werden.

Es scheint allerdings, daß die Erwachsenen zu der Wunschvorstellung neigen, sie könnten Kinder ohne Aufpfropfung linker wie überkommener Maßstäbe – daher überhaupt frei sich entwickeln lassen. Ein häufiger Satz lautet: »Ich erziehe mein Kind als Mensch, nicht als Junge oder Mädchen.«

6. Pädagogisierung und Professionalisierung

Nicht nur in der bunten Landschaft alternativer Projekte haben Krabbelstuben ihren Ort, sondern auch im Zusammenhang der neueren Tendenz zur »Erfassung« des Primarbereichs. Nach dem Schul-, Vorschul- und Kindergartenalter ist nun auch die Kleinkind- und Babyzeit »dran«: zur Seite der Kinder als Pädagogisierung begreifbar, zur Seite der Mütter und Erzieherinnen als Professionalisierung.

Wieder wird ein bislang privat und dunkel gebliebener Lebensbereich »erschlossen«. Genetisch betrachtet handelt es sich um die wildwüchsige frühe Kindheit in Familien und Institutionen, unterm sozialen Aspekt um das unbekannte, unkontrollierte Pflegen und Erziehen, sei es junger Mütter, sei es altgedienter Kinderpflegerinnen und anderer »unaufgeklärter« Betreuungspersonen. Auch diese dämmrigen Ecken können ausgeleuchtet, auch hier kann geforscht und gefördert, strukturiert und programmiert werden.

Bei der Untersuchung der Elterninitiativen haben wir es hier also zu tun mit dem Dilemma autonomer Initiativen, die kollektiv subjektive Bedürfnisse gegen die herrschende Ordnung organisieren und öffentlich machen, damit aber erfahrungsgemäß auch dem Zugriff eben dieser Ordnung zugänglich. In diesem Prozeß und seinen Konsequenzen können die Initiativen ihre politische Unschuld nicht behalten. Denn in gegnerischen wie kooperierenden Beziehungen zwischen ihnen und der ungleich überlegenen Gegenseite – der Bürokratie, Geldgebern und so weiter – geht es um die Kontrolle, die jede Seite behalten oder vergrößern will.

Für Krabbelstuben als Produkt oppositioneller Bewegungen bedeutet das, daß sie authentische Bedürfnisse von Frauen und kleinen Kindern ins öffentliche Bewußtsein gerückt und eine reformerische Welle im »Primarbereich« ausgelöst haben. Zugleich enthalten sie mittlerweile selbst den Widerspruch zwischen kollektiver, widerständiger Selbstorganisation und Teilhabe an der pädagogisierenden und professionalisierenden Tendenz.

Unter den gesellschaftlichen Reaktionen auf die Selbstorganisation der Mütter findet man Phänomene auf verschiedenen Ebenen: zum einen zunehmende pädagogische Angebote von Institutionen für Frauen und Kleinkinder; zum anderen eine Reihe wissenschaftlicher Forschungen auf dem Gebiet frühkindlicher Erziehung und schließlich die Intensivierung von Ausbildung und Fortbildung in diesem Bereich.

Zu jeder Ebene sollen einige Beispiele folgen.

a) Erweiterte praktische Angebote für Kleinkinder und ihre Mütter:
  - Die sehr verbreitete Einrichtung sogenannter »Miniclubs«, Spielkreise oder Mutter-Kind-Treffs, die unter Anleitung einer Fachkraft zwei- bis dreimal wöchentlich für Kinder und Frauen gemeinsam angeboten wer-

den. Träger sind Familienbildungsstätten der freien Wohlfahrtsverbände, Volkshochschulen, Gemeinden und Kirchen.[1]

- Das mehrjährige Modellprojekt »Tagesmütter«, das vom Familienministerium getragen wurde und von Begleitforschung, Fortbildung und Supervision flankiert war.[2]
- Die Verdoppelung der registrierten Tagespflegestellen zwischen 1974 und 1976, zum Teil mit dem Angebot psychologischer Beratung der Pflegemutter.[3]
- Die allmähliche Reform in den Ganztagskrippen der Kommunen und freien Wohlfahrtsverbände durch Neubau und Erhöhung der Krippenplätze, Verbesserung der materiellen und der Personalsituation sowie durch Fortbildung und Fachberatung.[4]

In jeder Form geht es den Initiatoren darum, die Entwicklungschancen von Kleinkindern und die erzieherische Kompetenz der Mütter, Ersatzmütter und Erzieherinnen zu fördern. Hinter so formulierten Zielen steht das Interesse, Elemente der autonomen Elterninitiativen selektiv zu benutzen und dadurch im Sinne der eigenen institutionellen und ideologischen Schwerpunkte zu kontrollieren. Wie für alle reformerischen, generell widersprüchlichen Angebote gilt auch hier, daß sie je nach der Einzelsituation Frauen und Kindern mehr Selbstbestimmung ermöglichen oder aber ihnen mehr Zwang aufnötigen können.

b) Einige Forschungsprojekte, die frühkindliche Entwicklung und die Arbeit der erziehenden Frauen untersuchen (seit Mitte der siebziger Jahre):

[1] Vgl. Tagungsdokumentation der AGJ-Expertentagung »Probleme der Sozialisation von Kindern unter drei Jahren«, Bonn 1981

[2] Vgl. »Das Modell-Projekt ›Tagesmütter‹«, Abschlußbericht des Deutschen Jugendinstituts, München 1979

[3] Vgl. B. Frauenknecht, Nationaler Bericht der BRD zur Situation in der Tagesbetreuung für 0–3jährige Kinder von erwerbstätigen Müttern, Deutsches Jugendinstitut, 1977

[4] Vgl. Auswertungsbericht zur Tagung »Einrichtungen und Modelle außerfamilialer Sozialisation für Kinder unter 3 Jahren« im Nachrichtendienst des Deutschen Vereins für öffentliche und private Fürsorge, Frankfurt 1979/6

- Vorprojekt »Entwicklung« und Projekt »Krippe«, Leitung: Prof. Dr. Holzkamp, Freie Universität Berlin;
- Projekt »Krippe und Familie« zur Förderung der Entwicklung von Säuglingen und Kleinkindern in Familie und familienergänzenden Einrichtungen (Krippe), Leitung Prof. Dr. Beller, Freie Universität Berlin;
- Projekt zur »Förderung der Familienerziehung« und Teilprojekt »Kleinkind-Gruppe«, Leitung: Prof. Dr. Erler, Fachhochschule Regensburg, und Prof. Dr. Erler, Gesamthochschule Bamberg;
- Projekt »Frühkindliche Erziehung ausländischer Kleinkinder«, Leitung: C. Franger, Institut für Sozialarbeit und Sozialpädagogik, Bonn;
- Projekt »Erziehungsalltag in der Unterschicht – Problemsicht und Problemverarbeitung von Unterschichteltern mit kleinen Kindern« und Modellprojekt »Tagesmütter«, Deutsches Jugendinstitut München;
- Projekt »Pflegekinderwesen in Köln, bezogen auf 0–3jährige Kinder«, Leitung: Prof. Dr. Süßmuth, Universität Köln.
- Projekt »Frühkindliche Erziehung«, Leitung: Prof. Dr. H. Kallert und Prof. Dr. W. Großmann, Universität Frankfurt

c) Neuerungen im Bereich der Aus- und Fortbildung

Auch im pädagogischen Ausbildungssektor tun sich zum Thema »Frühkindliche Sozialisation« neue Felder auf. In den letzten Jahren werden Lehrstühle und Ausbildungsschwerpunkte für »Kleinstkindpädagogik« aufgebaut, sowohl an Hochschulen (zum Beispiel in Berlin, Bamberg und Bremen) als auch an Fachhochschulen (etwa Regensburg und Lüneburg).

Wie viele Seminare mittlerweile zum Thema angeboten werden, zeigt ein Blick in die Vorlesungsverzeichnisse. Noch vor zehn Jahren existierte das Thema nicht. Kenntnisse über die Beziehung zwischen Kleinkindern und Frauen wurden in der Form von Kinder- und Säuglingspflege in medizinisch-pflegerischen Ausbildungen vermittelt; im wissenschaftlichen Kontext von lernpsychologischer und psychoanalytischer Position aus als Theorie der individuellen Entwicklung und der Mutter-Kind-Beziehung aus der Perspektive bzw. der Retrospektive des Kindes.

Neu entstanden ist ebenfalls der Bereich der beruflichen Fortbildung von Kinderpflegerinnen und Krippenerzieherinnen sowie der Beratung und Supervision für sie und für Mütter, leibliche wie Tages- und Pflegemütter. Wie die erweiterten praktischen Angebote und die Forschungsprojekte berücksichtigen auch diese Veranstaltungen Bedürfnisse der betroffenen Frauen und Kinder in unterschiedlichem Maße. Fortbildung kann, zumal wenn sie einseitig von Amtsseite verordnet ist, die Bedeutung einer Intensifikation der Arbeit gewinnen. Die Erzieherin soll zum Beispiel eine weit komplexere psychische Interaktion als bisher in einer materiell und personell unverändert mangelhaften Arbeitssituation leisten. Oder sie soll etwa den Kindern freiere Gefühle und Autonomie ermöglichen, ohne daß ihre eigenen Gefühle und ihre Autonomie am Arbeitsplatz zur Debatte stünden.

In anderen Fällen sucht die Fortbildung eher gemeinsam mit den erziehenden Frauen nach durchsetzbarer Verbesserung der Arbeitssituation und nach Kompromissen zwischen frühkindlichen und erwachsenen Bedürfnissen. Generell liegen aber in der Funktion von Fortbildung beide Tendenzen: mehr äußere Kontrolle versus bessere eigene Handlungsfähigkeit nahe beieinander.

Hier ergibt sich die Querverbindung zu den Krabbelstuben, denn diese Ambivalenz ist ebenfalls in der Rolle der »Bezugspersonen« angelegt. Wenn Elterninitiativen beruflich qualifizierte Betreuer/-innen einstellen, können sie einerseits von positiven Aspekten der Professionalisierung profitieren: von der Vermittlung psychologischen Wissens über frühe Kindheit und über die Dynamik der Eltern-Kind-Beziehung, von intensiver Beratung und von Unterstützung im Gruppenprozeß. Andererseits kann diese professionelle Elternbildung und »Kleinstkind-Pädagogik« auch den Charakter von Schulmeisterei, Einmischung und Profilierung gegenüber Müttern und Vätern haben. Alle Beteiligten sind hier besonders in den Widerspruch zwischen Kollektiv und Spezialistentum verwickelt.

Wenn Elterninitiativen Bezugspersonen einstellen, die pädagogisch nicht ausgebildet sind, dafür einfach »Kinder mögen« und »Bock auf diesen Job« haben, dann ist das ein Beispiel für die anti-professionelle Haltung von Krabbelstuben und für das Einverständnis mit wildwüchsig unreflektierten – vielleicht guten, vielleicht miserablen – Beziehungsstrukturen im Kollektiv. In diesem Fall gibt es ebenso Übergriffe und Konkurrenz zwischen Betreuern und Eltern, aber weniger Mittel der Distanzierung und des Verstehens.

Daß häufig je eine berufsfremde und eine pädagogisch qualifizierte Bezugsperson als Kollegen zusammenarbeiten, macht das widersprüchliche Verhältnis zur Professionalisierung deutlich.

Auch im Umgang mit den Kindern ist der Widerspruch spürbar: der anti-pädagogische Anteil von Eltern und Bezugspersonen kommt in ihrer Einmütigkeit gegen Lernprogramme und für eine lange, lustvolle und freie Kindheit zum Ausdruck. Andererseits liegt bereits in der Einrichtung einer vom Erwachsenenleben gesonderten Kinderwelt, ein Stück Pädagogisierung. Ähnlich ist es mit der Absicht, die Kinder durch kontinuierliche, gute Gruppenerfahrung zu solidarischen und rücksichtsvollen Menschen zu erziehen.

Die Fähigkeit zu etwas freierem, trieb- und konfliktbejahendem Umgang mit kindlichen Lebensäußerungen entstammt nicht nur nachlassender Zwanghaftigkeit der Erwachsenen, sondern auch dem Gebrauch psychoanalytischen Wissens über frühe Kindheit. Schon antiautoritäre Kinderladenpädagogik stützte sich in ihrer Begründung auf die Psychoanalyse, damals jedoch bewußt und explizit, im Gegensatz zu Krabbelstuben-Pädagogik heute. Ihr Gemisch von Wissen und Phantasien, von Moral und Großzügigkeit charakterisiert Elterninitiativen in ihrer Doppeldeutigkeit als Teil der Pädagogisierungstendenz und als Teil einer relativ autonomen Bedürfniskultur von Kindern und Erwachsenen.[1]

[1] Dieser Abschnitt wurde 1983 geschrieben; die in ihm enthaltene Einschätzung bezüglich einer fortschreitenden Reform im Primarbereich würde ich inzwischen folgendermaßen differenzieren: während es auf der wissenschaftlichen Ebene quantitativ und qualitativ unübersehbare Fortschritte in der Auseinandersetzung mit frühkindlicher Sozialisation gibt, drückt sich auf der Ebene der Rechtsprechung, der öffentlichen Hand und der Behörden vielfach noch die Weigerung aus, gleichermaßen die sozialen Bedürfnisse von Kleinkindern und von Müttern anzuerkennen und mit familienergänzenden Maß-

III. Mädchen und Jungen in der Krabbelstube – Aspekte geschlechtlicher Sozialisation –

Vorbemerkung

Im vorausgegangenen Abschnitt habe ich das besondere soziale Gefüge beleuchtet, in dem sich die geschlechtliche Sozialisation der hier betrachteten Kinder vollzieht. Es wurden typische Elemente der sozialen Geschichte, der Lebenssituation und des Alltags von Frauen und Männern deutlich, die sich in Elterninitiativen zusammenschließen.

Im folgenden untersuche ich die Beziehungen, die Erwachsene und Kinder in diesem Gefüge miteinander herstellen, und die Bedeutung, die das jeweils für Mädchen und für Jungen haben kann.

Es geht also einmal um das psychodynamische Verhältnis der kleinen Töchter zur Mutter, zum Vater und zu den anderen Männern und Frauen, dann um das Verhältnis der kleinen Söhne zu ihren Erwachsenen beiden Geschlechts.

Dabei werden aus der Vielfalt der Aspekte natürlich nur einige ausgewählt, und zwar diejenigen, die von meinem Beobachtungsmaterial nahegelegt werden und die sich bei beiden Geschlechtern finden und vergleichen lassen.

In der Beziehung zwischen den Mädchen bzw. den Jungen und der Mutter beschränke ich mich auf die Aspekte der Trennung und der ödipalen Konstellation.

Was Mehrfach-Bemutterung und widersprüchliche Erwartungen bedeuten, wie mit Aggressivität und mit Ich-Leistun-

nahmen angemessen zu beantworten. Auf dieser Praxisebene wiederum besteht ein starkes Stadt-Land-Gefälle: während in Großstädten häufig die Bewilligung von Mitteln für Fortbildung und andere Verbesserungen im Krippenbereich und für Bezuschussung von Elterninitiativen praktisch durchsetzbar geworden ist, sieht man in mittleren und ländlichen Kommunen meist eine völlig unveränderte Situation. Eine echte Reform kann vermutlich erst wirksam werden, wenn sich eine Bewußtseinsänderung in einer gesetzlichen Regelung niederschlägt, die den Bildungsauftrag im Primarbereich ebenso verankert wie im Kindergartenbereich und die den beruflichen und gesellschaftlichen Interessen von Müttern Rechnung trägt.

gen umgegangen wird, wovon die Aneignung des kindlichen Körpers und der Realität geprägt ist, das soll im Verhältnis zwischen den betreuenden Frauen der Krabbelstube und den Kindern untersucht werden.

Schließlich wird die Beziehung von Söhnen und Töchtern zum Vater und zu anderen Männern betrachtet unter den Gesichtspunkten der drei Varianten väterlichen Verhaltens, die ich im vorigen Abschnitt (siehe S. 47) beschrieben habe.

1. Mädchen

Äußere Trennung und innerpsychische Loslösung

Ein kleines Mädchen, das in die Kindergruppe kommt, erlebt mit der Mutter täglich Trennung und Wiedervereinigung. Dieses äußere Sich-trennen geht häufig, aber nicht immer parallel mit dem Prozeß wechselseitiger seelischer Loslösung. Die beiden Separationsprozesse – der des Mädchens ab Ende des ersten Lebensjahres und der der Frau – können konfligieren, vor allem in Phasen stärkerer und unbewußter mütterlicher Ambivalenz, aber auch einander wechselseitig erleichtern. In Zeiten, in denen beide die tägliche reale Trennung gut akzeptieren, kann das Mädchen zunehmend abgegrenzte, überwiegend libidinös besetzte Vorstellungen von der mütterlichen und der eigenen Person gewinnen.

> So sagte ein zweijähriges Mädchen, dessen Mutter arbeiten ging und das in der Krabbelstube geschäftig herumwirtschaftete: »Mama Eibeit (= Arbeit). Susi Eibeit.«

Freude über die Freiheiten des Getrenntseins, ruhige und erregende Erfahrungen mit dem Alleinsein und mit der Gruppe, wachsende Liebesgefühle zu Kindern und zu den Betreuern – solche Erlebnisse lassen das Mädchen manchmal in stürmische Lebenslust, manchmal in schuldvolle Angst vor der eigenen Courage verfallen. Sie werden indes um so eher zu einem selbstverständlichen Teil der eigenen Person, je deutlicher es wahrnimmt, daß die Mutter ihr Eigenleben ebenso genießt wie die tägliche Wiedervereinigung mit der Tochter. Neben den Erfahrungen des Alleinseins und anderer guter Objektbeziehungen sind es besonders körperliche Erlebnisse, einfach motorischer wie auch sexueller und aggressiver Art, die den Abgrenzungs- und den Individuationsprozeß des Mädchens gegenüber der Mutter unterstützen.

Wenn die Loslösung der Frau aus der symbiotischen Verbundenheit mit ihrer Tochter zeitweise oder ganz zusammenfällt mit ihrer Loslösung vom Mann im Sinne eines Ausbrechens aus der (Ehe-)Beziehung, kann das Mädchen in Angst- und Schulddruck geraten, können sich in seinem Erleben Autonomiegewinn und Objektverlust eng verbinden.

Von elf Müttern, die kleine Mädchen hatten, trennten sich vier von ihren Männern und Töchtern während deren ersten Lebensjahren. In zwei weiteren Fällen blieben nach der elterlichen Trennung Mutter und Tochter zusammen. Mindestens drei weitere Frauen hatten in dieser frühen Lebensperiode ihrer Töchter Auseinandersetzungen in ihren Beziehungen mit Männern, in denen latent die Möglichkeit der Trennung enthalten war.

In diesen schwierigen Situationen bekämpfen manche Mädchen die tägliche Trennung; andere gebrauchen die Krabbelstube vermehrt, um zu regredieren oder um an diesem Nebenschauplatz ihre widerstreitenden Gefühle auszuagieren; einige bilden vorübergehende kindliche Neurosen aus.

Für den Verlauf der täglichen Trennung ist der Faktor der Ungleichzeitigkeit oft von Bedeutung. Manche Mädchen spielen sich in der Eingewöhnungszeit spontan in die neue Beziehungswelt hinein und scheinen die Mutter zu »vergessen«. Dann hat die Frau mit Verlustangst und Eifersucht zu kämpfen. Nicht selten kommt es dann mit Verzögerung zu einer Beziehungskrise in Form eines »Rückfalls« der Tochter, wenn nämlich deren eigene nachrückende Trennungsängste und die abgewehrten ängstlich festhaltenden Tendenzen der Mutter einander einholen. Insgesamt muß die Frau emotional verkraften, was sie bewußt will, daß andere Erwachsene, vor allem die Betreuerin oder der Betreuer, aber teilweise auch andere Eltern in die Rolle von zusätzlichen Autoritäten und Geliebten ihres Kindes wachsen.

Umgekehrt kann es für die kleine Tochter schwierig sein, die zunehmende Hinwendung der Mutter an andere Erwachsene zuzulassen, besonders wenn sie bis dahin ihr narzißtisch geliebter Augapfel oder ihre tröstliche kleine Freundin war.

Oft fühlt sie sich gar nicht sofort befreit und entlastet, klammert sich statt dessen mit wütender Verzweiflung an die fortgehende oder ins Gespräch vertiefte Mutter und läßt sich vielleicht vorübergehend in klägliche und anklagende Depression fallen.

Bis auf eines der Mädchen, deren Mutter nach einigen Monaten aufgab, weil uns die Eingewöhnung und ihr die Trennung nicht gelang, überwanden alle Töchter mit ihren Müttern die Separationskrisen.

Für drei der Mädchen war es vorübergehend schwer zu verkraften, daß ihre Mütter sich zeitweise sehr wenig für sie interessierten. Sie konnten ihrem Enttäuschungsschmerz um so weniger ausweichen, wenn sie liebevolle Szenen zwischen anderen, Frauen und ihren Kindern miterlebten.

Im Umgang mit der frühen täglichen Trennung vom mütterlichen Liebesobjekt und mit der Anpassung an die Krabbelstube sind die kleinen Mädchen in besonderer Weise zu seelischen Leistungen wie Antizipation und Differenzierung herausgefordert. Ihren Liebesbeziehungen prägen sich früh Zeitgrenzen ein.

Während sie in entspannten Zeiten die Mutter vor lauter Genuß in der Krabbelstube vergaßen, gab es andererseits immer auch Tage angespannter Erwartung.

Ein Hauptweg aus dieser Anspannung war die trostsuchende Anlehnung an die Bezugsperson. Mehr als die Jungen entwickelten sie daraus später introvertierte, regressive Selbsttröstungsaktivitäten: den Rückzug mit Schmusenwindel, Flasche, Schnuller oder Bilderbuch und Decke; zum Teil bis ins 5. Lebensjahr.

Jedes der Mädchen bekam gewohnheitsmäßig von zu Hause Tröster mitgegeben, in der Regel die eben genannten Gegenstände zum Saugen oder Anschmiegen.

Mit dem Spracherwerb neigten mehrere Mädchen dazu, ihre ängstliche Sehnsucht mit rationalen Erklärungen zu beschwichtigen. In vernünftigem Ton sagten sie sich selbst oder Zuhörenden immer wieder vor:

»Mama holt mich ab, hat sie gesagt.« – »Die Mama kommt gleich, es macht Ping! – und dann ist sie da.«

Ein dritter bevorzugter Weg der Bewältigung war am kreativsten und verlief fast ohne Angst, nämlich ausgedehntes Rollenspiel über das Thema des Getrenntseins und der Wiedervereinigung: »Da ist die Mama, die arbeitet. Ich bin der kleine Wolf. Der Wolf geht ins Kino. Dann kommt die Mama Wolf, und die essen Eis.«

Die Mädchen steuerten also – besonders etwa ab Mitte des 3. Lebensjahres – ihre Sehnsucht nach der getrennten Mutter auf verschiedene Art: über die Kontrolle in der Phantasie im Wege autoerotischer oder leicht depressiver Regression; über rationale Kontrolle und über die lustvoll agierte Darstellung der Gefühle im Spiel.

Nach meiner Beobachtung tendierten sie keineswegs in gleichem Maß wie die Jungen dazu, sich durch hohe motorische Aktivität von ängstlicher Erwartungsspannung abzulenken. (vgl. S. 90)

Mit einer eindrucksvollen Ausnahme – der eines wilden, burschikosen Mädchens, das sich, kaum einjährig, bereits mit seinen beiden Schwäche-verleugnenden Eltern auf die Unterdrückung von Angstgefühlen einigte, und zwar besonders durch lärmendes Drüberweg-Toben.

Ödipale Konstellation

Nach meinem Eindruck bleibt das Thema der Rivalität zwischen Mutter und Tochter relativ verdeckt, im Gegensatz zum Thema der Loslösung und Autonomie, und vielleicht auch von beiden Seiten besonders gemieden. Weibliche Rivalität findet *innerhalb* der Generationen, kaum zwischen ihnen statt: ganz offen unter den kleinen Mädchen; auch zwischen sehr geliebten Freundinnen sind Übertrumpfenwollen und Konkurrenz häufige Ursache von Streitereien, geht nach Neid- und Eifersuchtsszenen die Freundschaft weiter. Andererseits gibt es die beschriebene Konkurrenz zwischen den Müttern und im Verhältnis zur Betreuerin, obwohl nicht so offen wie bei den freimütig boshaften kleinen Mädchen.

So sehr beide Generationen durch ein je eigenes Austragungsfeld von unmittelbarer Konkurrenz miteinander entlastet sein mögen, so wahrscheinlich ist es doch, daß in der so gewonnenen größeren Harmonie etwas unerledigt bleibt. Für die Frau ist der Ödipuskomplex des kleinen Mädchens eine

Herausforderung, sich mit der Existenz töchterlicher, weiblicher Sexualität und mit Liebeswünschen auseinanderzusetzen, die zum Teil von ihr weg auf andere, besonders den Vater, zum Teil auf sie selbst gerichtet sind. Diese Herausforderung berührt zugleich ihre eigene Identität als Frau und die Frage, wie eindeutig sie zu ihren erwachsenen, sexuellen Interessen stehen kann, die die Tochter ausschließen.

Während homosexuelle Liebesgefühle des Mädchens auf seiten der Mutter offenbar rigoroser von bewußter Wahrnehmung ausgeschlossen werden, weil sie im Kontext des allgemeinen kulturellen Tabus tiefer verdrängt sind, scheinen die erotischen Besitzansprüche auf den Vater bewußtseinsnähere Konflikte der Frau zu berühren.

In diesem Zusammenhang kann es der Konfliktvermeidung dienen, wenn Mütter und Betreuerinnen, unbewußt übereinstimmend, einseitig bei drei-, vierjährigen Mädchen »phallisches« Verhalten, also robuste, jungenhafte Anteile bestärken. Als sollten die Mädchen so ihr kindlich erotisches Interesse am Männlichen unterdrücken, sollten sich nicht liebend den Männern allzu weit zu- und damit von den Frauen abwenden.

Nicht die Unterstützung von »männlichen« Aktivitäten als solche, sondern deren Überbetonung enthält die Möglichkeit, daß die Frauen hier auf heimliche Weise dem Mädchen einen eigenen Zugang zum Mann versperren. Indem sie ihm (dem Mädchen) zu einseitig die Orientierung an Frauen und eine starke »männliche« Teil-Identifikation nahelegen, behalten sie ja insgeheim den Mann besonders sicher für sich, abgeschottet gegen den Zugriff der Tochter. Also eine »raffinierte«, aktive und vielleicht doch ödipale Konkurrenz aus der überlegenen Position heraus.

Untergründig spüren die kleinen Töchter die Absperrung, und zeitweise passen sie sich den Frauen an. Das ist der Fall in dem Maße, in dem sie selbst die als gefährlich phantasierte ödipale Konfrontation mit den Müttern zu meiden suchen. So schützen sie in ihrem Sicherheitsbedürfnis nicht nur das zärtliche Verhältnis zur Mutter, sondern erhalten auch, zur wechselseitigen Beschwichtigung, die konfliktfreie gegenseitige narzißische Identifikation. Sie ›sind‹ dann fast nur selbständig und kühn, scheinen nur einen lustvoll tobenden, starken Kinderkörper, nicht aber einen sexuellen weiblichen Körper zu haben.

> Ein vierjähriges Mädchen sagte in einer Gruppenszene, in der Kinder und Betreuerinnen über Geschlechtsunterschiede sprachen, ärgerlich: »Keine Scheide habe ich. Du sollst das nicht sagen.«

Eine solche Verleugnung verliert ihre Notwendigkeit, wenn die Tochter, in Zeiten größerer Stärke, sich der Mutter gegenüber eigenständige und feindselige Gefühle leisten und erotische Sehnsucht nach dem Vater zulassen kann. Das vermehrt innere und äußere Konflikte: Im Mädchen geraten zwei Körper-(Selbst-)Bilder und zwei Liebesobjekte in Widerstreit, und die aufgekündigte Vermeidung kann zu Auseinandersetzungen führen.

Erotische Erlebnisse und genital-sexuelle Spiele, wie sie kleine Mädchen in der Kindergruppe genießen, bedeuten für sie selbst reale autonome Lusterfahrungen, für Mütter andererseits zwar vorübergehend die Beunruhigung eigener Schamgefühle, aber ebenso die Beruhigung, daß Gefühle körperlichen Verlangens in der Kinderwelt »aufgehoben«, aus dem ödipalen Dreieck gerückt sind.

Mehrfach-Bemutterung

Töchter erfahren die Mutter in einer Gruppe von Frauen, den überwiegend weiblichen Bezugspersonen und den anderen Müttern. Das kann ebenso Multiplikation von Weiblichkeit wie deren Differenzierung bedeuten.

Einerseits haben also die Mädchen neben der Mutter weitere weibliche Liebesobjekte und Identifikationsmodelle. Sie können Aspekte von Frauen, von denen sie weniger abhängig sind, verinnerlichen und in Loslösungsschritten gegenüber der Mutter für Abgrenzung und ihre weibliche Identitätsbildung gebrauchen.

Andererseits kann das kleine Mädchen die Frauen als mächtige Vervielfachung der Mutter erleben, sowohl im Fall bewußter Kooperation etwa zwischen Betreuerin und Mutter als auch im Fall einer unbewußt übereinstimmenden Abwehr beider im Sinne eines Bündnisses gegen Regungen des Mädchens.

Wie die Mutter mit dem Vater (oder einem anderen Mann) lebt und umgeht, das ist nicht die einzige, wenn auch weiterhin wesentliche Erwachsenen-Interaktion, in der das Mädchen aufwächst. Ebenso lebt es in der Beziehung zwischen Mutter und Betreuerin, reagiert auf Spannung und Verstehen zwischen ihnen. Es erlebt Alltag und Aufräumen, Freude und Streit in der Gruppe der Mütter, ihr dauerndes Reden miteinander und ihr Organisieren.

Die allseits tätigen Frauen, die so viel für sich und miteinander machen, überrollen aber auch manchmal die kleinen Mädchen mit ihrer Hektik und ihrem vollgeplanten Leben. Sie verzetteln sich nicht selten zwischen ihren verschiedenen Interessen und sind für die Töchter dann weder eindeutig ansprechbar noch klar in ihrer Abwendung. Ein besonders abhängiger Zustand für diese, denn sie können mit ihren Anliegen nicht zu den Frauen durchdringen, aber sich auch keiner entschieden abgetrennten, eigenen Tätigkeit hingeben.

Hierin werden Männer oft von den Mädchen anders, eindeutiger, erlebt: Entweder sind sie, wie in der Mehrzahl, unerreichbar fort, haben viel zu tun, aber anderswo, oder sie sind da und können sich dann, wie selten auch immer, ungeteilter auf die Mädchen einlassen.

In den emotionalen Antworten der Töchter auf die beschriebene Uneindeutigkeit ihrer vielbeschäftigten Mütter sind mir vor allem vier Formen aufgefallen:

Erstens gab es die offen gezeigte Bedürftigkeit, Schreien und Klammern, Appelle, die sich in ausdauerndes Quengeln und Nörgeln (siehe auch unten, S. 83) ausweiten konnten.

Einige Mädchen versuchten phasenweise, sich überwachsam an Tempo und Anspannung der Mütter anzupassen. Sie wurden dann selbst hektisch und, da sie sich überforderten, verwirrt und erschöpft.

Eine wichtige Möglichkeit war der verstärkte Rückzug in die Kindergruppe und die Intensivierung der Beziehung zu den Kindern, teilweise auch zum Vater oder zur männlichen Bezugsperson. In der Gruppe agierten sie dann oft vermehrt manipulativ und feindselig gegen kleinere bzw. schwächere Kinder.

Drei der Mädchen entwickelten im 2. bzw. 3. Lebensjahr

jeweils für einige Wochen bzw. Monate Symptome (Phobie und gravierende Regression), die natürlich in einem weit komplexeren emotionalen Zusammenhang bedeutungsvoll waren, mit denen sie aber auch zweifellos gegen die verplante, unruhige Mutter protestierten und Zeit für sich erzwangen.

Widersprüchliche Erwartungen

Die widersprüchlichen Idealbilder und Alltagsstrukturen, die im Leben der Mutter nebeneinander bestehen (s. o. Kap. II., S. 45), bedeuten für die kleine Tochter zunächst praktisch, daß sie zum Individuum wird in zwei unterschiedlichen, dabei verbundenen Bereichen. Nicht nur andere, meist weibliche Erwachsene sind für sie bedeutungsvoll. Auch frühe Liebesbeziehungen zu Kindern der Gruppe, Spiegelung, Spiel und Kampf zwischen »Gleich-Kleinen« fügen der Erfahrung und dem Selbst des Mädchens andere, in der Familie unbekannte Aspekte hinzu.

> Eine kleine Tochter zum Beispiel, die für die Eltern und vor allem für die Mutter als umkämpfte Bundesgenossin oft eine Art verständige »kleine Mutter« sein sollte, also zu frühreifer Einfühlung genötigt war, wurde in der Kindergruppe allmählich dazu verführt, auch ihre tyrannisch-aggressiven Seiten und ihre ziellos schweifende Spiellust zuzulassen und damit schöpferische Möglichkeiten ihrer Person zu entwickeln.

Es ist oft eine befreiende identifikatorische Erfahrung für Frauen, mitzuerleben, wie sehr kleine Mädchen von der lustbetonten Atmosphäre in der Krabbelstube profitieren. Hier können sich Mädchen, im Vergleich zu vielen anderen, vor allem geschwisterlosen Töchtern normaler, geschlossener Familien schon in den ersten formenden Lebensjahren körperlich und spielerisch relativ ungestört selbst erleben.

Ihr Körperselbst erfährt nach meinem Eindruck eine umfängliche libidinöse Besetzung, in vielfältigen autoerotischen Erlebnissen ebenso wie im gegenseitigen sinnlichen Genießen der Kinder. Auch im ungehinderten Erforschen ihrer gegenständlichen Umwelt erfahren sie Körper und Sinne, sei es auf ruhige Weise, sei es lustvoll aggressiv.

Wo die genannten Widersprüche der Frauen sich jedoch nicht allein im getrennten Arrangement zweier Bereiche niederschlagen, sondern direkt in doppelsinnige Interaktion einfließen, wird es schwierig für die kleinen Mädchen. Sie sollen »Weiblichkeits«- und »Männlichkeits«-Wünsche erfüllen, Qualitäten des weiblichen Arbeitsvermögens ebenso erwerben wie begehrte und beneidete Stärken idealisierter Männlichkeit.

So scheint Liebe zwischen Müttern und schon kleinen Töchtern die kaum bewußte Notwendigkeit zu enthalten, daß die Töchter sie verstehen und vernünftig sind, ihnen helfen und sich selbst früh kontrollieren lernen, sexuelle, aggressive und egozentrische Bedürfnisse eher verhüllen, kurz, daß sie den Müttern auch ähnlich werden.

Früh scheinen ihnen Erwachsene, und besonders Frauen, eigenen Bedürfnissen folgend, das Anrecht abzusprechen, klein im Sinne von anlehnend, bedürftig und primitiv zu sein.

So wurde im ersten Jahr unserer Kindergruppe das älteste Kind, ein anfangs elfmonatiges und bereits laufendes Mädchen, für viele Eltern und mich ganz schnell in der Wahrnehmung zu einer Art »großer Schwester« oder »kleiner Sozialarbeiterin«, schon vernünftig und tüchtig.

Auch in den folgenden Jahren ernteten Mädchen immer wieder Lob und, schwieriger, echte Freude für »rührend« rücksichtsvolles und »richtiges« Verhalten.

Im Gefühl mancher Frauen schien es sich fast um frühe »solidarische« Fähigkeiten zu handeln.

Geliebte und mächtige Erwachsene durch wachsame Anpassungsleistungen und Triebaufschub zu befriedigen ermöglicht Mädchen, sich mit narzißtischem Gewinn in der Freude der Erwachsenen zu spiegeln.

Von dieser Möglichkeit macht nach meiner Beobachtung ein großer Teil von Mädchen bereits in der frühkindlichen Entwicklung Gebrauch. Man wird hier an die Herausbildung von Aspekten des »falschen Selbst« erinnert, wie es Winnicott definierte.[1] Durch die Abspaltung bzw. Unterdrückung spontaner Triebäußerungen und infantil-heftiger Affekte

[1] D. W. Winnicott, Von der Kinderheilkunde zur Psychoanalyse, München 1976, S. 184

handeln sich Mädchen erhebliche Spannungen im Prozeß ihrer Selbst-Bildung ein. Diese können sich früh, mit Beginn des 2. Lebensjahres, bemerkbar machen, zum Beispiel in der Unfähigkeit zu echter körperlicher Entspannung und in ständiger latenter Unzufriedenheit.

So wie die kleine Tochter in der Beziehung zur Mutter und Betreuerin in der Tat viele dieser »notwendigen«, »weiblichen« Aspekte entfaltet, beantwortet sie andererseits auch konträre Beziehungsangebote, etwa das unterschwellige Bewundern aggressiver Durchsetzung, die Verachtung von Schwäche und Weinerlichkeit und das Forcieren von Unabhängigkeit. Auf eine mögliche Bedeutung im Unterstützen »phallischen« Verhaltens habe ich schon hingewiesen.

Nach jeder der beiden Seiten hin entwickeln Töchter, in individueller Mischung, durchaus körperlich-seelische Möglichkeiten des eigenen Entwicklungspotentials. Aber sie tun den Frauen keineswegs den Gefallen, schlicht zu Produkten kombinierter Weiblichkeitsideale zu werden. Sie bereiten ihnen eigensinnige Überraschungen, sei es mit hartnäckiger Verweigerung oder notfalls mit passageren Symptomen, sei es im erfolgreichen Widersetzen gegen mütterliche Angst vorm Verdrängten, oder sei es einfach mit originellen, neuen Lebensäußerungen.

Im Verlangen nach hilfreicher »Weiblichkeit« wie nach pseudoprogressiver »Männlichkeit« leugnen Frauen das reale Kleinsein der Mädchen. Neben diesem Beziehungsmuster, das unbequeme und abgelehnte Aspekte ihrer Kindlichkeit ausblendet, gibt es eine andere Art von Erfahrung zwischen beiden, die gerade das Kleinsein libidinös besetzt.

Viele Mädchen kommen für lange Zeit in den Genuß ausgiebiger Zärtlichkeit von Frauen. Sie erleben viel anschmiegsame Nähe und wechselseitige sinnliche Bezauberung. Wo dies nicht auf Kosten entgegenstehender Körper- und Gefühlszustände geht, gewinnen sie vom Zärtlichkeitsaustausch ebensoviel wie sie geben.

So fern homosexuelle Empfindungen meist dem Bewußtsein bleiben, so sicher erfüllen sich Frauen nach meinem Eindruck erotische Wünsche an einen weiblichen Körper. Daß es ein kleiner weiblicher Körper ist, macht ihn für die Befriedigung zärtlichen Verlangens doppelt gefahrlos. Denn im

»Schmusen« mit dem Mädchen kann die Frau unerkannt – besonders vor sich selbst – entsexualisierte Lust auf ein weibliches Sexualobjekt und eigene kindliche Anlehnungssuche gegenüber einer kleinen Mutter verwirklichen.

Beide Wunschanteile können wahrscheinlich in der Frau das Empfinden erzeugen, daß Töchter selbst zärtlicher seien, eine Empfindung, über die auch Mahler et al. berichten:

> »Die Mütter machten oft Bemerkungen darüber, daß sich die Körper ihrer kleinen Mädchen anders anfühlten als die der kleinen Buben – daß die Mädchen weicher und kuscheliger seien.
>
> Wir wollen nicht darüber streiten, ob dieses Gefühl der Mütter kulturell bestimmt war oder ob es tatsächlich darauf zurückzuführen ist, daß kleine Mädchen wirklich anschmiegsamer sind als Buben – wahrscheinlich beides.
>
> Es könnte jedenfalls durchaus sein, daß der Eindruck der Mutter vom Körper ihres Kindes einen formenden Einfluß ausübt.«[1]

Wie weit die kleine Tochter ihrerseits die Ausschließung erregter und genitaler Körpergefühle und begleitender, auf die Mutter bezogener Phantasien mitvollzieht, bleibt verborgen.

Angesichts der zärtlichen Sinnlichkeit, die ich zwischen vielen Mädchen und Frauen (Müttern wie Betreuerinnen) beobachtete, die intensiver ist und über längere Jahre fortdauert als zwischen kleinen Jungen und Frauen,[2] ist nur schwer erklärlich, wieso diese libidinöse Erfahrung meist so weitgehend unterzugehen scheint, wieso nicht weit mehr Frauen daran in ihrem Erwachsenenleben anknüpfen und homosexuelle Liebesbeziehungen suchen.

Umgang mit Aggression

Frauen und Mädchen vermeiden es auf verschiedene Weise, Aggression offen untereinander auszutragen. Von der heim-

[1] Mahler et al., a. a. O., S. 135

[2] Dabei ist ihre sinnlich-zärtliche Beziehung offenbar nicht in gleicher Weise regressiv und konfliktträchtig für die Tochter wie das analoge Element zwischen Mutter und Sohn, das ich wegen seines abgetrennten – z. T. symptombildenden –, heimlichen und lustvollen Charakters als »Séparée« bezeichnet habe; vgl. unten Kap. V, S. 285.

lich unterlaufenen ödipalen Rivalität war schon die Rede. Ich will zwei weitere Haltungen von Frauen schildern, die für Mädchen zum Anlaß aggressiver Gefühle werden, in deren Gefolge diese aber unterdrückt und in »weibliche Quengeligkeit« umgewandelt werden.

Zum einen geht es um das Bedürfnis nach Weiterentwicklung, Eigenleben und Befreiung, das manchmal nicht nur das Ideal der optimalen Mutter oder Erzieherin, sondern auch Bedürfnisse von Töchtern verletzt, zumal wenn diese so klein wie im Krabbelstuben-Alter sind. Ehekräche und Fortgehen, Chaos und Rückzug der Frau bedrohen das kleine Mädchen. In Phasen vieler solcher narzißtischer Kränkungen – denn es bezieht die Veränderung der Frau auf sich selbst – wird es besonders abhängig, ist hin- und hergerissen zwischen Sehnsucht und Haß.

Während mir dieses »Nicht-Zusammenpassen« von Bedürfnissen im Leben zwischen Frauen und kleinen Mädchen in seiner Unvermeidbarkeit vorübergehend notwendig, akzeptabel scheint (es ereignete sich phasenweise in allen Mutter-Kind-Beziehungen der Krabbelstube), geht es im zweiten Fall zwar auch um häufige, aber unangemessenere Anforderungen an die Mädchen. Sie sollen stellvertretend ein hochgespanntes Ideal emanzipierter Weiblichkeit erfüllen; aber was genau die Mutter oder Betreuerin erwartet und was sie eigentlich enttäuscht, können sie nicht greifen. Jedenfalls scheinen die Mädchen ihnen auf ebenso umfassende wie diffuse Weise nicht zu genügen, fühlen sich unzulänglich und hilflos zornig.

Das Mädchen muß auf eine unklare erwachsene Anspruchs-Spannung reagieren, ist aber zugleich selbst innerlich von etwas ganz anderem okkupiert, von einem Wunsch, der jetzt besonders unerfüllbar scheint.

An dieser Stelle, wo das Selbstwertgefühl des Mädchens so labil ist wie in seiner starken Ambivalenz gegenüber der um mehr Autonomie kämpfenden Mutter, taucht das Quengeln auf (nur bei 2 von 12 Mädchen der untersuchten Gruppe nicht). Im kläglichen, nörgelnden Mädchen scheinen Frauen sich selbst und ihre Neigung zum Jammern wiederzuerkennen. So peinlich das Echo der eigenen, ohnmächtig zerdehnten Wut ist, so grob wird es oft am kleinen Mädchen abgelehnt. Von ihm verlangen die Frauen ungeduldig, mit der Quengelei aufzuhören und statt dessen frei heraus zu sein. Es solle selbstbewußt oder kraftvoll zornig fordern, was es wolle; oder es solle endlich wieder fröhlich spielen.

Damit verlangen sie von ihm, so autonom und zu energischer Opposition fähig zu sein, wie es ihnen selbst oft nicht möglich ist, sei es gegenüber Männern, sei es nach außen gegenüber Autoritäten und der Öffentlichkeit.

Zurückgewiesen wird das Mädchen unmittelbar in der Ausdrucksform seiner Aggression, im Nörgeln, in dem bereits nicht wenig Verzweiflung steckt. Dann im darunter verdeckten, starken Zorn; zuunterst schließlich im Anlaß des Protestes, einem wesentlichen, narzißtischen oder triebhaften Wunsch an die Frau.

Das kann ein so allgemeiner Wunsch sein wie der nach mehr Sicherheit, nach mehr ungeteilter Liebe oder nach mehr Eigenständigkeit. Es kann sich auch spezifischer um den Wunsch an die Mutter handeln, auch den Vater lieben zu dürfen, von ihr mehr Zuneigung als ein Geschwisterkind zu bekommen oder selbst über die eigene sexuelle Lust verfügen zu dürfen. Der Wunsch bleibt, in der hier gemeinten Situation des »Nicht-Zusammenpassens«, nicht nur unerfüllt, sondern auch unverstanden. Die daran entzündete Wut des gekränkten Mädchens wird von beiden Beteiligten, der Frau und dem Kind, abgewehrt. Unbewußt macht es die Frau dem Mädchen unmöglich, offen gegen sie zu rebellieren. Denn das würde, zusammen mit dem abgewiesenen kindlichen Wunsch, ihr auch unannehmbar viel von der eigenen Ambivalenz offenbaren, die ihren Ausbruchstendenzen und Emanzipationsidealen innewohnt.

Mit dem Aggressionsverbot der Frau verzahnt sich die Verlustangst des abhängigen kleinen Mädchens, die es selbst seinen Haß zurückdrängen läßt.

Auf dieser Stufe nimmt der ursprüngliche Wunsch des Mädchens zweierlei veränderte Gestalt an: Innerpsychisch entstehen vehemente, nunmehr sadistisch geprägte Phantasien,[1] während im Verhalten der Mutter gegenüber sich das

[1] Das Mädchen entfaltet, was Balint 1937 an »den Londonern« (gemeint sind die Anhänger der Kleinschen Schule) als deren Konzept von Kindlichkeit festhält: »... die ... Charakteristika des infantilen Seelenlebens, wie Maßlosig-

quälende Quengeln ausbreitet. Oft wird es in solchen Phasen zu einem generalisierten Beziehungsmodus.

Sowohl Spiele wie auch Angstphantasien und Träume lassen dann die Stärke seiner sadomasochistischen Gefühle erahnen, während es das eigentliche Aggressionsobjekt, Mutter oder Betreuerin, vor direktem Angriff schützt.

Dabei erweist sich Quengeln als Kompromiß: Es enthält die Beschuldigung ebenso wie die Selbstentwertung, die »nervtötende« Dauerattacke – ein nörgelndes Mädchen wird oft als »Nervensäge« bezeichnet – ebenso wie Unterwerfung. Im Jammern klebt das kleine Mädchen rachsüchtig, unbefriedigt und unerträglich nah an den Fersen der Frau. Zugleich zieht es weite Kreise um seinen ursprünglichen Wunsch, sucht sich vom Kern der Beziehungsstörung möglichst fern zu halten, indem es einfallsreich immer neue Verschiebungen findet: Der Kakao schmeckt nicht und die Milch erst recht nicht, das Hemd kratzt, das Spiel ist langweilig, und die anderen Kinder sind doof und so weiter.

So können sich beide blindlings ineinander verbeißen. Für das Kind eskaliert die Situation, wenn die Frau darüber hinaus seinen Kompromiß, das Quengeln, wirklich ablehnt und sich zeitweise ganz abwendet. Solche Abwendung konnte ich vorübergehend bei mehreren Frauen beobachten. In manchen Augenblicken scheint die Ahnung vom eigenen aktiven Fortpflanzen weiblicher Ohnmacht zuviel Selbsthaß auszulösen, als daß noch ein libidinöser Rest im Verhältnis zum Mädchen übrig wäre.

Die kleine Tochter beginnt dann, zu verstummen. In der Krabbelstube hat sie immerhin Ausweichmöglichkeiten: das Streiten mit anderen Kindern und das gemeinsame Spielen sadistischer Phantasien, andererseits die Hinwendung zu spannungsfreieren Objektbeziehungen mit anderen Erwachsenen.

keit, feindliche Einstellung, allgemeine Unzufriedenheit, unersättliche Gier, offenbare Ambivalenz usw. ...«
»Die Londoner haben nur die heftigen Reaktionen nach bereits erlittener Versagung studiert ...«, in: M. Balint, Frühe Entwicklungsstadien des Ichs – Primäre Objektliebe, in: ders., Die Urformen der Liebe und die Technik der Psychoanalyse, Frankfurt 1969, S. 85.
Auch die Umwandlung von Wünschen in sadomasochistische Phantasien über Kastration und phallische Angriffe kann m. E. in diesem Zusammenhang gesehen werden.

Wenn es Erwachsenen in der Organisation frühkindlichen Lebens so deutlich um frühe Förderung von Ichkräften durch eine optimal anregungsreiche Umwelt zu tun ist, so fragt sich, wie unter solcher Bedingung die Herausbildung von Ich-Funktionen bei Mädchen verlaufen kann. Im folgenden betrachte ich, was es in der Beziehung zwischen Frauen und kleinen Mädchen bedeuten kann, wenn die Entwicklung der Töchter besonders »unterstützt« und ihre Fähigkeiten »gefördert« werden. Dabei beschränke ich mich auf drei Beispiele – auf den Umgang mit Konstruktions-Spielen, mit grobmotorischer Körperbewegung und mit dem Entwicklungstempo.

Im Umgang mit traditionellen sogenannten Jungen-Spielmaterialien muß das Mädchen etwas Unstimmiges spüren. Frauen, die Kräne fahren, Häuser und Straßen bauen, gehören draußen nicht zur beobachtbaren Realität. Drinnen, in der Krabbelstube, erlebt es zwar einige Frauen, die das Bauen und Basteln mit den Kindern genießen, vielleicht nachholend, wovon sie als Mädchen selbst früher ausgeschlossen waren. Aber während manche Betreuerinnen und Mütter überhaupt keinen Gefallen an Konstruktionsspielen finden, sind auch die ersteren nur spielend damit beschäftigt, eben nicht ernsthaft, »real«. Was sie ernsthaft tun, worin sie real und bedeutungsvoll sind für die Mädchen, ist jedoch ihre versorgende Tätigkeit.

> So sicher es gegenüber den kleinen Mädchen keinerlei Behinderung, im Gegenteil, bewußte Animation zum Spielen mit Bauelementen gab, so unübersehbar waren sie doch daran weniger interessiert. Sie verwandten weder Ausdauer noch Phantasie im annähernd gleichen Maß wie kleine Jungen der Gruppe aufs Bauen und Konstruieren.
> Das empfand ich, die ich das Bauen selbst genoß, oft als Mangel. Denn es erschien mir unzweifelhaft, daß beim hundertfach wiederholten Errichten und gerade auch beim Zerstören immer neuer Phantasiewelten ein gutes Quantum kreativer, aggressiver Energie ins kindliche Denken und Fühlen eingebunden würde.
> Es ging um den spielenden Zustand, in dem gleichermaßen

Phantasie wie gegenständliche Realität produziert wurde, damit auch um das Spielen mit Loslassen und Neubeginn, mit Potentialität. Und währenddessen, sehr beiläufig, ging es ebenfalls um die Differenzierung räumlichen Denkens, strukturierender und planender Ich-Funktionen.

Nach meinem Eindruck machten kleine Jungen hier ausgiebig die Art von Erfahrung, die Winnicott in der Beschreibung des »intermediären Spielplatzes« zusammenfaßt:

> »... Erfahrungen (...), die darauf beruhen, daß die Omnipotenz intrapsychischer Prozesse mit seiner (i. e. des Kindes; U. Sch.) Kontrolle der Wirklichkeit in Einklang steht.
>
> ... hier hat die Vorstellung des Magischen ihren Ursprung, da das Kind in diesem Bereich in einem bestimmten Ausmaß Omnipotenz *erlebt.* (...)
>
> Der wesentliche Aspekt des Spielens liegt darin, daß es stets mit einem gewissen Wagnis verbunden ist, das sich aus dem Zusammenwirken von innerer Realität und dem Erlebnis der Kontrolle über reale Objekte ergibt.«[1]

Möglicherweise konnten sich die Mädchen hier auch deswegen weniger in dieses Wagnis begeben, weil ein tatsächlich freies Hantieren mit Phantasiewelten ständig auch Zerstörung[2] beinhaltet, eine Art Zerstörung, die jedesmal ein Stück »Trennungsaggression«[3] erfordert, um dann die Situation neu und anders zu gestalten.

Für dieses Element ausreichend angstüberspringender »Trennungsaggression« schienen wir den kleinen Mädchen weniger Raum zu geben in unserem Umgang mit ihnen als im Fall der Jungen.

So könnte ihre Lust am Gestalten und Niederreißen bei-

[1] D. W. Winnicott, Spielen – Eine theoretische Darstellung, in: Vom Spiel zur Kreativität, Stuttgart 1979, S. 59

[2] Eine ähnliche Beobachtung beschreibt C. Hagemann-White an ihrer Tochter: »Sie will das einmal Gebaute nicht abreißen und Neues versuchen... Die Lust an der Macht des Erbauers, der Altes abreißt und Häuser, Städte, Straßen anlegt, ist ihr fremd.« in: dies., Frauenbewegung und Psychoanalyse, Frankfurt 1979, S. 73

[3] Vgl. Dieter Eicke, Aggression, Grausamkeit und Unabhängigkeit, in: Vom Einüben der Aggression, München 1972

spielsweise gedämpft worden sein durch meine Gefühle beim Mitbauen, die Hoffnung und Bedauern enthielten und sich den Mädchen vielleicht atmosphärisch als Druck mitteilten.

Dem trotzten sie oft durch Nichtstun und gelangweiltes Dabeisitzen. In ihrer Weigerung waren sie zwar mehr »bei sich selbst«, als wenn sie sich meiner Erwartung angepaßt hätten. Zugleich blieben sie dadurch aber in dieser Situation abgetrennt von der Entdeckung eines eigenen Zugangs zu kreativem Zerstören und Wiedererschaffen.

Es schien, als ob sie ihre aggressive Kraft gewissermaßen »aufbrauchten« in der Aufrechterhaltung einer Distanz gegen die erwachsene Erwartung und als sei dann für das Spielen und Bauen keine »Trennungsaggression« mehr frei gewesen.

Wie so oft in der Erziehung entstand das gerade Gegenteil des bewußt Gewünschten, und das Ergebnis, gelangweilte – »langweilige« – Mädchen ohne Bau-Lust, verweist auf unbewußten Neid, der kleinen Mädchen mehr Autonomie als der Frau selbst nicht gönnen will.

Auch in einer anderen Hinsicht gibt es ein Zusammenspiel zwischen neidischen Gefühlen der Frau und der Ich-Entwicklung des Mädchens. Das Beneidete ist hier aber nicht eine mögliche, größere Handlungsfähigkeit, sondern, im Gegenteil, eine Fähigkeit zur Ruhe. Mädchen, die aufgrund ihres Temperaments und ihrer Widerstandsfähigkeit gegenüber erwachsenen Leistungserwartungen sich mit ihrer Entwicklung viel Zeit lassen und ihre Ich-Funktionen in großer Ruhe hervorbringen, können die Frauen in erhebliche Verwirrung bringen. Diese spüren bei genügend Selbstwahrnehmung in ihrer Ungeduld den Neid darauf, daß diese so kleinen Mädchen sich den »Luxus leisten«, langsam zu sein und nichts zu beweisen.

Für Frauen, deren Ich-Ideal sie zu fortgesetzten Leistungs- und Daseinsbeweisen zwingt, ist es eine Provokation, zu erleben, wie diese Mädchen verweilen im – von Winnicott so treffend benannten – »Bereich des Ungeformten«[1], wie sie

[1] D. W. Winnicott, Träumen, Phantasieren und Leben, in: Vom Spiel zur Kreativität, a. a. O., S. 44

entspannt und ungerichtet präsent sein können, ohne irgendeine aktive, sichtbar nach außen gewendete Ich-Funktion zu betätigen.

Bleibt den Frauen ihr Neid unbewußt, so werden sie vielleicht, voll des emanzipatorischen Eifers und in der rationalisierten Form der pädagogischen Förderung, die kleinen Mädchen ebenfalls durch mehr oder weniger subtile Übergriffe zu sichtbaren Ich-Aktivitäten zu bewegen suchen.

Neben unterschwelligem Neid der erziehenden Frau, der die Entwicklung des kleinen Mädchens das eine Mal bremsen und das andere Mal forciert antreiben kann, ist es auch ihre Faszination, auf die das Kind in der Entfaltung seiner Ich-Funktionen reagiert. Die Begeisterung der Mütter und Betreuerinnen schmilzt es ins Erleben seiner eigenen Fähigkeiten ein. Dabei hängt es von feinen Nuancen in der Art der erwachsenen Begeisterung ab, ob das Mädchen sie psychisch eher verarbeitet zum Zwang, fortlaufend mit Kunststückchen gefallen zu müssen, oder ob es daraus eher die Möglichkeit der Freude über sich selbst gewinnt.

Im Bereich der grobmotorischen Körperbeherrschung gibt es nach meinem Eindruck einen Prozeß, der anfangs nur nachteilig für die kleinen Mädchen scheint, weil sie für ihre körperlichen Leistungen weniger Lob ernten als die Jungen, der dann aber vermutlich für ihr körperliches Selbstgefühl eher sinnvoll ist.

> Im 2. Lebensjahr, als die Kinder Stehen und Laufen lernten und dann all die weiteren Bewegungen, Springen, Klettern, Rennen, Rädchenfahren, Toben und so weiter, da wurde das körperliche Agieren der Jungen von ihren Müttern und Vätern mit einem Maß an strahlendem Entzücken begleitet, das zwischen Töchtern und ihren Eltern nicht ebenso aufkam. Das lustvolle Funktionieren und Beherrschen des ganzen kindlichen Körpers wurde von den Müttern wie von den Vätern kleiner Söhne offensichtlich libidinös (und narzißtisch) hoch besetzt. Dagegen wirkten die Gefühle der Erwachsenen im Umgang mit dem motorischen Üben ihrer kleinen Mädchen vergleichsweise nüchtern, ruhig. Körperliche Fortbewegung, Fortschritte im wörtlichen wie auch im übertragenen Sinn schienen keiner übermäßigen Beachtung wert, entwickelten sich bei den

Töchtern offenbar erwartungsgemäß, wurden weniger als etwas Schönes, Besonderes denn als Selbstverständlichkeit behandelt.

Das empfand ich während dieser Periode als fühlbaren, schmerzlichen Mangel für die Mädchen. Ihr geringeres Maß an grandiosen Körpergefühlen in Verbindung mit körperlichem Agieren erwies sich indessen später, ab dem 3. und 4. Lebensjahr, möglicherweise als mit verantwortlich für ihre bessere Fähigkeit zu psychophysischer Integration.

Sehr viel seltener als Jungen bedienten sie sich der Körperbewegung als Gefühlsabwehr. Für Jungen wurde es typisch, daß ihr körperliches Agieren anstieg, wenn ihre Stimmung sank, oft zur Täuschung der Erwachsenen, die das bequemerweise allzu pauschal als jungenhaft-wilde Lebhaftigkeit quittierten.

Bei Mädchen sank gewöhnlich mit dem Stimmungsabfall auch das Maß ihres motorischen Agierens. Sich selbst und andere lenkten sie von ihren Ängsten oder Spannungen nicht durch Toben ab, waren also mehr »bei sich selbst« als die Jungen, die dann »durchdrehten«.

Körperbewegung schien also für Mädchen überwiegend lustvolle muskulöse und sinnliche Betätigung in Übereinstimmung mit seelischer Gelöstheit zu bedeuten.

Während sich hier herausstellt, daß Mädchen, weniger »hochgeputscht« von erwachsener Faszination als Jungen, offenbar später ein relativ stimmiges und stabiles Körper-(Selbst-)Gefühl ausbilden können, werden daneben auch zwei Varianten einer gestörten Beziehung zum eigenen Körper sichtbar. Zum einen das stille Stubenhocken von Mädchen, die vor dem Springen und Klettern usw. Angst haben, es vermeiden und sich am sichersten fühlen, wenn sie am Tisch sitzen und spielen.

Zum anderen die übertriebene, hektische Wildheit, mit der sich andere zeitweise den Jungen bzw. den »phallischen« Phantasien der Frauen anpassen.

Die Erfahrung kleiner Töchter ist zumeist, daß längst nicht alle ihre weiblichen Vorbilder gern rennen und klettern, raufen und toben, daß sie aber gleichwohl diese körperlichen Aktivitäten an anderen, besonders an Jungen, schätzen.

Das kulturelle Modell freier Körperlichkeit, über das Bezugspersonen und Eltern verfügen, ist das des männlichen Körpers: aggressiv getönt, wild bewegt, disziplinierbar zu hoher Leistung oder soldatischer Gewaltbereitschaft. Für Erwachsene ist es schwierig, jenseits dieser kollektiven Phantasie der individuellen Bewegungsweise des einzelnen Mädchens (und des einzelnen Jungen) Zeit zu lassen und Raum zu geben.

Kontrolle des Körpers und der Realität

In der Beziehung zwischen den Frauen der Elterninitiative und den kleinen Mädchen gibt es, verglichen mit vielen Familien, eine relativ hohe Mansch- und Schmutztoleranz. Betreuerinnen und Mütter lassen die Kinder mit ihren Körperprodukten, mit Essen und mit Schmutz mehr spielen, als sie selbst es in ihrer Kindheit durften.

Zugleich liegt es aber offenbar den Frauen – deutlich stärker als im Fall der Jungen – am Herzen, Mädchen recht früh, im Lauf des zweiten Lebensjahres, dazu zu bringen, selbständig aufs Töpfchen zu gehen.

Als Folge von viel Aufmerksamkeit, häufigem Nachfragen und freudigem Lob fürs Ergebnis entfalteten die Mädchen ihrerseits ein lebhaftes Interesse für ihre Produkte, das bei den Jungen nie in diesem Maß auftauchte.

Zwischen der Mitte des 2. und dem Anfang des 4. Lebensjahres liebten sie es, mit dem Töpfchen und seinen Inhalten zu experimentieren. Sie setzten sich, oft zu zweien und dreien gleichzeitig, jedes auf einen Topf und konzentrierten sich sichtbar auf ihre Körperempfindungen beim Pinkeln. Dabei sahen sie sich an, auch der Bezugsperson in die Augen und horchten in gespanntem Ernst auf den Urinstrahl, tasteten auch nach der Harnöffnung. Der Urin in den Töpfchen wurde gegenseitig begutachtet, befühlt oder geschmeckt, hin und her geschüttet.

Manchmal trugen ihn die Mädchen im Topf längere Zeit durch die Krabbelstube und zeigten ihn Kindern und Erwachsenen. Dann wieder war das Ausleeren ins Klo und die dauernd hinterher rauschende Spülung die wichtige Aktion.

Ähnlich ausgedehnte Forschungen waren für sie auch mit der Kotausscheidung verbunden. Ihre Sitzungen waren oft von genitaler Selbstberührung begleitet.

Zwischen der Tatsache, daß die Mädchen allesamt früher und stabiler als die Jungen urethrale und anale Kontrolle erwarben, und ihrer mit der Ausscheidung verbundenen autoerotischen Aktivität besteht vermutlich ein Zusammenhang.

So wie sie frühzeitiger »sauber« wurden, lernten sie auch eher, ab Ende des 2. Lebensjahres, sich selbst an- und auszuziehen. Die Frauen zeigten ihnen das Binden und Knöpfen am Körper, aber auch das Aufräumen im Raum mehr als den Jungen.

Am Verhältnis zur Ausscheidung, zum Körper und zu den Gegenständen im Raum, wie es Mädchen von Frauen übernehmen, fällt jedesmal das »Nützliche« auf, das Realistische, Begrenzte, die Abwesenheit des Großartigen.

Wenn man das Spielen der Mädchen beobachtet, so scheint es bei ihnen weniger grandioses Gefühls- und Phantasiepotential zu geben, das sich wie bei Jungen in die Bemächtigung lebendiger und unbelebter Objekte umsetzen will. Es ist eine offene Frage, ob das daran liegt, daß sie weniger die Notwendigkeit verspüren, Größenphantasien zu produzieren und in die Realität hinein zu inszenieren. Das würde bedeuten, daß sie keine vergleichbar intensiven Gefühle des Kleinseins und der Ohnmacht bekämpfen müßten. Es könnte damit zusammenhängen, daß sie im hantierenden Übernehmen mütterlicher Handgriffe weniger eine omnipotente, unbegrenzte Ausdehnung ihrer selbst als vielmehr ihre reale Körpergrenze erfahren und libidinös besetzen.

Andererseits wäre zu fragen, ob hier bereits eine sehr frühe Resignation besteht, darüber, daß Wünsche nach Bemächtigung äußerer Gegenstände, Situationen und Personen unerfüllbar erscheinen. Spielsachen, Möbel und Geräte, Essen und Trinken stehen Mädchen in der Krabbelstube ebenso selbstverständlich zur Verfügung wie Jungen. Offenbar vermitteln ihnen aber die Erwachsenen – als Vorbilder wie in ihrer Art, den Mädchen die Welt zu zeigen – eine *andere* Selbstverständlichkeit.

Das scheint nicht das Gefühl zu sein, wie rechtmäßig

Macht zu haben über Objekte und Geschehnisse, sondern ein Gefühl der Selbstverständlichkeit des Umgangs mit den Dingen im Alltagsleben, mit ihrem »Gebrauchswert«, ihrer Alltäglichkeit und Begrenztheit.

> Manchmal hätte ich den kleinen Mädchen etwas mehr Höhenrausch gewünscht, auch ein Stück mehr lustvoller und aggressiver Bemächtigung und Macht. Aber die Mädchen blieben sowohl im allgemeinen nüchterner, eher »auf dem Teppich« mit ihren gespielten Phantasien als auch in der Kindergruppe »macht-loser«: im positiven, entspannten und »gewaltfreien« Sinn ebenso wie im Sinne der Unfähigkeit, Situationen im eigenen Interesse zu beeinflussen und sich Objekte anzueignen.[1]

Wie die anfangs beschriebenen Beobachtungen zeigen, empfinden Mädchen zweifellos Genuß und Stolz bei der Beschäftigung mit ihren hör- und sichtbaren Körperprodukten. Zugleich läßt der Eifer ihrer Mütter spüren, wie wichtig es ihnen ist, daß die Töchter bald die Anstrengung des Aufpassens verinnerlichen, daß sie früh ihre Entleerung selbst beherrschen. Die Erlaubnis zu analer und urethraler Lust ist also vermischt mit der Anforderung, bewußte Körperwahrnehmung und Selbstkontrolle zu leisten. Mädchen nehmen diese Mischung in sich auf und erweitern sie im Erwerb von Fähigkeiten, sich selbst zu helfen und in der Realität zu orientieren.

Wäre diese Energie, die in der Beherrschung des Ausscheidens früh gebunden ist und die sich auf die Wahrnehmung des Inneren und der Grenzen des eigenen Körpers richtet, nach außen gewendet die aggressive und libidinöse Kraft, die, wie bei den Jungen, omnipotent mit äußeren Objekten umspringen würde?

Würden die Mädchen mehr Größenphantasien ausspinnen und agieren, wenn sie weniger früh und nachhaltig auf ihre Grenzen verwiesen wären – auf die Grenzen ihres Körpers und ihres Handelns?

Vielleicht gelingt es ihnen aber gerade, sich recht früh in

1 Vgl. dazu auch B. Sichtermanns ausgezeichneten Aufsatz: »Von einem Silbermesser zerteilt« – Über die Schwierigkeiten für Frauen, Objekte zu bilden, und über die Folgen dieser Schwierigkeiten für die Liebe, in: dies., Weiblichkeit, zur Politik des Privaten, Berlin 1983, S. 70

ihrem realen kleinen Körper »einzurichten«, ihn zu »bewohnen«, und möglicherweise leiden sie darum weniger an harten Brüchen zwischen Größen- und Kleinheitsgefühlen.

Es kann andererseits auch sein, daß sie sich grandios phantasieren, ohne daß sie dies Erleben auf die gleiche Weise wie die Jungen in spielendes Handeln umsetzen.

Im folgenden soll betrachtet werden, auf welche Weise kleine Mädchen in der Krabbelstube Männer erleben und was das für sie bedeuten kann: zuerst Männer allgemein, Besucher, andere Väter und Betreuer, dann den eigenen Vater. Bei der Untersuchung von drei Formen der Beziehung zwischen Töchtern und Vätern gebrauche ich die Typisierung, wie ich sie vorn, im Abschnitt über Männer (vgl. Kap. II, S. 47) verwendet habe. Das heißt, ich werde der Frage nachgehen, was es für die Tochter heißen kann, wenn die Haupttendenz des Vaters, der rote Faden in seinem Verhältnis zu ihr Distanz oder Ambivalenz oder aber Versorgung ist.

Männlichkeit und Männer

Durch die Krabbelstube erfahren Mädchen, wie verschiedenartig Beziehungen zu Männern sein können. Das bewußte Feststellen von Unterschieden, etwa ab dem 3. Lebensjahr, kann sehnsüchtig und neidisch machen, aber auch die eigene Vater-Beziehung relativieren.

> »Mein Papa holt mich ab, und deiner?« – »Meiner nicht. Die Mama kommt. Mein Papa arbeitet.«

Insgesamt sind Väter, so die Alltagsbeobachtung der Mädchen, weniger da. Sie sehen sie seltener Putzdienst und Elterndienst machen, viel seltener das Essen bringen oder bei einem Schwatz verweilen.

> Im 1. und 2. Lebensjahr der Kinder, in einer Phase, in der sich die Männer weniger als später blicken ließen, wurden Väter und andere männliche Besucher, die ausnahmsweise vorbeikamen und sich den Kindern freundlich zuwandten, wie exotisch herrliche Ehrengäste aus einer anderen Welt begrüßt und entzückt umworben. Andererseits kam es vor, daß Mädchen männlichen Besuchern gegenüber besonders verschüchtert waren und sich versteckten.

Männer, für die kleinen Mädchen in diesem Alter erkennbar an Bärten, tiefen Stimmen und am Seltenheitswert, erlebten sie auch noch in Gestalt »wichtiger«, oftmals uniformierter Funktionsträger – wie den Gasmann, den Müllmann und den Polizeibeamten, den Öllieferanten, den Angestellten von der feuerpolizeilichen Überwachung und den Postboten.

Diese Personen »arbeiteten« offensichtlich, wie die eigenen abwesenden Väter, wie die »Arbeiter« auf Baustellen, und im Unterschied zu ihnen waren Frauen »da«. Schon der frühe Sprachgebrauch vieler Kinder enthielt diese Aussage deutlich.

Mit der Zeit verlagerten sich die Gewichte in der Gruppe etwas, und mehrere Väter, gerade von Töchtern, halbierten bzw. unterbrachen ihre Berufstätigkeit, um sich mehr um ihr Kind und die Krabbelstube zu kümmern. Außerdem wurde für einige Zeit ein zusätzlicher, und zwar männlicher Betreuer eingestellt. Jetzt gab es also auch Männer, die »da« waren, und mehr Frauen, die »arbeiteten«, das heißt wieder mehr Mütter, die erwerbstätig waren.

Aus all dem folgt, daß Männer für kleine Mädchen nicht so wichtig, aber sehr interessant sind: in der Mehrzahl nicht so lebenswichtig wie Frauen, weil nicht versorgend; interessant, weil un-alltäglich, luxushaft, außerdem »arbeitende« Autoritäten. Bei individuell veränderter geschlechtlicher Arbeitsteilung, die sich in verstärkter Mitarbeit von Männern niederschlägt, gestalten Töchter und Väter ihre Beziehung um. Vielleicht stellen sie sie erstmals wirklich her, und die Mädchen geben ihren Liebes- und Identifikationsobjekten andere Konturen.

Neben gegensätzlichen Vätern erleben die Mädchen auch die Verschiedenheit der Jungen und das widersprüchliche Umgehen der Erwachsenen mit »Männlichkeit«. Fühlbar wird dies z. B. darin, daß sie miterleben, wie Frauen sich einerseits gegen Männer und Jungen wütend entrüsten, etwa wegen egoistischen Verhaltens. Andererseits spüren die Töchter, daß sie von denselben Frauen an der offenbar unterschwellig auch positiv bewerteten, beneideten Selbstbezogenheit und aggressiven Durchsetzungsbereitschaft von Jungen gemessen werden.

Zwischen abwesenden Vätern und ihren kleinen Töchtern gibt es keine alltägliche, körperliche Beziehung. Die Erfahrung, vom Vater in grundlegenden Bedürfnissen befriedigt zu werden, kennt das Mädchen nicht.

Es bekommt nur so viel Raum, daß es reagieren kann auf des Vaters seltenes Interesse, sein gelegentliches Scherzen und Drücken, aber keinen (Zeit-)Raum, in dem es selbst mit dem Vater interagieren und eine wechselseitige libidinöse Beziehung entfalten kann. Dadurch fehlt der Tochter das Erlebnis früher, spielerischer Sinnlichkeit und vorödipaler Erotik mit dem Vater. Späteren leidenschaftlichen ödipalen Gefühlen fehlt die vertrauensvoll zärtliche Vorgeschichte, die den Verzicht auf den Vater als sexuelles Liebesobjekt aushaltbar machen könnte, weil sie die Zuversicht auf eine trotzdem fortdauernde liebevolle Bindung enthielte.

Neben diesem Mangel – der dem »üblichen« Verlauf des weiblichen Ödipuskomplexes einen Teil seiner, zumindest innerseelischen, Dramatik verleiht – ist ein zweiter von Interesse, nämlich die fehlende Erfahrung der kleinen Tochter, sich mit dem Vater aggressiv auseinanderzusetzen. Ohne das gemeinsame Durchstehen von Trotz- und Machtkämpfen und ohne das »Überleben« von gegenseitigem Haß[1] kennt sie die Empfindung nicht, gegen ihn zu bestehen als abgegrenzt andere, eigenständige Person.

Stoff für die Vater-Repräsentanz findet diese Tochter also in den seltenen Szenen realen Kontakts, in der Wahrnehmung seines Umgehens mit der Mutter und mit den anderen Erwachsenen und Kindern der Krabbelstube. Des Vaters Feierabend- und Ferienverhalten kommt ebenso hinzu wie eigene Phantasien über seine Abwesenheit und sein Desinteresse. Eine wichtige widersprüchliche Erweiterung findet das Vater-Bild in den Erfahrungen mit anderen zugewandten Vätern und einem männlichen Betreuer.

Für das kleine Mädchen und den Prozeß seiner Autonomiegewinnung gegenüber der Mutter sind Kindergruppe und

[1] Vgl. D. W. Winnicott, Haß in der Gegenübertragung, in: ders., Von der Kinderheilkunde zur Psychoanalyse, a. a. O, S. 84f.

Bezugspersonen bedeutungsvoll und ichstärkend. Es macht aber auch im Zusammenleben (oder eigentlich: im Einanderfernsein) mit dem Vater Gebrauch von Erfahrungen mit ihm, um sich von der Mutter zu lösen.

So hilft es der Tochter in ihrer Flucht vor mütterlicher Kontrolle, sich mit der Distanz des Vaters zu identifizieren, mit seinem häuslichen Herrschaftsgebaren und mit Phantasien über seine außerhäusliche Macht. Auch die imaginierte Aneignung seiner Aggressivität sowie begehrter Attribute seines Körpers, seiner Kraft, seiner Andersartigkeit und seines Penis dient ihr zur Abgrenzung gegen die Mutter, ebenso wie die identifikatorische Übernahme seiner Entwertung weiblicher Tätigkeiten.

So notwendig diese partiellen Identifikationen in ihrer Abwehr- und Abgrenzungsfunktion sind, so fragwürdig erscheinen sie andererseits in ihrer Auswirkung auf die Selbstachtung des Mädchens. Denn sie entzünden sich in nicht geringem Maß an Erfahrungen, in denen der Vater es selbst oder die Mutter mißachtet und alleinläßt.

Auf diesem Wege gelangen Elemente der Selbstentfremdung ins Körperbild der Tochter und Aspekte der Selbstverachtung in ihr Selbstwertgefühl.

> Töchter, deren Väter sich dauerhaft oder über lange Phasen in ihrer Abwesenheit verschanzten, fielen in der Gruppe durch ihre überaus ambivalente Bindung an die Mutter auf und durch daraus entspringende, besonders schwierige Ablösungsprobleme.
>
> Gegenüber anderen Männern und Jungen, dem unvertrauten Geschlecht, hielten sie Distanz, teils deutlich mit Angst gemischt, teils mit einer etwas pauschalen Bereitschaft zur Idealisierung. Zum Teil ignorierten sie sie auch einfach, das eigene Erleben aktiv ins Gegenteil verkehrend.
>
> Selbst im Vertrauterwerden mit männlichen Kindern und Erwachsenen entwickelten sie nach meinem Eindruck keine vergleichbar intensiven libidinösen Beziehungen wie zu Mädchen und Frauen, bzw. gestalteten diese Beziehungen nicht vergleichbar differenziert.

Das stark schwankende Interesse eines ambivalenten Vaters für seine kleine Tochter macht sie abhängig von ihm und läßt sie anpassungsbereit und opportunistisch werden. Mir scheint, daß der Vater um sein Kind, wenn es eine Tochter ist, besonders wirbt, um sie gegenüber der Frau auf seiner Seite zu wissen. Aus inneren Widersprüchen und im Zusammenhang seines konkurrierenden Verhältnisses zur Mutter teilt er der Tochter die Rolle der »anderen« Frau zu.

Das kleine Mädchen lebt häufig in der Anspannung zwischen Verrat und Schuldgefühl gegenüber beiden Eltern. In dieser fortgesetzten »pseudo-ödipalen« Situation hat es selbst mit seinen eigenen kleinkindlichen Bedürfnissen wenig Raum.

Bei drei- und vierjährigen Mädchen sind mir einige Formen aufgefallen, in denen sie die Liebe des Vaters zu erhalten und gegen die Mutter zu verteidigen suchen.

Die kleine Tochter kann die Nähe des Vaters erreichen durch Kleinsein und Hilflosigkeit, durch Anschmiegen, Schmusen und Koketterie, besonders, wenn er ihr zu verstehen gibt, daß er sich bei ihr sicherer aufgehoben fühlt als bei der Frau. Das kann zum Beispiel dann der Fall sein, wenn er vor der sexuellen Begegnung oder der aggressiven Konfrontation auf erwachsener, gleichrangiger Ebene flieht.

In diesem erotisierten, regressiven Beziehungsmodus, in dem sich Tochter und Vater aus unterschiedlichen Motiven aneinanderlehnen, spürt das Mädchen durchaus die Schwäche des Vaters. Es schreibt sie gefährlich aggressiven Attacken der Mutter zu – auch in Projektion eigener sadistischer Gefühle – und hilft dem Vater durch sein verstehendes, beschützendes und wieder-gutmachendes Verhalten.

> So bemühte sich ein dreijähriges Mädchen, dessen Eltern zeitweise täglich heftig stritten, den Vater, der es morgens in die Kindergruppe brachte und der oft lange depressiv bei seinem Kind sitzenblieb, auf viele Arten zu trösten. Diese Szenen hatten zweifellos etwas Rührendes, zugleich aber etwas Bedrückendes an sich, vor allem, wenn man wußte, daß der gleiche Vater in anderen Zeiten das Mädchen fallenließ und wochenlang nicht beachtete.

Eine andere Form, Nähe und Liebe des Vaters zu erreichen, wird in dem Versuch des kleinen Mädchens sichtbar, dem Vater ähnlich zu sein, um die Mutter auszuschließen, in einem altklugen, burschikosen und »anti-weiblichen« Bündnis mit ihm. Es erinnert an eine Konstellation, wie es sie zwischen Mädchen in der Pubertät und Vätern gibt, in der beide durch ihre komplizenhafte, oft intellektuelle Interaktion die Mutter verächtlich ausschließen.

Um eine solche Verbindung aufrechtzuerhalten und um selbst mit den darin enthaltenen Bedürfnissen des Vaters »zusammenzupassen«, muß die Tochter, sowohl im Alltagsleben mit der Mutter wie auch innerpsychisch, eine Form für den Widerspruch finden, daß sie die Mutter ebenso liebt wie den Vater. Beide Eltern sind für sie wertvolle Liebesobjekte, doch als innere Repräsentanzen zugleich wenig kohärent und gefährdet in ihrem Wert, da sie in der Realität einander grundlegend in Frage stellen.

In den Versuchen, diese Situation zu handhaben, sind mir bei solchen Mädchen magisch-phantastische Kontrollbemühungen aufgefallen, auch die Anstrengung, die Gefühle zu beiden Eltern scharf zu trennen, oder aber das Gegenteil, die Verleugnung der Disharmonie im Spiel und im Alltagsverhalten.

Wenn die Spannung so nicht zu bewältigen war, entwickelten einige kleine Mädchen vorübergehend Hemmungen oder Symptome, andere regredierten zeitweise in ihrem gesamten Verhalten.

Sie entfalteten in ausgeprägtem Maße Züge des »weiblichen Arbeitsvermögens«: wachsame Aufmerksamkeit für die Stimmung der Betreuer und Kinder, Sensibilität für Konflikte und frühes verantwortliches bzw. kontrollierendes Verhalten (»Petzen« z. B.) in der Gruppe und hohe Anpassungsbereitschaft.

Mit zunehmender Sicherheit und mittels der Unterstützung durch die Betreuer wagten sie offener, auch ihre Aggressivität freizulassen. Sie zettelten oft Streit mit anderen kleinen Mädchen und mit den weiblichen Bezugspersonen an. Mit boshafter Freude »piesackten« sie kleinere oder schwächere Kinder und manipulierten gern Spiel- und Gruppenszenen.

In heftigen Trotzkämpfen, auch im vierten und fünften Lebensjahr, wurde nicht nur eine hohe Verletzlichkeit spürbar, sondern auch das Ausmaß ihrer Machtwünsche und narzißtischen Wut.

Einige der Mädchen zeigten eine starke, zunächst heimliche, dann offene und aktive Sehnsucht, an Spielen der Jungen, der »Brüderhorde« teilzunehmen, von den Jungen akzeptiert zu werden oder zumindest deren Spiele nachzuahmen.

Parallel dazu begegnete ich dem Versuch, den eigenen Körper als weiblichen ganz zu leugnen. Es schien für sie nicht leicht, sich hochgeschätzte, mächtige und aggressive Fähigkeiten anzueignen, ohne die bisher erworbenen Bausteine weiblicher Identität ins Wanken zu bringen.

Versorgung

Töchter, deren Väter die Familien- und Krabbelstubenarbeit mit der Frau teilen, erleben Symbiose und Individuation in gleichem Umfang mit einem Mann.

Schwierigkeiten der Abgrenzung erfährt die Tochter nicht nur als Dilemma, anders und doch gleich zu sein – wie die Töchter, die weibliche Identität nur mit der Mutter und zugleich gegen sie erringen –, sondern von früh an in dem gleichzeitigen Prozeß, sich mit eigenen Grenzen gegenüber einer andersgeschlechtlichen, geliebten Person zu entwikkeln.

Nach meinem Eindruck, der sich auf die Erfahrung mit drei Mädchen in dieser Situation stützt, wirkt sich das z. B. so aus, daß zwischen Vater und Tochter mehr aggressive Auseinandersetzungen ausgetragen werden. Die Beziehung zur Mutter ist von weniger abhängig-ambivalenter Spannung durchzogen als bei den zuvor beschriebenen Mädchen. Ihre Spiele und Gespräche, wenn sie etwa drei, vier Jahre alt sind, zeigen, wie sie nicht nur Enttäuschungen an illusionären Vaterbildern verarbeiten, sondern zu einem großen Teil reale Ärgernisse mit dem Vater. Auch die – durchaus vorhandene – Idealisierung des Vaters enthält einen Kern begründeten Vertrauens in seine »Größe«.

Umgekehrt können »normale« Enttäuschungen des Mädchens, wie die altersgemäße Ernüchterung über die eigene Unvollkommenheit und Unzufriedenheit über den Penismangel, nicht allein gegen die Mutter und gegen ihre »Allmacht«, zu geben und vorzuenthalten, gewendet werden. Übrigens ist mir kein vergleichbar ausgeprägter Penisneid bei diesen Mädchen begegnet, auch keine Verleugnung des eigenen weiblichen Körpers, wohl aber Phasen sehr empfindlich gestörten Körperselbstgefühls.

Da die Bindung zwischen Tochter und Vater stark ist, fragt es sich, was dies für die ödipale Besitz- und Eifersucht des Mädchens bedeutet. Seine begehrlichen Liebesgefühle zum Vater, auf der Grundlage einer Vertrautheit von Geburt an gewachsen, sind von ähnlicher Heftigkeit, aber auch von Schwierigkeiten begleitet, wie sie der kleine Sohn mit der Mutter erlebt, die von Anfang an sein Liebesobjekt war.

> In zwei Fällen erlebte ich starke Eifersuchtskämpfe des Mädchens gegen Frauen, mit denen der Vater nach dem Auszug der Mutter zusammen war. Zweifellos zog das Mädchen, nachdem es die Mutter verloren bzw. in der Phantasie »vertrieben« hatte, aus dem Alleinleben mit dem Vater die größten Besitzansprüche, zumal es erfuhr, daß es seinerseits zeitweise durchaus des Vaters verläßlichste »kleine Frau« war. Es war nicht leicht zu erkennen, welche Rolle das Mädchen der getrennten Mutter zuwies. Nach Phasen des Schmerzes, der Wut und Schuldgefühle, schien es in ihr wieder Funktionen des Ich-Ideals zu suchen und sie gegen den alltäglichen, zudem »treulosen« Vater abzuheben.

Jedenfalls wird hier die Rivalität mit der Mutter bzw. der Freundin des Vaters vom Mädchen als offenes, konflikthaftes Thema erfahren. Das bedeutet, daß es sich relativ deutlich als weiblich, als sexuelles Wesen und als Kind erlebt. Das ist gegenüber der oben beschriebenen, häufigen Meidung der ödipal-sexuellen Dimension in der Beziehung zu Mädchen als produktive Entwicklungsmöglichkeit zu werten. Zugleich kann es zweifellos auch niederdrückende Ohnmachtserfahrungen im Umgang mit der Inzest- und Generationsschranke einschließen.

Für diese Töchter ist die Arbeit des Versorgens, der Alltag von Kochen, Putzen und Töpfchen-Leeren eine ebenso »männliche« wie »weibliche« Tätigkeit. Auch den Genuß am

Zusammensein mit Kindern und am Spielen spüren sie beim Vater ebenso wie bei der Mutter und bei anderen Frauen. Sowohl für die Wertschätzung dieser Erfahrungen als auch für das eigene Selbstwertgefühl und die Integrationsfähigkeit des Mädchens hat dies positive Folgen.

Diese Töchter wandten sich in der Krabbelstube gleichermaßen an Mädchen wie an Jungen, lebten in Spiel und Freundschaften mit Kindern die Phantasie und Spiellust aus, die die Väter an ihnen mitgenossen.

Daneben fiel mir bei ihnen andererseits eine Neigung zu Eigenbrötelei auf, zu trotziger Selbsttröstung und zu etwas forciertem Autonomie-Verhalten, auch frühe Versuche, »vernünftig« zu sein bei Versagungen durch uns Bezugspersonen oder durch den Vater.

Jedoch kam es auch vor, daß diese kleinen Mädchen »ausflippten«. Diese heftigen Gefühlsausbrüche wiesen möglicherweise auf den Aspekt der Überforderung hin, der in ihrer Anstrengung um Autonomie lag.

Der Versuch von Vätern, gegen äußere und verinnerlichte, herrschende Männlichkeitsgebote anzuleben, brachte für sie selbst wie für die mit ihnen lebenden Kinder (und für die Frauen – man denke an die Trennungen) Widersprüche mit sich.

In dem Bemühen, die Tochter »stark«, sehr selbständig und vernünftig werden zu lassen, war die Hoffnung des Vaters erkennbar, vom Mädchen auch quasi mütterlichen Schutz und Unterstützung in der eigenen Unsicherheit zu erfahren.

Auf diese überfordernde Erwartung reagierten die Mädchen teils mit Anpassung, also der Herausbildung frühreifer, pseudoautonomer Ich-Funktionen, teils mit dem plötzlichen Verlust der Kontrolle und den heftigen Gefühlsausbrüchen.

2. Jungen

Äußere Trennung und innerpsychische Loslösung

Die kleinen Söhne spüren, wie die Mütter aktiv die symbiotische Verbindung mit ihnen lockern. Dieser selbstgewollte Prozeß bereitet den Frauen, vor allem in der Eingewöhnungszeit, aber auch später phasenweise immer wieder, ein Auf und Ab von Erschrecken und Erleichterung, von Trauer und Eifersucht. Von vergleichbaren, aber nicht immer parallelen Stimmungsschwankungen ist er auf seiten der Jungen begleitet. Dieser Prozeß wird für die Jungen dann kompliziert, wenn über längere Zeit unbewußte Schuldgefühle der Frau die Dynamik der gegenseitigen Loslösung mitprägen.

Dies kann der Fall sein, wenn ihrem Trennungswunsch unbewußte feindselige Ausstoßungstendenzen beigemischt sind. In der Suche nach Selbstbestrafung und Wiedergutmachung weist sie dem kleinen Sohn unangemessen viel Macht zu, erlaubt ihm, sie zu tyrannisieren und zu manipulieren: Sie muß, wann der Junge es will, mit ihm in der Krabbelstube bleiben, ihn abholen, fortgehen, ihm Sachen bringen, kurz, ein willig verfügbares Objekt sein und ist es gern, solange sie die Ursache ihrer Schuldgefühle nicht verstanden hat. Diesen Mechanismus konnte ich zwischen Töchtern und Müttern kaum je beobachten.

In anderen Fällen ist der Sohn manchmal umgekehrt das schwierige und schwache Kindchen, das morgens verzweifelt die Mutter festhält. Er klammert sich an sie, weil ihn die versteckte aggressive Ausstoßung der Mutter bedroht. Gleichzeitig nimmt er ihr mit seinem feindselig-ängstlichen Festkrallen die Wahrnehmung ihrer eigenen Ambivalenz hinsichtlich der Trennung ab. In solchen Phasen erhohter gegenseitiger Ambivalenz können eigenständige und tröstliche Erfahrungen mit der Kindergruppe und den Bezugspersonen den Jungen etwas stabiler und autonomer machen.

In Zeiten, in denen sich die Frau relativ frei von Haß, Angst und Schuldgefühl täglich von ihrem Sohn trennt, kann er sich gut von ihr abgrenzen. Er kann die Krabbelstube mit ihren Gegenständen und mit den Beziehungen zu Kindern und Bezugspersonen genießen, auch Streit und

Schmerz tolerieren und sich an die Mutter erinnern, die ihn später abholen wird.

Im allgemeinen fiel die tägliche Trennung den Jungen weder leichter noch schwerer als den Mädchen. Bei sehnsüchtiger Erwartung der Mutter suchten auch sie Anlehnung bei der Bezugsperson. Das war in der Regel soweit konfliktlos möglich, als die Betreuerin oder der Betreuer verzagte Gefühle des Jungen gut akzeptieren konnte. Die aus der Anlehnung entwickelte Selbsttröstung bestand aber nicht, wie bei den Mädchen, im Rückzug und im Gebrauch anschmiegsamer bzw. oraler Tröster.

Alle Jungen hörten im Lauf des zweiten und endgültig im dritten Lebensjahr auf, offen regressive Mittel des Trostes zu benutzen. Ebenso offensichtlich wie unbewußt boten also die Erwachsenen den Jungen in dieser Zeit zunehmend keine Formen der Selbsttröstung mehr an, die direkt an Traditionen der Oralität und weicher Übergangsobjekte anknüpften.

Zwischen Müttern und Söhnen wurden andere Gegenstände zu Trägern von Sicherheit gegen ängstliche Trennungsgefühle, z. B. kleine Autos, besondere Kleidungsstücke, das täglich mitgegebene Butterbrot, Comic-Heftchen, ein Ranzen mit Bilderbüchern.

Mit dem Gebrauch dieser Gegenstände ging kein Rückzug einher. Vielmehr wurden sie zum Anlaß von Spielen oder zu unauffällig, aber unbedingt festgehaltenen Begleitern.

Winnicott hatte 1951 eher beiläufig zum weiteren Schicksal von Übergangsobjekten festgestellt:

> »Jungen neigen in gewissem Maß dazu, zum Gebrauch harter Spielsachen überzugehen, während Mädchen die Neigung zeigen, gleich zum Erwerb einer Familie fortzuschreiten.«[1]

Anders als Winnicott, der diese unterschiedlichen Neigungen als gegeben hinnimmt, gehe ich davon aus, daß sie Ergebnis einer Vorgeschichte im Verhältnis zwischen Kindern und Erwachsenen sind. So gewinnt man hier den Eindruck, als ob beim Jungen die Kennzeichen der Abhängigkeit nicht so of-

[1] D. W. Winnicott, Übergangsobjekte und Übergangsphänomene, in: ders., Von der Kinderheilkunde zur Psychoanalyse, München 1976, S. 297

fen zutage liegen dürften und als ob darum sichtbar kleinkindhaften Elementen bei ihm eine frühe, entschiedene Grenze gesetzt würde.

An Elternabenden wurden manchmal die Mädchen etwas verächtlich als »Schnullerfraktion« bewitzelt. Dem wurden die Jungen gegenübergestellt, die »das nicht mehr nötig« hätten und angeblich schon reifer und selbständiger waren. Nach meinen Beobachtungen regredieren kleine Jungen keineswegs weniger als Mädchen, sondern in anderer, isolierterer Form, eingegrenzt in spezifische Verhaltensbereiche oder Symptome wie z. B. Bettnässen, Einkoten, die Unfähigkeit, allein zu schlafen. Dagegen scheinen sich die Mädchen jeweils eher als ganze Person in die Regression zu begeben, sei sie hilfreich im Dienste des Ichs oder pathologisch.

Ein anderer Weg der Jungen, in der Getrenntheit von der Mutter mit ängstlicher Anspannung umzugehen, war wie bei den Mädchen das Rollenspiel. Im Vergleich zu deren Spielweise ließ es aber einen charakteristischen Unterschied erkennen. Nach meiner Beobachtung blieb das verbalisierte Spiel der Mädchen ihrer realen Erfahrung – hier dem Fortsein der beruflich arbeitenden Mutter – auf realistische Weise nahe (vgl. S. 75).

Dagegen neigten die Jungen dazu, das Thema realitätsentrückt darzustellen. Es ging um die Gefährdung und Rettung von Tieren, um ihre Trennung und Wiedervereinigung, aber die arbeitende Mutter wurde als solche nicht zum Thema.

Ödipale Konstellation

Zur Kindheit nicht weniger Jungen in der Krabbelstube gehört die Erfahrung, daß die Mutter mit dem Vater streitet, um Macht, um Teilung der Arbeit, um Sexualität. Er sieht, wie sie in Auseinandersetzungen weint oder den Vater angreift, und erlebt sie als zeitweise kaum zugänglich, weil sie zu sehr mit sich selbst beschäftigt ist, von ihm entfernt, in Gedanken oder körperlich.

Zwei von acht Müttern trennten sich vom Ehemann im zweiten bzw. fünften Lebensjahr des Sohnes und hatten neue erotische Beziehungen. In zwei anderen Fällen gingen

die Frauen, während sie ihre Ehe aufrechterhielten, zugleich Liebesverhältnisse ein.
In diesen Konstellationen waren die kleinen Jungen offen konfrontiert mit sexuellen Interessen und neuen erotischen Verbindungen ihrer Mütter. Sie erlebten die »Absetzung« bzw. Ersetzung des Vaters als erotischem Partner der Mutter und erfuhren diese Geschehnisse nicht selten im Zusammenhang der eigenen ödipal-sexuellen Phantasien und Gefühle.
Anders als sonst, da der männliche Ödipuskomplex nur aus der Perspektive des Knaben und seiner Leidenschaften beschrieben wird, ergab sich hier die zusätzliche Frage, wie sich denn der Sohn mit der Leidenschaft der Mutter auseinandersetzte und welche Wechselwirkung zwischen beiden erotischen Schicksalen bestand.
Auf seiten des kleinen Sohnes schien die erotische Aktivität der Mutter sowohl mehr Stimulation als auch erhöhte Verlustangst mit sich zu bringen.
Er erlebte einen besonderen Zwiespalt in der Identifikation mit dem Vater, da dessen libidinös-sexuelle Bedeutung erheblich relativiert wurde.
Gleichzeitig berichteten die Frauen von vehementer Eifersucht und gelegentlich wilder Wut der Jungen gegen sie.
Die Mütter selbst ließen die Jungen eine ausgeprägte Ambivalenz spüren. Wollten sie sie einerseits, absorbiert von ihren erwachsenen Gefühlsbeziehungen, zeitweise fortschieben, so zogen sie sie andererseits, in Phasen der Bedrückung, nahe zu sich und gaben ihnen die Funktion des treuen, tröstlich kleinen Mannes.

Mehrfach-Bemutterung

Für den kleinen Jungen kann die Gruppe der Frauen in der Krabbelstube, wie für das Mädchen, beide Seiten haben: Erweiterung der beschützenden, körpernahen Mutterwelt, aber auch »Weiber-Übermacht«, gegen die männliche Identität nicht leicht zu erringen ist.

Erweiterung kann bedeuten, daß Angst und Schmerz auch in anderen weiblichen Armen gemildert, daß Lust und Spiel mit erwachsenen Frauen auch auf unterschiedliche Art erlebt wird. Angesichts einer so verringerten »Übermacht« der einen, leiblichen Mutter kann sich der kleine Sohn mit ihrer realen Person und ihren Fehlern etwas eher versöhnen.

Denn wenn es noch andere mütterliche Personen gibt, bei denen er sich zum Ausgleich für die Unvollkommenheit der Mutter etwas holen kann, dann verringert das seine hilflose narzißtische Wut gegen sie.

Nach meinem Eindruck legen differenzierte libidinöse Beziehungen zu unterschiedlichen Frauen dem kleinen Jungen weniger zwingend nahe, sich hauptsächlich über den Weg der Abwertung der Mutter von ihr zu lösen.

Weibliche »Übermacht« kann für kleine Söhne bedeuten, daß ihre Ängste vor Kontrolle und vor Kastration zeitweise anwachsen können. Als Abwehr dieser Ängste sind mir bei den Jungen verschiedene Formen aufgefallen: die aktive Wendung ins Gegenteil, also aggressives und beherrschendes Agieren in der Kindergruppe; vorübergehend ausgeprägte Spaltung in gute und böse Frauenbilder, was in Spielen und in der Gestaltung der Beziehungen zu den Betreuerinnen zum Ausdruck kommt; schließlich die Bildung einer »Brüderhorde«, also der langzeitige Zusammenschluß von Jungen, der Mädchen nahezu hermetisch vom Mitspielen ausschließt.

Mit ihren Spielen füllten die Jungen die Räume der Krabbelstube und der Wohnungen, in denen sie überwiegend Frauen als bestimmend und z. T. als »übermächtig« erlebten. Sie spielten bestimmende, mächtige und kontrollierende Männer: Polizei, Feuerwehr, Indianer; »die Arbeiter«, »den Mann«, der etwas macht, dann auch Tiere, z. B. den Wolf, den Bär. Sie spielten also männliche Gestalten, die Stärke und Macht verkörperten, draußen, in der Stadt, in der Ferne und in der Natur.

Je weniger die wirklichen Männer ihnen erfahrbar und nahe waren, desto enger verbanden sich die kleinen Jungen in der Gruppe miteinander, z. T. mit einem Grad von Abhängigkeit, wie ich ihn so ausgeprägt zwischen Mädchen nicht beobachtet habe.

Wie die kleinen Jungen Widersprüche in den Wünschen ihrer Mütter und im Alltag erfahren, wird deutlich am Beispiel der geschlechtlichen Arbeitsteilung.

Das Anliegen der Frauen, Hausarbeit und Versorgung mit dem Mann gerechter zu teilen, erleben die Söhne zwar in einigen Familien als Streitanlaß, als mütterliche Vorwürfe gegen den Vater, seltener aber als häusliche Realität. In der Krabbelstube hören sie Mütter und Betreuerinnen darüber schimpfen, daß Väter zu wenig mitarbeiten. Sie sehen den einen oder anderen »Ausnahmevater« beim Putzen und bei fürsorglichen Handlungen, aber eine tatsächliche Teilung dieser Arbeiten zwischen den Geschlechtern erleben sie auch hier nicht.

Während diese Dinge die kleinen Jungen selbst nicht unmittelbar betreffen, begegnen sie jedoch dem Umgang mit »weiblichen« und »männlichen« Tätigkeiten direkt im Gruppenleben. In der Krabbelstube werden sie von den Bezugspersonen wie die Mädchen zu Rücksichtnahme und Einfühlung ermutigt, zu körperlicher Selbständigkeit (wie sich selbst an- und ausziehen oder allein essen) und zu Verantwortung (wie beim Aufräumen) aufgefordert.

Das bewußte Ziel dabei ist, daß die Jungen sich – früher und mehr als die jetzt erwachsenen Väter – versorgende, einfühlende Fähigkeiten aneignen, indem sie sich, wie die Mädchen, mit solchen Aspekten der sie versorgenden, mütterlichen Personen identifizieren.

Tatsächlich geschieht das jedoch nach meiner Beobachtung nur in sehr begrenztem Maße. Die an sie gerichteten Erwartungen scheinen für die kleinen Jungen überwiegend, oft bis ins fünfte und sechste Lebensjahr, auf der Ebene externer, widerstrebend befolgter Gebote zu verbleiben.

Das kann verschiedene Gründe haben. Zum einen muß die »Moral« in der Krabbelstube relativ machtlos sein gegen die Wirkung des familialen Alltags und des elterlichen Vorbilds im Umgang mit der geschlechtlichen Arbeitsteilung. Andererseits muß das Ergebnis auch dem Einfluß unbewußter Ideale und Wünsche entspringen, die die Frauen den kleinen

Jungen gegenüber hegen und die im Widerspruch zu ihren bewußten Zielen stehen.

Einen gemeinsamen Ausdruck dieser Wünsche sehe ich darin, daß Mütter ihre kleinen Söhne weit länger und genußvoller körperlich versorgen, bedienen und verwöhnen, als es die Mütter von Töchtern tun.

Das äußert sich in vielen Handgriffen und Handlungen, mit denen der Junge teils klein gehalten, teils groß »gemacht« wird – für ihn aufräumen, ihn an- und ausziehen, ihn lange lieber wickeln als auf den Topf verweisen, ihn rücksichtslos sein lassen gegen sich, ihm alles geben, zubereiten, einrichten, rechtmachen usw.

Dieses verwöhnende Verhalten der Mütter scheint ein komplexes Gemisch von Motiven zu enthalten – passive wie aktive Beherrschungswünsche, inzestuöse und aggressiv kontrollierende Tendenzen nicht weniger als die bereits früher erwähnten Anteile von Wiedergutmachung und Strafbedürfnis.

Und das Ergebnis, daß nämlich die Jungen ansprüchlicher, selbstbezogener als die Mädchen, kurz, den kritisierten Vätern ähnlicher sind als bewußt angestrebt, verweist auch auf das unbewußte Festhalten der Frauen an herkömmlichen, idealisierenden Männlichkeitsvorstellungen.

Junge wie Mädchen teilen also mit der Mutter über die ersten Kleinkindjahre hinaus Nähe und Zärtlichkeit, aber jeweils von sehr unterschiedlicher Art. Die mütterliche Zärtlichkeit gegenüber der kleinen Tochter erscheint gleichmäßiger (sieht man hier von den Brüchen durch das Thema der Entwertung ab), weniger bindend an regressive Ich- und Triebzustände, aber auch weniger unterwürfig als dem Sohn gegenüber, zugleich entsexualisierend (vgl. S. 82).

Umgang mit Aggression

Bei allen Jungen der Kindergruppe war die agierte Aggressivität stärker als bei den Mädchen. An dieser kontrovers interpretierten Erfahrung entzündete sich wiederum nicht selten aggressiver Streit zwischen den Erwachsenen.

Insgesamt schien der Umgang mit kindlicher Aggression

schwieriger als mit Äußerungen kindlicher Sexualität, mit Problemen der Autonomie oder der Gruppe.

Nach meinem Eindruck spürten die Jungen von früh an, daß ihre Erwachsenen, gerade auch Frauen, aggressives Verhalten bewunderten und wünschten.

Gleichzeitig gab es keine Annäherung an mögliche Ursachen der höheren aggressiven Spannung, sei es im emotionalen Verhältnis zu den kleinen Jungen, sei es in den Erwachsenen selbst. Ab einer bestimmten Zeit »waren« Jungen eben aggressiver, so wie Mädchen eben quengeliger »waren«.

Einigen Eltern diente als Rationalisierung das Beharren darauf, daß diese körperliche Aggressivität »natürlich« sei und nicht unterdrückt werden dürfe, wie ihr eigenes Leiden an Aggressionshemmungen zeige. Die angegriffenen Kinder, Mädchen bzw. unterlegene Jungen, müßten lernen, zurückzuschlagen, -zubeißen usw.

Ebenfalls in vordergründiger Weise fixiert an das bloße Phänomen des aggressiven Jungenverhaltens blieb der andere Teil der Erwachsenen, nur mit umgekehrtem Vorzeichen, der das dominierende, aggressive Agieren ablehnte und verhinderte.

Auf beiden Seiten handelte es sich um einen ungekonnten Umgang mit eigener Aggressivität und um starre, offenbar nicht bewußtseinsfähige, projektive Identifikationen mit den kleinen Jungen, die sich als willkommene, gefahrlose Objekte anboten.

Für die kleinen Jungen bedeutete dies nach meiner Beobachtung, daß sie der seelischen »Arbeitsanforderung« ausgesetzt waren, im Vergleich zu den Mädchen mit höherer Körperspannung, mit mehr sadistischen Impulsen und mit heftigeren feindseligen Gefühlen umzugehen.

Es hieß weiterhin, daß sie von den Erwachsenen weniger Unterstützung in der Integration aggressiver Gefühle erhielten, andererseits, daß die erwachsene Eingrenzung eher den Charakter rigider Unterdrückung als denjenigen beruhigender Milderung hatte.

Das körperlich aggressive Agieren der kleinen Jungen kann sich nach der einen Seite in diffuse Überaktivität ausweiten; allein, zu zweit oder mehreren wird, ohne noch aufhören zu können, ein totales Chaos verbreitet. Nach der anderen Seite wird es zum Beherrschen und Angreifen anderer Kinder und zu Provokationen gegen die Erwachsenen.

Dabei geht es nach meinem Eindruck darum, sich in einen erregenden Wechselzustand zwischen hoher physischer Spannung und deren Abfuhr hochzuschaukeln. Ein aktives und körperliches Erleben soll einen passiven und seelischen Vorgang abwehren der den Jungen hilflos macht – sei es die Empfindung von Angst, von Sehnsucht der Hingabewünschen, sei es sexuelle Erregung. Indem jedoch die Angstbekämpfung umschlägt in Kontrollverlust, gerät der Junge trotzdem in einen hilflosen Zustand.

Diese Hilflosigkeit ignorieren Erwachsene an kleinen Jungen in bemerkenswertem Maß. Statt dessen wird das manifeste Verhalten von ihnen instrumentalisiert, entweder als idealisierter Teil bewundert und gefördert oder als böser Teil abgelehnt und bestraft.

Nicht nur erwachsene Delegation eigener aggressiver Wünsche und Ermunterung zu deren direktem, körperlichem Ausleben spielen eine wesentliche Rolle. Darüber hinaus kann man, wie schon erwähnt, im Verhältnis zwischen kleinen Jungen und ihren Erwachsenen, hier Müttern und Bezugspersonen, Ursachen dafür vermuten, daß die Aggressivität der Söhne höher ist.

So wird zum einen die Frage nahegelegt, ob Jungen während der primären symbiotischen Beziehung in elementaren Bedürfnissen weniger angenommen bzw. befriedigt oder widersprüchlicher behandelt werden als Mädchen.

Zum anderen fragt es sich, ob Söhne und Mütter im Umgang mit der wechselseitigen Separation spezifische Probleme haben, die für den Jungen forcierte »Trennungsaggression« oder mehr aggressive Besetzung der Körper-Ich-Grenzen notwendig machen.

Jedenfalls scheinen frühe, widersprüchliche Ursachen mit späteren Zuweisungen auf komplizierte Weise ineinanderzugreifen und die Vorstellung von der Unvermeidbarkeit einer höheren männlichen Aggressivität nicht zu bestätigen. Diese Fragen werden in den Fallgeschichten eingehend thematisiert und für die einzelnen Jungen versuchsweise beantwortet. (Vgl. Kap. V, S. 287).

Die Krabbelstube bietet den kleinen Jungen die Möglichkeit freierer im Sinne von nicht-manipulierter Ich-Entwicklung, wie sie in Familien in dieser Form meist nicht gegeben ist. In wechselseitiger Nachahmung zwischen den Kindern, in vorsprachlicher und sprachlicher Kommunikation untereinander, sprudeln sie manchmal ihre neuen Künste miteinander heraus, um sie dann wieder zu »vergessen« und dann wieder zu erproben. Im Prozeß der Ich- (und Selbst-)bildung können sie einander Spiegel und Echo sein, Zwilling und helfender Bruder. Aber anders als echte Zwillinge trennen sie sich täglich und haben ebenso die Möglichkeit, sich aktiv zu unterscheiden in ihren Fähigkeiten und Modalitäten.

Neben diesem zwanglosen Aneignen von Fähigkeiten in der Interaktion mit Kindern gibt es die Herausbildung von Ich-Funktionen als Antworten auf erwachsene, mehr oder weniger zwingende Erwartungen.

Im entsprechenden »Mädchen-Kapitel« (vgl. S. 87) wurden schon zwei Bereiche der Jungen mit untersucht: ihre bessere Fähigkeit, phantasierend zu bauen, wurde sichtbar als Ausdruck eines emotionalen Freiraums, den Erwachsene ihnen mehr als den Mädchen gewähren, als Resultat der selbstverständlichen Erlaubnis, zu zerstören, um Neues zu (er-)finden.

Andererseits zeigte sich, daß Jungen die erwachsene, besonders auch mütterliche Tendenz zur Bewunderung und Überbesetzung ihrer körperlichen Leistungsfähigkeit häufig zu einem inneren Zwang zu körperlichem Agieren verarbeiten. Es scheint ihnen in der Folge schwerer als den Mädchen zu gelingen, seelisches mit physischem Befinden in Einklang zu bringen.

Welche anderen Erwartungen lassen sich erkennen? Eltern und Bezugspersonen richten aus je eigenen Bedürfnissen Ansprüche an kleine Jungen, die sich zu einem widersprüchlichen Erwartungsgemisch verdichten:

Unter ausgebildeten, oft ehrgeizigen Bezugspersonen gibt es das Interesse an der Entwicklung vor allem sensibler und sozialer Fähigkeiten bei den Jungen, in dem, wie schon früher dargestellt, abgewehrte Wünsche nach aggressiv-dominanter Männlichkeit mitschwingen können. Der andere Typus von Bezugsperson, der oft unausgebildet ist, einfach »Bock« auf den Job hat (vgl. Kap. II, S. 70) und häufig von Männern verkörpert wird, sucht mit den Kleinkindern möglichst ungebrochen eigene Kindlichkeit auszuleben. Mit den Jungen ist er der Junge, der er schon immer werden wollte und nie zu sein wagte. Auf diesem Wege fördert er in den Jungen ihre »starken«, mitreißend aktiven Seiten, während er sie allein läßt in den kindlichen Schwächen und Konflikten, aus denen eine Anforderung an ihn als Erwachsenen entsteht.

Für manche Eltern, nach meinem Eindruck häufiger für Mütter, muß der kleine Junge immer in Bewegung sein. Er muß Fortschritte machen. Die fortlaufenden Kommentare und Vorschläge der Erwachsenen strukturieren all sein aktives Funktionieren entlang ihrer eigenen (d. h. der erwachsenen) Hektik. Der Junge ist unablässig gedrängt, sein Funktionieren zu ihrer Vergewisserung unter Beweis zu stellen. Aufbauend auf diesem sensomotorischen Muster folgt später die ständige »Anregung« zu intellektuellen und sonstigen Leistungen.

Bei anderen Eltern, oft bei Vätern, taucht ein charakteristischer Bruch im Verhältnis zum Sohn auf. Nachdem sie während der Babyzeit nicht selten genießerisch an seiner Lebendigkeit und an seinem Kleinsein partizipiert haben, scheinen sie irgendwann abrupt davor zu erschrecken. Dabei ist es von Fall zu Fall unterschiedlich, ob eher narzißtische, triebhafte oder Beziehungsaspekte »gefährlich« werden und welche es jeweils sind. Jedenfalls werden der Kindlichkeit des Sohnes, die im Erleben des Erwachsenen zur Gefahr geworden ist, auf einmal energisch »die Realität« und »der Ernst des Lebens« mit seinen strengen Anforderungen entgegengestellt. Als begänne morgen die Schule und als habe der kleine Junge in der bisherigen Beziehung zum Erwachsenen weder Realität noch Leben kennengelernt.

Dieser erschrockene Umbruch kann in verschiedenen Phasen ausgelöst werden. Plötzlich mögen die Haare des Jungen zu lang sein, die Haltung zu weich oder die Gefühle zu stark. Der Vater eines zweieinhalbjährigen Jungen sagte als Begründung dafür, daß sein Sohn nun allmählich mehr lernen müsse, ironisch: »Schließlich soll er ja kein Triebtäter werden.«

In solchen Fällen sind die Jungen plötzlich mit unerwartet rigiden Leistungsansprüchen und mit bisher nicht erlebten Verzichten konfrontiert. Schwieriger als die Erfüllung dieser Forderungen ist es für sie, den Bruch [1] in der Kontinuität ihrer Erfahrungen zu bewältigen. Oft scheint es notwendig, darauf mit Verdrängung bzw. Abspaltung des bisherigen Beziehungs- und Selbsterlebens, auch mit der Identifikation mit dem Aggressor zu reagieren. Man hat den Eindruck, daß an diesen Bruchstellen eine der Quellen von »hartem«, kontraphobischem Männlichkeitsverhalten liegt.

Kontrolle des Körpers und der Realität

Die in der Krabbelstube praktizierte gewährende Haltung gegenüber der Sauberkeitsgewöhnung und gegenüber »Schmutz« bedeutet im Hinblick auf den Jungen, daß die ohnehin gesellschaftlich übliche, höhere Schmutztoleranz Jungen gegenüber bestätigt bzw. erweitert wird. Damit kann die Neigung mancher Mütter, den Körper des kleinen Sohnes bedienerisch zu verwöhnen und zu kontrollieren, bestärkt werden.

Die Jungen der Kindergruppe beschäftigten sich nie vergleichbar intensiv mit Vorgang und Ergebnis der körperlichen Ausscheidung wie die Mädchen.

Die Mütter zeigten ihnen bedeutend später und zögernder, auf ihre Ausscheidung selbst zu achten und sich auf Topf oder Toilette zu setzen.

Zwei typische Umgangsformen der Mütter fielen mir auf. Bei einigen Jungen wurde bis ins vierte Jahr die Windel samt Inhalt von der Mutter rasch und ohne Aufmerksamkeit weggeräumt. Nach der raschen Erledigung der hygienischen Handlung, nachdem also der Junge wieder frisch gewindelt und angezogen war, wandte sich ihm die Mutter zärtlich und voller Liebe zu.

[1] Dieser von mir beobachtete Bruch ähnelt sehr Mitscherlich-Nielsens Darstellung der traumatischen Unterbrechung der Identifikation mit der Mutter, wenn diese den Sohn von sich weg und in sogenanntes »männliches Verhalten« hineinstößt (vgl. Kap. I, S. 20). Allerdings erlebte ich, wie beschrieben, hier häufig den Vater als denjenigen, der den Bruch herbeiführt.

Diese Jungen interessierten sich, auch wenn wir sie in der Krabbelstube wickelten, kaum für ihr Produkt und ließen es später, als sie allmählich die Toilette benutzten, wie gleichgültig hinter sich liegen.
In einigen anderen Fällen tolerierten die Mütter ebenfalls lange, daß die Jungen die Windeln und später die Hosen vollmachten. In der Kindergruppe behielten die Jungen ihre Ausscheidungsprodukte am Körper und wollten sich zunehmend nur noch von der Mutter umziehen lassen. Jeder dieser Jungen griff in den folgenden Jahren zeitweise zurück auf Bettnässen, Einkoten oder Einnässen.
In beiden Umgangsformen erlebte der Sohn, wie die Mutter zugriff, ob rasch oder langsam, seinen Körper handhabte und das Produkt, als störenden Schmutz oder als scheinbar nebensächliches Phänomen, fast desinteressiert fortnahm.
Demgegenüber wurde die Tochter in diesem Bereich früh von der Mutter getrennt und auf die Beziehung zum Produkt verwiesen. Im Bereich der analen Produktion und Leistung stellten die Mütter also keineswegs hohe Ansprüche an die Jungen, im Gegenteil; möglicherweise, weil ihnen in diesem Bereich die konkrete Verbindung zum Körper des Jungen, die Macht über ihn und sein Produkt wichtiger waren.
Wo die Töchter besonders früh und klar Leistungsansprüche, aber auch körperliche Abgrenzung von der Mutter erfuhren und mit der Verinnerlichung dieser Vorgänge durchaus Lust und Autonomiegewinn verknüpften, erlebten die Jungen Lust in einer Situation, in der es für sie von seiten der Mutter keine Anforderung und keine Abgrenzung, aber auch keine Autonomie gab.
Anders verhielt es sich im Umgang mit dem Urinieren. Allen Jungen zeigten die Mütter und, ganz im Unterschied zur analen Entleerung, hier auch die Väter sehr ausdrücklich, zu pinkeln »wie ein Junge«.
In einem Fall ließen die Eltern dem Sohn explizit die Wahl, dabei zu sitzen oder zu stehen.
Eine Zeitlang, vor allem im Sommer im Freien, waren die Jungen interessiert an der Weite ihres Bogens, auch daran, ihn vorzuführen und zu vergleichen, aber nicht wie die Mädchen am Resultat.

Daß die Jungen sehr viel zögernder als die Mädchen lernten – bzw. von den Müttern darin unterwiesen wurden –, mit ihrer Kleidung zurechtzukommen, sich die Schuhe zuzubinden, ein Brot zu machen oder ihr Spielzeug wegzuräumen usw., wurde bereits erwähnt.

Das augenfällig »nützliche« Element im Umgang der Mädchen mit der Ausscheidung, dem Körper und mit den Gegenständen fehlt in dieser Weise bei den Jungen. In ihrem Verhältnis zu unbelebten Objekten gibt es zwei charakteristische Formen.

Im zweiten Lebensjahr zeigt sich eine heftigere Phase des »Meins! Meins!«, als bei den Mädchen, begleitet von kräftiger Aggressivität und im Zusammenhang vieler Aktionen des Bestimmen-, Besitzen- und Beherrschenwollens.

Die andere Form ist die raumgreifende Umsetzung von Phantasien häufig grandioser Art unter Benutzung möglichst vieler Möbel, Geräte, Spielsachen usw. und gewöhnlich zu zweit oder mehreren, in der Regel nur Jungen. Die Spielinhalte sind vielfältig; es überwiegen Reise und Heimkehr, Verletzung und Heilung, Angriff und Strafe bzw. Rache, Versorgung und Auffressen u. ä., dargestellt vorzugsweise an Tieren und mächtigen Figuren.

Das Spezifische an diesen Spielen – etwa ab Mitte des dritten Lebensjahres bis weit ins sechste hinein – ist das Abtauchen in die gemeinsame Phantasie- und Gefühlswelt, verbunden mit dem realen Verfügen über Gegenstände, Räume und Situationen, dazu über hilfswillige kleinere Kinder und über ihre Rollen im Spiel, verbunden auch mit dem intensiven Gebrauch des Körpers.

Mit dieser Handhabung äußerer, gegenständlicher und menschlicher Realität im Dienste eigener Phantasien erleben bzw. erzeugen die kleinen Jungen das Gefühl, lebendig und wirklich, aber auch allmächtig und unbegrenzt zu sein.

Die widersprüchliche Bedeutung dieser Gefühle für sie und einen möglichen Zusammenhang zwischen analer Körperkontrolle und der Bemächtigung äußerer Objekte habe ich bereits vorn, im entsprechenden Abschnitt des »Mädchen-Kapitels« erörtert (vgl. S. 92).

Für Jungen, die seit dem ersten oder zweiten Lebensjahr in eine Kindergruppe kommen, ist eine ungebrochene Identifikation mit »klassischer« Männlichkeit kaum möglich. Denn wie immer der eigene Vater mit ihnen umgeht, sie erleben versorgende neben distanzierten Vätern, rigide neben spielenden Männern. Wachsen sie ohne Vater auf, so können sie mit unterschiedlichen Vätern, eventuell auch mit einem männlichen Betreuer, Beziehungen eingehen.

Die Söhne werden groß zwischen Erwachsenen mit verschiedenen Bildern von Männlichkeit. Aber nicht nur Erwachsene, auch die Kinder der Gruppe sind hier wichtig. Die kleinen Jungen sind sich während ihres Individuationsprozesses mit ihren fließenden männlichen Entwicklungen nahe, kommunizieren, spiegeln und unterscheiden sich, sind aber ebenso den Mädchen nahe.

Während in einer »geschlossenen« Kleinfamilie unterdrückte Anteile des Vaters oft auch für den Sohn zu angstmachenden, verführerischen Phantasien werden können, die er selbst dann ebenfalls abspaltet, begegnen dem kleinen Jungen in der Krabbelstube real Spielgefährten und Männer, die das »andere«, das Gewünschte bzw. Bedrohliche verkörpern können.

Diese Situation kann für den Jungen eine positive Bedeutung gewinnen, in der sich seine Phantasien- und Gefühlswelt erweitert, sein Ich-Ideal differenziert und in der seine Konflikt- und Integrationsfähigkeit gestärkt wird. Andererseits werden manche Jungen von den realen Widersprüchlichkeiten auch zeitweise mehr belastet und verwirrt.

So läßt sich als bewußter Konsens auch der meisten Väter, vor alllem am Anfang der Elterninitiative, beschreiben, daß die kleinen Söhne gefühlsvoll und nicht »so leistungsfixiert«, sozial sensibel und nicht »so mackerhaft« gewünscht werden. Mit der Zeit, vermutlich verknüpft mit Gefühlen, wie ich sie bereits früher beschrieben habe (vgl. S. 113), tauchen Bedenken bei Vätern, aber auch bei Müttern auf, ob die Söhne leistungsfähig genug sein werden, ob sie bei zu viel Sensibilität nicht schwächlich oder homosexuell werden könnten und ähnliches mehr.

Die projizierten Ängste des Vaters scheinen besonders dann eine starke Wirkung auf den Sohn auszuüben, wenn die reale Beziehung zwischen beiden sich negativ verändert und der Vater sich z. B. mehr distanziert vom Sohn als zuvor.

In der Kindergruppe kann man in solchen Fällen verschiedene Verhaltensweisen der Jungen beobachten: spürbar verletzte bis depressive Stimmungen und eigenbrötlerisches Alleinspielen, den Versuch, sich aggressiv an anderen Kindern zu rächen, und die vermehrte Suche nach Trost und Großartigkeit in der »Brüderhorde«.

Distanz

Der kleine Sohn eines traditionell-distanzierten Vaters zu sein bedeutet – was banal erscheint, aber so folgenreich ist für die Struktur »normaler« Männlichkeit –, sich existentiell, körperlich nur »via Frau« zu erleben. Der kleine Junge kennt keine innige libidinöse Verbindung samt dazugehöriger Ambivalenz zu einem Mann, teilt weder die symbiotischen noch die zärtlich-flirtenden Gefühle der Frühzeit mit ihm, ebenso wenig Traurigkeit und nächtliche Ängste.

Dazu gehört auch, daß auf die vielfältigen Identitäts- und Abgrenzungserlebnisse, wie sie sich in Verbindung mit dem Ausscheidungsthema ereignen, nicht der Schatten des Vaters fällt, daß sich also das analerotische und -sadistische Erleben des Jungen konkret nur mit der Mutter, mit dem Vater hingegen häufig nur in der Phantasie verknüpft.

Dem Werben des kleinen Sohnes um den Vater und seinen Liebesbezeugungen an die Mutter begegnet nach meinem Eindruck der Mann nicht selten mit grober Härte oder vermehrtem Rückzug, wahrscheinlich, um seiner Verwirrung und Konkurrenzangst Herr zu werden.

Wichtig daran scheint mir, daß er seinen Sohn als liebendes Wesen mit sexuellen Triebregungen und leidenschaftlichen Gefühlen nicht spürbar anerkennen kann.

Die Auffassung, der Vater repräsentiere für den Knaben bzw. allgemein für das kleine Kind »die Realität« bzw. »das

Realitätsprinzip«[1], »das Gesetz«[2] oder »die Außenwelt«[3], scheint mir mißverständlich, wenn nicht falsch zu sein. Meine Beobachtungen legen den Eindruck nahe, daß im Fall der hier gemeinten Väter, wie sie gesellschaftlich immer noch die Mehrheit bilden, der Sohn in früher Kindheit nur eine sehr vage Vaterimago entfalten kann, die als Sammelbecken wirklichkeitsentrückter Gefühle und phantastischer Idealisierungen fungiert, gerade nicht aber als psychische Orientierung in der Unterscheidung der Außenwelt vom Selbst und im Umgang mit der Realität.

Das steht nicht im Widerspruch zu der Tatsache, daß sich der kleine Junge gleichwohl identifiziert mit dem Vater. Einige Elemente, die der Identifikation ihre Form geben, können benannt werden: Der Sohn kann sich nicht mit dem arbeitenden Vater identifizieren, da er ihn weder in beruflicher noch in Haus- und Versorgungsarbeit erfährt. Was der kleine Junge miterleben und verinnerlichen kann, ist das Freizeit- und Beziehungsverhalten des Vaters.

Die andere Seite dieser väterlichen Lebens- und Zeitstruktur, die Abwesenheit, weckt spätestens ab dem dritten Lebensjahr starke, widerstreitende Gefühle im kleinen Sohn, Angst und ergebene Bewunderung, Sehnsucht und zornigen Schmerz.[4]

[1] Vgl. S. Freud, Totem und Tabu, 1912, Die Zukunft einer Illusion, 1927, Das Unbehagen in der Kultur, 1930

[2] Vgl. J. Lacan, Schriften I, Olten 1973

[3] Vgl. M. Rotmann, Über die Bedeutung des Vaters in der »Wiederannäherungsphase«, Psyche 1978/12, S. 1105. Weder beim Autor selbst noch in den von ihm diskutierten Forschungen wird das soziale Verhältnis der Geschlechter gegenüber dem Kind reflektiert, das impliziert ist in Begriffen vom Vater als »nicht-kontaminiertem Objekt«, als »solide Insel in der Realität«, als »Ritter oder Retter vor der verschlingenden Mutter« usw

[4] Eine eindrucksvolle Beschreibung der Liebessehnsucht eines Sohnes zu einem »distanzierten Vater« findet sich bei I. Turgenjew in einer 1860 verfaßten Erzählung. Der Dichter schreibt: »Mein Vater übte einen sehr seltsamen Einfluß auf mich aus – ebenso seltsam war unser Verhältnis zueinander. Er kümmerte sich so gut wie überhaupt nicht um meine Erziehung und er kränkte mich auch niemals; ...er duldete keinerlei Vertraulichkeit. Ich liebte ihn, ich bewunderte ihn, er war für mich das Vorbild eines Mannes schlechthin – und, weiß Gott, wie gern hätte ich mich eng an ihn angeschlossen, wenn nicht ständig seine Abwehr zu spüren gewesen wäre. (...) So manches Mal, wenn ich sein kluges, schönes und offenes Gesicht betrachtete, fing mein

Phantasien, die diese Gefühlsbewegungen begleiten, bieten, zusammen mit den nebelhaften Vorstellungen über des Vaters Fortsein, weiteren Stoff für die Identifikation des Jungen.

Zum Anlaß innerer Konflikte und Spaltungen, aber ebenso von Identifikation wird die Aggressivität des Mannes, die in die entwertende Abgrenzung gegen die Frauen- und Kinderwelt der Krabbelstube, gegen die Mutter und gegen die Kindlichkeit des Sohnes eingeht.

Mit Hilfe der innerpsychischen Auftrennung, in der der kleine Junge alles Enttäuschende und alle Entwertung der Mutterimago zuschanzt, um auf die Seite der Vaterrepräsentanz alle Omnipotenz zu retten, sucht er seine ambivalenten Wünsche gegenüber der vormals symbiotischen Mutter zu verarbeiten.

In der Krabbelstube schwankten diese Jungen etwa ab dem dritten Lebensjahr zwischen der Neigung zu ausgeprägter Unterwerfungs- und Hackordnung und andererseits zu engen Zwillingsbündnissen oder zum Zusammenschluß in der aggressiv dominanten »Brüderhorde«.

Deutlich war auch die frühe Tendenz zur äußeren »Exekutive« des noch kaum verinnerlichten Überichs in Form eines drastischen »Strafvollzugs« an anderen Kindern.

Diese Jungen stellten zwar im szenischen Spiel versorgende Mutterpersonen bzw. meist Tiermütter dar, zeigten aber einen ausgeprägten Widerstand gegen die Aufnahme mütterlich-versorgender Aktivitäten ins Repertoire ihrer Fähigkeiten.

Herz an zu beben, mein ganzes Wesen fühlte sich zu ihm hingezogen ... Dann streichelte er mir, als hätte er gespürt, was in mir vorging, im Vorbeigehen die Wange – oder er ging weg, beschäftigte sich mit etwas anderem, oder er sah plötzlich steinern vor sich hin, wie nur er zu blicken verstand, und ich krümmte mich alsbald zusammen und erstarrte ebenfalls. Seine seltenen Anwandlungen von Zuneigung hatten nie ihren Ursprung in meinem stummen, aber unüberhörbaren Flehen: sie äußerten sich stets spontan. Als ich später über den Charakter meines Vaters nachdachte, kam ich zu dem Schluß, daß er sich weder für mich noch für das Familienleben interessiert hat. Er liebte anderes und genoß es vollauf.« (I. Turgenjew, Erste Liebe, München 1960, S. 128)

Der kleine Sohn eines Vaters, den ich oben in seiner Ambivalenz gegenüber der Krabbelstube und seinem Kind beschrieben habe, lebt nicht selten zwischen konkurrierenden Eltern und Welten. Bei Machtkämpfen, die sein Vater mit der Mutter ausficht, schwankt er in seiner Loyalität und nimmt die Spannung zwischen den Geschlechtern in sich auf. Dabei übt er sich im Umgang mit der kindlichen Macht, beide Seiten gegeneinander auszuspielen und opportunistisch der Situation etwas für sich abzugewinnen.

Die ambivalenten, mit sich und den Frauen streitenden Väter muten den kleinen Söhnen viel Unsicherheit und ungeschützte Abhängigkeit zu. In der eifersüchtig rivalisierenden wie in der komplizenhaften oder spiegelnden Variante ihrer Beziehung zum Sohn überwiegen narzißtische Bedürfnisse gegenüber Elementen beständiger Objektliebe. So werden gerade die Unberechenbarkeit des Vaters – in der unverhoffte, intensive Nähe und stürmisches Mitmischen in der Erziehung sich abwechseln mit langen Zeiten der Abwendung – und die zeitweise deutliche Fühlbarkeit seiner Leiden und Ängste die Sehnsucht des Jungen erhöhen.

Das psychische Bild, das der kleine Sohn vom Vater gewinnen kann, scheint nicht so unbestimmt zu sein wie bei den zuvor beschriebenen Jungen. Mit den idealisierenden Phantasien mischen sich mehr Niederschläge realer Vater-Sohn-Interaktion und spürbarer delegierte väterliche Gefühlsanteile.

Während viele psychische »Problemlösungen« bei beiden Gruppen von Jungen ähnlich aussehen, verlaufen sie offenbar bei den Söhnen ambivalenter Väter mit stärkerer emotionaler Beteiligung. Ihre Abwertung des Weiblichen und Kleinkindhaften etwa – im vierten und fünften Lebensjahr – kann vehement und verächtlich geschehen, gleichzeitig in krassem Gegensatz zu ihren weiterhin ausgedehnten Regressions- und Anlehnungstendenzen stehen oder zeitlich in kurzem Abstand folgen. In den wechselnden Identifizierungen mit männlichen und mit weiblichen Anteilen kommt es immer wieder zu äußeren und inneren Konflikten und zur Ausstoßung des Kindlichen und Weiblichen.

So sehr der kleine Sohn die Konkurrenz des Vaters um mütterliche Nähe der Frau erfährt, so unklar bleibt für ihn der Vater als ödipaler Kontrahent.

In einigen Fällen in unserer Krabbelstube »gewann« der Junge, sei es in der Phantasie, sei es in der realen Familienkonstellation, gegen den Vater, insofern er im vierten bzw. im fünften Lebensjahr für längere Zeit den männlichen Hauptplatz an der Seite der Mutter innehatte (oft auch in ihrem Bett). Ob abgewiesen oder selbst auf der Flucht vor der Intimität mit der Frau, suchte der Vater sich in dieser Lage den kleinen Sohn zum Mitverächter, zum Verbündeten gegen die Frau zu machen.

Eine solche Konstellation wirft mehr Fragen auf, als hier auch nur thesenhaft beantwortet werden können. Festhalten läßt sich die Annahme, daß die Dominanz elterlicher Spannungen und väterlicher Kränkung auch hier dem Jungen nicht ausreichend ermöglichte, sich als Person mit eigenen Gefühlen gegenüber seinen Erwachsenen zu erfahren.

Versorgung

In den bisher seltenen Fällen, in denen der Mann den kleinen Sohn von Anfang an ebenso verläßlich wie die Frau versorgt, schließt die frühkindliche symbiotische Erfahrung Nähe zu beiden Geschlechtern ein. Der Junge wird zum Individuum in der Liebe auch zu einem Mann und im Loslösungskampf gegen ihn, vermutlich mit ähnlichen Abgrenzungsmühen, wie sie die Mutter-Tochter-Beziehung kennzeichnen.

Ins Verhältnis zwischen Sohn und Vater sind körperliche Erlebnisse aller »Triebphasen« eingebettet und von ihm mitgeformt. In die Alltäglichkeit dieses Vater-Sohn-Verhältnisses gehören Konflikte, Enttäuschung und immer neue Einigung, kurz, nicht nur Projektionen, sondern reale Erfahrungen, die sich mit Phantasien zwischen beiden verbinden. (Diese Situation war bei zwei Jungen für jeweils drei Jahre gegeben.)

Zu Hause und in der Krabbelstube erlebt der Junge den Vater sowohl spielend als auch fürsorglich arbeitend wie die Mutter und andere Frauen. Das kann ihm eher als den zuvor beschriebenen Jungen ermöglichen, kindliche mit elterlichen, weibliche mit männlichen Elementen in sich zu integrieren.

»Symbiose-Angst«[1] und entwertende Entidealisierung können nicht nur gegenüber einem Geschlecht, der Mutter und stellvertretenden Frauen, erwachsen, da nicht nur sie »Paradies« und Gefahren der Symbiose verkörpern.

Diese »Symbiose-Angst« in den Gefühlsbeziehungen zu Vater und Mutter verteilt und aufgefangen, scheint dann weniger bedrohlich und entsprechend weniger wirksam für die Entwicklung der korrespondierenden Abwehrformen zu sein.

Für einen der häufigen Abwehrvorgänge im männlichen Loslösungsprozeß, die Entwertung des mütterlich-symbiotischen Liebesobjekts und mit ihr der körperlichen und versorgenden Beziehungswelt, andererseits die verherrlichende Hinwendung zum »ganz anderen« Vater, fehlt die soziale und psychische Grundlage. Man kann annehmen, daß großartig erlebte Aspekte beider Eltern zum Anlaß von Idealisierung und Identifikation werden.

Was die ödipale Situation betrifft, so sind mir nur Fragen, kaum Annahmen möglich. Denn was bedeutet es, wenn Ödipus den Vater, Laios, nicht außer Haus, im freien Feld trifft und dort tödlich angreift, sondern ihm im Haus begegnet, zugleich mit Jocaste, beide auf ihre Weise nah und begehrenswert und zugleich doch Rivalen?

Wenn in beiden intim-vertrauten Beziehungen des Sohnes die Entstehung sexueller Liebesgefühle und Besitzansprüche naheliegt, so bleibt noch offen, ob und in welchem Maß die Triebwünsche konfligieren oder ob sie eher eine differenzierte Erotik gegenüber beiden Geschlechtern anlegen.

Es stellt sich auch die Frage, ob Todeswünsche gegen den Vater, der wie die Mutter existentiell gebraucht und zärtlich geliebt wird, eine ähnliche Brechung erfahren wie Haß gegen die Mutter.

Dem folgt die Frage, ob dann für den Aufbau des Überichs die Kastrationsangst eine veränderte, evtl. geringere Rolle spielen und ob möglicherweise Verlustangst, Schuldgefühl

[1] Vgl. R. Stoller, 1973, zitiert nach M. Mahler et al., a. a. O., S. 269

und Wiedergutmachung dabei eher in den Vordergrund treten würden.

Zu fragen wäre weiterhin, welche Eindrücke und Phantasien über den Geschlechtsunterschied ein Junge entfaltet, in dessen familialer Erfahrung der männliche erwachsene Körper nicht quasi natürlich mit der sozialen »Männerrolle« und der mütterliche Körper nicht ebenso mit der »Mutterrolle« verschmolzen sind.

Es hängt vom Einzelfall ab, wann eine solche Konstellation das Erleben des Jungen eher erweitert und ihm die Ausformung einer sehr individuellen, flexiblen Geschlechtsidentität ermöglicht, und wann sie andererseits eher zur Verwirrung des Jungen und seiner sexuellen Identität führen kann.

IV. Die Fallgeschichten

Vorbemerkung

Nachdem ich mein Thema in den vorausgegangenen Kapiteln gewissermaßen von außen untersucht habe – in theoretischer Diskussion, in der Analyse des sozialen Feldes und in der Betrachtung geschlechtsspezifischer Phänomene in der Gruppe –, bewege ich mich nun ins »Innere des Geschehens«.

Damit ist gemeint, daß ich bei den folgenden vier Kindern und ihren Erwachsenen ein Stück des jahrelangen, wechselseitigen und intimen Prozesses nachvollziehe, als welchen sich die »geschlechtliche Sozialisation« darstellt.

Der Begriff der Intimität ist hier in zweifacher Hinsicht von Bedeutung. Es werden intime Dinge über Familien mitgeteilt, dramatische und alltägliche, erotische, schmerzliche und peinliche Erfahrungen von Eltern und Kindern, die ich miterlebte oder über die sie mir erzählten. Um die Personen zu schützen, sind ihre wesentlichen Daten unkenntlich gemacht bzw. weggelassen worden, soweit es möglich war, ohne gleichzeitig den psychodynamischen Prozeß in den Beziehungen bzw. in den Individuen zu verkürzen und zu verfälschen.

Die Entscheidung, das intime Material mitzuteilen und zum Gegenstand der Analyse zu machen, entsprang der Einsicht, daß ich die besondere Chance gehabt hatte, über einige Jahre aus nächster Nähe zu einem Teil das Geflecht von Tatsachen und Gefühlen, von Alltag und Ereignissen, von Phantasien und Interaktionen, von elterlicher und kindlicher Intimsphäre mitzuerleben, das die weibliche und männliche Identität der hier gemeinten Kinder jeweils hervorbrachte.

In der Diskussion der Spannung zwischen innerpsychischer und äußerer Realität schreibt M. Mitscherlich-Nielsen:

»Denn was als ›Realität‹ anzusehen ist, die nicht von innerseelischen Affekten und Phantasien des Patienten verzerrt wird, läßt sich im psychoanalytischen Prozeß nur selten feststellen.

Nur bei der Beobachtung kleiner Kinder konnte eindeutig wahrgenommen werden, welche Rolle die äußere Realität, z. B. frühzeitige und länger dauernde Trennungen von der Mutter, für die Entwicklung des Kindes spielte (Spitz, 1965).«[1]

Die »äußere Realität« – die Lebensumstände der Eltern und ihr faktenschaffendes Handeln – ist unabweisbar von größtem Gewicht. Nicht umsonst habe ich der Darstellung der »Realität: Krabbelstube« breiten Raum gegeben.

Zugleich fehlt der psychoanalytischen direkten Kinderbeobachtung wie etwa der genannten von Spitz[2] häufig der Blick für die seelische Bedeutung, die eben diese »Realität« für die Eltern selbst hat.

Da ich Gelegenheit hatte, des Ineinandergreifen, oft auch das Ineinanderfließen zwischen Fakten und Phantasien im Leben der Eltern ein Stück weit zu sehen und mit dem Erleben der Kinder zu verknüpfen, verstärkte sich mein Eindruck, daß man etwa Autonomiekonflikte, Liebesbeziehungen und Geschlechtlichkeit der kleinen Jungen und Mädchen nur verstehen kann, wenn man gleichzeitig untersucht, wie die Eltern für sich mit Autonomie, Liebe und Geschlechtlichkeit inmitten ihrer »Realität« umgehen.

Mit seinem zweiten Aspekt verweist der Begriff der Intimität in diesem Zusammenhang auf meine damalige Nähe zu den geschilderten Personen, auf mein Involviertsein und meine grundlegende Sympathie zu ihnen.

G. Devereux sagt einmal über sich:

»Ich weiß, daß ich die Sexualität der Mohave, weil ich mehrere hochgeschätzte Mohave-Freunde hatte, besser verstehe, als wenn ich die Möglichkeit gehabt – oder die Neigung verspürt – hätte, koitierende Mohave-Paare zu fotographieren, oder mich auf teilnehmende Beobachtung einzulassen, einfach deshalb, weil die Freundschaft, nicht

[1] M. Mitscherlich-Nielsen, Entwicklungsbedingte und gesellschaftsspezifische Verhaltensweisen der Frau, a. a. O., S. 926

[2] Vgl. Kapitel I, S. 14

weniger als die erotische Liebe, ein kreativer Ausdruck einer wirklichen menschlichen Beziehung ist.«[1]

Auch ich konnte durch die jahrelange, zum Teil freundschaftliche Verbindung zu den Eltern und die zugewandte Nähe zu den Kindern ein Verständnis ihrer Gefühle und Handlungen gewinnen, wie ich es etwa in Interviews mit mir unbekannten Eltern oder in kurzzeitigen Beobachtungen in einer fremden Kindergruppe nicht erlangt hätte.

Indem der Prozeß geschlechtlicher Sozialisation dieser Kinder mir nicht äußerlich war, sondern mit mir und meinem Erleben verbunden, wurden mir einige seiner Elemente spürbar.

Das bedeutet zugleich, daß die folgenden Geschichten und ihre Interpretation natürlich nicht die »ganze Wirklichkeit« der dargestellten Personen erfassen. Dies ist unmöglich durch meine subjektive Sicht der Kinder und Eltern als damalige Mit-Akteurin und als heutige Autorin, ebenso durch meinen thematisch verengten Blickwinkel, schließlich durch die Lückenhaftigkeit von Wahrnehmung, Material und Deutung.

Nicht zuletzt ist es unmöglich aufgrund eines Umstandes, dem S. Marcus in seiner Untersuchung von Freuds »Bruchstück einer Hysterie-Analyse« hervorhebt. Dort sagt der Autor über Freuds Vorgehen in der Darstellung von Doras (Kranken-)Geschichte:

»Die Methode besteht somit aus der Konstruktion und Rekonstruktion aus Bruchstücken und ergibt schließlich ein Ganzes, das gleichzeitig seinen ›zusammengestückelten‹ Charakter behält – kurz, es entspricht der Wirklichkeit, und ›Wirklichkeit‹ ist ein Wort, das, wie unsere zeitgenössischen Schriftsteller uns immer wieder vor Augen führen – immer in Anführungsstriche gesetzt werden sollte.«[2]

Im Aufbau der Fallgeschichten folgt dem Bericht jeweils die Interpretation, welche im ersten Schritt die Geschichte des Kindes rekonstruiert und im zweiten Schritt spezifische

1 G. Devereux, Angst und Methode in den Verhaltenswissenschaften, Frankfurt 1976, S. 147
2 S. Marcus, Freud und Dora, Psyche 1974/1, S. 148

Fragen zusammenfassend beantwortet. Die Fragen sind nicht schematisch gleich, sondern für jedes Kind jeweils die besonderen, die sich für mich aus dem Material stellen.

1. Cilly

Ihre Geschichte

Als Cilly in die Krabbelstube kam, war sie 9 Monate alt und damit etwa gleichaltrig mit den anderen Kindern der Gruppe. Ihre Mutter, Astrid L., sagte, sie wolle für ihr kleines Mädchen eine Kindergruppe, weil sie selbst in einigen Monaten gern wieder halbtags in ihrer früheren Firma als Sekretärin arbeiten wolle. Außerdem halte sie es für gut, wenn Cilly mit Kindern zusammen sei.

An Elternabenden lernte ich Christian L. kennen, den Vater, der als Angestellter bei der Post arbeitete und Anfang Zwanzig war wie seine Frau. Beide hatten für mich eine einnehmende, fröhliche Art und schienen miteinander und mit ihrem Leben vorwiegend in Einklang zu sein.

Die Eingewöhnungszeit des Kindes dauerte, ähnlich wie bei einigen anderen Kindern, etwa drei Monate. Während Frau L. anfangs die ganze Zeit über mit Cilly in der Gruppe blieb oder nur für Minuten den Raum verließ, steigerte sie diese Trennungszeit dann allmählich, bis sie schließlich die Stunden des Vormittags über fortbleiben konnte.

Über Mutter und Tochter notierte ich damals:

»Cilly ist so zierlich wie ihre Mutter mollig ist, hat dabei aber die gleichen großen blauen Augen. Die beiden lieben einander spürbar auf zärtliche und innige Weise. Sie gehen sehr sanft miteinander um. Wenn Astrid Elterndienst macht, gefällt mir ihr Humor und wie sie wechseln kann zwischen Zuwendung und Zurückhaltung. Offenbar ohne jede Rivalität unterstützt sie Cilly in der Beziehung zu mir, aber auch zu Christian und den anderen Kindern.«

Gegen Ende von Cillys erstem Lebensjahr schrieb ich über sie:

»Cilly akzeptiert mich zunehmend. Sie entfernt sich, an meinen Händen gehend, größere Strecken von Astrid weg, kommt auch in Astrids Nähe aktiv zu mir gekrabbelt. Sie lächelt dann, zieht mich an Kette und Brille, kokettiert und ist zärtlich.«

Zwei Wochen später:

»Cilly protestiert zunehmend weniger gegen die morgendliche Trennung von Astrid. Astrid ihrerseits sagt, sie fühle sich sicherer beim Weggehen und weniger schuldig als früher.«

Am nächsten Tag:

»Cilly ist erstaunlich viel stabiler. Sie entfernt sich jetzt ebenso viel von Astrid, die heute Elterndienst machte, wie sie bei ihr sein will. Sie krabbelt z. B. allein und zufrieden in den Nebenraum und babbelt dort mit dem Bilderbuch vor sich hin oder spielt Klavier. Einmal macht Astrid ein schönes Spiel mit Cilly und den anderen Kindern: Sie legt sich in eine große Pappkiste, schließt und öffnet die Klappen. Jakob und Cilly reichen ihr Spielsachen hinein und begeistern sich am Verschwinden und Wiederauftauchen.«

Eine Woche danach:

»Cilly ist ausgesprochen fröhlich und stabil, sehr rasch tröstbar in Fällen, wo sie von einem anderen Kind gedrückt oder gebissen wurde. Auch um 12 Uhr, als Astrid schon längst gekommen war, hört sie gar nicht zu spielen auf.

Wenn Mira sich ihr nähert, öffnet sie schon erwartungsvoll den Mund und genießt Miras Küsse. Einmal, als ich mit Mira, Leo und Jakob ein Kitzel- und Kraulspiel mache, tippt mich Cilly leise, aber bestimmt mit dem Finger an, damit ich mich zu ihr umsehe. Sie strahlt mich an, streckt die Arme zu mir aus, und ich verstehe das so, als ob sie sagt: Du, das finde ich toll, was du da machst. Guck mal, ich bin auch noch da! Mach das auch mit mir!«

Als Cilly 15 Monate alt war, begann Frau L. wieder arbeiten zu gehen. Sie war sehr erleichtert, mehr Geld zu haben, denn zuvor, als die Familie nur vom Einkommen des Mannes leben mußte, hatte sie öfter über die finanzielle Knappheit geschimpft. Astrid erzählte mir von ihrer Firma, aber auch gern von zu Hause, Geschichten mit Cilly und Erfahrungen mit Christian. Über Vater und Tochter sagte sie, die beiden kämen sich in letzter Zeit allmählich näher, lernten sich im Grunde erst jetzt kennen. Im ersten Jahr habe sich der Vater gegenüber Cilly recht unsicher gefühlt und wenig mit ihr anzufangen gewußt.

Auch ich beobachtete, wenn Herr L. gelegentlich mittags seine Tochter abholte, wie die beiden eine eigene Beziehung zueinander suchten. Er schien mir spröde und ungeschickt; Cilly fand ich mutig und aktiv im Kontaktaufnehmen mit ihrem Vater. Sie warb zart um ihn, hielt seiner Sprödigkeit stand und ermöglichte ihm immer wieder einen neuen Anlauf. Wenn sie jedoch weinte oder nachts aufwachte, war nach wie vor die Mutter ihre wesentliche Sicherheitsquelle.

In der Krabbelstube war Cilly im allgemeinen fröhlicher Stimmung, dabei eher sanft und ruhig, ihrer lebendigen Umwelt zärtlich und vertrauensvoll zugewendet. Für ihre Bedürfnisse tat sie etwas, forderte andere Kinder oder mich oft freundlich zum Mitmachen auf. Wenn sie auf Ablehnung stieß, zeigte sie eine bemerkenswerte Toleranz; sie versuchte es mehrmals von neuem, protestierte aber nicht, sondern zog sich zurück, um allein zu spielen und sich selbst z. B. mit einer Teeflasche zu trösten.

Allmählich wurde sie aber auch energischer. Über die 18-monatige Cilly heißt es in einer Notiz:

> »Sie hat die Aura der Zartheit, der ›mädchenhaften‹ Sanftheit. Aber zunehmend zeigt sie jetzt auch heftige Eifersucht, kämpft mit Schreien und verzerrtem Gesicht um das Festhalten eines Spielzeugs und batscht um sich.«

Über die Fortschritte ihrer körperlichen Entwicklung findet sich nichts in meinen Notizen. Das weist für mich nachträglich darauf hin, daß sie ebenso selbstverständlich wie unauffällig krabbeln, laufen und klettern usw. lernte, ohne besondere Ängste und ohne laut mitgeteilte Hochgefühle.

> In einem Film, der in der Kindergruppe gedreht wurde, als Cilly eindreiviertel Jahre alt war, ist sie anfangs noch schüchtern zu sehen. Auf die starken Reize der 1000-Watt-Lampe und des Filmgerätes reagiert sie zunächst besorgt, zurückweichend, sucht Sicherheit entweder an meinem Körper oder hinterm Tisch, bei den Fläschchen. Von der freudigen Erregung der anderen Kinder über Lichtquelle und Kabel läßt sie sich nicht anstecken, sieht ihrem Herumtanzen und Quieken vom Sicherheitsposten aus zu.
> Später ist Cilly im Mittelpunkt. Sie liegt auf der Wickelma-

tratze, von drei zuschauenden Kindern umrahmt. Ich knie vor ihr, wickele sie aus und sage: ›Oh, Cilly, das ist ja eine große Kaka.‹ Moritz beugt sich vor und gibt ihr einen Kuß auf den nackten Bauch. Ich muß lachen, küsse sie auch, dann Moritz wieder. Cilly bleibt etwas zögernd, lächelt dann und entscheidet sich gegen weitere Küsse: ›Nei.‹ –
Ich lege Cillys volle Windel neben sie und sage: ›Hier ist die Kaka von Cilly.‹ – Die anderen Kinder betrachten sie. Cilly liegt eine Weile aufmerksam da, beugt sich dann vor und zeigt mit dem Finger auf ihr Häufchen: ›Kaka‹, stellt sie sehr entschieden fest. Ich: ›Ja, Cilly, das ist deine Kaka.‹
Nach einiger Zeit nehme ich die Penatencreme zur Hand und halte sie, wie wir es gewohnt sind, auch den zuschauenden Kindern zum Eincremen hin. Die drei tauchen ihre Finger in die Creme und verreiben sie auf Cillys Po, Geschlecht, Bauch und Beine. Das gefällt Cilly sichtlich und sie sagt: ›Akob auch?‹ – Ich: ›Ja, Jakob auch‹, und biete ihm ebenfalls die Dose an.
Sie genießt das Cremen, die Passivität, das Im-Mittelpunkt-Sein, beobachtet die Szene indessen etwas angespannt. Vielleicht ist ihr das Wickeln und Filmen zu viel auf einmal.
Später sitzt die ganze Gruppe um Theo, den damaligen zweiten Betreuer, der aus dem Bilderbuch vorliest. Bei seinen Fragen: ›Und was ist das für ein Tier?‹ – ›Und wie macht das Schwein?‹ – antwortet sie mit passenden Worten und Lauten. Bei Liedern mit Handbewegungen beobachtet sie mich aufmerksam und versucht, das ›Stein-auf-Stein‹ nachzuahmen. Sie wirkt ruhig, in die Gruppenszene integriert.
In einer folgenden Szene, als Tanzmusik erklingt, tanzt sie auch, hüpft fröhlich, ergreift Leos Hände, der sie ihr zum Ringelreihen reicht.
Am lebhaftesten und aus vollem Herzen begeistert ist sie, als sie mit den anderen Kindern um den Tisch sitzt und in hungriger Erwartung des Mittagsessens zusammen mit ihnen laut den Löffel auf ihren Teller schlägt. Sie strahlt, als das Essen ausgeteilt wird, und kommentiert lebhaft: ›Eeehh, Eeeehh!‹ (etwa: endlich Essen!), ›Aaahrm!‹ (warm!) und ›Lilly!‹ (Cilly).

Im Sommer, gegen Ende ihres zweiten Lebensjahres, schrieb ich über das Mädchen:

»Cilly ist sehr hübsch geworden. Sie hat was Schwedisches für mich, koboldhaft, vergnügt, flink laufend, huschend, schlitzäugig grinsend. Überraschend angriffslustig, auch im ersten Weinen noch zurückhauend, aber öfter auch als erste. Eine kleine Meerkatze, die kratzen, krallen und schrill schreien kann.

Sie ist eigenständig, zugleich viel anhänglicher als Mira, kommt fast immer zu mir, wenn sie tröstungsbedürftig ist oder gestreichelt werden will. Auch, wenn sie was geholt haben möchte oder sich von den Kindern zurückziehen will. Bei Bauchweh (sie sagt: ›Lilly Auabauch‹) oder Erkältung ist sie zart, wie zerbrechlich und ganz körpernah.

Deutlich sagt sie, daß sie ›Kaka‹ oder ›Pipi‹ machen will, setzt sich auf den Topf und macht was rein. Ein paar Mal, als alle Kinder nackt spielen, sagte sie ärgerlich (wie Susie und Mira auch): ›Pimmel ham‹.«

Ich mochte das kleine Mädchen sehr gern und verstand mich auch weiterhin ausgezeichnet mit der Mutter. Wir tauschten unsere Beobachtungen und Erlebnisse mit Cilly aus, und ich genoß unser Verhältnis, das ähnlich ungetrübt von Spannungen war wie, ganz offenbar, die Liebesbeziehungen innerhalb der Familie. Ich hatte den Eindruck, daß Astrid eine nahezu optimale Beziehung zu ihrer Tochter hatte, sowohl im nahen Zusammensein, in der Kommunikation mit ihr und im Umgang mit Cillys Bedürfnissen wie auch im Umgang mit der täglichen Trennung und mit Cillys Selbständigkeitsbestreben.

Im Sommer, zu Beginn von Cillys drittem Lebensjahr, fuhr die Familie gemeinsam mit Ingo, einem gleichaltrigen Jungen aus der Krabbelstube, und seinen Eltern in Urlaub. Am ersten Tag nach den Sommerferien notierte ich:

»Cilly kommt mit Christian, sieht mich auf der Straße, erkennt mich. Sie blickt stumm, aber freundlich, läßt sich auf meinen Arm nehmen und verabschiedet sich von Christian.

Als wir drinnen sind, werden Leo und Mira gebracht. Die drei Kinder rennen herum, nennen sich gegenseitig mit ihren Namen, aufgeregt. Zwischendurch kommt Cilly zu mir, breitet die Arme aus, sieht mich an, berührt mich und läuft wieder los zum Spielen.

Zwischen ihr und Mira gibt es rasch Kämpfchen, in denen beide einander kneifen und kratzen. Überhaupt attackiert Cilly öfter an diesem Vormittag andere Kinder. Mit Ingo hat sie zweimal einen Kampf ums Dreirad, in dem er kräftig zulangt, sie aber den letzten Schlag tut, der ihn zum Weinen bringt.

Einmal steht sie und trinkt. Ich hocke vor ihr und streichle sie. Sie fühlt die zärtliche Stimmung, blickt zwinkernd auf ihre Füße, kraust das Gesicht, sieht mich an und sagt: ›Patz‹! – ›Ah‹! sage ich, ›Spatz! Ja, Astrid sagt oft Spatz zu dir!‹ – Sie lacht. Wieder gekraustes Gesicht, wie nachdenklich, dann: ›Patz pinnt!‹ – ›Ah, ja, der Spatz spinnt!‹ – Sie freut sehr, daß ich ihre Erinnerung an Astrids zärtliche Worte erkannt habe.

Später, als wir malen und ich die Kinder der Gruppe zeichne, ordnet Cilly zu: ›Muschi. – Pimmel‹, mal falsch und mal richtig. Während ich Ingo wickele, will sie gukken, zupft und kneift seinen Penis. Ich bremse sie, gebe ihr Öl zum Einreiben und zeige ihr, ihn zu streicheln.«

In den folgenden Tagen erzählte mir Frau L. von dem Urlaub und beschrieb ihn als eine einschneidende, kränkende Erfahrung für sie, ihren Mann und die Tochter. Ingos Eltern, vor allem der Vater, hätten den kleinen Jungen zum tollen, Cilly dagegen zum kläglichen Kind gemacht. Cilly sei zur Versagerin gestempelt worden, die alles angeblich nicht konnte, was Ingo konnte. Sie sei aggressiv und abwertend von Ingos Vater behandelt worden, während der seinen Sohn zu männlich-protzigem Verhalten ermuntert und dafür bewundert habe. Das schlimmste sei gewesen, daß sie, Astrid und Christian, ihre kleine Tochter nicht wirksam dagegen schützen konnten.

Astrid war während dieser Erzählung wütend, aber zugleich immer noch hilflos und beschämt. Sie sprach von ihrem und Christians Bemühen, ihr »Versagen« an Cilly wiedergutzumachen. In Cillys Leben sowie in ihrer Beziehung zu den Eltern war jedoch ein erster folgenreicher Bruch eingetreten. Ihr drittes Lebensjahr verlief erheblich spannungsreicher als ihre bisherigen Erfahrungen.

Zwei Wochen nach dem Ende der Sommerferien und vor dem Hintergrund von Astrids Mitteilungen notierte ich:

»Cilly nimmt seit der Unterdrückung durch Ingos Eltern im Urlaub Rache – aus heiterem Himmel wie auch als Reaktion läßt sie ihre Hände in die Gesichter der Kinder fahren, kneift fest, krallt und kratzt. Ich sage ihr manchmal: ›Cilly, ich glaube, du bist so sauer, weil es dir im Urlaub mit Ingo schlecht ging.‹ – Ich bremse sie, unterstütze ihr Aggressivsein aber im Reaktionsfall. Wenn ich versuche, ihr ihre Aggression mit dem Urlaub zu erklären, scheint sie meiner Haltung zu entnehmen, sie solle lieb sein. Sie streichelt dann öfter das zuvor angegriffene Kind und sagt ›Ei-ei‹, obwohl ich ihr das nie nahelege.

Gestern: sie kneift Ingo, als sein Vater ihn mittags abholt, fest ins Gesicht, der weint daraufhin jämmerlich. Berthold (Ingos Vater) sieht Cilly strafend an. Sie unterwirft sich ihm und macht ›Ei-ei‹ bei Ingo. Berthold: ›Ja, mach Ei-ei, nicht Aua!‹ Ich komme dazu und versuche, ihm Cillys Anpassungsverhalten verständlich zu machen.«

In den folgenden Monaten schien es, als ob die Kränkung des Sommerurlaubs fortbestünde und mit ihr Cillys Wut. Im Unterschied zu früher war das kleine Mädchen häufig unzufriedener Stimmung, nörgelte und quengelte und brachte die Kinder und auch mich gegen sich auf. An die Stelle ihrer heftigen Kratz- und Kneifattacken trat allmählich und zunehmend ihr Jammern, ihr vorwurfsvolles und langgedehntes Sichbeschweren über alles, was ihr in die Quere kam. Bei Streit um Spielzeug wandte sie sich in hilfloser Wut gegen das Kind oder an mich, klagte: »Meins... Meins... will das haben...«, ohne sich jedoch das Spielzeug selbst zu nehmen.

In der Suche nach Hilfe wandte sich Cilly vorwiegend und sehr beharrlich an mich, obwohl ich manchmal ungeduldiger mit ihr war als Theo, der männliche Betreuer.

Im Winter, an einem Tag, an dem sie wieder recht unzufrieden war mit sich und der Welt, so auch mit mir, im Hader, schrieb ich über einige Streitszenen, die Cilly angezettelt hatte, und notierte dann:

»Schließlich, nach dem Essen, sitzt Cilly auf Theos Knie und sieht dem Geschehen im Raum zu. Einige andere Kinder spielen ›Tiger‹, reißen Mund und Augen tigerhaft auf und brüllen gefährlich, streichen knurrend um Theos Beine.

Cilly schmiegt sich schutzsuchend an Theo an und sagt: ›Ich bin ein kleiner Hase.‹ – Theo: ›Du bist ein kleiner Hase?‹ – Susie kommt auf Cilly zu, sagt laut: ›Nich'n kleiner Hase, Cilly!‹ – Cilly schweigt. – Theo: ›Seid ihr beide kleine Hasen?‹ – Susie: ›Jaa! – Neein!‹ – Cilly antwortet nicht. Theo fragt Leo und Jakob, die noch vor ihm am Boden krabbeln: ›Seid ihr kleine Hasen?‹ – Leo: ›Bin ein Tiger. Der beißt.‹ – Cilly lehnt sich eng an Theo an und schaut weiter dem Tigerspiel der Kinder zu.«

Zwei Monate später, über die nun zweidreivierteljährige Cilly:

»Nachdem Leo heftig und überzeugt sagt: ›Die Katze beißt. Die große Kuh beißt.‹ usw., sagt sie sofort darauf, die Augen auf mich gerichtet: ›Meine Katze ist aber lieb. – Meine Kuh beißt nicht.‹ usw. Sie guckt dabei beschwichtigend (mich? sich? Leo?), gefallend, unterordnend, moralisch nach dem Motto: Ich bin aber lieber und besser, gell? – Ich sage: ›Ah ja, deine Katze ist lieb. Aber wenn sie sauer ist, beißt sie sicher auch. Und Leos Katze beißt jetzt. Aber wenn sie froh ist, ist sie auch lieb. Manchmal beißt sie, manchmal nicht.‹ –

Andererseits ist Cilly sehr bestimmt, verjagt Joachim autoritär vom Esel, besteht aggressiv darauf, bestimmte Bausteine allein zu haben. Ab und zu piesackt sie Joachim und Mira mit Bausteinen, piekst sie ihnen wiederholt in die Backe.

Einmal weint sie, als sie ihren Willen nicht bekommt. Joachim nimmt sich den ungenutzt stehenden Esel, sie kommt und schubst ihn runter: ›Mein Esel!‹ – Ich beharre darauf, daß Joachim zuerst fahren durfe, dann sie. Sie sieht es nicht ein, nörgelt immer wieder: ›Ich will aber den Esel.‹ – Sie weint, aber nach einer Weile kommt Joachim angelaufen und bietet ihr den Esel an: ›Du kannst ihn jetzt haben.‹«

In diesem Herbst und Winter veränderte sich nicht nur Cilly, sondern auch ihre Mutter. Waren es anfangs nach dem Urlaub Scham- und Schuldgefühle der Tochter gegenüber gewesen, die die Beziehung zu Cilly belasteten, so waren es zunehmend auch andere Gefühle, die im Kontrast zur früheren

Harmonie mit der Tochter standen. Astrid sprach mit mir darüber, daß sie mehr für sich selbst machen wolle als bisher, daß sie ihre eigenen Interessen, die mit Cilly und Christian nichts zu tun hätten, jetzt endlich mehr verfolgen wolle.

Sie strahlte Unruhe und Ungeduld aus. Erstmals berichtete sie von Konflikten mit ihrem Mann. Teilweise zeige er Einsicht und Zugeständnis, teilweise bekämpfe er aber ihr Bedürfnis nach mehr Eigenständigkeit. Die krisenhafte Situation zwischen beiden zog sich hin, bis Cilly drei Jahre alt war.

Frau L. sprach auch darüber, daß sie es nicht mehr so eng und innig mit Cilly halten wolle. Das sei ja auch gar nicht gut für sie, und sie (d. h. Cilly) müsse schließlich selbständig werden. Überhaupt sei sie viel zu sehr, wie Mädchen so seien: schüchtern, ängstlich und so weiter.

In diese Zeit – als Cilly gut zweieinhalb Jahre alt war – fiel eine Entscheidung, die den weiteren Verbleib des Kindes in der Krabbelstube betraf. Astrid entschied, ihre Tochter solle im Sommer, wenn sie drei Jahre sei, die Krabbelstube verlassen und forthin in eine städtische große Tagesstätte gehen, wo es größere Gruppen, größere Kinder und mehr Anforderungen gebe.

Cilly müsse früh genug lernen, sich an mehr Regeln anzupassen, damit sie dann den schulischen Ansprüchen gewachsen sei. Damit schloß sie sich der Entscheidung von zwei anderen Elternpaaren an, die ebenfalls mit leistungsbezogenen Argumenten ihre Kinder zum folgenden Sommer in der Tagesstätte anmeldeten.

Die täglichen Gespräche zwischen Astrid und mir gab es zwar weiterhin, aber sie waren überschattet von der Trennungsabsicht, gegen die ich rebellierte.

Im Frühjahr, Cilly war gut zweidreiviertel, machte ich Tonbandaufnahmen in der Kindergruppe. Im folgenden gebe ich einen Ausschnitt wieder, in dem Cilly viel zu Wort kommt.

(Einige Kinder sitzen um den Tisch, bauen mit Legosteinen. Es ist Klappern zu hören, Brummen, das Motorengeräusch bedeuten soll, und singen: Cilly singt ›Lalala‹, auf und ab, es klingt zufrieden.)

Cilly: Ich brauch nämlich Eibeit (d. h. Arbeit) zu machen. (sagt das ein Dutzend mal)

(Im nächsten Abschnitt läuft das Tonband während des Essens.)

Cilly zu mir: Willst du auch was essen?

Ich: Weiß noch nicht, will erst mal gucken, ob es reicht.

Mira: Noch heiß.

Ich: Ein bißchen pusten.

Cilly: Is aber nich heiß. Ich nehm den Löffel auch so, wie die Mama immer macht.

Joachim: Ich mach auch so, wie die Lydia (seine Mutter) das macht.

Ich: Ja?

Cilly: Nee, das is doch nich so. Das is doch wie ma soo macht. Das kann ich besser, ich alleieine.

Ich: Du machst das so, und Joachim macht das so. Jedes ist gut.

Mira: Leo will den Teller nich haben. Du, Ulrike? Leo will den nich haben.

Cilly: Mama macht immer auch so.

Joachim: Die Mama macht so.

Ich: Ah, ja. Die Menschen machen das verschieden, weißt du?

Joachim: Ha?

Ich: Die Leute machen das verschieden, manche fassen den Löffel so an, manche so, das ist alles in Ordnung. Das ist verschieden bei den Menschen, nicht?

Cilly: Aber ich nehm den immer soo.

Ich: Du machst es so, und deine Mama macht es auch so, ist in Ordnung.

Cilly: Die Mama macht auch immer soo.

(Leo stößt Schreie aus.)

Ich: Du, Leo, du schreist heute so viel. Hör mal, was ist denn los?

Cilly: Das is aber so laut für Ulrikes Ohren.

(Leo beginnt schließlich doch zu essen; man hört seine Pustegeräusche.)

Cilly (schlägt ein Bein übers andere): Is das soo?

Ich: Kannst du so machen, ja. Das ist gut. Ist schön.

Cilly: Guckma, ich kann auch soo die Beine machen.

Ich: Jaa, kannst du machen.
Leo: Ich kann auch mitm Bein soo machen.
Cilly: Guckma untern Tisch, was ich mitm Po mache.
Leo: Aber ich auch.
Ich: Hmm.
Leo: Soo?
Cilly: Nee, so! Soo machen.
Leo: Ich kann das nich machen.
Cilly: Du kannst das aber nich besser.

Eines Tages, einen Monat nach dieser Tonbandaufnahme, fiel mir Cillys Verhalten besonders auf. Ich schrieb:

»Cilly ist heute sehr zart, zaghaft, gebremst. Oft nah am Weinen, verängstigt, eigentlich verstört.«

In den folgenden Tagen und Wochen hielt das Verstörtsein an. Morgens, wenn die Mutter sich von ihr verabschiedete, klammerte sich Cilly an sie und weinte. Auch weigerte sich das Mädchen ängstlich, das Haus mit den Kindern zu verlassen und in den Hof zum Spielen zu gehen, wollte immer in unseren Räumen und in meiner Nähe bleiben.

Auf meine Frage, warum sie nicht hinauswolle, machte sie nur vage Andeutungen: »Da ist eine Frau, da oben...«, und sie zeigte hoch zu einem Fenster des gegenüberliegenden Hauses.

Häufig verfiel sie in eine näselnde, babyhafte Sprache, die aber seltsam unecht klang, ein ›So-Tun-als-ob‹. Am meisten beunruhigte mich ihre Starre; sie hatte ihre ganze Lebendigkeit verloren.

Über all dies berichtete ich Frau L., und sie ergänzte meine Beobachtungen. Zu Hause wolle Cilly in letzter Zeit nicht mehr allein einschlafen. Außerdem sträube sie sich, aus dem Hause zu gehen. Auf der Straße habe sie Angst; dreimal habe sie gesagt, sie sehe da vorn bzw. am Fenster eines Hauses eine Frau mit einem Messer, die sie angreifen wolle.

Astrid war ratlos und sagte, es sei nichts vorgefallen, womit sie sich Cillys Probleme erklären könne.

Drei Wochen nach der ersten Notiz über Cillys auffälliges Verhalten schrieb ich:

»Szene mit Cilly heute: Sie ist morgens starr, abwesend, eingeschüchtert. Leises Stimmchen, klagend, zart: ›Drinbleiben...‹ Alle anderen spielen draußen im Hof. Ich bleibe mit ihr drin, frage: ›Was willst du spielen? Zeig mir's.‹

Sie zieht die Kiste mit kleinen Püppchen und Mainzelmännchen aus dem Schrank und nimmt eines. Stumm läßt sie es auf dem Rand der Kiste entlanglaufen, gibt mir dann auch ein Püppchen. Ich ahme sie nach, lasse es hinter ihrem herlaufen.

Ihr Püppchen stößt meines an, ich lasse es zu Boden fallen. Sie sagt: ›Tot.‹ – Dann läßt sie ihr Püppchen auch zu Boden fallen: ›Auch tot.‹ –

Dasselbe noch mal: Sie nimmt eins, gibt mir eins, läßt ihres laufen, ich folge ihr. Ihr Püppchen, gefolgt von meinem, stürzt auf den Boden: ›Tot.‹ – So geht es ein Dutzend mal.

Mira kommt, will mitspielen, nimmt auch ein Püppchen vom Boden. Cilly: ›Nein! Die sind tot, laß!‹ – Mira ist aber nicht umzustimmen. Cilly nimmt eins hoch: ›Wieder lebendig.‹ – Heftig stößt sie mein Püppchen an: ›Is sauer.‹ – Auch das wiederholt sie mehrfach.

Während des Spielens lockert sich ihre Starre, sie wird lebhafter. Aber als ich sie etwas später frage, ob sie mit Mira und mir in den Hof hinausgehe, bekommt sie wieder ihr ängstliches Gesicht: ›Nein, drinbleiben!‹ – So bleibe ich mit ihr drinnen.«

Das verstörte Benehmen des Mädchens hielt auch in der folgenden Zeit an. Nur wenn ich das Püppchenspiel mit ihr machte, geriet Bewegung und Leben in sie, aber die Ansprüche der übrigen sieben Kinder ließen es nicht zu, daß ich Cillys Hinweisen auf ihre verdeckte Aggression ausreichend folgte.

Etwa einen Monat nach jenem ersten Püppchenspiel fand ein Elternabend statt, auf dem wir ausführlich über Cilly sprachen. Im folgenden referiere ich aus meinen stichwortartigen Notizen über diesen Abend:

»Ich teilte meine Vermutung mit, daß Cilly im Grunde großen Zorn auf die Mutter habe, aber ebenso Angst vor ihrem Zorn. Ich beschrieb Cillys Verhalten, das diesen Schluß für mich nahelegte:

- ihr Spiel in letzter Zeit, in dem kleine Männchen angegriffen und dann tot waren, kurz darauf aber lebendig und sauer, während Cilly gleichzeitig lebhafter wurde.

– ihr ›Babyspielen‹, ihr Sich-klein-und-harmlos-Machen nach dem Motto: ich bin der Hase, ich weiß von nichts. Ebenso ihre Starre und Unbeweglichkeit als Schutz vor aggressiven Gefühlen gegen die Mutter.
– ihre Weigerung, allein einzuschlafen und Astrid morgens in der Krabbelstube wegzulassen, als Angst vor Trennung, weil sie dann allein mit ihrem Zorn und der Angst davor war.
– die bedrohlichen Frauen, die Cillys eigenen verborgenen Zorn und/oder die Bedrohung durch Astrids Aggression darstellten.

Worauf könnte Cilly zornig sein? – Astrid erwiderte, sie habe seit einiger Zeit weniger Schuldgefühle (bewußt?) bei der Entschiedenheit, sich ihrerseits mehr von Cilly abzulösen. Während der Arbeit denke sie nicht mehr wie früher unentwegt an ihre Tochter. Sie wolle jetzt mehr für sich tun, für ihre eigenen Interessen.

In diesem Augenblick fiel mir auf, daß Astrid seit kurzem, seit einigen Wochen das Frauenbewegungszeichen an der Halskette trug, und die kleine Silberfaust sprang mir plötzlich ins Auge. Ich äußerte meine Wahrnehmung und verband sie mit Astrids Worten. Dagegen gab es bei einigen der anderen Eltern Ablehnung, aber dann bestätigte Astrid, ja, es gebe da einen solchen Prozeß bei ihr.

Ich sagte, ich sähe einen gemeinsamen zwiespältigen Ablösungsprozeß zwischen ihr und ihrer Tochter, in dem sie selbst die Seite verkörpere, die für Unabhängigkeit und Freiheitsdrang stehe, während Cilly darin Abhängigsein, Verlustangst und Festhaltenwollen verkörpere. Frau L. nahm meine Sicht nachdenklich, dann mit vorsichtiger Zustimmung auf.

Ich versuchte, Cillys Feindseligkeit gegen ihre Mutter in Worte zu fassen: ich bin böse auf dich, weil du dich entfernst von mir, ohne mir zugleich mehr Autonomie zu gewähren. Zudem erlaubst du mir nicht, meinen Zorn zu zeigen. Ich mache mich klein, um dich wie früher nah bei mir zu halten und um dich meiner Harmlosigkeit zu versichern. Aber guck mal zu den Frauen mit den Messern und bösen Worten – da siehst du, was für einen Zorn ich habe.

Was ich sagte, schien Astrid und einigen anderen Eltern

einzuleuchten; es wurde länger und mit beipflichtenden Beispielen besprochen. Christian saß den Abend über schweigend dabei, wurde von den anderen, Astrid oder mir aber auch nicht angesprochen. Erst im nachhinein sah ich darin ein bemerkenswertes Ausblenden bzw. Ausweichen.

So behielt ich von dem Elternabend in meinen Notizen offene Fragen für mich zurück: Will Astrid sich von Christian loslösen oder trennen? Oder geht es ausschließlich um ihre (gewaltsame) Distanzierung aus der früheren Symbiose mit Cilly? Was sind Cillys eigene Aggressionen, was die unausgelebten von Astrid?«

Als Resultat des Gesprächs einigten sich Frau L. und ich immerhin darauf, mit dem morgendlichen Abschied klarer als bisher umzugehen. Zwei Tage später notierte ich:

»Astrid sagt viermal: ›Ich gehe jetzt, Cilly.‹ – Cilly kläglich ebenso oft: ›Nein.‹ – Astrid geht trotzdem, und Cilly weint: ›Noch'n Kuß geben‹, und bleibt weinend auf meinem Arm. Während sie weint, sage ich, ähnlich wie gestern: ›Weißt du, Cilly, die Mama geht jetzt weg, und ich bin sicher, sie fühlt sich wohl auf der Arbeit. Sie ist froh, daß sie für sich ist, und sie ist froh, daß du allein hier sein kannst. Und sie freut sich, dich nachher wiederzusehen.‹

Cilly hört mir zu, weint nicht mehr. Ich spreche noch einiges über Getrenntsein und Sichwohlfühlen und Schongroß-Sein. Im Lauf des Vormittags ergeben sich Situationen, in denen ich darüber rede, daß Kinder manchmal böse seien auf Eltern, und direkt, daß sie, Cilly, böse auf ihre Mama sei, aber Angst vorm Bösesein hat. Sie verläßt zwar die Räume nicht, spielt aber die ganze Zeit ziemlich frei, vergnügt und selbständig. Sie hat nur ganz wenige Szenen, in denen sie ihr Baby-Gesicht macht und hilflos scheint.«

Wenige Wochen vergingen, und Cillys Zeit in der Krabbelstube war beendet. In dieser Zeitspanne waren ihre Symptome nicht verschwunden. Die Trennung von Cilly und ihrer Mutter bedrückte mich, und außerdem machte ich mir Sorgen darüber, wie es dem Mädchen in der neuen Umgebung mit seinen Ängsten ergehen würde.

Im Laufe des folgenden Jahres, während Cillys viertem Lebensjahr, traf ich gelegentlich Astrid, die mir erzählte, ihre Tochter habe sich in der Kindertagesstätte gut eingelebt. Ihre Ängste, Trennungs- und Einschlafprobleme seien mit der Zeit von selbst verschwunden. Es gehe in der Tagesstätte sehr gut, auch mit den dortigen Erzieherinnen. Alles sei wieder im Lot, auch zwischen ihr und Cilly.

Bei Besuchen und Begegnungen in jenem und im nachfolgenden Jahr erlebte ich Cilly als fröhliches, spielerisches Mädchen, das mich so lange neckte und umwarb, bis wir wieder Kontakt hatten und das Spielen genossen wie früher. Als ich sie mit fünf Jahren wiedertraf, wirkte sie ruhig, fast ernsthaft, ein »großes Mädchen«, das schon in die Vorschule ging. Ein Jahr später begegnete ich der Mutter, und sie erzählte mir, daß sie und ihr Mann sich jetzt getrennt hätten; sie sei mit Cilly in einen anderen Stadtteil gezogen.

Rekonstruktion

- In Cillys Geschichte lassen sich drei Teile erkennen: Der erste Teil ist gewissermaßen das harmonische Kapitel, das bis zum vollendeten zweiten Lebensjahr reicht. Es folgt ein Bruch und mit ihm ein Abschnitt, den man als Kapitel der Ernüchterung und der Zwietracht bezeichnen könnte und der sich bis weit in Cillys drittes Lebensjahr erstreckt. Im Schlußkapitel, das einen Zeitraum von kaum drei Monaten umfaßt, geht es um Krise und Trennung.
  Mein erstes Anliegen besteht nun darin, die Eigenart jedes dieser Abschnitte zu untersuchen und den Prozeß zu zeigen, der sie in der Geschichte des Mädchens miteinander verband.
- Zweitens möchte ich die Linie von Cillys Aggressionsentwicklung nachvollziehen. Was bedeutete Aggression für sie in der heiteren, symbiotischen Welt ihrer ersten beiden Lebensjahre? Wie ging sie mit aggressiven Gefühlen in der nachfolgenden, spannungsreichen Zeit und dann schließlich in der Krise, während ihrer »Verstörtheit« um?
- Schon damals fragte ich mich, ob Cillys klägliche Stimmung in ihrem dritten Lebensjahr auch zu verstehen war mit Hilfe von Mahlers Aussagen zum tendenziell depressiv

verlaufenden, weiblichen Individuationsprozeß.[1] Dieser ungelöst gebliebenen Frage will ich hier erneut nachgehen.

Das »harmonische Kapitel«

Wenden wir uns nun der ersten, bereits als »harmonisch« und »heiter-symbiotisch« apostrophierten Epoche in Cillys Leben zu.

Schon zu Anfang vermittelt der Text, wie angenehm ich berührt war von der Begegnung mit Frau und Herrn L., von ihrer Ausgeglichenheit und Fröhlichkeit. So wie die beiden als Paar miteinander und mit ihrem Leben in Einklang zu sein schienen, so strahlten auch Mutter und Tochter das Gefühl zärtlichen Einsseins aus.

Die wiedergegebenen Aufzeichnungen aus der Eingewöhnungszeit – die ersten fünf Notizen – dokumentieren den Prozeß, in dem die tägliche Trennung eingeübt wurde, ohne die Mutter-Kind-Liebe sichtbar zu verändern.

Es begann mit dem Zusammensein der beiden in der Krabbelstube und damit, daß die Mutter die zärtliche Verbundenheit aktiv nach außen, für Dritte, insbesondere für mich als Ersatzmutter, öffnete und erweiterte. Während andere Eltern in der Eingewöhnungszeit oft von spürbarer Ambivalenz mir gegenüber bewegt waren, erlebte ich Frau L. »ohne jede Rivalität«, was mich deutlich beeindruckte.

In der nächsten Szene nahm Cilly in Gegenwart der Mutter zu mir eine Beziehung auf. Sie gebrauchte mich, um sich von Frau L. fort- und auf sie zuzubewegen und bändelte auf spielerisch-erotische Weise mit mir an.

Wie aus der folgenden Notiz hervorgeht, trennte sich inzwischen die Mutter regelmäßig morgens von Cilly. Implizit wird mitgeteilt, daß es dagegen doch Protest beim Kind, Unsicherheit und Schuldgefühl auf seiten der Mutter gab, wenn auch in milder Form. In der nächsten Mitteilung war es erneut Cilly, die sich von der anwesenden Mutter auf eigene Faust entfernte, diesmal, um die neue Umgebung und in ihr reizvolle Objekte zu entdecken. Später spielte Astrid

[1] Vgl. Kap. I, S. 26

für sie und die anderen Kinder das liebste aller Spiele jener Phase – Mutter verschwindet und taucht wieder auf.

Cilly war, wie die fünfte Szene schließlich deutlich macht, der Einladung ihrer Mutter, sich den Kindern und mir zuzuwenden, wirklich gefolgt. In Frau L.'s Abwesenheit vertraute sie bereits meinem Trost und suchte Zärtlichkeit bei den Kindern und bei mir.

Der Prozeß der Eingewöhnung war damit abgeschlossen und, wie mir schien, für alle Beteiligten vergleichsweise optimal verlaufen. Der Mutter war es gelungen, ihr Trennungsinteresse als Vorstufe zur Berufstätigkeit zu realisieren und gleichwohl das zärtlich-symbiotische Liebesverhältnis mit der kleinen Tochter fortbestehen zu lassen. Ich wurde keineswegs zwiespältig, sondern ausschließlich freundlich als Erweiterung der Mutter, gewissermaßen zu einer »symbiose à trois« aufgenommen und hatte nach beiden Seiten, zur Tochter wie zur Mutter, eine herzliche Verbindung. Cilly selbst akzeptierte mich als Erweiterung der Mutter und gebrauchte mich als Unterstützung ihrer progressiven Tendenzen. Dadurch konnte sie die tägliche Trennung nicht nur tolerieren, sondern darüber hinaus mit Freude nutzen, um ihre neue Umwelt zu erkunden. Ähnlich wie ihre Mutter war sie voller Vertrauen, schien in anderen und in sich selbst nichts Schlechtes zu erwarten.

Auffällig an meinen Notizen erscheint mir im nachhinein die wiederholte Hervorhebung der spannungsfreien Übereinstimmung mit Mutter und Tochter, ein Merkmal, das hier auftauchte und den Text – ganz wie die Realität! – bis zum Ende von Cillys zweitem Lebensjahr prägte. Diese Hervorhebung entsprang erstens meinem Staunen, denn in allen anderen Beziehungen der Krabbelstube, so herzlich sie waren, gab es gelegentlich Gegensätze und Spannungen, sei es zwischen Kind und Mutter, sei es zwischen den Eltern und mir.

Zweitens aber vermittelt diese von mir betonte Harmonie heute den Eindruck einer Beschwörung, einer gemeinsamen Idealisierung: Wenn man nur will, so schienen wir zu sagen, dann ist ein Beziehungsgefüge ohne Besitzwunsch und Eifersucht, ohne Differenzen und Rivalität möglich. Immerhin lebte diese »ideale« Konstruktion ganz real, bis Cilly zwei Jahre alt war.

Zu Beginn ihres zweiten Lebensjahres tritt uns Cilly deutlicher als bisher entgegen. Wir sehen sie werbend nach außen gewendet, zum Vater und zu den Kindern hin, sanft und von bemerkenswerter Frustrationstoleranz. Dies konnte ebenso bedeuten, daß Cilly sich kaum aus ihrem narzißtischen Gleichgewicht bringen ließ, wie auch daß ihr noch die Courage zum Protest fehlte. Aber dann tauchte zum erstenmal Aggressivität auf – als hätte Cilly entdeckt, daß sie Objekte, Personen und Dinge verlieren, aber auch erkämpfen konnte, daß sie Hände hatte zum Festhalten und zum Angreifen; die körperlich-seelische Kraft also, um wütend zu sein.

Diese neue Erfahrung irritierte Cilly keineswegs, sondern stärkte sie, war aber klar begrenzt auf den Umgang mit den Kindern. Mit ihnen erlebte sie: Nicht alle und alles paßten magisch mit ihr zusammen oder waren einfach mit strahlendem Lächeln zu gewinnen – ein Glaube, der für die Beziehung zur Mutter noch volle Geltung hatte und weitgehend auch dem Vater und mir gegenüber.

Cillys Selbstgefühl im zweiten Lebensjahr könnte man bezeichnen als überwiegend unbekümmert und selbstgewiß. Sie war auf eine ruhige, selbstverständliche Weise sie selbst und schien so etwas wie den narzißtischen Höhenrausch anderer Kinder, vor allem der kleinen Jungen, weder zu brauchen noch zu suchen. Das kommt zum Ausdruck sowohl im Text über ihre »unauffällige« körperliche Entwicklung als auch in der Beschreibung des Films.

Dort, in der Anfangsszene, zeigte sie Scheu vor den unbekannten starken Reizen und der an ihnen entzündeten, freudigen Erregung der anderen Kinder. Sie balancierte ihre Mischung aus Neugier und Furcht, indem sie aus der Distanz genau beobachtete und sich die Sicherheit meiner Nähe bzw. oraler Tröster besorgte.

In der Sequenz auf der Wickelmatratze konnten wir sehen, wie Cilly in einer passiven Situation, in der sie »Objekt« des Wickelns, der Pflege und des Betrachtens war, auf ihre leise Art als Subjekt agierte. Sie unterschied genau und formulierte bereits sprachlich, welche Körperberührung sie lustvoll fand und welche nicht. Küsse auf den Bauch lehnte sie mit »Nein« ab, während sie beim Eincremen ausdrücklich nach der Berührung eines bevorzugten Jungen verlangte. Ein ebenso deutliches, individuelles Gefühl äußerte sie, als sie gestisch und sprachlich entschieden auf ihr Produkt verwies: »Kaka.« – (In anderen Szenen jener Zeit stellte sie oft zusätzlich fest: »Lilly Kaka.«)

Während sie sich hier, exponiert im Mittelpunkt und verbunden mit dem Erlebnis der Ausscheidung, in ihrer körperlichen Identität erfahren und abgegrenzt hatte, war sie in den folgenden Szenen Teil des Gruppengeschehens. Dabei machte sie, auf Theos Fragen hin, Gebrauch von den Tiernamen und -lauten, die sie schon kannte, und suchte sich nachahmend meine Gebärden anzueignen. Cillys Bereitschaft, mit Stimmung und Erwartung der Erwachsenen sich zu einigen, war hier gut zu beobachten.

Beim Tanzen und erst recht danach, in der Szene am Mittagstisch, ließ sie sich von den Kindern mitreißen. Ohne Zustimmung, Blick- oder Hautkontakt mit den schützenden Erwachsenen zu suchen, genoß sie es, gemeinsam mit den Kindern nach der Musik zu tanzen und später die Hungerspannung in lustvoll-aggressives Tellertrommeln umzusetzen.

Essen zu erwarten und zu bekommen bedeutete für Cilly sichtbar in gleichem Maße, über die physische Befriedigung wie über die kommunikative Situation glücklich zu sein.

Wenn wir den Film noch einmal als Ganzes überblicken, so sehen wir Cilly in einem Auf und Ab wechselnder Beziehungs- und Selbsterlebnisse. Ängstlicher Anlehnung an die Betreuerin und Regression folgte eine Sequenz von passiven und abgrenzenden Körper(Selbst-)empfindungen. Einer erneuten Phase emotionaler Anlehnung schloß sich eine autonome Partizipation an lustvoll bewegter Gruppenstimmung und oraler Triebbefriedigung an.

Wenden wir uns nun der letzten Aufzeichnung dieses Kapitels zu, einem Portrait der fast zweijährigen Cilly. Sie erscheint als ausgeprägte kleine Person, mit farbigen, sehr verschiedenartigen Facetten. Weiche Züge kamen ebenso zur Geltung wie heftige, aggressive Anteile. Aus dem Text spricht die Sympathie, die ich sowohl für ihre sanften wie für ihre zornigen Gefühlsäußerungen empfand, und tatsächlich freute ich mich darüber, wie sie zunehmend wagte, Zorn spontan auszudrücken und Streit durchzustehen.

Diese Fähigkeit zur Auseinandersetzung beschränkte sich

aber auf den Kontakt mit den Kindern. Im Verhältnis zu mir und vor allem zur Mutter brauchte Cilly eine solche Fähigkeit offenbar immer noch nicht. (Gleiches galt nach meiner Beobachtung für die Beziehung zum Vater und zum männlichen Betreuer.) Denn zwischen Frau L. und ihrer Tochter gab es, wie der Bericht am Ende des Abschnitts mitteilt, nach wie vor keine ernsthaften Spannungen, wie ich sie in den anderen Eltern-Kind-Beziehungen miterlebte oder erzählt bekam, etwa phasenweise Mißverstehen, ungleichzeitige Nähewünsche, Eifersucht, Trennungsdramen, Machtkämpfe und so weiter.

Das konnte bedeuten, daß die Bedürfnisse von Mutter und Tochter tatsächlich überwiegend zusammenstimmten, oder aber, daß konträre Bedürfnisse ausgeblendet wurden. Vielleicht bestand ein fließender Übergang von der Harmonie zur Harmonisierung. Mit dem Ausblenden von widerstrebenden Bedürfnissen gab es dann auch keine kränkenden, enttäuschenden Gefühle zwischen beiden und damit keine Aggression. So wurde offenbar auch die tägliche Trennung von keiner der beiden, abgesehen von einer sehr kurzen Periode in der Eingewöhnungszeit, sichtbar als Kränkung erlebt – wie es in anderen Eltern-Kind-Beziehungen phasenweise immer mal wieder der Fall war. Es war, als handle es sich bei der Trennung um eine bloß äußere Handlung, die nicht mit dem inneren Gewahrwerden des Getrenntseins einherging.

So vermieden es Astrid und Cilly bislang, sowohl schmerzliche und feindselige wie auch befreiende, lustvoll-aggressive Aspekte der gegenseitigen Loslösung zuzulassen. Die Mutter schien Aggression im seelischen und im körperlichen Sinne zwischen sich und Cilly atmosphärisch auszuschließen. Dem kam die hohe Bereitschaft der Tochter entgegen, am einfühlenden Einssein mit der Mutter besonders lange festzuhalten.

Nach meinem Eindruck entsprang die gemeinsame Verleugnung von Aggression und Loslösungswünschen nicht nur einer Angst davor, sondern auch der narzißtischen Befriedigung, die beide in ihrer langdauernden symbiotischen Periode empfanden. Dabei schien Cilly in der eigenen wie in der mütterlichen Phantasie vollkommen zu sein, nicht auf großartig allmächtige Weise wie im Fall mehrerer Jungen der Gruppe, als vielmehr vollkommen in dem Sinne, daß sie sich blühend entwickelte, problemlos trennte und einfach ein überwiegend heiteres Kind war.

Was meine Rolle damals betraf, so sprach ich schon davon, daß ich gewissermaßen als Teil einer »symbiose à trois« agierte. Mein Anteil an der gemeinsamen Idealisierung wird belegt durch meine Sicht einer »optimalen Beziehung« zwischen Mutter und Tochter, in der ich damals die Verleugnung nicht sah, aber auch meine Wahrnehmung des Mädchens selbst. Ich erlebte Cilly in der Krabbelstube als »allseitig entfaltete kleine Persönlichkeit«, die sich kräftigen Zorn gegen die Kinder nicht weniger erlaubte als Gefühle des Schwachseins und die die Fähigkeit zu verschmelzender Nähe ebenso besaß wie jene zu autonomen Eigensinn. In keinem dieser Aspekte – und das ist das Interessante für den Zusammenhang dieses »harmonischen Kapitels« – gab es zwischen dem Kind und mir spürbare Diskrepanzen.

Um das Bild des damaligen »glücklichen Zeitalters« abzurunden, sei noch erinnert an das schon erwähnte, fortdauernd ungetrübte, freundschaftliche Verhältnis zwischen Frau L. und mir, auch an die offenbar konfliktfreie, wenn auch etwas konturlose Position des Vaters. Er, ähnlich wie der damalige männliche Betreuer, wirkte, bezogen auf Cilly, eher wie eine freundliche Ergänzung des symbiotischen Beziehungsgefüges denn als andersartiger Dritter, kann aber im nachhinein als aktiver Träger einer gemeinsamen Heile-Welt-Fiktion sicher nicht unterschätzt werden.

Cillys verführerischer symbiotischer Charme und die ebenso empathische wie konfliktvermeidende Liebeseinstellung ihrer Mutter wirkten über zwei Jahre so zusammen, daß Tochter und Mutter füreinander und nach außen das Gefühl erzeugten, Einigung müsse nicht immer wieder gesucht, auch kompromißhaft und mühevoll hergestellt werden, sondern sei im Grunde immer schon gegeben. Eine wichtige Ausnahme stellten Cillys Kinderbeziehungen dar, in denen Streit und Einigkeit in angemessenem Rhythmus wechselten. Aber diese Erfahrung schien das Mädchen keineswegs zu übertragen auf die Verbindung zu seinen Erwachsenen (sowenig, wie diese selbst es taten).

Bevor wir damit die Betrachtungen zum »harmonischen Kapitel« abschließen, sei auf ein Detail in der letzten Beobachtungsnotiz hingewiesen, das auch aus dem Erfahrungsbereich stammte, in dem Cilly Differenzen anerkannte, also aus dem Bereich der Kinderbeziehungen. Ich meine ihre mehrfache ärgerliche Forderung nach einem Penis: »Pimmel ham.« Ähnlich wie bei den anderen kleinen Mädchen war der Peniswunsch zu diesem frühen Zeitpunkt nach meiner Beobachtung noch fast so unkompliziert wie andere besitzgierige Kinderwünsche – etwa auch so ein glitzerndes Spielauto oder das gleiche Bonbon wie ein anderes Kind haben zu wollen, mit dem Unterschied, daß es sich in diesem Fall zu Cillys Ärger um einen körperlichen Besitz der kleinen Jungen handelte.

»Ernüchterung und Zwietracht«

In unserer Chronologie folgt nun das Kapitel von »Ernüchterung und Zwietracht«, das den überwiegenden Teil von Cillys drittem Lebensjahr umfaßte.

Die Notiz über den ersten Tag nach dem Urlaub klingt indessen noch gar nicht nach einem neuen und bedrückenden Zeitabschnitt, ist im Gegenteil geprägt vom Wiederaufgreifen vertrauter Muster. Cilly und ich nahmen nach vier Wochen der Trennung unsere Beziehung wieder zueinander auf, in der es Sicherheit (vgl. ihr emotionales Auftanken bei mir) gab und Zärtlichkeit und eine gemeinsame, schöne Vergewisserung von Cillys Mutter als ihres abwesenden, guten Liebesobjekts – eine Szene, die sowohl noch etwas vermittelt von der Stimmung der »symbiose à trois« als auch etwas von dem angst- und konfliktfreien Selbstbewußtsein des Mädchens in dieser Situation.

Auch zu den Kindern stellte Cilly rasch den Kontakt wieder her. Ihr aggressives Agieren in der Gruppe wirkte zwar derb, aber doch situationsbezogen und selbstbewußt, nicht von Kränkung und Rache getränkt. Ebenso verstand ich ihre Attacke gegen Ingos Penis als eine nicht ungewöhnliche ambivalente Handlung, mit einem Teil voyeuristischen, sexuellen Interesses und einem Teil ›normalen‹, penisneidischen Ärgers. Der Geschlechtsunterschied beschäftigte ihre Gefühle, das zeigte auch ihr Zuordnen der Genitalien zu meinen Zeichnungen.

In der folgenden Passage des Berichts geht es um Frau L.s Schilderung äußerer Eingriffe – dem Konkurrenz- und Entwertungsverhalten von Ingos Eltern –, die zum Auslöser folgenreicher innerer Prozesse wurden. Cillys Eltern, vor allem die Mutter, ließen sich von der Kritik an ihrer Tochter in einem Grade beschämen, der vermuten läßt, ihr eigenes Erleben sei mindestens gleichwertig, wenn nicht vorrangig beteiligt gewesen an der plötzlichen Entwertung.

Nach Astrids Schilderung gewinnen wir den Eindruck vom Einsturz eines Ideals – sowohl des idealen, vollkommenen Kindes wie auch, eng damit verbunden, der idealen Eltern-Kind-Beziehung. Es klingt, als ob nun, ausgelöst von feindseliger äußerer Kritik, eigene kritische Tendenzen, die bisher erfolgreich vom Ideal und zugleich mit seiner Hilfe abgewehrt worden waren, übermächtig ins Bewußtsein einbrachen.

Diese Vorgänge ereigneten sich zuerst in den Gefühlen der Eltern, vor allem der Mutter, um später dann von Cilly auf ihre Weise aufgenommen zu werden und zwischen Mutter und Tochter ihre Wechselwirkung zu entfalten. Nach dem erwähnten Urlaub hatte sich zuerst die Mutter beschämt und hilflos gezeigt, während Cilly anfangs keineswegs im eigenen Selbstgefühl entwertet und in ihrer Aggressivität nicht hilflos wirkte. Diese Veränderung trat erst in den kommenden Monaten ein.

Ich betone diese Reihenfolge, weil sie umgekehrt verlief wie der von Mahler et al. angenommene Entwertungsprozeß zwischen Mutter und Tochter. »Sobald sich das Mädchen seiner Unvollkommenheit bewußt wird«, heißt es dort, »kann es sein, daß es auch im Unbewußten der Mutter unvollkommen wird.«[1] Weiter unten werde ich darauf zurückkommen.

Wichtig war, wie sich der Verlust der phantasierten Vollkommenheit für Frau L. verknüpfte mit der Realisierung des Geschlechtsunterschiedes. Es war, als ob die Mutter durch die provozierend überhöhte »Phallizität« des Jungen erstmals ihr Kind als weiblich im Sinne von mangelhaft empfunden hätte.

In der Folgezeit, so teilt die nächste Notiz mit, richtete

[1] Mahler et al., a.a.O., S. 138

Cilly ihre Aggressivität auch weiterhin gezielt gegen ihren »Konkurrenten«, aber ebenso in generalisierter, unangemessener Form nach außen gegen andere Kinder. Wie gewöhnlich in solchen Fällen, suchte ich einen Mittelweg zwischen Eingrenzung und Akzeptieren der aggressiven Gefühlsregung. Anders als früher, da die Einfühlung wie selbstverständlich funktioniert hatte, mißlang es Cilly und mir jetzt, einander zu verstehen: Sie mißverstand mein Deutungsangebot als Aggressionsverbot, ich sah die Ursache ihrer Wut zu einseitig im äußeren Geschehen des Urlaubs und zuwenig in Cillys verändertem Verhältnis zur Mutter und zu mir.

Wie früher suchte sie nach Übereinstimmung mit den Erwachsenen, aber jetzt schien es ihr zu diesem Zweck notwendig, ihr eigentliches, aggressives Gefühl in grober Verkehrung zu überdecken mit einem künstlichen »Ei-ei« (die Karikatur einer Reaktionsbildung!), und zwar, wie die Notiz zeigt, sowohl auf eine strafende Aufforderung hin (Ingos Vater) wie auch ohne jede Erwartung meinerseits, ein Hinweis darauf, daß sie in einer Mischung von Anpassungssuche und Schuldgefühl agierte.

Dieses Schuldgefühl betraf, wie ich heute vermute, eine ihr selbst unheimliche, schwer faßbare Quelle ihrer aggressiven Stimmung, nämlich untergründigen Haß auf die Mutter (und auch auf mich). Cilly haßte sie als ehemals symbiotisches Objekt, weil sie von ihr aus dem Paradies des Einsseins und der Vollkommenheit gestoßen worden war, ohne eine neue Basis zu bekommen. Da aber die Mutter offene Aggression atmosphärisch ausschloß, mußte das Mädchen seinen Haß als enorme Gefahr für die Beziehung und als böse Schuld erleben. So erkläre ich mir Cillys allzu eilfertiges »Ei-ei« und in der Folge ihre sich ausbreitende Tendenz zur Aggressionshemmung.

In dem Maße, in dem sie offene Angriffe gegen die Kinder nicht mehr wagte, wuchs sich, wie im Text beschrieben, ihre unterdrückte Aggressivität zu einer quälend quengeligen Grundstimmung aus. Zunehmend waren die eigentlichen Objekte ihres Zorns weniger die Kinder als vielmehr die Mutter und ich, ihre Stellvertreterin. Das vorwurfsvolle, zähe Quengeln, mit dem sie mich, und darin erkennbar die Mutter verfolgte, läßt an einige Überlegungen von Mahler et al. zum

Beginn weiblicher Geschlechtsidentität denken, die mich auch damals beschäftigten:

»...wir stellten fest, daß die Aufgabe, ein getrenntes Individuum zu werden, zu diesem Zeitpunkt für die Mädchen im allgemeinen schwieriger war als für die Jungen; die Mädchen pflegten sich nach der Entdeckung des Geschlechtsunterschiedes wieder der Mutter zuzuwenden, um sie zu tadeln, Ansprüche an sie zu stellen, von ihr enttäuscht und dennoch in ambivalenter Weise an sie gebunden zu sein. Sie forderten gewissermaßen von der Mutter, eine Schuld zu begleichen. Sobald sich das Mädchen seiner Unvollkommenheit bewußt wird, kann es sein, daß es auch im Unbewußten der Mutter unvollkommen wird.«[1]

Diese Beschreibung klingt wie gemünzt auf die unzufriedene Cilly jener Zeit. Erinnern wir uns aber, wie Cilly bereits ein halbes Jahr zuvor den Geschlechtsunterschied konstatiert und mit einer unwilligen Forderung beantwortet hatte, ohne im geringsten depressiv zu werden. Das war erst eingetreten, *nachdem* sie im Bewußten und »im Unbewußten der Mutter« »unvollkommen« geworden, und zwar drastisch und nachhaltig entwertet war, und nachdem der Geschlechtsunterschied die Bedeutung bekommen hatte, Ursache von Getrenntheit zu sein.

Für eine längere Phase konnte Frau L. sich ihrer Tochter nicht ausreichend libidinös zuwenden, konnte nicht Schritt für Schritt die frühere Harmonie ersetzen durch Liebesgefühle auf einer veränderten, realistischeren Basis. So konnte Cilly ihrerseits die verlorene – und notwendigerweise sich auflösende – »Vollkommenheit« nicht langsam austauschen gegen nüchternere Formen der Selbstbesetzung, sondern sackte ab in ein depressives Tief.

Es ist erstaunlich und belegt noch einmal meine Partizipation an der vorausgegangenen Idealisierung, in welchem Maß die Beziehung zwischen Cilly und mir damals analog zur Mutter-Tochter-Beziehung von Spannungen geprägt war. Im Bericht ist die Rede von Ungeduld, Hader und Vorwürfen, der Tenor des Textes vermittelt noch etwas von jenem »zwieträchtigen« Klima.

[1] Mahler et al., a. a. O., S. 138

In den folgenden zwei Notizen können wir Cillys Abwehrbemühungen im Umgang mit ihren aggressiven Gefühlen beobachten. An beiden Vormittagen war sie faktisch sehr wohl aggressiv gewesen, hatte mit den Kindern gestritten und mit mir. Aber offenbar gehörte jetzt zu ihrem Selbstbild die Verleugnung und scharfe Ausgrenzung feindseliger Tendenzen: Nur die anderen Kinder waren gefährliche Tiger, sie selbst jedoch ein unschuldiger, kleiner Hase, nur Kuh und Katze der anderen bissen, während ihre Tiere lieb waren.

Zwar suchte sie Schutz beim Erwachsenen und Anerkennung für die Unterdrückung ihrer Aggressivität, aber zugleich war sie es, die die Erwachsenen, letztlich die Mutter schützen wollte vor ihrem Haß.

Mir scheint, in dieser Periode stritten zwei widersprüchliche Tendenzen in Cilly miteinander: Zum einen mußte sie das passive Erleben hilflosen Getrenntseins fortwährend umkehren in aktives, trennendes Hadern, in die Erfahrung, sich streitend in Gegensatz zu den nahen Erwachsenen zu setzen. So sehe ich ihr Hadern nicht nur als Ausdruck eines verlorenen seelischen Gleichgewichts, sondern auch als Suche nach Abgrenzung.

Daneben gab es weiterhin Cillys starke Neigung, Übereinstimmung mit nahen Erwachsenen zu suchen. So entsprang ihre Unterdrückung bzw. Verleugnung aggressiver Gefühle sicher sowohl der Identifikation mit Frau L.s aggressionsvermeidendem Ichideal als auch der Angst vor weiterem Verlust mütterlicher Liebe. Hier sind Vor- und Nachteile nicht so ausgewogen wie im Fall der Abgrenzungsbemühungen. Denn das Maß an Icheinschränkung, an Verfälschung des Selbstbildes und an nicht integrierter Aggression wog schwerer als der Gewinn an moralischem Triumph, war aber für Cilly offenbar lebensnotwendig, um die Liebe der Mutter wieder zu erringen.

Der Bericht wendet sich nun wieder der Mutter zu und skizziert ihre fast phobischen Fluchtbewegungen aus der früheren Symbiose, ihr ebenso umfassendes wie diffuses Freiheitsbedürfnis und ihre trennenden Aktivitäten gegen die Tochter, ihren Mann und gegen mich. Der forcierte, etwas »gewaltsame« Zug ihrer Autonomiebestrebungen erinnert daran, wie gewaltsam sie das Ende des symbiotisch-vollkommenen Zustands erlebt hatte. So lange sie Cilly zuvor an sich gebunden hatte, so ungeduldig wollte sie sie jetzt abschütteln, fast ausstoßen und zu Selbständigkeit treiben. Warum das so war, wissen wir nicht; wir können nur feststellen, daß sie sich außerstande fühlte zu einem schrittweisen Übergang, zu Trauer und Ermutigung. Sie schien sich letztlich mit den früheren Angreifern (den Kritikern ihrer Tochter) zu identifizieren in dem Sinne, daß sie sich jetzt die damaligen niederdrükkenden Leistungsanforderungen zu eigen machte. An ihnen maß sie Cilly und kritisierte sie in ähnlicher Weise, wie es im Sommer geschehen war, als zu unselbständig und ängstlich und explizit als zu mädchenhaft. Es war, als hätte sie ihrer Tochter noch nicht verziehen, eine eigene, weibliche kleine Person anstelle einer narzißtischen Vervollkommnung zu sein.

Wenn wir die Untersuchung über Cilly und Frau L. in jenem Zeitabschnitt einander gegenüberstellen, so können wir behaupten, daß das Mädchen Grund hatte, die Mutter zu hassen. Denn während sie real aggressiv gegen die Tochter handelte, entlang ihrer sicher unbewußten, forcierenden Ausstoßungstendenz, beharrten Selbstbild und Ichideal weiterhin auf dem Ausschluß von Aggression ihr gegenüber.

Einer sehr ähnlichen Aufspaltung sind wir schon einmal begegnet in Cillys Selbstdarstellung als ausschließlich liebem Tier und ihrem real aggressiven Agieren gegen die Kinder bzw. mich.

Nachdem wir in diesem Kapitel bislang überwiegend Mühen und Probleme von Cillys Persönlichkeitsentwicklung betrachtet haben, gewährt das folgende Tonbandprotokoll eine Atempause. Es läßt erkennen, was das bald dreijährige Mädchen inzwischen an Selbstbewußtsein wiedergewonnen hatte.

Es begann mit Cillys zufriedenem Kommentar zu ihrem Spiel: Sie arbeite, sagte sie immer wieder. (Alle Kinder der Krabbelstube benannten schon früh, wenn sie ausgeglichen waren, ihr Spielen als »Arbeiten«, also als das, was zur gleichen Zeit die abwesenden Eltern taten – ein sicherer Indikator für die Konstanz des Objektes in diesem Moment und dafür, daß sie sich mit dem Trennungsgrund: »Ich muß arbeiten« – positiv identifizierten.)

Im folgenden Gespräch teilte sie stolz, vielleicht etwas defensiv mit, daß es für sie nur eine einzige, nämlich Mutters Art gab, den Löffel zu halten, was stellvertretend für viele andere Kulturtechniken bzw. Ichfähigkeiten zu nehmen ist. Gemäß ihrer Altersstufe irritierten sie noch andere Arten des »Löffelhaltens« in ihrer Identifikation, konnten noch nicht als gleichermaßen gültig anerkannt werden.

Als nächstes zeigte sie, wie sie die Beine übereinanderschlagen konnte – eine ebenso erwachsene wie typisch weibliche, also sicher auch mütterliche Gebärde –, und entwickelte daraus eine Serie eigener Bewegungen. Mit der Vorführung ihres Körpers und seiner Künste suchte sie ebenso narzißtische Gratifikation zu erlangen wie den Genuß, andere Kinder auszustechen. Sie war, mit Mamas Autorität unter den Füßen, keck und selbstbewußt, rivalisierte offen – Zeichen dafür, daß sie an der Stelle der früheren magischen Vollkommenheit inzwischen Ansätze zu »echter Identifikation« mit der Mutter[1] und von gesundem sekundärem Narzißmus entwickelt hatte, nicht ohne einen kräftigen Anteil sublimiert aggressiven Konkurrierens (jedenfalls den Kindern gegenüber).

Aufschlußreich an der Szene war auch noch Cillys Umgehen mit mir: ihre zweimalige ausdrückliche Einfühlung in meine Bedürfnisse. Einmal fragte sie nach meinem Appetit, das andere Mal erklärte sie Leo und sich selbst meine Bemerkung über sein lautes Schreien und vermittelte ihm mein Motiv: »Das is aber so laut für Ulrikes Ohren.« – Damit tat sie etwas, was ich oft tat – erklären und vermitteln, identifizierte sich also kurzzeitig mit meiner Funktion, nicht aber mit meinem Gefühl. Sie sagte also nicht, es sei laut für *ihre* Ohren, blieb daher verstehend, aber getrennt von mir. Diese Szene ermöglicht eine gute Anschauung für die damalige Differenz in Cillys Verhältnis zur Mutter und zu mir: Während sie sich mit der Mutter identifizierte, Löffel oder Beine in derselben Haltung hielt wie sie, war ich eine Autorität *neben* ihr, mit unterschiedenen Empfindungen (»Ulrikes Ohren«), in die sie sich einfühlte.

Um ein Resümee des Kapitels zu ziehen, können wir er-

[1] Vgl. Tolpin, On the Beginnings of a Cohesive Self, 1972, zitiert nach: Mahler et al., a. a. O., S. 268

stens sagen, das dritte Lebensjahr des kleinen Mädchens trage alle Spuren eines »normalen« Ablösungs- und Individuationsprozesses. Wir sehen charakteristische Schwierigkeiten bei der Umwandlung einer magisch-symbiotischen Beziehungswelt in ein Netz differenzierter, realistischer Objektbeziehungen und in die Empfindung eines getrennten Selbst. In diesem Kontext verstanden wir Cillys Gefühle der Ernüchterung und der Enttäuschung, die Verletzlichkeit ihres Selbstgefühls und ihren Negativismus, die Anstrengungen ihres sich bildenden Überichs und ihre beginnende sekundäre Identifikation.

Auf der anderen Seite aber fanden wir als Besonderheit, daß Cillys symbiotische Welt und damit ihr »vollkommenes« Selbsterleben allzu lange und allzu idealisiert bestanden hatten, so daß die notwendige Phase der Ernüchterung besonders kränkend für das Mädchen verlief: Die frühere narzißtische Befriedigung war nicht mehr, die Lust echter Autonomie noch nicht erreichbar. Daß hier für Cilly ein schrittweiser Übergang fehlte, wies auf den Anteil der Mutter hin und damit auf das Problem erwachsener Loslösung vom Kind. Besonders bestimmend für die Dynamik dieser Periode wurde das Thema der Aggression, weil mit dem Einsturz der Idealisierung und der konfliktvermeidenden Abwehr ein besonders hohes Maß an aggressiven Gefühlen zwischen Mutter und Tochter virulent wurde. Dabei erwies sich, wie sehr die Erfahrung von Zorn und Haß als Aspekte einer libidinösen Beziehung beiden fehlte. Schließlich wurde deutlich, wie folgenreich die Verknüpfung der Entidealisierung mit Cillys Weiblichkeit war – primär für die Mutter, sekundär für Cilly.

»Krise und Trennung«

Wenden wir uns nun dem Schlußkapitel zu. Es handelt von Krise und Trennung und erstreckt sich über die letzten zehn Wochen meiner gemeinsamen Zeit mit Cilly.

Was ich auf dem beschriebenen Elternabend zum Sinn von Cillys Symptomen sagte, sehe ich auch heute als eine plausible Erklärung an, die im übrigen zusammenstimmt mit der oben entfalteten Sichtweise der früheren Lebensperioden. Ergänzend kann man sagen, Cilly habe in der Krise Mechanismen intensiviert, die uns schon im vorausgegangenen Kapitel begegneten: Aggressionshemmung und -leugnung, Regression, Icheinschränkung, zusätzlich erweitert um neue darstellende Formen der Konfliktverarbeitung – im Männchenspiel und in der Inszenierung der Phantasie von der gefährlichen Frau. Mein Versuch, ihre Situation zu erleichtern, bestand, wie die letzte Notiz zeigt, in der progressiven Ermunterung, sich ihrer Selbständigkeit zu erfreuen, und in der Erlaubnis zu aggressiven Gefühlen.

Heute stellt sich mir die Frage, warum sich die Situation zu jenem Zeitpunkt so zuspitzte, daß Cilly sich stärker als zuvor ängstigte und einschränkte. Ich sehe zwei mögliche Antworten, die damals nicht in mein Blickfeld traten. Die eine bezieht sich auf meinen Part in der damaligen Konstellation, die andere auf den von Cillys Vater. Beide Antworten können als zusätzliche Dimensionen im Verständnis dieses Kapitels gelten.

Cillys Krise erstreckte sich über den Zeitraum der bevorstehenden Trennung und endete mit ihr – einer Trennung, die Frau L. wünschte und die ich ablehnte und betrauerte. Es handelte sich also um einen faktischen, nicht auflösbaren Konflikt zwischen der Mutter und mir, in dessen Mitte Cilly, unser ehemals Gemeinsamstes, stand. Im nachhinein erscheint es vorstellbar, daß das Kind den Konflikt der Erwachsenen ebenso fühlte wie mit einem eigenen emotionalen Konflikt beantwortete. So war vielleicht ihre Starre auch ein Gelähmtsein zwischen mütterlichen und meinen Wünschen, fand ihre Weigerung, morgens die Mutter gehen zu lassen, ein Pendant in dem Sträuben, tagsüber von meiner Seite zu weichen.

Dann könnte ihre fortgesetzte Bitte: »Drinbleiben…« auch im ganz wörtlichen Sinn verstanden werden als Wunsch, die Krabbelstube nicht zu verlassen. Wenn das zutraf, konnte Cillys Krise so lange nicht abklingen, wie der akute Konflikt bestand, nämlich bis das Mädchen uns endgültig verlassen hatte. Das heißt, auf dieser Ebene war im Kern nichts Unbewußtes, sondern eine reale Situation aufzulösen. Indessen hätte es vermutlich Cillys Ängstlichkeit gemildert, wenn ich die Traurigkeit zwischen ihr und mir ausgesprochen und in ihrem Widerspruch zu der Trennungsbereitschaft benannt hätte, die sie ja gleichzeitig mit der Mutter teilte.

Während ich damals im Zusammenwirken von Astrids delegierten Ängsten mit Cillys abgewehrter Wut den Motor der Krise sah, würde ich heute als eine weitere mögliche Ursache die vermiedene Offenheit über den Trennungskonflikt betrachten. So kann es durchaus sein, daß nicht nur Cillys Verlustangst, sondern auch ihre Wut doppelt gefügt war, daß also die aggressiven Männchen und die messerbewaffneten Frauen nicht nur Aggressivität gegen die Mutter, sondern auch gegen mich darstellten.

Die zweite Möglichkeit, zu verstehen, warum sich die Situation damals für Cilly zuspitzte, scheint mir in der Untersuchung der Funktion zu liegen, die der Vater für das Mädchen hatte. Hier bin ich allerdings eher auf Spekulation angewiesen, da zwischen Herrn L. und mir wenig direkter Kontakt bestand – Ergebnis eines Gemisches aus seiner Neigung, sich als Person zu entziehen, und aus meiner Tendenz, ihn ungenügend wahrzunehmen. Prototypisches Beispiel dafür war der geschilderte Elternabend mit Herrn L.s Schweigen und meinem bzw. unserem Nichtansprechen. Während Christians Beweggründe für seine Inaktivität sich einer Entschlüsselung entziehen, kann vielleicht das Ausblenden als Hinweis dienen.

Wir – d. h. vorrangig ich, aber auch Frau L. – interpretierten die Situation ausschließlich als ein Mutter-Tochter-Thema und versäumten es auf diese Weise, die Familie als das zu betrachten, was sie – auch, möglicherweise – für Cilly war, ein ödipales Dreieck. Bei einem fast dreijährigen Mädchen war es möglich, daß sich Loslösungsprobleme mit den Anfängen konflikthafter, ödipaler Gefühle überlagerten. Dies überhaupt nicht in Betracht gezogen zu haben, weist heute für mich auf eine Vermeidung hin.

Nachdem Cilly ihren Vater mit einem Jahr gewissermaßen erst kennengelernt und ihn in der Folge als freundliche Ergänzung ihrer symbiotischen »Mutter-Welt« erlebt hatte, wandelte sich sehr wahrscheinlich die Bedeutung des Vaters in der Zeit der Ernüchterung und der Zwietracht mit der Mutter; wie, ist unbekannt. Man könnte aber vermuten, daß sie damals, gegen Ende ihres dritten Lebensjahres, im Vater mehr und anderes sah als bisher und daß das ihr Verhältnis zur Mutter erneut beängstigend verschärfte.

Wenn wir an Cillys exhibitionistisch-stolze Körperkünste, einen Monat vor ihrer Verstörung, denken, so lagen dem vielleicht nicht allzu fern Empfindungen wie: ›Ich kann es wie die Mama, ich brauche sie gar nicht, kann Bein und Po auch gegen die Mama zeigen – guck mal, Papa.‹ – Raten wir in diese Richtung weiter, so können wir Cillys Phantasie von den messerbewaffneten Frauen auch als Angst vor einer rächenden Mutter auffassen, die in ihrer Vergeltung über eine Potenz (ein Messer, einen Phallus) verfügte, die sie als kleines Mädchen nicht hatte.

Zweifellos mußte ihr Rivalität mit der Mutter enorme Angst einjagen, zumal vor dem Hintergrund des mütterlichen Aggressionstabus.

In welchem Maß Frau L. insbesondere rivalisierende Gefühle aus einer Interaktion ausschließen konnte, hatte ich in unserer gemeinsamen harmonischen Epoche immer wieder erstaunt registriert. Analog dazu können wir vermuten, einer wie »unmöglichen« emotionalen Situation sich Cilly gegenüber sehen mochte, wenn sie gegen die Mutter um den Vater wetteiferte; Grund genug, zu erstarren.

Eine mögliche Rivalität zwischen Mutter und Tochter anzuerkennen, hätte für Frau L. nicht nur bedeutet, die Existenz ungleicher Beziehungen, von Schmerz und von Haß zu akzeptieren. Es hätte außerdem besagt, sich ihrer Tochter als einer sexuellen weiblichen Person mit triebhaften und vielleicht konkurrierenden Liebeswünschen bewußt zu werden. Nach meinem Eindruck verleugnete Frau L. diese Dimension von Cilly, und wenn ihr plötzlich klar wurde, daß Cilly ein Mädchen war (›nur‹ ein Mädchen wie im Urlaub, oder ›viel zu sehr‹ ein Mädchen wie im nachfolgenden Winter), so konnte darin auch, zusätzlich zur narzißtisch motivierten Entwertung, eine eifersüchtige Abwehr von Cillys Weiblichkeit im körperlich-sexuellen Sinne liegen.

Dieser Überlegung folgend, scheint es mir vorstellbar, daß Cillys »Baby-Spielen, ihr Sich-klein-und-harmlos-Stellen nach dem Motto: ich bin der Hase und weiß von nichts« die Mutter beschwichtigen sollte, vielleicht aber auch verhöhnen: Bitte sehr, da hast du das Baby, das du möchtest.

Ich schließe die Mutmaßungen hier ab. Zwar konnten wir den Charakter der etwaigen, ödipalen Situation zwischen

Cilly und ihren Eltern im nachhinein nicht ergründen, aber wir konnten auf der weiblichen Seite, also bei Frau L., bei Cilly und, in Partizipation, auch bei mir, den Spuren einer Vermeidungsstrategie gegenüber der ödipalen Thematik folgen.

Im Überblick über dieses Kapitel sehen wir nun die Krise des kleinen Mädchens aus drei Perspektiven – vom Ablösungsprozeß zwischen Mutter und Tochter her, vom Trennungskonflikt und meiner Funktion her sowie aus dem Blickwinkel der ödipalen Thematik und der Stellung des Vaters. Mir scheint, die Perspektiven schließen sich untereinander nicht aus; vielleicht war ja Cilly in jener Zeit so angstvoll verzagt, weil sie sich überfordert fühlte von widerstreitenden inneren und äußeren Veränderungen auf den untersuchten Ebenen.

Betrachten wir nun kurz den letzten Teil des Berichts. Nach den Mitteilungen der Mutter gingen mit dem neuen Lebensabschnitt Beruhigung und Aufwärtsentwicklung einher. Das wurde bestätigt durch meine Eindrücke von Cilly. Sie wirkte unbeeinträchtigt und nahm so souverän und charmant Fühlung zu mir auf wie in ihren besten Zeiten. So können wir annehmen, daß es Cilly gelungen war, die Verletzlichkeit ihres dritten Lebensjahres zu überwinden und die in der Krise ausgebrochenen Konflikte zu lösen bzw. zu verdrängen; ihren Platz innerhalb der familialen Beziehungen neu zu finden und die mütterlichen Leistungsansprüche zu ihren eigenen zu machen.

In dieser positiven Bilanz, gestützt auf kurze Eindrücke und Mitteilungen, bleibt unsichtbar, was Cilly an echter Integration geglückt, was an weiterer Aggressionshemmung und Anpassung abgenötigt worden war. Krise und Trennung der Eltern – Jahre zuvor Gegenstand meiner Vermutungen nach jenem Elternabend – werden für die sechsjährige Cilly eine schwere Bewährungsprobe gewesen sein, und wir wissen nicht, ob sie auch diesmal phobisch oder depressiv reagierte.

Die Aggressionsentwicklung

Während ihrer ersten beiden Lebensjahre, in ihrem phantasierten Einssein mit der Mutter und deren Vertretern (dem

Vater, mir) waren Cilly sowohl lustvoll-aggressive, befreiende als auch feindselige Gefühle *als Aspekte der Loslösung*, also innerhalb dieser Beziehungen, unbekannt.

Neben dieser geschützten Gefühlswelt lernte sie mit den Kindern, ermutigt von mir, zu streiten, sich zu behaupten und Trieberlebnisse mit einem Schuß lustvoller Aggression zu vermengen. Auch hier jedoch blieben ihre Interaktionen und ihr beobachtbares Selbsterleben überwiegend heiter-libidinös.

Ihre spontanen bzw. reaktiven aggressiven Gefühlsäußerungen brachten sie nicht aus dem Gleichgewicht, vermutlich weil sie überhaupt nicht hinabreichten zur Tiefe ihrer Basalbeziehung und damit ohne angsteinflößende, destruktive Qualität blieben. So kannte es Cilly nicht, geschüttelt zu werden von Verletzungsängsten, zerstörerischen Impulsen und aggressiver Erregung. Bei der Frage, ob Cillys Aggressivität regelrecht unterdrückt wurde, erinnere ich daran, daß sie kein geducktes Brävchen war, vielmehr ein Kind von mal sanftem, mal quicklebendigem Temperament, auch ein »Kobold«, eine »kleine Meerkatze« – mit Elementen gelungener Triebmischung also. Es schien eher so zu sein, daß Cilly ihre vorhandene Fähigkeit, aggressiv zu fühlen und zu handeln, nicht gebrauchte – und nicht gebrauchen durfte –, um sich von der Mutter loszulösen.

M. Khan beschreibt in dem Aufsatz »Symbiotische Omnipotenz«[1] einen Typus von Mutter-Kind-Beziehung, der der Beziehung zwischen Cilly und Frau L. in jener Periode ähnelt. Der Autor spricht von einer »allzu starken Besetzung des Kindes« durch die Mutter, von einem »trügerischen Einverständnis« und einer »länger als notwendig andauernden mütterlichen Anpassung an das Kind«. Eine der wichtigsten Folgen beziehe sich auf das Schicksal des Aggressionstriebes: Die Mutter könne nicht »für phasenadäquate, notwendige aggressive Erlebnisse sorgen«, »erforderliche aggressive Impulse nicht geben«, weil sie nicht »fähig ist, Aggression und Haß in ihrer eigenen Person und in ihrer Beziehung zum

[1] M. Khan, Symbiotische Omnipotenz, in: Selbsterfahrung in der Therapie, München 1977, S. 100

Kind zu ertragen… dadurch wird das Kind gehindert, sich von ihr zu distanzieren.«[1]

Patienten, die einer so gearteten Mutter-Kind-Beziehung entstammen, brauchen, so M. Khan, die Erfahrung einer »aggressiven Reaktion auf ihr Verhalten in der analytischen Situation«, um den Analytiker »als distinkte Person« wahrzunehmen und um die »Triftigkeit ihrer eigenen Aggression und ihres Hasses zu erleben«.[2]

Für Cilly gab es eine Ungleichzeitigkeit: Während sie noch im »trügerischen Einverständnis« der aggressionslosen, symbiotischen Welt mit der Mutter lebte, bekam sie jedoch schon »notwendige aggressive Impulse und Erlebnisse« in der Krabbelstube. Der Bruch im Urlaub, oben als Einsturz der Idealisierung und der Aggressionsabwehr von Frau L. gekennzeichnet, war ein notwendiger und insofern heilsamer Schock, der für Cilly vermutlich in stärkerem Maße traumatisch verlaufen wäre, wenn sie nicht bereits früher und nun in der Folgezeit den Rahmen der Krabbelstube gehabt hätte, in dem sie sich als streitendes, haderndes Kind gegenüber »distinkten Personen« erleben konnte.

In der Zeit der »Ernüchterung und der Zwietracht« sahen wir, wie das Mädchen seine offene, sadistische Angriffshaltung allmählich zurücknahm bis hin zur völligen Aggressionshemmung, um sodann eine Spaltung zu entwickeln: Sie agierte feindselig gegen ungefährliche Objekte, d. h. schwächere Kinder, während sie aus ihrem bewußten Selbstbild jegliche Aggressivität verbannte. Ein Kompromiß zwischen offenen Haßgefühlen und hemmenden Strebungen kam im Quengeln, Jammern und Vorwerfen zum Ausdruck, war als »zerdehnte Wut« gegen die Mutter und gegen mich gerichtet.

Untergrund dieser wechselnden Dynamik ihres aggressiven Verhaltens war nach meiner Annahme der Kampf zwischen Cillys verbotenem Haß auf die »enttäuschende«, nicht mehr symbiotische Mutter, ihrer schuldvollen Verlustangst und verunsicherten Liebe zu Frau L. Weil das Mädchen die »Triftigkeit ihrer eigenen Aggression und ihres Hasses« gegen die Mutter nahezu nicht erfahren konnte, mußte sie um alles

[1] M. Khan, a. a. O., S. 108
[2] M. Khan, a. a. O., S. 111

und jedes hadern mit uns anderen, auch ohne »triftige« konkrete Gründe. Zugleich diente das Hadern aber auch Cillys Abgrenzung.

Gegen Ende des Jahres fanden wir neben Spuren eines moralischen Sadismus Ansätze sublimierter Aggression in Cillys Auftrumpfen und Konkurrieren.

In der Zeit der Verstörung schließlich verschärfte sich Cillys Konflikt zwischen aggressiven und libidinösen Strebungen, und ihre ganze Lebendigkeit wurde vorübergehend von ihrer Abwehrbemühung in Mitleidenschaft gezogen. Das Bild war gekennzeichnet von Einschlaf- und Trennungsängsten, von Regression, Icheinschränkung und einer Art von Halluzination[1], also von Elementen einer infantilen Neurose.

Ihr Überich strafte Cilly, und ihr Ich schränkte sich motorisch und vital ein, regredierte, aber spielte und dramatisierte auch, und mit seinen Ängsten alarmierte das Mädchen erfolgreich seine Liebesobjekte. Ihrem Es schließlich wurde die Befriedigung durch Mutters und meine konstante Nähe sowie durch die unbewußte (angst-)erregende Beziehung zur »Frau mit dem Messer« zuteil. Drei mögliche Erklärungen für die Krise und insbesondere das Anwachsen von Cillys Aggression waren aufgetaucht: ihr erhöhter Haß auf die sich distanzierende Mutter, neu entstandene ödipale Rivalität mit ihr und Wut auf die sich trennenden ›Mütter‹, also Frau L. und mich als Ersatzmutter.

Depression und Weiblichkeit

Meinem dritten Anliegen: das Mahlersche Konzept des weiblichen Individuationsprozesses auf seine Erklärungskraft für Cillys drittes Lebensjahr hin zu prüfen, bin ich schon nachgegangen. Wie sich herausstellte, wurde dem Mädchen die eigene Getrenntheit nicht als Folge der Entdeckung des anatomischen Geschlechtsunterschiedes, sondern vielmehr als Folge abrupter mütterlicher Entwertung und Abwendung auf kränkende Weise bewußt. Auf seiten der Mutter wurde implizit und explizit deutlich, daß ausschlaggebend für die

[1] Diesen Begriff verwende ich hier nur mit Vorbehalt und mangels eines besseren, weil bei einem dreijährigen Kind die Grenze zwischen Phantasie und Realität ohnehin noch verschwimmt.

Entidealisierung Cillys Weiblichkeit war, während wir auf seiten der Tochter den Verlust der phantasierten symbiotischen Vollkommenheit beobachteten, ohne endgültig zu wissen, ob Cilly als Ursache dieses Verlustes ihren weiblichen im Sinne vom penislosen Körper empfand und ob sich ihr Haß auf die Mutter um die Beschuldigung kristallisierte, ihr keinen Penis gegeben zu haben.

Was Frau L. Cilly wirklich nicht »gab«, war die Bejahung aggressiver und sexueller Triebäußerungen innerhalb der Beziehung zu ihr (der Mutter) – ein, wie ich meine, »triftiger« Grund für das Mädchen, die Mutter anzuklagen, zu hassen und sadistische, etwa kastrierende Phantasien gegen den mütterlichen und eigenen Körper zu entwickeln.

Ob solche Vorstellungen Cilly wirklich in der Tiefe ihrer kläglich-depressiven Stimmung bewegten, müssen wir dahingestellt sein lassen. Sie gebrauchte das Medium der Rollenspiele wenig und teilte auch sonst ihre Phantasie kaum mit, handelte dagegen ihre emotionalen Anliegen vorwiegend »konkret«, an Sachen und in Beziehungssituationen ab.

Erst in der krisenhaften Zuspitzung, in der symptomatischen Vorstellung von der gefährlichen Frau, gab sie andeutungsweise Phantasien aggressiv-sexuellen Inhalts preis.

Abschließend möchte ich behaupten, daß es offenbar leichter ist – für Mahler et al. nicht anders als für Frau L. –, etwas so sichtbar Konkretes und physisch Unerreichbares wie den Penis zum Kern des depressiven weiblichen Mangelgefühls zu erklären, also die Anatomie weiterhin Schicksal sein zu lassen, als demgegenüber etwas so wenig Sichtbares, aber durchaus Erreichbares wie eine aggressions- und lustbejahende Mutter-Tochter-Beziehung zum Angelpunkt zu machen.

2. Joachim

Seine Geschichte

Ich lernte Joachim kennen, als er zweieinhalb Jahre alt war. Seine Eltern, Lydia und Volker A., brachten ihn in die Krabbelstube, weil sie für ihn eine beständige, tägliche Kindergruppe haben wollten.

Lydia A. war früher Tänzerin gewesen und betrieb seit einigen Jahren gemeinsam mit zwei Kolleginnen ein Tanz- und Gymnastikstudio. Wie sie erzählte, hatte sie ein Vierteljahr nach Joachims Geburt wieder begonnen, einen Teil ihrer Kurse zu geben. Sie liebte ihre Arbeit sehr, und dazu kam, daß sie zu jener Zeit überwiegend den Lebensunterhalt der Familie verdiente.

Volker A., der früher als Graphiker gearbeitet hatte, studierte jetzt Kunst und bereitete sich, als Joachim in die Krabbelstube kam, auf seine Abschlußprüfung vor.

Seine zeitliche Beweglichkeit ermöglichte ihm, sich mindestens soviel um sein Kind zu kümmern wie seine Frau. Das Paar schien seine Arbeitsteilung in Haushalt, Kinderversorgung und Berufsaufgaben als befriedigend und gleichberechtigt zu empfinden. Die drei lebten mit einem anderen Paar und dessen kleiner Tochter zusammen, und es ging ihnen, wie ich hörte, in dieser Wohnsituation recht gut.

Lydia A. war eine ernste, gesammelte Frau, die ihre berufliche Arbeit ebenso überzeugt und zielstrebig verwirklichte wie den Plan, ihr Kind in die Gruppe zu bringen. Im Umgang mit Joachim fand ich sie ruhig, ernst, aber auch zärtlich, und manchmal, wenn sie sich als Person und in ihren künstlerisch-beruflichen Aufgaben von ihm beeinträchtigt fühlte, war sie von leidenschaftlicher Ungeduld gegen ihn.

Demgegenüber hatte Volker A. eher etwas Versponnenes, Weltfremdes an sich, wirkte zerstreut und zögernd oder auch so vertieft in ästhetische und technische Probleme, daß man – d. h. Joachim oder wir anderen von der Krabbelstube – ihn nur schwer erreichte. So zaudernd er selbst sein konnte, so wütend erlebte ich ihn manchmal, wenn ihm sein Sohn offenbar noch langsamer erschien, wie unfähig, mit einer Verrichtung zum Ende zu kommen. Andererseits ging er liebevoll und fürsorglich mit Joachim um und hing sehr an ihm.

Er war es, der den kleinen Jungen täglich in die Krabbelstube brachte. Über lange Wochen machte er es sich in unseren Räumen gemütlich, schaute zu oder las, hielt Joachim im Arm und empfahl ihm ab und zu, ohne besondere Überzeugung, zu den Kindern spielen zu gehen. Ganz offenbar war er gar nicht darauf eingestellt, seinerseits fortzugehen und seinen Sohn hierzulassen. So ermöglichte er Joachim lange nicht, Kontakt zu den Kindern und zu uns Betreuern zu knüpfen, während er ihm andererseits vorhielt, zu sehr an ihm zu hängen.

Joachim war mit seinen zweieinhalb Jahren ein zierlicher, ausnehmend hübscher Junge mit großen grauen Augen und dunklem Haar. Er war sehr scheu, aber ebenso neugierig. Gebannt verfolgte er mit den Blicken, was wir anderen machten, immer an der Seite des Vaters oder aufgeregt auf ihm herumkletternd.

Unter meinem sanften, dann energischen Druck verstand Herr A., daß er sich eindeutiger verhalten mußte, und verabschiedete sich allmählich konsequenter des Morgens, wenn Joachim sich nach einer Weile eingespielt hatte. Nun war der Junge, ungehindert, aber auch ungeschützt durch seinen Vater, einer eigenen langen und schweren Eingewöhnungszeit in der Gruppe ausgesetzt.

In ihrer damals ausgeprägten Neigung zur Hierarchisierung wies ihm die Gruppe den untersten Platz zu, und Joachim machte sich diesen Platz zu eigen. Stumm, allenfalls mit sich selbst redend, beobachtete er das Geschehen, anfangs in respektvollem Abstand, zunehmend dann als kleiner Schatten, der nah und mit starker innerer Beteiligung neben den agierenden Kindern blieb – ob sie rauften, weinten oder spielten. Allmählich entwickelte sich ein Übergangszustand, in dem er fluktuierte zwischen sichtbarer Angst vor direktem Beteiligtsein und mutigen Versuchen, mitzumachen, zwischen schneller Flucht und erneutem Heranpirschen.

Zwei Monate nachdem Joachim zu uns gekommen war, wurde ein Film gedreht:

> »Anfangs sieht man den Jungen lange, wie er schüchtern, ein bißchen geduckt, sich neben den Kindern aufhält, stumm schauend, wie sie spielen, streiten oder tobend über mich herfallen. Mein Kontaktangebot, gemeinsam Nüsse zu knacken, nimmt er an und wendet sich später auf demselben Wege, um mit mir eine Nuß zu knacken, auf zarte Weise an mich.
>
> Danach liegt er lange auf der Sitzbank, hört und sieht einigen Kindern bei ihrem Spiel zu. Gelegentlich streckt er den Kopf unter den Tisch, betrachtet seine Umgebung von unten. Einmal geht er in den Nebenraum, hebt eine Nuß vom

Boden auf, kommt zurück und wirft sie kraftvoll in den Raum, knapp vorbei an Leos Kopf. Er wartet ab – es wirkt wie das Warten auf einen Knallkörper, der nicht zündet. Als auf sein aggressives Experiment hin nichts geschieht, setzt er sich wieder stumm auf die Bank.

Es folgen weitere Szenen in der Gruppe, die Joachim wachsam begleitet. Zwischendurch läuft er ab und zu unvermittelt los, quer durchs Bild oder hinten durch den Flur.

Später spielen einige Kinder gefährliche Tiere; sie sind ›Tiger‹. Joachim sitzt auf den Knien des Betreuers Theo und schaut der aggressiven Vorführung erregt zu. Zweimal läuft er mit angespanntem Körper vor, kehrt dann wieder um zu Theos Knie. Als Mira sich ihm mit offenem ›Tigermaul‹ fauchend nähert, drückt er sich ängstlich an Theo. Einmal wagt er sich in die Mitte und stößt zwei Schreie aus. Jakob schaut ihn an, da bekommt er Angst vor seiner Courage und läuft schnell wieder zurück.«

Drei Wochen später beobachtete ich folgende Situation:

»Vier Kinder, apfelessend, beschließen: ›Schnell laufen, ja?‹ – ›Ja!‹ – Sie rennen hintereinander durch alle Räume und Türen. Jakob stolpert auf einer Türschwelle und fällt hin. Die anderen lachen gutmütig: ›Runtergefallen!‹ – Joachim, der neben Jakob lief, imitiert das Stolpern und Hinfallen und liegt dann neben ihm am Boden. Jakob macht eine ablehnende Armbewegung gegen Joachim, sagt: ›Du hast kein Aua.‹ – Joachim: ›Hm?‹ – ›Du hast kein Aua!‹ – ›Hm?‹ – Ich zähle, daß Joachim ein dutzendmal ›Hm?‹ fragt und Jakob ebensooft in verschiedenen Tonlagen die gleiche Antwort gibt. Eine verrückte Szene. Andererseits auch interessant, was da passiert: Jakob muß darauf bestehen, daß sein Stolperschmerz *sein* Aua ist. Joachim soll Schmerz nicht gleichzeitig, auch nicht per Spiel und Imitation, beanspruchen. Joachim seinerseits will eine Art spielerischen, solidarischen Kontakt mit Jakob aufnehmen, etwas unterwürfig, was seinem allgemeinen Verhältnis zu Jakob entspricht. Jakobs Abgrenzung, die Ablehnung darin, kann er nicht fassen.«

In den nächsten Wochen blieb es dabei, daß Joachim sich so weitgehend anpaßte, wie es nur möglich war. Wir bemerkten immer wieder, wie leicht wir ihn übersahen. Unseren Kontaktangeboten entglitt er oft so unauffällig, daß wir ihm sehr ausdrücklich folgen mußten, um ihn zu erreichen.

An einem Montag, mehrere Wochen nach der obigen Notiz, schrieb ich:

»Joachim bringt heute ganz viel Fröhlichkeit, quietschvergnügtes Rennen, Toben und Freude mit – wie Volker meint, aus Aufregung, nach dem Wochenende wieder in Gesellschaft der Kinder zu sein. In der Gruppe ist er heute wieder der ›Unterste‹, also immer noch der, der sich am wehrlosesten Sachen wegnehmen läßt und dann empört schreiend davonläuft.

Wenn er lange stumm sitzt und beobachtet, wirkt er auf mich, als denke er viel. Gelegentlich sagt er dann einen wohlgesetzten Satz zur Lage, irgendwie klug, nachdenklich. Ich muß ihn noch deutlicher wahrnehmen.«

Wenige Tage später ereignete sich eine Szene, die sich mir in der Tat deutlich einprägte:

»Joachim läuft auf Cilly zu, die mit dem Rücken zu ihm steht, schubst sie und rennt wieder zurück. Cilly läuft zu ihm und kneift ihn sehr fest in die Backe. Ich greife ein: ›Cilly, oh, nicht so fest, he, jetzt hör mal auf.‹ – Joachim weint nicht, verzieht schockiert und verwirrt das Gesicht. Ich: ›Ja, Joachim, Cilly ist sauer, weil du sie geschubst hast.‹ – Cilly wiederholt das ihm gegenüber. – Joachim blickt ohne Begreifen, starr, wirr, lächelt schließlich schief und sagt: ›Sie hat mich gestreichelt.‹ – Ich: ›Nein, sie hat dir weh getan, weil du sie geschubst hast.‹ – Er leugnet seine Attacke ebenso wie ihre aggressive Reaktion, kehrt diese ins Gegenteil.«

Einige Tage nach jenem Vorfall mit Cilly notierte ich:

»Beim Essen produziert Joachim wieder dieses unvermittelte, heftige Lachen. Mir scheint, er erschafft sich aus seiner untersten, oft abgelehnten Position die Rolle des Clowns, durchaus problematisch. Ich empfinde sein Lachen als gewollt, künstlich, um Gunst werbend.«

Über eine längere Periode blieb dieses Lachen typisch für Joachim. Über seine Stellung in der Gruppe schrieb ich:

»Joachim verhält sich häufig unauffällig, agiert im Schatten einer Gruppenstimmung, läuft mit, segelt hinterher, beobachtet nicht mehr nur. Zwischendurch bekommt er auch

sehr klar seine Randposition zu spüren, wird von Mira, Susie und Cilly unterdrückt, angegriffen, verfolgt und verjagt. Er tut nichts zu seiner Durchsetzung, verbal oder körperlich. Ohne Theos oder meinen Beistand flieht er immer. Allerdings habe ich einige Male bemerkt, daß er unauffällig andere Kinder hintenherum zwickt, um dann bei ihrem Zurückschlagen empört zu schreien.
Am ausgeglichensten ist er beim Kneten, Malen und Bauen. Sehr langsam und ruhig stellt er originelle Gebilde her. Zu Kindern, die uns besuchen oder die jünger sind, ist er liebevoll und zart.«

Eine Woche später machte ich Tonbandaufnahmen in der Gruppe:

»In der ersten Aufnahme ist Joachim nur in großen Abständen zu hören, und zwar meistens nachahmend. Er wiederholt Lacher anderer Kinder oder Sätze, vor allem von Leo, wörtlich: ›Ich hab das Auto kaputtgemacht.‹ – oder: ›Das Essen ist warm.‹
Auf dem zweiten Tonband, das drei Tage später lief, wenden sich einige Kinder in einem Gespräch über das Essen und das Abgeholtwerden freundlich an ihn. Joachim nimmt das Interesse zart, wie ungläubig auf. Zweimal lacht er sein typisch gewordenes, anlaßloses Lachen, sehr lang und vieltönig, in immer neuen Ansätzen und Trillern wie ein Kanarienvogel. Lange Zeit stimmt niemand ein, es wirkt etwas beklemmend. Schließlich lachen ein paar Kinder zurück.«

Einen Monat später, Joachim war fast drei Jahre alt, tauchte in den Notizen die Bemerkung auf, daß es Volker A. wieder sehr zum langen Verweilen bei seinem Sohn in der Krabbelstube zog. Ich sagte dem Vater, er bleibe zu lange und mache es sich zusammen mit Joachim zu häuslich bei uns, was dem Kind die Integration in die Gruppe erschwere. Er war betroffen, sah es aber ein.

Noch in einem anderen Punkt fand ich Herrn A.s Verhalten schwierig für Joachim: Es geschah häufig, daß er morgens mit jemandem in der Krabbelstube sprach, weit ausholend und in seinen Gedanken gefangen.

Joachim kam, zog den Vater am Ärmel und äußerte einen Wunsch. Minutenlang redete Volker A. dann weiter, schüttelte dabei den Arm, an dem Joachim zerrte und zur Gebetsmühle wurde, wie automatisch sein Anliegen wiederholend, bis ihn der Vater schließlich anfuhr, warum er denn herumzerre an ihm – als bemerke er ihn erst jetzt.

Verblüfft beobachtete ich bei Lydia A., sosehr sie sich sonst von ihrem Mann unterschied, auch dieses abwesende Zappelnlassen und gleichermaßen Joachims Festhalten, aber Nicht-durchdringen. Ich teilte beiden meine Beobachtung mit; sie nahmen sie offen und nachdenklich auf und wollten sich bemühen, Joachim deutlicher zu verstehen zu geben, wann sie für ihn da waren und wann nicht.

Im Lauf der Zeit lernte ich die Eltern etwas mehr kennen. Beide waren ihrer Arbeit mit Hingabe zugetan und vermittelten in Gesprächen etwas über ihr künstlerisches bzw. tänzerisches Anliegen. Während Volker im Umgang mit seinem Kind und den beruflichen Interessen ein Schwanken zeigte, teils sich ganz mitziehen ließ in Joachims Welt, teils sich ihm verdeckt zu entziehen suchte, war es für Lydia eher charakteristisch, diese beiden Interessen zu »organisieren«. In der Regel holte sie den Jungen mittags ab, war für die zweite Tageshälfte zuständig. Sie zog es vor, die Nachmittage regelmäßig zu planen, an bestimmten Wochentagen bestimmte Kinder nach Hause zu Joachim einzuladen oder sie mit ihm zu besuchen, schwimmen zu gehen usw. So gab sie ihm eine klare, verläßliche Zeitstruktur; aber gelegentlich wirkte die Art, wie sie seine Tage plante, ihm zu essen gab oder ihn – oft kleinkindlicher als er tatsächlich war – anzog, auf mich etwas manipulativ. Im Gespräch darüber sagte Lydia, sie sei bisher gar nicht auf den Gedanken gekommen, ihn zu fragen, was er tun, essen oder anziehen wolle. Als ich sagte, nach meinem Eindruck unterschätze sie Joachim, nahm sie das auf und erinnerte sich daran, wie sie ihr Kind im ersten Lebensjahr immer als ganz besonders – fast bedauernswert – klein empfunden habe.

In jenem Sommer, als Joachim drei Jahre alt wurde, notierte ich über Lydia und Volker A.:

»Mir fällt auf, daß es in der gezeigten Zuneigung beider Eltern gegenüber Joachim, verglichen mit anderen Eltern-Kind-Beziehungen, keine flirtend-erotische Beimischung gibt…

Neulich erlebte ich einen Konflikt mit: Joachim erscheint morgens mit kurzgeschnittenem Haar. Mittags kommt seine Mutter, bricht in Tränen aus bei seinem Anblick und weint über sein verlorenes, schönes Haar. Zornig spricht sie über Volker, der es ohne ihr Wissen abgeschnitten hat.«[1]

Nach den Sommerferien, Joachim war gut drei Jahre alt, schrieb ich:

»Joachim ist heute sehr aufgedreht, ruft: ›Papa hat mir 'ne neue Jacke gekauft!‹ – Er ist ein wildes Rumpelstielzchen, springt quiekend um Leos und Ingos ›Trümmerhaufen‹ herum, schreit: ›Kaputt! Kaputt!‹

Öfters kommt er zu mir, um mir aufgeregt etwas mitzuteilen, was auf mich absurd, weil zusammenhanglos wirkt.

Er ist in letzter Zeit wie befreit, aufgetaut, stürmisch, sprudelnd. Er läuft nur noch selten wie ein geprügelter Hund herum, ist auch viel weniger in dieser feindselig lästigen Anklammerung und klebrigen Quengelhaltung mit diesem dünnen, näselnden Stimmchen.«

Einige Tage später, zwei neue Kinder waren in die Gruppe aufgenommen worden:

»Leo und Joachim spielen am Boden, und Leo sagt über die neue Elfie, die neben ihm steht: ›Wir wollen die Elfie essen. Wir wollen sie kochen und braten und dann fressen, und dann ist sie weg.‹ – Joachim pflichtet ihm mit Gesten und mit ›Jaa!‹ bei, wiederholt ihn auch.

Später am Vormittag, als Elfie weint, versucht er zart, sie zu trösten.

Nach dem Essen wollen wir rausgehen. Joachim ist aufgeregt und schwer ansprechbar. Er beharrt darauf, daß Ingo seine Jacke kaputtgemacht habe. Ich sehe Knopf für Knopf das ganze Stück mit ihm durch und überzeuge ihn, daß sie noch ganz ist.«

Zwei Wochen später beschrieb ich Joachims derzeitige Position in der Gruppe:

»Joachim ist ein Wanderer, ein Hin- und Herbewegter zwischen zwei Welten. Manchmal hängt er sich wild schreiend, hüpfend und tobend an die Jungen, teils mit einer ge-

[1] Leider enthält die Notiz keine Mitteilung über Joachims eigene Reaktion auf sein abgeschnittenes Haar.

wissen Künstlichkeit, teils mit echter Begeisterung, roten Backen und ganz aufgehend im Schiffbauen und Kaputtmachen.

Dann fürchtet er die Jungen wieder, wird auch von ihnen verfolgt und flüchtet greinend. Diese Ausschließung ist manchmal Grund für ihn, die Jungengruppe für eine Weile zu meiden, sich den Mädchen zuzuwenden.

Dann wieder sucht er aus freien Stücken die Gesellschaft der Mädchen, turnt mit ihnen durchs Spielhaus, baut Landschaften und guckt Bilderbücher mit ihnen zusammen.

Manchmal allerdings sehe ich ihn irgendwie ratlos, verwirrt, unklar dazwischen stehen und beobachten, mit sich selbst redend.«

Notiz zwei Wochen danach:

»Joachim kommt zu mir, will etwas von mir und im gleichen Atemzug wieder nicht. Er bringt mir ein Buch zum Vorlesen und hört dann nicht zu. Wenn ich weiterblättere, will er den Anfang hören, lese ich den, wendet er sich wieder ab usw. In dieser Szene und noch öfter am Vormittag versuche ich betont eindeutig und deutlich zu sein zu ihm – immer wieder schwierig bei seiner Zweideutigkeit. Wenigstens holt er mich dringlich – heftig, wenn er aufs Klo muß. Ich warte ab und bitte ihn, mir zu zeigen, wie ich ihm helfen soll, Ausziehen, Zuknöpfen usw.«

In jener Zeit fiel mir zunehmend auf, daß Joachim außerordentlich desorientiert war, hinsichtlich Zeit, Alter, Namen, Verabredungen usw. Während seine Vagheit im Zusammenhang mit seiner Außenseiterposition abgenommen hatte und er langsam, passiv und aktiv, Teil der Gruppe geworden war, gab es jetzt häufiger Szenen wie die oben notierte, in denen er erneut vage und unstet, im Kontakt verwirrend war. Ich hatte das Gefühl, er leide an etwas, und sprach darüber mit seinen Eltern.

Volker A. erzählte, seit kurzem – er hatte zuvor seine Prüfung erfolgreich abgelegt – habe er ein Angebot aus dem nahen Ausland; es gehe um einen künstlerischen Auftrag. Noch sei alles im ungewissen, aber es sei die Chance seines Lebens, er müsse dorthin, werde dann eben am Wochenende heimkommen zu Lydia und Joachim.

Diesem Plan widersetzte sich Lydia mit unverhohlener Schärfe. Mittags, wenn sie ihr Kind abholte, sprach sie darüber, wie bedroht sie sich fühlte durch das geplante Fortgehen ihres Mannes und durch die Aussicht, überwiegend allein für Joachim sorgen zu müssen.

Über mehrere Monate, in denen der ausländische Auftraggeber nun Volker A. auf seine endgültige Entscheidung warten ließ, erlebte ich die Eltern in einer wachsenden Zerreißprobe: ihn euphorisch, wie besessen von seinen Plänen redend, gar nicht mehr zerstreut und zögernd wie sonst, sie dagegen verletzt, bitter und voller Auflehnung.

Als ich die Eltern fragte, was sie Joachim über ihre Situation mitteilten, sagten beide: nichts – da ja noch nicht klar sei, ob der Vater fortgehen werde oder nicht. Aus ihren Schilderungen stellte sich jedoch heraus, daß sie in Anwesenheit ihres Sohnes Auseinandersetzungen führten, als sei dieser nicht da oder taub. Trotz meines Zuredens schoben es Frau und Herr A. unerträglich lange, wie mir schien, hinaus, ihm auf angemessene Weise zu sagen, was sie bewegte – um »ihn zu schonen«, wie sie meinten. Sie wollten auch nicht, daß ich mit Joachim darüber sprach. So befand sich der Junge über Monate in einer angespannten Atmosphäre des Wissens und Nichtwissens über möglicherweise einschneidende Veränderungen.

Über Herrn A. schrieb ich damals:

> »Volker hat sich auch bisher selten Joachims Zorn gestellt. Er zog die Situation in die Länge, entwand sich halb, halb schüttelte er Joachim ab, ihn zur Vernunft ermahnend. Vorbeugend gegen die Möglichkeit, daß Joachim auf Vaters Fortgehen mit Schmerz und Zorn reagieren würde, läßt er ihn offenbar jetzt im Ungewissen zappeln.«

Joachims Desorientierung, seine Art, gefühlsmäßig an- und abwesend zugleich zu sein, nahmen zu. Hinzu kam, daß er ein »Zappelphilipp« wurde – eine dauernde motorische Unruhe bemächtigte sich seiner, Zwanghaftes erschien in seinem Verhalten. Ohne anhalten zu können, ging er umtriebig auf und ab, spielte nicht mehr ›Rollen‹, sondern ›war‹, was er vor sich hin sagte:

»Ich bin ein Strohhalm. Ich bin ein Mann. Der Mann schießt Tiere.«

Oder in einer anderen Notiz (Joachim war gut dreieinhalb Jahre):

»Joachim ist den ganzen Vormittag latent, aber auch offen aggressiv: Er ohrfeigte Susie. Nervös steigt er am Spielhaus auf und ab, eine riskante Klettertour. Er redet ohne Pause, seit er da ist, also jetzt seit einer Stunde. Zum Beispiel: ›Ich bin das Schulkind. Das Schulkind ist ins Wasser gehopst vor Schreck. Das Schulkind rutscht. Das Schulkind hat einen Ranzen usw.‹

Sein Zustand dabei: ein grimassenhaft verzücktes Gesicht und leicht verrückte Augen. Er wirkt, als betäube er sich selbst.«

Andererseits nahm er zunehmend auch aktiv an Leos und Ingos Schießspielen teil, tobte und rebellierte gegen mich und konnte dabei wild »ausflippen«. Dann suchte er wiederum Opfer zu werden, provozierte ausgiebig andere Kinder, bis er schreiend vor ihren Reaktionen floh, weinend und leidend in der Ecke saß. Notiz, einige Tage später:

»Joachim ist den ganzen Morgen aggressiv gegen Kinder und mich, stört sie beim Spielen, flippt herum. Als ich ihn festhalte und ihm sage, ich wolle, daß er hier bei mir bleibe und zur Ruhe komme, entzieht er sich mir und sagt: ›Dann merk ich doch, daß ich traurig bin.‹«

Die Eltern ihrerseits waren in jener Zeit für mich vorübergehend kaum erreichbar. Nach meinem Eindruck ignorierten sie in der eigenen Verstricktheit und Angst, mit Joachims Schmerz konfrontiert zu werden, seine Not. Mir gelang es nicht, etwas zu tun, was ihn seine Lage besser ertragen oder verstehen lassen konnte. Nah an sich heran ließ er mich nur auf der Toilette, zu der er mich holte, wenn er einen Haufen machen wollte. Ich notierte:

»Joachim: eingesponnen. Die direktesten Situationen zwischen ihm und mir gibt es auf dem Klo. Er sitzt und drückt, ich hocke vor ihm, er fragt und sagt verschiedenes, zum Beispiel: ›Ich – bin – der Joachim.‹ – Ich: ›Ja, du bist der Joachimo‹ (meine Koseform seines Namens). – Er: ›Nein, nicht Joachimo – Joachim!‹ – Ich: ›Ja, du hast recht. Der Joachim bist du.‹ – ›Ich – hab – eine Worscht gemacht.‹ – ›Ja, hast du gemacht!‹ –

Oder er trifft andere, sehr ernsthafte Feststellungen. Eine

Situation, in der er wirklich mich meint und sich selbst meint.

Sonst verhält er sich häufig wie jemand, der, obwohl er da ist und vor einem steht, nicht angesprochen, nicht gemeint ist. Reale und typische Erfahrung mit seinen Eltern: Sie sprechen, wenn er dabei ist, als sei er nicht anwesend, über ihren Konflikt, die Zukunft usw. Er versteht akustisch, intellektuell und emotional viel mehr, als ihm unterstellt wird.«

Als Joachim 3,8 Jahre alt war, bekam sein Vater eine Zusage für seine Arbeitsmöglichkeit im Ausland und organisierte sofort voller Elan den Umzug, um sich während der Woche dort ein Atelier mit Wohnmöglichkeit einzurichten. Sehr bald begann Volker A. wider Erwarten unter der selbst herbeigeführten Trennung von Frau und Kind zu leiden. Lydia erzählte mir darüber; er fühle sich dort heimatlos und lebe nur für die Wiedervereinigung mit der Familie am Wochenende. Sie selbst aber arrangiere sich mittlerweile mit der Getrenntheit und wolle ihren eigenen Rhythmus finden, ohne sich regelmäßig am Wochenende nach Volker zu richten. Nun verteidigte sie ihre Unabhängigkeit gegen ihn und war zu Kompromissen kaum bereit.

Mit dem endgültigen positiven Bescheid wurde auch für Joachim offiziell klar, daß der Vater ins Ausland übersiedeln würde, mit Ausnahme der Wochenenden. In dem Maße, in dem der Junge real konfrontiert war mit dem Verzicht auf den Vater unter der Woche, kamen aufgestaute Gefühle in der Kindergruppe zum Ausbruch, offenes Weinen, starke Ängste und Haß.

»So sagt er in einem heftigen Konflikt mit mir aufgebracht: ›Wenn ich groß bin, schieß ich dich tot.‹ – Lydia berichtet von zu Hause, er zerstöre gezielt sehr geliebte Gegenstände von ihr.«

Zuflucht suchte er sowohl im ›ausgeflippten‹, aggressiven Agieren als auch in vagen, abwesenden Stimmungen. Außerdem spann er sich mit einem zeitweise zwanghaften, nicht abreißenden Redestrom ein in eine dichte Hülle von Illusionen:

»Ich bin fünf Jahre. Ich bin fünf Jahre. Ich bin ein Schulkind. Ich bin groß.«

Wenn ich darüber mit ihm sprach, ihn darüber trösten wollte, daß Kleinsein schwer sein kann, hielt er wohl inne, um dann aber starrsinnig fortzufahren: »Ich *bin* aber fünf Jahre.«

Mehrfach erlebte ich mit, wie seine Mutter ihn unwidersprochen in seinem Phantasieglauben beließ, als er manisch herumhopsend das »große Schulkind« war. Sie sagte, sie wolle ihm nicht zu nahe treten mit grobem Verweis auf die Realität, aber ich fand, daß sie ihn in solchen Augenblicken nicht ernst nahm als den kleinen Jungen, der er tatsächlich war, und sagte ihr das. Andererseits kam Joachim, wie ich von Lydia wußte, sehr oft nachts ins Bett zu ihr (seit wann, wußte ich nicht). Für mein Gefühl erlebte sie diese nächtliche Nähe mit ihrem Kind, trotz ihrer Klage darüber, wenn nicht befriedigend, so doch zumindest sehr ambivalent.

Unter Joachims Ängsten jener Zeit – gegen Ende seines vierten Lebensjahres – dominierten hypochondrische Befürchtungen um seinen Körper. Er klagte viel und wehleidig über Wehwehs, wirkliche und vermeintliche, und fürchtete, dies und das könne ihn schmerzen oder schädigen. Bei der Vorstellung, etwas von seinem Körper könne »ab« sein, geriet er in echtes Entsetzen. Notiz:

> »Doris beißt mich fest, es tut weh, alle Kinder besehen die Bißspuren auf meinem Arm. Joachim fragt: ›Kannst du den jetzt nicht mehr bewegen?‹ – Ich: ›Doch. So wie du dein Knie ja auch weiter bewegen kannst (an dem er sich zuvor gestoßen hatte). Der ist nicht kaputt oder ab.‹ – Da beginnt er heftigst zu weinen. Offenbar habe ich seine Ängste erhöht. Ich tröste und trage ihn fürsorglich, und er nimmt es an.«

Verwandt mit diesen Gefühlen war Joachims Unsicherheit darüber, welche Kleider zu ihm gehörten und welche nicht. Ständig verlor er seine Mütze, seine Jacke usw., erkannte seine Sachen nicht sicher als eigene wieder, wußte auch bei Spielzeug, das er morgens von zu Hause mitgebracht hatte, zuweilen mittags nicht mehr, ob es ihm bestimmt gehörte.

Für Joachim ging das vierte Lebensjahr mit einer weiteren häuslichen Veränderung zu Ende. Nicht nur den Auszug des Vaters und dessen Verwandlung in einen »Besuchsvater« (erst hinausstürmend, dann leidend, wie hinausgeworfen) erlebte er, sondern auch den Auszug des anderen Mannes aus der Wohnung. Denn wenig später war der Vater des kleinen Mädchens ausgezogen. Es blieben die Mütter mit ihren Kindern, und es blieb Joachim als einzige männliche Person in der Wohnung.

Zu Beginn seines fünften Lebensjahres stabilisierte sich Joachim etwas. Sein früher schon schönes, schöpferisches Umgehen mit formlosen Materialien und Farben wurde intensiver, Geschicklichkeit und Geduld im Umgang mit Schere, Klebstoff usw. wuchsen. Seine Fähigkeit, ruhig und konzentriert etwas zu tun, bekam wieder mehr Raum. Zum Beispiel konnte er selbst in hellem Trubel sein Essen auf geradezu versunkene Weise ungestört genießen. Allmählich ließ die Zerfahrenheit etwas nach, wenn sie auch nicht verschwand. Sein früher manchmal ratloses Wandern zwischen zwei Welten – der Mädchen- und der Jungenwelt – erwies sich jetzt nicht selten als Gewinn, denn, verglichen mit anderen Kindern in festgefahrenen geschlechtsbezogenen Spielkonstellationen, konnte er recht frei wählen, mit wem er was machen wollte, und fand dabei auch besser als früher einen eigenen, angemessenen Zugang zu den anderen Kindern.

Im Herbst dieses Jahres beschäftigte sich Joachim auffällig viel mit seinem Penis. Er starrte ihn an, untersuchte ihn beim Pinkeln, machte ihn steif und nahm die sonderbarsten Manipulationen an ihm vor. Im Unterschied zu den anderen Jungen der Gruppe zeigte er keine Scheu vor dem Nacktsein, kein Schamgefühl. Überhaupt verhielt er sich mit seinem Körper wie jemand, der sich keinerlei Wirkung auf andere bewußt ist – was mir ebenso »uneitel« wie »unsensibel«, »schamlos« vorkam. So spielte er etwa mit seinem gelben Nasenschleim, ohne zu verstehen, wieso andere Kinder abgestoßen reagierten.

Als ich Joachim und Lydia A. einmal zu Hause besuchte, spielte er wieder demonstrativ an seinem Penis und sagte: »Guck mal, was ich mache!« – Seine Mutter sagte mir später, er mache das zu Hause häufig. Vielleicht habe es etwas damit zu tun, daß sie jetzt eine Beziehung zu einer Frau habe und daß Joachim eifersüchtig sei. Lydia A. erzählte von turbulenten Auseinandersetzungen mit ihrem wochenends heimkommenden Mann, und ich stellte mir vor, daß Joachim es erneut schwer hatte, seinen Ort zu finden in diesen bewegten Prozessen, in denen die Eltern verschiedene und voneinander wegführende Entwicklungen machten. Allerdings erlebte ich an dem Jungen keine dem Vorjahr vergleichbaren Zeichen des Leidens und des Verwirrtseins.

Um diese Zeit beendete ich meine Arbeit in der Krabbelstube. Kurz vor meinem Abschied wurde ein Film gedreht, in dem folgende Szene zwischen Joachim und der anderen Betreuerin festgehalten ist:

»Joachim sitzt neben Ingrid auf der Umrandung des Sandkastens, denkt eine Weile nach, sagt dann: ›Kinder können ja nicht Männer und Frauen essen‹. – Ingrid: ›Was möchtest du? Kinder können was nicht essen?‹ – Joachim: ›Kinder können nicht Frauen und Männer essen.‹ – Ingrid: ›Nö. Was können Kinder denn essen?‹ – Joachim: ›Knäckebrot können sie essen.‹ – Ingrid: ›Hm. Und was noch?‹ – Joachim: ›Frauen und Männer aber nicht.‹ – Ingrid: ›Die schmecken auch, glaub ich, gar nicht.‹ – Joachim: ›Bonbons aber und Schokolade.‹ – Ingrid: ›Hmm, du bist ein kleines Schleckermaul.‹«

Bei späteren Besuchen erfuhr ich, daß sich die Verbindung zwischen den Eltern mehr und mehr lockerte. Der Vater kam seltener und rückte während Joachims fünftem und sechstem Lebensjahr allmählich an die Peripherie des Alltagslebens. Vater und Sohn verbrachten aber hin und wieder Ferien oder Wochenenden miteinander.

Als ich Joachim zuletzt bei einem Besuch begegnete, war er mit seinen sechs Jahren ein ruhiger, nachdenklicher Junge, immer noch zierlich und sehr hübsch. Sohn und Mutter gingen vertrauenvoll, spielerisch und ernsthaft miteinander um, und sie erklärte ihm auf seine vielen Fragen hin die Welt. Im darauffolgenden Jahr sollte Joachim die Schule beginnen.

Rekonstruktion

Um ein Verständnis dieses Jungen zu gewinnen, gehe ich im folgenden aus vom Umgang der Eltern mit Weiblichkeit und Männlichkeit und untersuche die Folgen, die daraus für Joachim entsprangen hinsichtlich seines verwirrten emotionalen Erlebens, seines Selbsterlebens als Junge und hinsichtlich seiner Art, Leid und Aggression zu erfahren.

– Zum einen möchte ich also den verwirrenden Umgang der

Familie A. mit emotionaler Realität darstellen. Joachim war zeitweise ernsthaft behindert im Kontakt mit seinen Gefühlen und mit seinem Gegenüber. Er erlebte seinerseits das Undeutliche, Zweideutige als ein charakteristisches Element in der Interaktion seiner Eltern. Dieser Zusammenhang muß dem Loslösungs- und Individuationsprozeß des Jungen eine besondere Ausprägung gegeben haben, die ich deutlich machen will.

– Joachims Eltern lebten während eines Teils seiner frühen Kindheit in untypischer Arbeits- und »Geschlechtsrollen«-Teilung miteinander. Dieses Leben ging über in eine Ehekrise, um in einen Prozeß der Trennung und, in gewissem Maß, der »Separierung der Geschlechter« zu münden. Daher werde ich zum anderen untersuchen, was diese drei unterschiedlichen Lebensperioden für Joachim bedeuteten, besonders im Hinblick auf sein Selbsterleben als Junge.
– Schließlich werde ich die Wege nachzeichnen, die Joachim im Umgang mit Furcht und Kummer, andererseits mit aggressiven Gefühlen suchte. Wie sah ihr Verlauf aus, wo verschränkten und wo trennten sich beide Empfindungslinien?

Eingewöhnung

Der Zeitraum zwischen Joachims Einstieg in die Kindergruppe und seinem vollendeten dritten Lebensjahr stellt sich als ein erster Abschnitt dar, dessen Verlauf ich im folgenden nachzeichnen werde.

In den ersten Wochen seiner Anwesenheit in der Krabbelstube trat Joachim kaum in Erscheinung als gesondertes Individuum, vielmehr als kleiner Satellit seines Vaters. Jener wiederum verhielt sich weniger wie ein Vater, der seinen kleinen Sohn in eine neue Umgebung eingewöhnen will, sondern eher so, als wolle er selbst dazugehören und mitspielen, als sei er der Sohn. Joachims aufgeregtes Herumklettern auf des Vaters Körper drückte zweifellos eine Spannung aus – zwischen dem Bleibenwollen (und Bleibensollen!) beim Vater und andererseits der Lust, sich fort von ihm und selbständig ins Geschehen zu wagen.

In der Beziehungsszene, mit der sich die beiden in der Kindergruppe einführten, handelte der Erwachsene in ausgeprägtem Widerspruch zu seiner erklärten Absicht und nahm die Wirkung seiner Widersprüchlichkeit auf das Kind und dessen Gefühlslage nicht wahr. Joachim seinerseits setzte die widersprüchliche Situation um in motorische Unruhe.

So wie Herr A. wochenlang gar nicht auf den Gedanken kam, sich in der Kindergruppe von seinem Sohn zu trennen, kann man annehmen, daß er damals ein weitgehend ungetrenntes, identifikatorisch verschmolzenes Verhältnis zu Joachim hatte (»als sei er der Sohn«), ihn nicht unbedingt als Person mit eigenen Gefühlen erlebte.

Deutlich wurde damals auch schon, daß der Vater, ähnlich wie später die Mutter, auf Kritik mit Einsicht reagierte, gewissermaßen »aufwachte« aus einer nichtbewußten Haltung, und sich um Änderung bemühte. Mit welchem inneren Widerstand er es dabei zu tun hatte, zeigte sein »Rückfall« einige Monate später, als er wieder ausgiebig mit Joachim in der Kindergruppe zu bleiben begann.

Versuche des Neulings: als Schatten, Opfer und Clown

Im folgenden lassen sich Joachims Versuche erkennen, allein in der neuen Situation zu bestehen und sich in der Gruppe einen Platz zu erobern.

An der nächsten Passage des Berichts, der anschließenden Filmbeschreibung und der darauffolgenden Notiz läßt sich vermitteln, wie intensiv er ein Teil der Gruppe und der Gruppenstimmung sein wollte.

Unermüdlich beobachtete der Junge die Kinder, suchte immer wieder seine Angst zu überwinden und ihnen so nahe oder so ähnlich wie möglich zu sein. Gegenüber seiner Angst überwog offenbar immer wieder seine faszinierte innere Anteilnahme am Geschehen zwischen den Kindern.

Während Joachim im »schattenhaften« Mitlaufen, im »Beschatten« von Spielszenen Sinne und Körper mitbewegte, waren bei aggressiven Gruppenszenen auch seine Gefühle heftig beteiligt. Sein dichtes Dabeistehen, wenn Kinder weinten oder stritten, hatte etwas Voyeuristisches – voller Identifikation mit fremden Gefühlen, aber doch in Sicherheit davor, weil Tränen und Angriffe außen, in anderen, kontrollierbar blieben.

Wieviel Lust zu eigenem aggressivem Agieren in ihm

steckte, zeigte sich in seinem erregten Zuschauen beim Tigerspiel, in seinem Vorstoß in die Tigerarena und in dem aggressiven Experiment mit der Nuß.

Den männlichen Betreuer gebrauchte Joachim, ähnlich wie zuvor den Vater, als Sicherheitszone, man könnte auch sagen, als eine Art »Kinosessel«. Der Kontakt zwischen ihm und mir verlief so, daß wir etwas miteinander machten (Nüsse knakken) und redeten. In diesen unterschiedlichen Formen des Kontakts klingt etwas von der Differenz zwischen Joachims Vater- und seiner Mutterbeziehung an: An den Vater, wie an Theo, lehnte er sich an, war wie ein Teil von ihm. Mit der Mutter, wie mit mir, machte er etwas, über Sprache und Dinge (Vorhaben, Unternehmungen usw.) vermittelt. Darauf komme ich weiter unten zurück.

In der Szene mit Jakob ging Joachim über seine bisher voyeuristische Annäherung an die Kinder hinaus und suchte konkret das gleiche Mißgeschick und Empfinden wie Jakob zu erleben. Dieser bestritt ihm das energisch und beharrte auf der »Realität«, daß nämlich sich Joachim »real« nicht weh getan habe. Genau diese reale, physische Differenz der Empfindungen wollte Joachim durch sein nachgestelltes Stolpern aufheben. Er war außerstande, sie selbst nachträglich anzuerkennen.

Die Szene wirft ein Licht auf Joachims sehr weitgehende Bereitschaft, sich den Gefühlen anderer anzugleichen. Sie läßt an des Vaters Neigung denken, die reale Differenz zwischen sich und dem kleinen Sohn zu verwischen. Ob und in welcher Weise der kleine Junge sich in der Beziehung zur Mutter als Eigenwesen mit »differenten Empfindungen« erlebte, soll später noch betrachtet werden.

Wie der Text zeigt, nahm ich in jener Anfangszeit Joachim als schön, andererseits als verletzlich, schutzbedürftig wahr, und ich suchte ihn aus der ungetrennten Innigkeit mit dem Vater ein Stück weit herauszulösen. Damit hatte der Junge in abgeschwächter Form Empfindungen in mir angerührt, die jenen seiner Mutter entfernt ähnelten: Auch sie erlebte ihn als klein, liebte zugleich die Erscheinung ihres Kindes, wie ich aus ihrem Weinen um sein abgeschnittenes Haar schließe, und sie setzte dem verschwimmend-innigen Vater-Sohn-Verhältnis etwas »Strukturiertes« entgegen.

Aus den folgenden Notizen gewinnen wir allmählich ein differenzierteres Bild von Joachim. Während das Element der Unauffälligkeit in der Gruppe, also sein unabgegrenztes Mitlaufen und seine Tendenz zur Nachahmung, erhalten blieb bzw. immer wiederkehrte – ein Übungsfeld für die Aneignung des Neuen und eine Art Halbschatten, in den er wegtauchte, ohne je die Beobachtung aufzugeben –, entwickelte er im Laufe der Zeit unterschiedliche Formen, um daraus hervorzutauchen.

Ihm als neuem Kind wurde, wie nicht in allen, aber vielen Fällen, tatsächlich die unterste Sprosse in der Hackordnung zugewiesen. Auf diese Zuweisung reagierte Joachim einerseits hilflos und erlebte sich dem nur gewachsen durch den Schutz von uns Erwachsenen. Andererseits wurde die wiederholte Erfahrung passiven Opferseins zum Vehikel für ihn, sich der eigenen Angriffslust »von hinten herum«, »unauffällig« anzunähern. War er anfangs Opfer nur per Zuweisung gewesen, machte er sich mit der Zeit aktiv dazu, durch seine Provokationen, die ihrerseits ihm vollständig unbewußt blieben.

Die geschilderte Situation mit Cilly zeigte das in drastischer Form: Auf sein provozierendes Schubsen hin kniff ihn das Mädchen »sehr fest in die Backe«. Und wiewohl ihm diese Attacke recht weh tun mußte, war Joachim stärker als vom physischen Schmerz vom schmerzlichen Nichtverstehen betroffen. Am Grad seiner Verwirrung wird ablesbar, wie verborgen ihm die eigene aggressive Handlung, und damit, wie undurchsichtig ihm Cillys Angriff und das heißt der Kausalzusammenhang blieb.

In Joachims Unvermögen bzw. Weigerung, die eigene auslösende und manipulative Aktivität bewußt wahrzunehmen – selbst im nachhinein, auf mein Benennen hin –, kehrt ein Element wieder, das uns auch in einer situativen Blindheit der Eltern begegnet. Herr A. schien, so wie seine Frau in diesem Fall auch, nicht zu fühlen, daß er selbst es war, der durch sein Ignorieren Joachim zu einem quenglerischen Quälgeist an seinem Ärmel werden ließ. Eine ähnlich verdunkelte Selbstwahrnehmung sahen wir beim Vater in der Eingewöhnungszeit und bei der Mutter in der Neigung zur manipulativen Verplanung von Joachim.

Das zweite bemerkenswerte Element in der Szene mit Cilly ist in Joachims grotesker Uminterpretation enthalten: »Sie hat mich gestreichelt.« Der Junge wollte bzw. konnte ihren Angriff sowenig wahrhaben wie seinen eigenen. Seine Leugnung der beiderseitigen aggressiven Handlung leuchtet ein, wenn man bedenkt, daß ein wechselseitiger Angriff die klare Trennung von Subjekt und Objekt impliziert. Im Gegensatz dazu wollte sich Joachim bisher den Kindern gerade ungetrennt, nah und als völlig gleich zeigen, so wie er und der Vater einander weitgehend noch als ungetrennt behandelten.

Solange er ausschließlich als Voyeur an Tränen und Angriffen anderer Kinder partizipiert hatte, war er den Gefühlen ohne das Risiko eigenen Schmerzes nahe gewesen. Jetzt war er unversehens, als provozierendes Opfer, mittendrin im Geschehen, wenn auch noch wie hinter seinem eigenen Rücken, und erlebte den schmerzhaften Unterschied zwischen Zuschauen und Fühlen. Es war ihm noch ausgesprochen fremd, sich selbst als jemanden zu sehen, der in Beziehungen zu anderen etwas bewirkte, in ihnen Reaktionen auslöste. So kannte er ja die Erfahrung, bei den Eltern nichts an Aufmerksamkeit zu bewirken.

Ein anderes, eigenwilliges Mittel der Annäherung war Joachims beschriebenes, künstliches Lachen, mit dem er um das Mitlachen der Kinder warb. Mir war dabei, wie der Text deutlich mitteilt, unbehaglich zumute, denn es fehlte diesem aufgesetzten, einsamen Gelächter das Wesentliche des Lachens, das spontane, befreiende Gefühl. Vielmehr schwang in ihm, wie in so mancher Clownerie, etwas Verzweifeltes mit. Joachim lachte, wo ihm wohl manches Mal zum Weinen zumute war. Diese Verwirrung zwischen unglücklichem Gefühl und unechter Lustigkeit erinnert an die Schwierigkeit der Eltern, emotional eindeutig zu sein. Der Junge entwickelte daraus keine bleibende Neigung zum Clowns-Gebaren, gab sie, je sicherer er sich fühlte, mit der Zeit auf.

Bisher sahen wir, wie Joachim seine Furcht vor den bewunderten und bedrohlichen Kindern zu verringern suchte, indem er sich ihnen anbot als Gleicher, als Opfer und als Clown. So gewiß diese Versuche Joachim dabei halfen, seine mühevolle Eingewöhnung aktiv zu meistern, so unmittelbar trugen sie doch Spuren furchtsamer Abhängigkeit und Gefühlsanpassung, verwiesen auf ähnliche Elemente in der Beziehung zwischen den Eltern und Joachim.

Daneben werden aber auch Lebensäußerungen sichtbar, die nicht von solcher Anpassung geleitet waren, in denen Joachim »ganz bei sich«, »eins mit sich selbst« war: die gelegentlich sprudelnde Lebendigkeit (vgl. die Notiz über das »quietschvergnügte Rennen, Toben, Freude...«), auch das ernste Nachdenken, Kommentieren; ebenso sein gelassenes, schöpferisches Produzieren und seine zarte Zuneigung zu jüngeren Kindern. Hinter diesen Lebensäußerungen schimmern die Elternfiguren nicht weniger durch – mit ihrer Hingabe an die eigene künstlerische Produktivität, mit ihrer Fähigkeit, sich in etwas zu vertiefen, und mit ihrem Ernst, aber auch ihrer Zärtlichkeit gegenüber ihrem »kleinen Joachim«.

Die Eltern

Sieht man die anschließend geschilderten Eindrücke vom Umgehen der Eltern mit Joachim zusammen mit früheren Mitteilungen über Lydia und Volker A., so lassen sich einige Thesen zum Charakter der Beziehung zwischen Joachim und seinen Eltern formulieren:

Für den Vater bedeutete Joachim Teil, Erweiterung und Spiegel seiner selbst. Das erschien verlockend und lustvoll, wenn er, als sei er selbst der kleine Junge, mit Joachim in der Krabbelstube bleiben, sich in Joachims Gefühlswelt mitziehen lassen wollte. Es erschien aber lästig, wenn er eigenen abgelehnten Zügen, etwa seiner Umständlichkeit, bei Joachim wiederzubegegnen meinte. In der väterlichen Liebe und Wahrnehmung gewann Joachim wenig Kontur als andere, nicht-gespiegelte, männliche Person mit differenten, kindlichen Bedürfnissen. Anschaulich wurde das in der Szene, in der er Joachim an seinem Arm zappeln ließ.

Der Vater schloß Joachim auf symbiotische Weise in sich ein und war narzißtisch identifiziert mit ihm. In der Vater-Sohn-Liebe werden Elemente deutlich – das Glück inniger Nähe und damit auch besondere Mühen der sukzessiven Abgrenzung –, wie sie aus der »klassischen« gleichgeschlechtlichen Symbiose, der frühen Mutter-Tochter-Beziehung wohlbekannt sind.

Zweifellos war Volker A.s innige Verbindung mit dem kleinen Sohn Resultat der praktischen Arbeitsteilung des Elternpaares, in der er als Vater das Kind ebenso versorgte wie die Mutter, entsprang also seinem »sozialen Muttersein« bzw. seiner »mütterlichen Vaterrolle«.

Der organisierende Umgang der Mutter mit Joachims Person und Lebensalltag bildete einen strukturierten und verläßlichen Gegenpol zum Charakter der väterlichen Beziehung. Dem wohnte aber, wie mir scheint, auch ein Moment der Abwehr gegen einen langsamen, dialogischen Prozeß inne, gegen die Wahrnehmung ihres Kindes als einer eigenständigen Person. Lydia A. wartete selten, wie sich die Dinge zwischen ihr und dem Jungen entwickelten, welche Wünsche er äußern würde. So wie sie einem Beziehungs*prozeß* zwischen sich und Joachim offenbar wenig vertraute – daher ihre Kontrolle –, so schien sie andererseits auch sein körperlich-seelisches Wachstum, sein Größer- und Reiferwerden nicht deutlich wahrzunehmen, sondern schien an einem eher statischen Bild von Joachims Kleinsein festzuhalten.

Lydia A. *machte* mit ihrem Sohn etwas, und in diesem Satz sind zwei Aspekte enthalten: – einmal klingt darin die kulturtypische »Vaterrolle« an, eine Beziehung zum Kind, in der Tun, Machen, Distanz, Sprache und vermittelnde Objekte prägend sind. Zum anderen verweist das »Machen« auf die manipulative Neigung der Mutter, auf ihr klein-machendes Hantieren mit ihrem Kind.

Hier ergibt sich für mich die Frage, ob man von einem »Geschlechterwechsel« in der Alltagspraxis bzw. in der gemeinsamen Familienphantasie sprechen kann und ob dies Joachims frühkindliche Erfahrungswelt für uns erhellen oder lediglich krudes Schubkastendenken seitenverkehrt anwenden würde.

Es sieht so aus, als ob in jener Zeit der Mann mit seinen weiblichen und die Frau mit ihren männlichen Seiten gut miteinander harmonierten, dabei also gerade auch in ihren gegengeschlechtlichen Anteilen gut zusammenpaßten. So war bis zu Joachims vollendetem drittem Lebensjahr die elterliche Gefühls- und Arbeitsteilung ausbalanciert und Joachims Position zwischen beiden von einander ergänzenden Empfindungen getragen. Einzig im Konflikt über das abgeschnittene Haar des Jungen – seine dadurch eindeutiger männliche Erscheinung! – deutete sich ein Bruch an.

Durch ihr besonderes »Arrangement« erwuchsen dem Elternpaar allerdings erhöhte Unsicherheiten und Ambivalenzen, die, wie ich glaube, in der Folgezeit ihren Tribut forderten.

Nun werde ich Joachims viertes Lebensjahr rekonstruieren bis hin zu jenem Einschnitt, der durch die Übersiedlung seines Vaters ins Ausland markiert wurde.

Dieses hier zu betrachtende dreiviertel Jahr zerfiel in zwei höchst gegensätzliche Phasen, deren erste kurz war und im Zeichen freifließender Entwicklung stand, während sich die zweite Phase als Zeit des verzweifelten Im-Kreis-Laufens quälend in die Länge zog.

Freifließende Entwicklung

In den wenigen Wochen nach den Sommerferien, aus denen die ersten drei Notizen dieses Abschnitts stammen, fühlte sich Joachim zum ersten Mal, seit ich ihn kannte, ganz offenbar in der Kindergruppe gleichermaßen sicher und gefestigt wie zu Hause. Diese Stabilität erlaubte ihm starke Gefühle, er schien überzulaufen vor Lebendigkeit, wirkte »befreit, aufgetaut, stürmisch, sprudelnd«.

Zwischen dem Vater und Joachim gab es etwas Neues, eine »neue Jacke« – ein, wie mir in diesem Zusammenhang scheint, bedeutungsvolles Geschenk, das etwas von einer stolzen väterlichen Ausstattung hatte, auch von einem Sinnbild körperlicher Unversehrtheit (man denke an Joachims Sorge, ob die Jacke vom Vater noch ganz war), vielleicht auch Züge eines Übergangsobjektes: Dann wäre die Jacke ein Zeichen für Joachims wachsende Bereitschaft gewesen, sich innerlich ein Stück weit vom Vater zu lösen, nicht weniger als für Herrn A.s Bereitschaft, seinen kleinen Sohn etwas mehr loszulassen und ihm etwas von sich zu geben. Zu dieser Annahme würde Joachims angstlose, sprudelnde Äußerung von Aggressionslust passen.

Schließlich wurde in dieser Periode sichtbar, wie offen und fließend Joachims Entwicklung noch war: So war es ihm möglich, gegenüber einem neuen Kind sowohl an einer verbal-sadistischen Reaktion teilzuhaben wie auch zarten Trost zu zeigen (was sicher Elemente von Wiedergutmachung hat, aber bei Ingo und Leo z. B. überhaupt nicht vorkam).

Eindrucksvoll zeigte sich diese Offenheit auch in Joachims Umgang mit den »zwei Welten«, der Jungen- und der Mädchenwelt. Offen zu sein bedeutete beides: Verwirrung und Ratlosigkeit darüber, wohin er gehörte, und die lustvolle Möglichkeit, zu erproben, ob er sich beiden »Welten« zugehörig fühlen konnte.

Diesen beiden Aspekten des Offenseins in der Kindergruppe entsprachen offene Fragen in Joachims Familienkonstellation, mit denen die Phantasie des Jungen gleichermaßen spielen wie auch ängstlich sich beschäftigen konnte: War der Vater männlich oder mütterlich, weiblich? War die Mutter eine Frau oder ein Mann? Wem von beiden glich er selbst, wessen Körper, wessen Macht sollte er sich wünschen?

Verlust der Balance und Verschleierung

Diese kurze Periode lebendiger, offener Entwicklung und furchtloser Identitätssuche fand ein jähes Ende durch Ereignisse, die, von außen betrachtet, der Vater in die Wege leitete. An die Stelle von Joachims Offenheit trat erneut Vagheit; wo seine Gefühle auf der Suche, in der Schwebe gewesen waren, schlug das Pendel nun aus nach der Seite bloßer Verwirrung und Gefühlsvermeidung. Die kaum erst »befreite Aggression« verlor ihr stürmisches Tempo, wurde diffus oder zwanghaft.

Wie die Szene des Bilderbuch-Vorlesens zeigt, spürte ich die beginnende Veränderung daran, daß Joachim mich durcheinanderbrachte, manipulierte – er sprach mich an und wandte sich weg, zog mich zu sich und ließ mich ins Leere laufen, war an- und abwesend zugleich. Der Verstörung des emotionalen Kontakts folgte die geistige Desorientierung. Nur das körperliche Erlebnis des Ausscheidens blieb, verbunden mit meinem Dabeisein, eine eindeutige Erfahrung. Auf letztere werde ich weiter unten zurückkommen.

Meinem Wunsch, Joachims spürbare Not zu verstehen und zu beheben, antworteten die Eltern auf zweierlei Weise: Erstens gaben sie mir die Information über Herrn A.s Auslandspläne, und zwar in zwei heftig widerstreitenden Versionen – von seiner Seite euphorisch, als »Chance seines Lebens«, von ihrer Seite als Bedrohung.

Zweitens vermittelten sie mir, daß, so scharf ihr Erleben

von Herrn A.s Auslandsplänen auseinanderklaffte, sie sich auf eine gemeinsame Strategie gegenüber Joachim geeinigt hatten: Er sollte wissen und doch nicht wissen, was geschah; er sollte dabeisein (sie schickten ihn nicht aus dem Zimmer) und doch nicht dabeisein (sie übersahen ihn und erklärten ihm nichts). Dazu kam, daß es ihnen gelang, mich zur Komplizin ihres beredten Schweigens zu machen (auch ich sollte nicht mit Joachim sprechen über das, was ich nun wußte).

Mit Herrn A.s Plan, ins Ausland zu gehen, genauer, mit der unterschiedlichen Bedeutung, die dieser Plan für ihn und andererseits für seine Frau gewann, zerbrach, lange vor der faktischen Trennung, das innere Gefüge der Familie. Die bislang ausbalancierte Teilung der Arbeit, der Gefühle und der »Geschlechtsrollen« wurde hinfällig. Zwar bleibt verborgen, welcher aktuellen Paar-Dynamik und welchen individuellen Motiven Herrn A.s »Aufbruch« entsprang. Die Vehemenz jedoch, mit der er, widersprüchliche Gefühle überrollend, den Fortgang plante, weist für mich auf jene »erhöhten Unsicherheiten und Ambivalenzen« hin, von denen ich früher gesprochen habe.

Was auf der Ebene sozialen Verhaltens so aussieht, als wolle Herr A. »einfach wieder ein normaler Mann sein«, d. h. seine berufliche Karriere auf Kosten enger Familienbindungen aufbauen, scheint mir auf der Ebene der Beziehungsphantasien einen doppelten Sinn zu haben, nämlich bezogen auf den »Sohn«, der er nicht mehr, und den »männlichen Mann«, der er wieder mehr sein wollte.

Angesichts der Vorgeschichte habe ich den Eindruck, daß Volker A. nach der Abschlußprüfung von zu Hause ausbrechen wollte wie ein Sohn nach der Lehre. Ohne Verlustgefühl (das er erst viel später empfand, während er sich hier, wie Joachim, weigerte, zu »merken, daß er traurig war«) war er bereit, sich von Joachim abzuwenden, ihn als Folie seiner bisherigen Sohnes-Identifikation fallen zu lassen. Er stürmte vorwärts, zu Taten in die Welt hinaus, nun in anderer Weise ein Sohn, der sich, vielleicht von Frau A. wie von einer Elternfigur, emanzipieren wollte. Stürmisch war ja auch Joachims kurzer Aufbruch gewesen – ob der kleine Junge damit etwas im Vater angerührt hatte, was diesen unaufhaltsam forttrieb, was ihn unfähig machte, etwas von der »mütterlichen Fürsorge« aufzubewahren und als »väterliche Liebe« weiterzuentwickeln?

Daneben aber hatte sein Fortstürmen Züge einer etwas gewaltsamen Wiederaneignung von Männlichkeit, machte Lydia A. den »Rang des Mannes in der Beziehung« streitig. So sehe ich auch in der Reaktion der Frau nicht nur die Angst, als Mutter und als Frau verlassen zu werden. Sondern es bedrohte sie zusätzlich, daß er mit ihr bzw. ihrer »Männlichkeit« konkurrierte und sie damit auf ihre Weiblichkeit verwies, indem er wieder, wie sie, beruflich-finanzielle Geltung und Selbständigkeit beanspruchte. Dem fügte sich die bedrohliche Aussicht an (die sich später bewahrheiten würde), mit Volker A.s Fortgehen für Joachim Vater und Mutter in einem sein zu müssen. Ihre etwas »männliche« Form, Nähe und Distanz zu ihrem Kind zu »organisieren«, würde sie dann so nicht mehr aufrechterhalten können.

Wenn ich entscheiden sollte, was für Joachim damals schlimmer war: der Verlust der bisherigen, inneren Familienbalance oder die verwirrende Verschleierung dieses Geschehens durch die Eltern, so scheint das fast unmöglich. Es mag sein, daß das letztere schwerer wog.

Joachims »Selbstverteidigung«

Sehen wir uns die folgenden Berichte und Notizen über Joachim an, um zu erfahren, wie er diese Situation auszuhalten suchte. Dabei zeigen sich eine Reihe bekannter Elemente:

Seinem gestörten, an- und abwesenden Kontakt kamen wir schon auf die Spur: Er zeigte sich als Resultat der »double-bind«-haften Behandlung durch die Eltern wie auch von Joachims eigenem Selbstschutz, gewissermaßen in einer Art »U-Boot-Existenz« unter den stürmischen Wogen zwischen den Eltern zu überdauern. Noch mehr setzte Joachim den Kontakt zur äußeren Realität herab, wenn er pausenlos vor sich hin und mit sich selbst redete, autosuggestiv sich seine Sinne mit Phantasien verschloß.

Im Element der »dauernden motorischen Unruhe« griff er zurück auf eine frühere Form, Gefühlsspannungen zu handhaben: ihre Umsetzung in Körperbewegung. Jetzt allerdings war ihr Sinn komplexer als damals:

Jetzt sollte die Unruhe des Körpers die Empfindung von

Gefühlen abwehren. Das hyperaktive Agieren (»umtriebig, nervös, herumflippend, rastlos kletternd«) diente der Betäubung und vermutlich einem weiteren Zweck: So ignoriert, quasi inexistent sich der kleine Junge neben den streitenden Eltern fühlte, so gewiß gab ihm sein Rennen, Herumflippen, Sichstoßen das Erlebnis, seine Körpergrenzen zu spüren, doch real zu existieren, nicht »Luft« zu sein.

Im Bild vom »Zappelphilipp« taucht die Erinnerung an den zappelnden Joachim am Arm der abschüttelnden Eltern auf. Jetzt, unerreichbar verstrickt miteinander, ließen sie ihn seelisch zappeln.

Schließlich schien sich Joachim im Hin- und Hergehen auf jeden einzelnen seiner Eltern zu beziehen: Er ging und ging – wie der fortgehende Vater; und er ging hin und her, wie im Käfig aus Mutters starrer Ablehnung gegen Vaters Fortgehen.

Bei der Überlegung, welche Gefühle Joachim abwehrte, haben wir einmal seine eigene Erklärung: »Dann merk ich doch, daß ich traurig bin.« – Gegen meine Annäherung sträubte er sich verzweifelt, aus Angst, sein Wunsch nach Gehaltenwerden könnte sich erfüllen und er könnte das Ausmaß seines Schmerzes spüren. Vermutlich richtete sich der Wunsch, gehalten zu werden, am sehnlichsten an den Vater, ebenso wie der Schmerz der Enttäuschung über ihn am größten war: Warum wollte der Vater ihn seit Monaten verlassen und das obendrein vor ihm verbergen? Waren sie nicht im Sommer besonders glücklich miteinander gewesen?

Joachim empfand und bekämpfte aber nicht nur das Gefühl des Schmerzes. Darüber hinaus wies die Art seines Agierens auf starken, ohnmächtigen Zorn hin. Er suchte vier charakteristische Formen, um diesem Zorn auszuweichen und ihn gleichwohl mitzuteilen: gezielte Angriffe gegen Kinder und gegen mich; diffuses, aggressives Stören; das Mitmachen bei den Schießspielen der Jungen und schließlich Provokationen, die ihn zum Opfer werden ließen. Von jeder Form läßt sich eine Verbindungslinie ziehen zu der, wie ich meine, zentralen »traumatischen« Szene jener Zeit, zu Joachims ignoriertem Dabeisitzen bei den streitenden Eltern.

Wenn der kleine Junge gezielt Kinder angriff, Schmerz und Tränen bei ihnen auslöste, so kehrte er sein passives Erleben aktiv um, stieß es von innen nach außen, wo er es sehen, beherrschen und rächend genießen konnte. Er persönlich ließ andere leiden – war er doch neben den Eltern eine »Unperson«, kein Kind mit eigenen Gedanken und Gefühlen. Die frühere Tendenz des Vaters wie der Mutter, auf je unterschiedliche Art Joachim als erweiterten bzw. kontrollierbaren Teil seiner selbst zu behandeln, entwickelte sich in der Krise zu dem gemeinsamen Unvermögen, sich in ihn einzufühlen und das Unerträgliche seiner Lage zu bemerken.

In der Diffusität des Störens scheint mir Joachims Versuch zu liegen, seinen Haß allseitig umzuverteilen, um ihn so, zum Schutze der Eltern, unschädlich zu machen. Alles und nichts konnte Objekt der Aggression sein, also auch nicht der Vater, nicht die Mutter. Ein gewisses Rätsel bleibt mir, warum es dem kleinen Jungen nicht gelang, die Eltern diffus oder direkt zu stören, und sei es, im Streit am Tisch die Kaffeekanne umzuschütten. Nicht geübt, seine Gefühle wahr- und ernst zu nehmen, traute er vermutlich dem Haß nicht ganz, den er spürte. Und zu ängstlich muß er in seiner horchenden Taubheit, in seinem »U-Boot«, den Atem angehalten haben – vielleicht auch fasziniert: immerhin mied er diese Szenen nicht –, zu mutlos, sich gerade jetzt aus freien Stücken als aggressive und getrennte Person gegen die Eltern zu exponieren – drohte ihm doch eine reale Trennung.

Pistolen, Polizei, Schießen und Ausflippen... an diesen fortlaufenden Spielen Leos (vgl. dort, S. 256) partizipierte Joachim zwar immer wieder, teilte aber nach meiner Vermutung, anders als Leos »Zwillingsfreund« Ingo, nicht die zugrunde liegenden Phantasien. Statt dessen benutzte er das »phallisch-grandiose« Arrangement in seiner Eignung zur Abwehr von Kleinheits- und Verletzungsängsten für sich. In den Jungenspielen fand Joachim Requisiten »männlicher Herrschaft« vor, mit denen er das Gefühl ohnmächtigen Kleinseins vorübergehend kompensieren konnte. In dieser Zeit wählte er nicht zwischen Mädchen- und Jungenspielen – es gab nur die Jungenspiele, wie es für den Vater und die Mutter jetzt nur den »männlichen Anteil« geben durfte. Joachim hatte jetzt nicht mehr die Auswahl, nur harte Alternativen, so wie es zu Hause auch nurmehr ein frontales Entweder-Oder zu geben schien: Mann oder Frau, Kind oder Karriere, Täter oder Opfer.

Damit bin ich bei der letzten Ausdrucks- und Abwehrform aggressiver Gefühle: Joachims schon von früher bekannte, provozierende Suche nach dem Opfersein. Unübersehbar brachte er jetzt nicht nur versteckten Sadismus darin unter, sondern schuf sich auch eine »physisch begründete« Leidenssituation, stellte sich dramatisch als Opfer dar.

Eine für den kleinen Jungen typische und wertvolle Situation, die auch mir viel bedeutete, war die vertrauensvolle Szene auf der Toilette. Ohne jeden Zweifel spürte er in dieser Situation, wer er war und was er machte, was zu ihm gehörte und was nicht mehr. So festigte er sein Gefühl inneren Zusammenhalts und seiner Körpergrenzen. Seine Selbstgewißheit reichte so weit, daß er meine vertraute Umformung seines Namens zurückwies und klar auf seinem unveränderten, eigenen Namen bestand.

Es ist beeindruckend, in wie ausgezeichneter Weise es Joachim verstand, die Ausscheidung zu einem eindeutigen Identitätserlebnis und zu einer bestärkenden Beziehungserfahrung zu machen. Wenn man andererseits bedenkt, daß er damals bereits bald vier Jahre alt war, so erstaunt es, sein zentrales positives Körperselbsterleben im analen Bereich zu sehen – während bei vielen anderen Jungen diesen Alters bereits das geschlechtliche Selbsterleben und die ödipale Thematik im Brennpunkt stehen.

Nach meinem Eindruck fehlte Joachim bislang die Erfahrung erotischer und genital-sexueller Gefühle in der Liebe zu den Eltern und damit rivalisierende, werbende, kurz: ödipale Komponenten. Für die Entfaltung solcher Gefühle war seit der nahenden Trennung des Vaters, schon seit der insgeheimen Aufkündigung des Familiengefüges, »keine Zeit« mehr gewesen.

Überhaupt war Joachims eigener, kurzzeitig freifließender Prozeß abgebrochen – die aktive Erprobung lustvoller Selbstabgrenzung, Anfänge echter Aneignung seiner Aggression und die sexuelle Identitätssuche. Die übermächtig wirkenden Ereignisse zwischen den Eltern, die Joachim aushalten mußte, überlagerten und verzerrten seine begonnenen inneren Entwicklungen und verzögerten die geschlechtliche Selbst-Erfahrung.

Durch die innere und dann äußere Trennung verweigerte

Volker A. seinem Sohn – und sich selbst – die Erfahrung eines sich wandelnden Vaters, der vom narzißtisch identifizierten und »mütterlich« versorgenden Vater zum attraktiven Liebesobjekt, aber auch zum angreifbaren Rivalen und zum letzthin beständigen männlichen Vorbild geworden wäre.

Und an der Mutter, die jetzt so hart gegen ihr Bedrohtsein, um ihre Position kämpfte, konnte Joachim das »Weibliche« gar nicht oder nur mehr als Schwäche spüren, während er ihre männlichen Anteile jetzt vorwiegend als Waffen in der erbitterten Gegnerschaft gegen den Vater erlebte.

Separierung der Geschlechter

Von nun an verlief Joachims Geschichte unter den Vorzeichen äußerer Veränderungen – Herr A. wurde zum Wochenend-Vater, allmählich sogar ein Besuchs- und schließlich Ferienvater. Auch der Vater seiner kleinen Wohnungsgenossin zog aus. Die Männer suchten das Weite, und die Frauen taten das Naheliegende.

Gleichwohl kehrte sich, als Herr A. ausgezogen war, sein Erleben um – nun litt er an der Trennung von Lydia und Joachim, als habe nicht er fortgewollt, sondern seine Frau ihn hinausgeworfen. Sie aber bestand nun auf der begonnenen Distanzierung.

Diese Auseinandersetzung zwischen den Eltern kann Joachim zu den aggressiven Reaktionen bewegt haben, die ich damals notierte – Zeichen offenen Hasses gegen die Mutter bzw. gegen mich, also gegen Frauen. Das legt die Vermutung nahe, der Junge habe in der Mutter – und mit ihr in anderen Frauen – die Schuldige des Familienbruchs gesehen, die böse und mächtige Person, die den Vater vertrieben und ihn damit dem Sohn weggenommen habe.

Es muß offen bleiben, wieweit Joachim mit seinem Haß zutreffend auf eine wirklich ausstoßende Kraft in der Mutter zielte und wieweit auf der anderen Seite sich seine Phantasie sehnsüchtig mit dem fortgegangenen Vater verbündete, ihn zum Opfer und Helden erhob und die Mutter zur Angreiferin machte.

Offen ausbrechende Gefühle waren aber nur ein Teil von Joachims Reaktionen. Zum anderen Teil schützte er sich weiterhin gegen die Empfindung und die Folgen starker Gefühle durch seine alten Mittel der Selbstbetäubung: Agieren, Vagheit und Realitätsverleugnung. Es war mir schwer zugänglich, warum Lydia A. den kleinen Jungen in seinen unrealistischen Selbstvorstellungen nicht hilfreich korrigierte, warum sie also eigentlich seine Illusionen unterstützte. Immer wieder schien es schwierig für sie zu sein, Joachim in seinen realen Maßen ernst zu nehmen. Ihre Befürchtung, ihm zu nahe zu treten, war wohl ganz wörtlich zu nehmen: Sie wagte nicht, ihm so nahe zu kommen, daß sie wirklich gespürt hätte, wie klein und unglücklich er sich fühlte.

Körperängste

Gegenüber den vielfältigen Körperängsten jener Zeit wirkte Joachim schutzlos, als reichten seine irrealen Vorstellungen über seine Größe und die anderen Abwehrbemühungen nicht aus, den Ängsten zu begegnen. Man spürte, wie zerbrechlich sich der kleine Junge fühlte, wie verlier- und verletzbar er die Teile seines Körpers empfand. Als wär's ein Teil von ihm, so fühlte er wohl den Verlust des Vaters, und damit schien dem Körper äußerer Schutz (gegen Schmerzen) und innerer Zusammenhalt (gegen das Auseinanderfallen) entzogen. Bei einem anderen vierjährigen Jungen hätte ich hinter Joachims Verhalten Kastrationsängste vermutet, bei ihm aber nahm ich sie höchstens als mitbeteiligt an umfassenderer, früherer Körperangst an (mitbeteiligt in dem Sinne, daß man sagen könnte, der ganze Körper erscheine wie ein überaus verletzlicher Phallus, der, wenn er nicht aggressiv und mächtig agiere, sofort in sich zusammen- oder abzufallen drohe; diese Art der Kastrationsangst wäre dann die *Form*, in der die tieferliegende, archaische Körperangst sich darstellte).

Eine offene Frage ist für mich, ob für die Stärke dieser Ängste auch unbewußte zerstörerische Rachephantasien gegen den Körper des verlassenden Vaters und gegen die vertreibende Mutter mitverantwortlich waren.

An beiden Eltern konnte Joachim damals seinen Körper und sein Selbst nicht ausreichend begrenzen und festigen. Der Vater mit seinem starken Männerkörper, an dem er sich bisher anlehnen, messen und orientieren konnte, war nur noch selten da – aber vielleicht für Joachim auch nicht mehr so stark wie früher, sondern schwach, leidend, von der Mutter

»verjagt«. Einen Mann, an dem er sich alltäglich messen und an dem er ablesen konnte, was alles an ihm selbst als vollständigem, kleinem Jungen dran und zu ihm gehörig war, gab es in seiner unmittelbaren Nähe nicht mehr (vgl. auch den Auszug des anderen Vaters; der männliche Betreuer in der Krabbelstube war bereits vor Monaten gegangen und durch eine neue Betreuerin ersetzt worden). So konnte er sich jetzt auch nicht mehr an »Vaters Jacke« stärken, verlor sie.

In der Beziehung zur Mutter andererseits war Joachim körperlich von wechselnder Bedeutung und Größe – nah und anschmiegsam klein des Nachts, im Schlaf; ignoriert und zu klein, um zu verstehen, oder nicht ganz ernst genommen als größer werdender Junge; schließlich auch, im mütterlichen Hantieren und Organisieren, klein und handlich. Jedenfalls besaß er der Mutter gegenüber noch keine eigene Verfügung über seinen Körper.

So bezeugten Joachims offene Verletzungsängste eine Periode der Schwäche, aber zugleich fällt auf, daß der Junge, sie erlebte und nicht betäubte.

Möglicherweise ließ seine Tendenz zur Selbstbetäubung in dieser Zeit nach, weil er nicht mehr so angstvoll verkrampft war wie in der Ungewißheit zuvor. Die befürchtete Veränderung war Realität geworden, er lebte damit, und die betäubende Spannung wich allmählich von ihm.

Was es übrigens für ihn bedeutete, damals regelmäßig zu Mutters Bett zu kommen und bei ihr schlafen zu dürfen, läßt sich schwer erschließen. War es ein wechselseitiges Trösten wegen des fehlenden Vaters, oder war Joachim nachts der kleine »ungefährliche« Mann, der an die Stelle des Vaters gerückt war? Es gab auf der nächtlichen Seite der Mutter-Sohn-Beziehung vielleicht doch verborgene Wünsche aneinander, die in der Helligkeit des wohlgeplanten Tages nicht sichtbar waren.

Zwei Welten

Der Junge erlebte nicht nur Ängste offener. Auch sein ins Stocken geratener, vor Angst wie erstarrter Entwicklungsprozeß begann wieder lebendiger zu fließen, sowohl, wenn Joachim allein in Gegenwart anderer war: in kreativem Produzieren oder in ruhigem Genießen, als auch in echtem Kontakt zu anderen, den Mädchen und ihren Spielen oder aber den Jungen zugewandt.

Es fragt sich in diesem Zusammenhang, was es für ihn hieß, daß seine Erwachsenen in zunehmend getrennten Welten lebten – die Mutter mehr und mehr in einer »Frauenwelt«, der Vater in der »anderen Welt« des Auslands. Betrachtet man Joachims relativ zwangloses Teilnehmen jeweils an Jungen- und an Mädchenspielen, so könnte man sich ihn dem väterlichen oder dem mütterlichen Bereich in ähnlicher Weise wechselnd, wie konfliktlos zugesellt, vorstellen.

Mir scheint jedoch, ihm fiel mit Kindern leicht, was im Umgang mit den Eltern besonders schwer war. Vaters »ausländische fremde Welt« lernte er in diesem ersten Trennungsjahr noch nicht kennen; an ihr konnte er nur in der Phantasie teilhaben – wie, zeigte er in der Krabbelstube nicht.

Was die Mutter betraf, so ermöglichte sie Joachim ganz offenbar, zur Ruhe zu kommen und stabiler zu werden. Es war, als hätte sie die Herausforderung, »Mutter und Vater in einem zu sein«, angenommen und als gäbe sie ihrem Kind mit ihrer vernünftig-praktischen Seite, aber zunehmend auch auf weiche, fürsorgliche Art, was es brauchte. Sie schien sich ihm gefühlsmäßig weniger zu entziehen als früher.

Andererseits grenzte sie ihr Kind, gerade als Jungen, aber auch mehr aus als früher – aus ihrer Frauenwelt. Joachims extensive und exhibitionistische Beschäftigung mit seinem Penis wurde im Bericht erkennbar als Reaktion auf die neue Liebesbeziehung der Mutter. Sicher kam hier auch die normale, bislang ja aufgeschobene Auseinandersetzung des Vierjährigen mit seiner männlichen Sexualität zum Ausdruck.

Wenn ich »exhibitionistisch« sage, so stimmt das nur teilweise, nämlich für die Szene, in der ich ausdrücklich seinen Penis ansehen sollte, sicher vergleichbar anderen demonstrativen Szenen, mit denen er, wie seine Mutter sagte, auf ihre Freundin reagierte. Während er hier ganz dringlich forderte, als Junge gesehen zu werden, und sich im Grunde als Sexualobjekt anbot, das die Freundin der Mutter ausstechen wollte, gab es in seiner unverdeckten Masturbation in der Kindergruppe dieses beschriebene »schamlose« Element, eine Empfindungslosigkeit dafür, ob und wie andere von seinen intimen körperlichen Vorgängen berührt wurden. An der

Art seiner Selbstberührung fällt darüber hinaus auf, daß er selbst den Penis und die Gefühle in ihm wie etwas Äußerliches, Abgetrenntes handhabte, als seltsame, befremdliche Phänomene behandelte. Es war, als suchte er sich, bewegt von unbekannt erregenden Empfindungen, beobachtend und experimentierend über die Natur dieses Organs klar zu werden, vermutlich auch, um zu prüfen, ob es trotz aller Manipulationen heil und fest an ihm blieb. In der gewissen Roheit, mit der er sich selbst dabei behandelte, konnte sich auch ein Verlangen nach Schmerz oder Strafe äußern.

Die Suche, seinen Körper zu verstehen, war verbunden mit Fragen, die ihm das derzeitige Leben mit seinen Erwachsenen aufgab. Warum gingen Väter weg und wohin? Wenn er selbst ein großer Mann wäre, würde die Mutter ihn behalten wollen oder »wegschicken« wie den Vater, oder müßte er eine Frau sein, um ihre Wünsche zu erfüllen und von ihr geliebt zu werden? Wäre der Vater vielleicht bei ihm geblieben, wenn er kein Junge wäre? Andererseits, wenn er der Mutter gefiel als kleines, wie geschlechtsloses Kind, was sollte er dann anfangen mit diesen erregenden genitalen Gefühlen? Wie wäre es, wenn er die Mutter zu einer sichtbaren Reaktion auf seine Männlichkeit bewegen könnte – Bewunderung oder Freude oder Zorn? – Das häufige nächtliche Wandern zum Bett der Mutter bekam zusätzliche Motive, wurde vermutlich zum Stör- und Kontrollgang und zur Verteidigung seines Vorrechts auf den Platz bei der Mutter.

So beunruhigt der kleine Junge sein mochte, so auffällig ist doch, wieviel weniger er seine Beunruhigung jetzt, verglichen mit dem Vorjahr, in der Kindergruppe umsetzte in motorische Unrast und aggressives Agieren. Offensichtlich behielt er einen größeren Teil seiner Gefühle bei sich, beschäftigte sich auf dem Wege innerer und sexueller Selbsterforschung mit ihnen, während er daneben in weiten Bereichen seines emotionalen, körperlichen und geistigen Lebens nicht beeinträchtigt war.

Das erstaunt, wenn man die Schwierigkeiten seiner männlichen Identitätssuche bedenkt. Vermutlich gab es diesmal nicht das frühere Gemisch von Verschleierung und untergründiger Mitwisserschaft. Vielleicht konnte er die kränkenden Entscheidungen der Mutter (gegen den Vater, für die

Freundin und partiell gegen ihn selbst) dennoch verkraften, weil er andererseits mehr Zuwendung von ihr bekam als früher, sich spürbar aufgehoben bei ihr fühlte.

Da er nicht offen litt noch Leidensgefühle sichtbar wie früher betäubte, zeigte sich nicht so deutlich wie im vergangenen Jahr, was sein jetziges Körper- und Beziehungserleben für ihn bedeutete. Einen kurzen Einblick in seine Auseinandersetzung mit der »Geschlechterfrage« gewährte er immerhin in der gefilmten Szene. Es klingt, als halte er einer beharrlichen inneren Stimme immer wieder mit den Mitteln der Vernunft entgegen, daß es unmöglich sei, beide, Mann und Frau zugleich, in sich aufzunehmen. Diese Bemühung um Einsicht, für die er Unterstützung bei der Betreuerin suchte, mutet andererseits auch an wie der Versuch, anzugehen gegen die phantasierte oder wirkliche Forderung der Mutter, beides, männlich und weiblich zugleich, zu sein.

Für diese untergründigen Fragen des Jungen war die Betreuerin nicht empfänglich. Sie antwortete ihm auf den Ebenen des Realismus und des Essens, bis Joachim schließlich den Innenraum seines Zweifelns und Grübelns verließ und ihr nach außen, auf die Ebene wirklicher und oraler Genüsse folgte. Darunter blieben zweifellos seine Gefühle weiterhin beschäftigt mit seinem Dilemma, und ein Teil seiner selbst suchte es offenbar auch intellektuell zu lösen. Sein Dilemma: eine eindeutige Geschlechtsidentität nicht zu ertragen, aber auch zu leiden unter der Zweideutigkeit seines geschlechtlichen Selbstgefühls – schien dem der Eltern nicht unähnlich zu sein.

Meine gelegentlichen Beobachtungen in den folgenden Jahren ließen, wie berichtet, den Eindruck zu, daß er eine gefestigte kleine Persönlichkeit wurde, überwiegend in sicherem Kontakt mit sich selbst und der Mutter, sei es in Einklang mit ihr, sei es in Absetzung gegen sie. Mir scheint allerdings, daß die Fragen, die ihm die Mutter nicht beantwortete, wenn sie ihm die Welt erklärte, weiterhin einen bedeutenden Raum in ihm einnahmen, unter seiner Nachdenklichkeit verborgen, Fragen von der Art jener früheren, ob denn Kinder Männer und Frauen essen könnten.

Möglicherweise entwickelte sich aus den Zweifeln über die »Geschlechterfrage« und seine sexuelle Identität ein introvertierter, grüblerischer Zug – der ja im übrigen der versponnenen Seite seines Vaters nicht unähnlich war. Welche Spuren sein besonderes frühkindliches Schicksal darüber hinaus in ihm hinterlassen hatte, konnte ich bei unseren späteren flüchtigen Begegnungen nicht erkennen.

Das Selbsterleben als Junge

Das Material über den Vater ließ die Behauptung zu, sein Zusammenleben mit Joachim habe in der Frühzeit einer sehr weitgehenden narzißtischen Identifikation mit dem kleinen Sohn entsprochen und Mütterlichkeitswünsche befriedigt. Demgegenüber klangen im Umgang der Mutter mit Joachim väterlich-männliche Züge an. Beide Tendenzen schienen komplementär: Sie entsprachen delegierten Anteilen von Mann und Frau und waren damit sowohl jeweils etwas einseitig als auch ausbalanciert, solange auf der praktischen wie emotionalen Ebene keiner der Partner sich verändern wollte.

Für Joachim hieß diese Konstellation, am Vater, am gleichen Geschlecht, eher Nähe, verschmelzende Anlehnung und narzißtische Widerspiegelung zu erfahren, mit der Mutter, dem anderen Geschlecht, eher eine dialogische Objekt-Beziehung, Struktur und Grenzen.

Er selbst zu sein hieß, wie der Vater zu sein, ihm gleich: ein Junge wie er, aber auch, mit Papas Jacke, groß und stark wie er; andererseits auch stark wie Mama und zugleich ihr liebes, kleines und kluges Kind. Anders als beide zu sein schien in die Gefühle der Eltern nicht zu passen, ein besonderes, unfertiges Eigenwesen zu sein gelang noch selten. Ein männliches Geschlechtswesen zu sein schien abwegig.

Beide Eltern hatten sehr lange an einem kleinkindhaften, geschlechtslosen Bild von Joachim festgehalten, und der kleine Junge war ihnen mit seiner Angleichung, einer gewissen »Unschuld«, dem Aufschieben leidenschaftlicher, ödipaler Gefühle entgegengekommen.

Nun standen überfällige Schritte männlicher Individuation an, und um sie tun zu können, war Joachim darauf angewiesen, daß die Eltern begannen, ihn auch als männliches Kind mit eigenem, sexuellem Körper zu sehen. Und das hieß, sie selbst würden sich als unterschiedliche Geschlechtswesen zeigen müssen, die auf erotisches Begehren und Wetteifern des kleinen Jungen antworteten.

Statt dessen geschah im folgenden Zeitabschnitt etwas anderes – die Eltern wurden zu »rivalisierenden Männern«. Der Mann schien alle narzißtische und mütterliche Identifikation schlagartig abwerfen zu wollen und stürzte sich, wie panisch, auf die Wiederaneignung seines »Mannseins«. Sein forciertes Männlichkeitsstreben provozierte gleiches auf seiten der Frau. Seine Veränderung ablehnend und um ihren Status kämpfend, verhärtete sie sich gegen ihn.

Um seine Verzweiflung über die unbegreiflichen Vorgänge auszuhalten, griff Joachim zu den vielfältigen aggressiven und betäubenden Abwehrformen, die ich dargestellt habe, entwickelte ein klassisches »männliches Abwehrrepertoire«. In seinem Leiden und Sich-Schützen nahm Joachim die forcierte Männlichkeit beider Eltern in sich auf. Man erinnere sich an seine Worte: »Ich bin ein Strohhalm.« – und weiter, als helfe bei solcher Schwäche nur noch dies: »Ich bin ein Mann. Der Mann schießt Tiere.« –

Diese Art »Männlichkeit« enthielt indes nichts anderes als ein Selbstschutz-Arsenal, war von beiden Geschlechtern ebenso wie von »geschlechtslosen Wesen« zu benutzen. Zur Gewinnung eines körperlich begründeten männlichen Selbstgefühls konnte sie Joachim nicht dienen. So entwickelte der Junge in der Zeit der Bedrohung an der Stelle von Ansätzen echter sexueller Identität eine körperlose, strategische »Männlichkeit«.

Was die Eltern suchten und gemeinsam nicht fanden: Aspekte körperlicher, phantasierter und sozialer Geschlechtserfahrung befriedigender und echter als zuvor zusammenzufügen – gelang auch Joachim nicht. Indem die elterliche mit der kindlichen »Entwicklungsaufgabe« zusammentraf, konnten beide nicht gelöst werden.

Des Vaters Fortgehen und die beginnende Trennung der Eltern bedeutete für Joachim zunächst, daß ihm der Vater real fehlte, darüber hinaus, daß er ihn verlor als Teil seiner selbst und als »Hälfte« der introjizierten, früher sich ergänzenden Elternbeziehung. Zusätzlich wurde der Vater für den Jungen entwertet, als die Mutter ihn und sein Heimweh abwies und später durch ihre Wahl eines weiblichen Liebesobjektes als Mann in Frage stellte.

Die frühere narzißtisch-symbiotische Verbindung mit dem

Vater war zersprungen, und statt einer langsamen Umwandlung in eine »Objekt-Liebe« zwischen Vater und Sohn traten plötzlich innere und äußere Entfernungen zwischen sie.

Die Bedeutung der Mutter für Joachim wurde komplexer und widersprüchlicher: Sie blieb stark und verläßlich, erweiterte die »väterlichen« Elemente ihrer Liebe um »mütterliche« Qualitäten, wurde andererseits zur »Bösen« (»Vertreiberin« des Vaters), die den Haß des Sohnes eher ertrug und überlebte als früher.

Was sie an Joachim nach wie vor ausblendete, war seine kindliche Männlichkeit, seine Existenz als sexuelles Wesen – als sei es eine Bedrohung, das Männliche im kleinen Sohn (oder im Ehemann) letztlich anzuerkennen, weil diese Anerkennung auch ein weiteres Verleugnen der eigenen, eindeutigen Weiblichkeit nicht mehr zugelassen hätte.

Im Leben mit ihr ein kleiner Junge zu sein, hieß für Joachim, nachts, im Schlaf, ihr kleiner, ungefährlicher (und ungefährdeter) Mann zu sein, aber tags, im Vollbesitz wacher Sinne und sexueller Gefühle, als männliches Kind nicht ausreichend gesehen zu werden.

Jetzt erlebte Joachim »Männlichkeit« nicht mehr als ein »Selbstschutzarsenal«, sondern als sexuelles Körpergefühl, aber es irritierte ihn, blieb ein relativ isoliertes genitales Gefühl, das nicht zwanglos Bestandteil erotischer Sehnsucht nach Mutter oder Vater werden konnte, auch nicht gefahrlos Teil einer Identifikation mit dem Vater, da er befürchten mußte, sonst wie jener von der Mutter »vertrieben« zu werden. Umgekehrt konnte Joachim auch das Gefühl entwikkeln, er müsse, um sich seines Körpers zu freuen und ein Mann werden zu können, weit fortgehen wie der Vater und die Nähe der Mutter, d. h. vielleicht der Frauen überhaupt meiden. Insgesamt zeigte sich, daß er eine ähnliche Gespaltenheit wie beide Elternteile entwickelte: nämlich die Angst vor eindeutiger sexueller Identität und den Wunsch nach doppeltem, männlich-weiblichem Selbsterleben, andererseits aber das Leiden an der verwirrenden Zweideutigkeit der geschlechtlichen Identität.

Anfangs, als »underdog« der Gruppe und in Furcht vor ihr, suchte sich Joachim zu behaupten durch weitestgehende Angleichung, angesiedelt auf einer Skala zwischen freudiger Nachahmung und Unterwürfigkeit. In diesem Bestreben nach Übereinstimmung war es ihm unmöglich, aggressive Gefühle als innere, eigene Regungen gegen andere zu spüren, da dies die Trennung zwischen ihm und den anderen, seine eigene innerpsychische Getrenntheit, drastischer dokumentiert hätte, als er es ertragen konnte.

Dabei war er aggressiven Gefühlen gegenüber aber keineswegs verschlossen, wie seine Faszination an spielerischen und ernsten Angriffen der Kinder zeigte. Indessen konnte er sich vorerst »der Aggression« nur von außen nähern, indem er voyeuristisch an ihr teilnahm, sie aktiv gegen sich heraufbeschwor oder indem er angriff, dies aber noch leugnete.

Mit zunehmender Integration in die Gruppe und nachlassender Furcht sank nicht nur Joachims Verlangen nach unbedingtem Gleichsein, sondern auch seine Furcht vor der eigenen Aggression. Zorn und Ärger, Angriffs- und Lebenslust begannen, zu eigenen Erfahrungen zu werden.

In der folgenden Periode der verschleierten Familienkrise wandelte sich das Verhältnis beider Linien: Um Angst und Verwirrung zu ertragen, gebrauchte Joachim vielfältige aggressive, meist körperliche Mittel der Gefühlsabwehr. Seine Angriffe trugen Spuren der Panik, waren zwanghaft, entfremdet und diffus.

Nach dem Auszug des Vaters reagierte Joachim unterschiedlich auf beide Eltern: auf die Mutter und auf stellvertretende Frauen mit gezieltem Haß, auf den Vater mit massiven Fragmentierungsängsten, die vermutlich zum Teil auch Verletzungswünschen gegen den Vater entstammten und autoaggressiv gewendet waren.

Aggressives Agieren als Ausdruck und Abwehr von Verzweiflung nahm ab. An die Stelle umfassender Identitätsbedrohung traten spezifische Ängste, vor allem die Beunruhigung über seinen Penis und die Schwierigkeit, eine eigene männliche Identität aufzubauen.

Diese Besorgnisse suchte er durch sexuelle Selbsterforschung und durch grüblerisches Nachdenken zu entkräften, suchte sie auch zu überwinden in der Flucht nach vorn, durch offene Provokationen gegen die Mutter, sei es durch sexuellen Exhibitionismus, sei es durch nächtliche Stör- und Kontrollgänge an ihr Bett.

Während er früher vergeblich am Ärmel der Eltern gezerrt und erfolglos ihre Aufmerksamkeit auf sein Unglück zu lenken versucht hatte, erreichte er jetzt die Mutter mit seinen gezielten Haß- und Eifersuchtsbekundungen, »schaffte« es, sie wirklich zu stören. Zwischen Joachim und Frau A. war mehr »Kontakt«, und damit mehr ihnen beiden fühlbarer Zorn als früher; die Mutter nahm Joachim in seinem Protest ernster.

Dagegen war der ferne Vater kein greifbares und angreifbares Liebesobjekt mehr für einen Entwicklungsprozeß im Umgang mit Kummer und Aggression. Joachim schützte ihn, in seiner Sehnsucht und um ihn sich als idealisierten Vater in der Ferne zu erhalten, vor seiner Feindseligkeit, die er statt dessen gegen sich selbst wandte oder zusätzlich auf die Mutter verschob.

Die Geschichte der Vater-Sohn-Beziehung mit ihren Brüchen läßt die Vermutung zu, daß Joachim ein gespaltenes Vater- bzw. Männerbild entwickelte: der Mann als liebende Nähe bzw. der »nur gute« Vater vor dem Bruch; der feindselige Verräter bzw. der »kalte, böse« Vater, der ihn verließ; und der schwache, entwertete Mann, bzw. der schutzbedürftige, vertriebene Vater.

So konnte Joachim am Vater seine Leidens- und Aggressionsfähigkeit nur ungenügend ausdifferenzieren, während er gegenüber der bei ihm bleibenden Mutter mehr Wege finden konnte und mußte, um seinen Zorn- und Leidensgefühlen zu ihrem Recht zu verhelfen.

3. Doris

Ihre Geschichte

Ich lernte Familie R. kennen, als Doris zwei Jahre alt war. Die Eltern hatten sich auf unsere Anzeige hin gemeldet, in der wir zur Erweiterung der Gruppe noch Kinder suchten. Ellen R., die Mutter, war Ende Zwanzig, ihr Mann, Helmut, wirkte jünger. Beide waren korpulent, und auch Doris war ein dikkes Kind, ebenso wie der achtjährige Bruder Jan. Die Familie wirkte auf mich in ihrer Körperlichkeit handfest, teils massiv und überrollend, teils ängstlich in ihr Übergewicht eingepackt. Ich mochte das kleine Mädchen und seine Eltern und wurde umgekehrt, besonders für die Frau, zu einer Art Vertrauensperson in der Krabbelstube. Dieses gegenseitige gute Verhältnis blieb in der Zeit unserer Zusammenarbeit im wesentlichen bestehen.

Durch Erzählungen, vor allem der Frau, erfuhr ich etwas über die Vorgeschichte der Familie. Sie und Helmut kamen beide aus ländlichen Gebieten und hatten sich, jeder auf seine Weise, aus der engen familiären und dörflichen Umgebung herausgearbeitet, um in der Großstadt zu leben. Hier lernten sie sich, während der technischen Ausbildung, die sie machten, kennen. Der Mann war Kfz-Mechaniker gewesen und studierte jetzt Maschinenbau; sie war eine der wenigen Frauen in diesem Ausbildungsbereich. Sie heirateten, und Ellen brachte in die Ehe einen Sohn mit, über dessen Vorgeschichte ich nichts Näheres erfuhr. Als er sechs Jahre alt war, wurde Doris geboren. Die Familie hatte wenig Geld, lebte in einer sehr engen Wohnung und leistete sich kaum etwas Schönes.

Einige Zeit nach Doris' Geburt beendete Helmut R. sein Studium und arbeitete in verschiedenen Jobs, teils um Doris tagsüber mit versorgen zu können, während Ellen studierte, teils weil er nach Weiterbildung suchte. Für Ellen war das Leben zwischen Kinderversorgung, Studium und Haushalt oft eine Strapaze; immer wieder war es nötig, Klausuren um ein Semester zu verschieben.

Als die R.s in die Krabbelstube kamen, war bald für sie und die anderen spürbar, daß sie sich von der bisherigen Elterngruppe unterschieden. Sie lebten noch nicht lange in der Stadt, hatten etwas »Ländliches« an sich und waren unsicher gegenüber den anderen Eltern und deren Umgangsformen. Mit dieser Diskrepanz und ihrem Unsicherheitsgefühl gingen Ellen und Helmut R. nach außen hin aggressiv um, begannen oft Streit und griffen andere grob und danebenzielend an. Sie litten an den Mißstimmigkeiten, klagten über die Distanz der anderen Eltern und hielten im Grunde nur zu mir eine beständige Beziehung aufrecht.

Besonderen Eindruck machte mir, wie schon erwähnt, zu Anfang die Bedeutung, die das Essen für Doris und ihre Familie hatte. Alle aßen und tranken viel und ungesund. Die Eltern stopften Doris voll, gaben ihr dauernd das Fläschchen, Bonbons und Marmeladebrote. Bestimmte Verhaltensweisen des Mädchens wurden mit Süßigkeiten belohnt oder erpreßt, und bei Mahlzeiten ermunterten sie Doris, noch mehr zu essen. Das Mädchen ließ sich bereitwillig auf eßbare Ablenkung ein und verlangte gierig nach der tröstenden Flasche.

Über die ersten Wochen, als sie von Mutter oder Vater morgens in die Krabbelstube gebracht wurde, notierte ich:

> »Doris ist ängstlich, wenn sie kommt. Bisher immer zögernd, widerwillig, hinterm Schnuller versteckt und ans Elternbein geschmiegt. Sie akzeptiert dann widerwillig den Abschied. Die Eltern, einander ähnlich in den Schwierigkeiten, sich von Doris zu verabschieden, greifen oft zu dem Hilfsmittel, ihr – wenn sie ihr schon jetzt, auf meine Intervention hin, keine Süßigkeiten mehr geben – wenigstens rosarote Versprechungen zu machen auf spätere Bonbons, Geschenke und Überraschungen.«

Nach dem Abschied von den Eltern war Doris den Vormittag über lange unauffällig, für mich und auch die andere Betreuerin. Wie sehr sie in der Kindergruppe untertauchte, wurde mir nach einigen Monaten deutlich, als ich feststellte, daß sie in meinen Aufzeichnungen über diese Zeit kaum auftauchte. Mittlerweile sah ich, wie dieses Untertauchen vor sich ging. In einer Notiz heißt es:

> »Doris bringt eine sehr weite Spanne von Anpassungsbereitschaft und eine sehr hohe Fähigkeit zur Anpassung mit. Das kann sich ebenso fatal wie sinnvoll auswirken. Gerade stolpert sie in die ersten Worte hinein, da redet sie in einem Redestrom, immer nachplappernd, was sie von den Kindern hört.
>
> Sie läßt sich keine Zeit. Mit einer enormen Wachheit folgt sie ständig den Kindern, beobachtet ihr Spielen, aber nicht passiv, sondern indem sie unmittelbar nachmacht, mitmacht, oft offenkundig ohne den Sinn zu begreifen. Sie möchte auf jeden Fall dazugehören.«

Während die anderen beiden Zweijährigen der Gruppe viel länger bei uns Betreuerinnen auf dem Schoß hockten und von diesem sicheren Platz aus das Geschehen beobachteten, bevor sie sich zögernd hineinbegaben, warf sich Doris also mit übergroßer Offenheit in die neue Umgebung hinein, sog alles Neue unterschiedlos auf.

So verschwand sie in der ersten Zeit als Person in der Anpassung an die Gruppe. Zugleich war sie dabei verletzlich und wurde auf sich selbst zurückgeworfen – sie erntete ruppige Verweise der Kinder, die sie als Neue nicht umstandslos mitspielen lassen wollten. Sie reagierte dann betroffen und verwirrt, fuhr aber mit ihrem Verhalten fort.

Allmählich lernten wir sie mehr in ihrer Eigenart kennen.

»Mit ihrem mopsigen Körper hat Doris dennoch eine erstaunliche Wendigkeit und Lebhaftigkeit. Durch ihr Gewicht aber wird sie schneller müde als andere Kinder, läuft mit hochroten Backen, Schweißperlen auf der Stirn und naßgeschwitzten Haaren herum oder sitzt erschöpft da. Ihre Beweglichkeit ist auch behindert durch die Windeln, die sie noch trägt, und durch viele Kleidungsstücke. Oft zieht sich Doris aus, oder wir tun es, achten auch auf eingeschränktes Essen und Trinken. Ich erkläre ihr, daß sie mehr Spaß am Spielen hat, wenn sie nicht so schwer ist. Auch mit Ellen und Helmut habe ich darüber geredet; sie haben meine Hinweise angenommen.«

Mit der Zeit, als Doris mehr Vertrauen zu uns Erwachsenen und zur Kindergruppe faßte, gebrauchte sie ihr vitales Temperament nicht mehr nur zur überstürzten Anpassung.

Zunehmend zeigte sie ausgeprägte und starke Gefühlsäußerungen: laute Freude mit Kreischen, Quieken und Außersichgeraten ebenso wie vehemente Wutausbrüche und Schreikrämpfe.

Neben dem aufgeregten Nachsprechen aller Worte tauchte das Mitteilen und Fabulieren auf. Beim Bilderbuchgucken in der Gruppe zum Beispiel erzählte sie gestenreich, was alles sie auch zu Hause habe, wo überall in den Bildern sie »meine Ellen« und »meinen Helmut« sah und was alles ihr großer Bruder Jan könne. Auf ihn war Doris sehr stolz und erwähnte ihn oft mit Bewunderung.

Zeiten der Familienspannung bemerkten wir sofort an ihrer Labilität und Trennungsunfähigkeit. Wenn Ellen R. dann morgens mit ihrer Tochter in die Krabbelstube kam, konnten sich beide über lange Zeit nicht loslassen. Die Mutter erklärte mir, sie wisse, daß Doris sich nicht von ihr trennen könne, weil sie eben zu Hause Streit zwischen den Eltern miterlebt habe. Manchmal erzählte sie den Streitanlaß, manchmal rollte sie nur die Augen und murmelte mir durch die Zähne zu: »Es war wieder was los...« Wenn in solchen Phasen Helmut R. seine Tochter brachte, sprach er nicht über das, was ihn belastete. Aber er saß sehr lange eng angeschmiegt an Doris da, gedankenverloren sie haltend, und starrte bedrückt vor sich hin.

Es kam dann zwischen Doris und Vater oder Mutter zu wiederholten, tränenreichen oder trotzig empörten Abschiedsszenen. Manchmal revoltierte das kleine Mädchen mit einer ungeheuren Vehemenz gegen das Weggehen der Eltern, sie schrie und »flippte« dabei völlig aus vor Verzweiflung und Wut. Dann mußte sie entweder wieder mitgenommen werden, oder, wenn das nicht ging, sie suchte in der Krabbelstube vermehrt Zuflucht zu Nuckelflasche und Essen und brauchte es über lange Zeit, von uns im Arm gehalten zu werden.

Aus den Erzählungen der Mutter ging hervor, daß die Ehebeziehung turbulent war und daß die Auseinandersetzungen jetzt, in Doris' drittem Lebensjahr, an Härte zunahmen. Ich notierte:

> »Ellen möchte zum Beispiel einen Sprachkurs besuchen, an einem Abend in der Woche mit einer Freundin dort hingehen. Helmut will es ihr verbieten und kämpft dagegen an wie gegen einen Ehebruch oder gegen ein Verlassen. Sie erzählt, daß sie sich prügeln; er schlägt sie und sie schlägt zurück. Sie drohen einander mit Trennung und damit, sich Doris gegenseitig wegzunehmen.«

Weil Ellen R. sich mir anvertraute und aufgrund der Ereignisse, die sie berichtete, identifizierte ich mich oft mit ihr. Ich verstand, daß sie sich zerrissen fühlte zwischen Ausbildung und Familie und daß ihr manchmal beides zuviel war. In unseren Gesprächen über den Volkshochschulkurs hatte ich das Gefühl, daß er zwischen Ellen und Helmut zum hart umkämpften Symbol wurde für den Wunsch der Frau nach mehr Eigenständigkeit, nach etwas ungeteilt Eigenem, und ich unterstützte sie in diesem Wunsch.

Andererseits fand ich, daß es Ellen manchmal nicht ausreichend gelang, in ihren Kämpfen noch die Eigenständigkeit von Doris zu sehen und sie als eigene Person abgegrenzt von sich existieren zu lassen, und ich versuchte, ihr das zu zeigen. Denn nach meinem Eindruck war Doris nicht nur das trennungsunfähige, anklammernde Kind, das als schweres Gewicht, ähnlich wie der festhaltende Mann, an ihr hing und sie herunterzog. Doris war dann offenbar auch notwendig als äußere, hinderliche Last in den konflikthaften Versuchen der Frau, mehr Autonomie für sich zu gewinnen. Die häufigen Trennungsdramen morgens entstanden auch, weil Ellen, ebenso wie manchmal Helmut, sich ihrerseits zuvor an Doris festhielt in der Art, wie sie sie an sich drückte oder trostsuchend mit ihr schmuste. Ich sprach darüber mit beiden Eltern und bat sie, sich klarer von Doris zu verabschieden oder an solchen bedrückenden Tagen lieber tagsüber ganz mit ihr zusammen zu bleiben. Sie sahen wohl die Notwendigkeit dazu ein, waren aber zu einer Änderung offenbar nicht fähig, denn es blieb alles beim alten. Das gute und lustvolle Selbstgefühl, das das Mädchen mittlerweile in der Krabbelstube gewonnen hatte, verlor es an solchen Tagen sichtbar.

Gegen Ende von Doris' drittem Lebensjahr eskalierten die Auseinandersetzungen zwischen den Eltern. Ellen sprach darüber mit mir, weinte und fluchte auf ihren Mann. Helmut wirkte seinerseits zunehmend unglücklich, sagte aber nichts dazu.

Einig erschienen beide in der Aggression, die sie gegen verschiedene andere Erwachsene der Krabbelstube wandten, in Form von verwirrenden Intrigen und heftigen Vorwürfen. So bekam ich eine Ahnung davon, was sie in ihrer Wut miteinander machten.

In dieser Zeit notierte ich über einen Elternabend:

»Ellen erzählt, daß es im Moment ganz schwierig mit Doris ist und sie nicht versteht, was los ist. Sie sagt, Doris hat seit zwei Wochen fast jeden Abend einen Wutanfall, weint und schreit und schlägt sie. Dabei schreit sie die Mutter an: ›Du hast mir meinen Pimmel abgeschnitten‹, oder: ›Ich will einen Pimmel haben, Mama.‹ Sie steigere sich da richtig rein und sei mit nichts zu trösten. Wenn sie, Ellen, ihr sage: ›Aber du hast doch einen schönen Kitzler‹, so wolle Doris davon nichts wissen.

Danach fällt Ellen ein Erlebnis ein, das vielleicht dazu gehört: Vor zwei Wochen hat Doris sie nackt im Bad gesehen und zu ihr gesagt: ›Zeig mir mal deine Möse, Mama.‹ – Sie habe sich ihr nicht gezeigt, weil sie sich geschämt habe. Ich sage dazu, daß mir scheint, Doris' Verzweiflung und Vorwurf seien eine Reaktion auf Ellens Scham und Unsicherheit im Bad. Ihr sei sicher nicht zufällig beides zusammen eingefallen.«

Als während der folgenden Tage die Kinder in der Gruppe über den Geschlechtsunterschied sprachen, sagte Doris zu mir: »Die Mama sagt, ich habe einen Kitzler, und sie hat auch einen, und du auch.« Sie sah dabei aus, als nehme sie diese Tatsache irgendwie an.

Etwa einen Monat später wurde ein Film in der Kindergruppe gedreht.

»Doris sitzt im Sandkasten, zieht eine Schaufel aus dem Sand und hält sie triumphierend hoch: ›Guck mal, was ich habe!‹ ruft sie stolz zu jedem von uns Erwachsenen.

Sie wirkt lebendig, geschäftig, dabei mopsig dick.

Später sitzt sie in einem der Kästen, mit denen die Kinder im Hof eine lange Schlange zu einer Eisenbahn bilden. Sie blickt lebhaft um sich, redet gelegentlich mit anderen Kindern, steht auf und läuft herum, um sich dann wieder zu setzen.

Als ich sie frage, ob Corinna, ein neues Mädchen in der Gruppe, bei ihr mit im Kasten sitzen könne, lehnt sie energisch ab und schlägt nach ihr.

Neugierig fragt sie die Betreuerinnen alles mögliche. Ausdauernd übt sie mit einer Schere zu schneiden, erst allein, sucht dann Hilfe bei den Erwachsenen, ist eifrig und geduldig mit der Schere, kommentiert ausgiebig, was die Betreuerinnen ihr zeigen. Als sie merkt, daß ich sie dabei filme, lächelt sie stolz, selbstbewußt und kokett in die Kamera.

Später, während einer langen Spielszene der Kinder in den Räumen, ist sie länger nicht zu sehen, dann aus der Distanz mit heftigem, lautem Weinen zu hören. Ingrid, die andere Betreuerin, sagt, Doris habe sich über etwas sehr geärgert.

Beim Essen ist sie wieder guter Stimmung. Sie ißt mit Appetit, will gern Ei und Kartoffeln, stellt aber ein halbes dutzendmal fest: ›Ich will keinen Spinat.‹ –

Dann, als Ingrid neben ihr sitzt und ißt, unterhält sich Doris sehr offen und charmant mit ihr, bewegt sich auf sie zu und berührt sie lachend. Sie duldet, daß Ingrid ihr die Schüssel mit Kartoffeln aus der Hand nimmt und ihr die restlichen Kartoffeln auf ihrem Teller zeigt.

Später sitzt sie neben Lucie, die aus dem Gespensterbuch »vorliest«, d. h. die Geschichte zu den Bildern auswendig erzählt. Doris hört zu, fabuliert dann selbst viel zu den Bildern, laut und gestenreich. Einmal tut sie sich mit Lucie zusammen, um die neue Corinna zu ärgern, indem sie beide drohend ihre Köpfe vor Corinnas Stirn halten.

Als Joachim einen Apfel mit dem Messer zu schneiden versucht, sieht sie ihm lange zu und sagt: ›Das kann mein Jan (ihr Bruder) auch.‹ –

Gegen Ende klettert sie auf die breite Fensterbank, steht dort oben, betrachtet sich im spiegelnden Fensterglas und zeigt sich ausgiebig der Kamera. Schließlich ruft sie: ›Guck mal!‹ und macht einen weiten Sprung in die Matratzen.«

Kurze Zeit nach diesem Film beendete ich meine Tätigkeit in der Krabbelstube.

Von meiner Nachfolgerin und ihrer Kollegin erfuhr ich, daß Doris noch gut ein Jahr in der Gruppe blieb. Nach ihren Berichten nahmen die morgendlichen Trennungskämpfe zu; wahrscheinlich auch, weil ich als bisher wesentliche Sicherheits-gebende Person für Doris nicht mehr da war. Das Mädchen, sagten sie, sei dann immer apathischer geworden, immer mehr zum Baby regrediert. Sie habe Sätze angefangen wie: »Ich will…« und dann abgebrochen, nichts mehr gewollt. Auch von Schlägen zwischen den Eltern habe sie zu sprechen angefangen, dann aber sich selbst unterbrochen: »Ich soll nichts sagen.« Mit den Eltern habe man sich nicht mehr verständigen können; schließlich seien die R.s ganz ausgestiegen.

Wenn ich Ellen R. zufällig auf der Straße traf, wirkte sie unglücklich und erzählte, daß ihre Ehekrise andauere. Helmut sei ein paarmal für ein oder zwei Wochen ausgezogen, sie selbst auch einmal für ein paar Tage. Doris wolle immer weniger in der Krabbelstube bleiben, so daß sie immer mehr ihre Seminare sausen lassen müsse.

Einige Monate später begegnete ich Helmut R. und erfuhr, daß er sich eine eigene Wohnung genommen hatte. Er sagte, es gehe Doris gut, sie war jetzt über vier Jahre alt, und sie wohne abwechselnd, frei nach Wunsch, mal bei ihm, mal bei Ellen. Sie gehe nunmehr in einen kirchlichen Kindergarten, wo es ihr sehr gut gefalle. Er und seine Frau träfen sich auch weiterhin, das Arrangement mit den zwei Wohnungen bekomme ihnen gut. Er mache eine berufliche Weiterbildung, sie studiere nach wie vor.

Etwa ein Jahr später besuchte ich Doris in der Wohnung der Mutter:

»Ich treffe beide Eltern und die Kinder an. Alle sind schlanker geworden. Sie begrüßen mich sehr herzlich und freuen sich über meinen Besuch. Jan zeigt mir sein Zimmer, dann Doris das ihre. Die Wohnung ist sehr, sehr eng, überfüllt und chaotisch. In der winzigen Küche stapelt sich alles, das Wohnzimmer ist zugleich Elternschlafzimmer, man ißt und sieht dort fern, außerdem ist es Ellens Arbeitszimmer. Dagegen hat jedes Kind ein eigenes, wenn auch sehr kleines Zimmer. In dieser unglaublichen Enge wohnten sie bis vor gut einem Jahr alle vier zusammen, während jetzt Helmut R. besuchsweise herkommt.

Die Eltern sagen, sie suchen eine größere Wohnung, weil sie wieder alle zusammenwohnen möchten. ›Wir vertragen uns nämlich wieder.‹ – Helmut erzählt, und Ellen hört zustimmend zu oder umgekehrt; es ist eine gute, einverständige Art des Erzählens.

Doris hat dabeigestanden und auch gesagt: ›Eine große Wohnung suchen wir.‹ – Dann holt sie mich in ihr Zimmer, und ich bleibe bei ihr, um mit ihr zu spielen.

Sie hält mir einen golden verpackten Schokoladentaler hin, sagt: ›Mach das mal auf!‹ – Als ich ausgewickelt habe, sagt sie: ›So, jetzt kannst du es essen!‹ – Ich probiere, sage: ›Schmeckt gut. Mehr will ich nicht.‹ – Sie: ›Kannst es einpacken und mitnehmen.‹ –

Sie: ›Was machen wir jetzt?‹ – Ich: ›Ja, was?‹ – Sie: ›Wir können was spielen.‹ – Sie holt eine Schachtel mit Würfeln und Papp-Marienkäfern mit verschiedenen Punktzahlen

auf dem Rücken. Sie erklärt mir die Regeln und sagt dann: ›Du sollst verteilen. Aber andersrum legen.‹ –
Während ich die Marienkäfer mit der gelben Unterseite nach oben verteile, sage ich: ›So herum sehen die aus wie Zitronen mit Popo.‹ – Doris und ich lachen, sie wiederholt es immer wieder begeistert.
Sie läßt sich inspirieren und setzt zu einer phantasievollen Fortsetzung an. Sie sieht sich im Zimmer um, erblickt einen Beutel, sagt: ›Für mich sieht das aus wie ein Rücken und ein Popo.‹ – Lachen. – ›Und für dich?‹ – Ich: ›Für mich sieht das aus wie zwei eingepackte Speckhasen.‹ – Wir lachen. – Sie: ›Hier, die Dose sieht für mich aus wie Beine und Bauch, und der Deckel ist der Kopf!‹ – Lachen. – ›Und für dich?‹ – ›Für mich sieht das aus wie Plattfüße und ein Hut.‹
Sie sucht weiter. Wir sehen die ulkigsten Wesen und Körperteile in den Sachen ihres Zimmers und lachen begeistert. Einmal sage ich: ›Für mich sieht das aus wie eine Birne mit Busen.‹ – Sofort bricht Doris das Phantasieren abrupt ab. Sie entscheidet: ›So jetzt machen wir das Spiel weiter‹, und unterweist mich noch einmal im Umgang mit Würfel und Punktzahlen. Sowohl die Regeln wie die Rechenaufgaben beherrscht sie. Nach einiger Zeit schubst sie meinen Marienkäfer weg. Ich: ›He, Frechheit! Was fällt dir ein!‹ – Sie lacht triumphierend und schubst meinen Marienkäfer, als ich ihn wieder hinlege, erneut weg, aggressiver schon, aber noch spielend. Ich protestiere empört. Doris, kaum noch spielerisch: ›Hahaa, du sollst weg!‹ – Sie stößt den Käfer und meine Hand fest an. Wir sehen uns an, finden es beide zu ernst und »spielen spielerisch« weiter. Ich lasse meinen Käfer in eine Schublade flüchten, sie verfolgt ihn mit ihrem Käfer, verprügelt ihn.
Nach einer Weile schlägt sie vor, zum Würfelspiel zurückzukehren. Als wir eine Weile gespielt haben, legt sie einen Kreis mit den übriggebliebenen Käfern: ›Das ist ein Haus, da lassen wir unsere Käfer reinspazieren.‹ – Dann: ›So, jetzt machen wir, daß die heiraten.‹ – Ich: ›Wie machen wir das, heiraten?‹
Doris: ›Hier, wir holen einen Meister.‹ – Sie stellt einen dritten Käfer vor unsere zwei. Bevor ich erfahre, wie das

Heiraten nun eigentlich aussieht, ergreift sie den »Meister«, sagt plötzlich, er sei ein böser Kerl, wirft ihn hin und schimpft.
Dann werden auch alle anderen Käfer zusammengeschoben, und sie sagt: ›Ich hole jetzt ein Müllauto, brrr, und eine Kippe, so, da packen wir alle, die Käfer, den bösen Kerl und alles rein, so. Dann schmeißen wir alles, den Dreck, weg. So.‹ –
Sie nimmt eine Schachtel und sagt: ›Dann kann die Schachtel hier die Wohnung sein, hier das Wohnzimmer, hier das Schlafzimmer.‹ Aus Cassetten-Behältern baut sie Betten, legt ihren und meinen Käfer zusammen hinein und bemerkt: ›Die schmusen.‹ – Anschließend läßt sie sie schnarchen und aufstehen. Wieder läßt sie ein Gerangel zwischen beiden entstehen, es geht um den Platz im Bett. Sie entscheidet, daß die Betten in zwei separate Zimmer kommen. Sie fragt: ›Wie heißt dein Käfer?‹ – ›Sissi. Und deiner?‹ – ›Sabine.‹ –
Zwischendurch, während unseres Spielens, ist ein Wortwechsel zwischen den Eltern aus der Küche zu hören gewesen, laut und ärgerlich. Doris und ich sehen uns an und haben Mühe, den Faden unseres Spiels und unsere Stimmung festzuhalten, schaffen es aber. Vermutlich hat sie inzwischen Übung darin, in dieser überengen Wohnung ihr eigenes Spiel oder Gefühl gegen nahe, bedrängende Streitgespräche festzuhalten.
Ellen R. kommt und sagt, Kaffee und Kuchen seien fertig, wir sollten kommen. Ihr Mann gibt jedem von uns sehr große Tortenstücke. Ich genieße die großzügige Atmosphäre und das Zusammensitzen und fühle mich in all der Enge und Unordnung mit den R.s wohl.
Wir sitzen gut eine Stunde am Kaffeetisch. Die Eltern fragen mich über mein Leben, ich erzähle und frage dann sie. Zwischendurch will Doris ein paarmal wissen, wann ich wieder mit ihr spiele. Ich sage, ich wolle noch eine Weile reden, aber, wenn ich mit Reden fertig sei, dann käme ich wieder zu ihr zum Spielen.
Ellen R. erzählt ausführlich über ihr Studium, über Geld- und Prüfungsprobleme, dann über Inhalte ihrer Ausbildung. Mir gefallen ihr Wissen und ihre Gewißheit, all das

bald im Beruf anzuwenden; sie erwartet keine Stellenprobleme.

Helmut R. berichtet von seiner beruflichen Weiterbildung und daß ihm die Leistungsanforderungen dort zu hoch seien; deswegen werde er sie bald abbrechen. Statt dessen wolle er sich ebenfalls demnächst eine Stelle suchen; auch er ist optimistisch.

Dann sprechen sie beide von der Krabbelstube, insbesondere von der Zeit nach meinem Weggang. Voll heftiger Kritik, Wut und Enttäuschung reden sie über Eltern und Betreuerinnen. Ellen sagt grimmig, mit bewunderndem Unterton zu Helmut: ›Die eine Erzieherin hast du aber zur Schnecke gemacht.‹ –

Dann fährt sie, zu mir gewandt, fort: ›Es war keine gute Zeit, nachdem du fortgegangen warst. Doris wurde immer mehr zum Baby, immer kleiner. Zwar hatten wir beide viel Streit in der Zeit. Aber Doris wollte auch sonst nicht mehr gern hin in die Krabbelstube. Die Bezugspersonen haben nicht geholfen.

Einmal hat Doris gesagt, daß sie in einen anderen Kindergarten will. Dort blieb sie vom ersten Tag an. Seitdem ging es ihr dann besser. Die Betreuerinnen sind da wie du, sie helfen beim Abschied, und sie schmusen mit den Kindern. Doris war erst halbtags da, jetzt bleibt sie bis nachmittags um fünf. Wenn das so bleibt, kann ich nächstes Jahr gut arbeiten gehen.‹

Ich sehe ein christliches Bild an der Wand und frage, ob sie gläubig seien. Ellen R. sagt zögernd, ja, aber es sei eine komplizierte Geschichte: ›Ich hab das jahrelang innerlich vor mir verdrängt. Aus der Kirche bin ich längst ausgetreten, aber dieser Glaube war noch in mir. Ich hab große Ängste gehabt, Nöte, und wußte nicht, woher die kommen. Dann hab ich allmählich den Glauben weniger verdrängt, und jetzt geht es besser. Ich stehe jetzt mehr dazu, es ist ein Teil von mir. Ich bin ruhiger geworden. Aber es ist alles noch unfertig, im Fluß.‹ –

Ich höre nachdenklich zu, sage: ›Es leuchtet mir ein, so wie du es erzählst.‹ Helmut R. sitzt ruhig dabei. Es bleibt für mich offen, ob er die religiöse Einstellung seiner Frau toleriert oder teilt.

Jetzt gehe ich wieder mit Doris in ihr Zimmer. Sie gibt mir eine Puppe: ›Das ist deine Sissi‹, und nimmt sich einen Bär: ›Das ist meine Sabine.‹ Dann: ›Da ist ein Schiff, das geht unter. Laß uns schnell ins Rettungsboot springen!‹ (auf die Sessel). Ihre Sabine wirft meine Sissi hinunter ins Meer, verwandelt sich in einen Hai, frißt meine Sissi auf, ich schreie für Sissi. Doris: ›Ich kann im Wasser und unter Wasser und in der Welt sein als Hai. Meine Freunde freß ich nicht auf. Aber alle anderen.‹ Ich sehe sie fragend an – wie soll ich weiterspielen? Sie gibt mir den Tip: ›Wenn du mein Freund bist...‹ – Ich: ›Also, Hai, ich bin dein Freund.‹ – Nun verschont sie mich, aber gleich darauf wirft sie mich noch einmal ins Meer, um mich erneut zu retten. Dazu läßt sie von oben aus ihrem Hai-Bauch eine Treppe zu Sissi herunter ans Wasser, so daß die Puppe nach oben in das Rettungsboot klettern kann. Dann zieht der Hai ›ssst‹ die Treppe zurück in seinen Bauch.
Jetzt ist der Hai wieder Sabine. Sabine angelt, und sie fängt zwei Fische, während meine Sissi nach Doris' Entscheidung nichts fängt. Sie ißt die Fische, macht genüßlich: ›Hamhamham.‹ – Ich klage: ›Ohh, ich habe nichts!‹ – Doris freut sich und lacht: ›Toll, haha, du hast nichts!‹ – So geht es eine Weile hin und her. Schließlich läßt sie sich erweichen: ›Hier hast du was vom Fisch.‹ –
Das Angelspiel geht noch eine Weile weiter; dann, nach herzlichem Abschied von der ganzen Familie, gehe ich.«

Rekonstruktion

An diesem kleinen Mädchen und seiner Familie beschäftigten mich vor allem zwei Punkte:

- Bei Doris gab es, ähnlich wie zwischen den Eltern und in Reaktion auf sie, einen Prozeß, in dem Zerstörungs- und Regressionstendenzen einem Tiefpunkt zustrebten, aus dem das Mädchen dann wieder aufwärts gelangte. Diesen Prozeß und die an ihm beteiligten regressiven und progressiven Kräfte werde ich im folgenden darstellen.
- Doris' Peniswunsch war von einer auffälligen Dramatik und ihre Kastrationsphantasie von einer fast lehrbuchhaften Deutlichkeit. Gerade dieses allgemeine, wie klischee-

hafte Element wirft die Frage auf, ob es möglich ist, den individuellen Sinn des Wunsches und der Phantasie in dieser besonderen Familie zu erkennen. Damit verbindet sich die Frage, was der Kampf zwischen den Eltern und die Weiblichkeitsproblematik der Frau bedeuten könnten für Doris' Erleben und für ihre sexuelle Identität.

Sehen wir uns die Geschichte noch einmal an.

Meine Beziehung zu Familie R. begann mit der Wahrnehmung ihrer Körper und ihrer Oralität. Da war etwas Gieriges, Maßloses und Aggressives, das meine Identifikation und zugleich mein Kontrollbedürfnis provozierte, und andererseits eine gewisse Schüchternheit, die an beschützende Wünsche bei mir rührte. Rasch entstanden Bündnisse: Ich wurde nicht nur zum »guten Objekt« gegenüber den vorwiegend »schlechten« anderen, den verunsichernden und abgelehnten Eltern und Bezugspersonen. Darüber hinaus wurde ich auch zur Verbündeten der Frau in ihrer Auseinandersetzung mit dem Mann, ein Umstand, der mir sowohl Einblick ermöglichte als auch Parteilichkeit mit sich brachte. Für das kleine Mädchen schließlich wurde ich zur Verbündeten und Begleiterin in einem Abschnitt ihres Loslösungsprozesses.

Mein Verhältnis zu Doris fing mit der Neugier darauf an, wie sie sein würde, wenn man sie nicht zustopfte, und mit der Entschlossenheit ihr und den Eltern gegenüber, orale Ersatzhandlungen zu verweigern. Doris ihrerseits nahm in der ersten Zeit weder zu mir noch zur anderen Betreuerin und zu den Kindern wirklich Kontakt auf; weniger als andere Kinder zeigte sie sich mit ihren Anfangsängsten. Der morgendlichen Trennung von den Eltern fügte sie sich ebenso wie meinem Süßigkeitsentzug, und sie paßte sich an, indem sie alles nachahmte und schrankenlos in sich aufnahm, was die Kinder machten. Vom Ausmaß ihrer Anpassung waren die Kinder offenbar befremdet; sie sträubten sich gegen Doris' überschnelles Dabeiseinwollen und schlossen sie immer wieder deutlich aus.

In Doris' Umgang mit der angsterregenden neuen Situation fallen zwei Elemente besonders auf:

- Zum einen suchte sie die Situation zu bewältigen, indem sie sie gewissermaßen mit Haut und Haaren verschlang. Geradezu kontraphobisch stürzte sie sich auf alles Fremde und verschluckte es, ohne daß sie es schon verdauen konnte, zu total und zu hastig, um es schon verinnerlichen zu können. Das zeigte sich später auch beim Ausmaß ihrer Regression – was sie schrankenlos aufgenommen hatte, spuckte sie als Ganzes wieder aus, regredierte ohne Schranken.

– Zum anderen das »Untertauchen«: In ihrer anfänglichen Mimikry suchte sie uns zu verführen, sie unsererseits ganz schnell aufzunehmen, ohne sie eigentlich kennenzulernen. Bei den Kindern erntete sie Zurückweisung, bei mir »Übersehen«, »Vergessen«.

Im Laufe der Monate verlor Doris von ihrer Angst und zeigte sich zunehmend als Person; sie gewann allmählich einen Platz in der Kindergruppe und drang mehr in meine Wahrnehmung ein. Ich nahm nicht mehr nur ihr »Dick-Sein« wahr, sondern zunehmend ihre Vitalität. Zugleich sah ich in ihrem Babyspeck und in ihren vielen Kleidern dicke Schutzschilde, die ihr bisher die Eltern gaben und die sich nun mehr und mehr als überflüssig und hinderlich erwiesen.

Doris reagierte, als habe sie auf meine Intervention gewartet, ohne Protest, vielmehr wie befreit, mit wachsender Lebenslust. Ihre Gefühlsäußerungen, zuvor für uns verdeckt, hatten, stärker als bei anderen Zweijährigen, die ich kannte, etwas »Rohes«, »Wildes« an sich.

Daneben zeigten ruhige Phasen, daß unterdessen die Kräfte ihres bewußten Ichs wuchsen – ihre Fähigkeiten, zu erinnern, zu vergleichen und zu kommunizieren zum Beispiel.

Ehekrise: Ellen

Im folgenden Teil der Geschichte steht die sich zuspitzende Ehe- und Familienkrise im Mittelpunkt, während Doris vorwiegend als Reagierende sichtbar wird bzw. in ihrer reduzierten Funktion als Streit- und Trostobjekt der Eltern.

Nach allem, was Ellen mir erzählte, handelte es sich einerseits, von der Sache her, um den »gewöhnlichen Ehekonflikt«, wie er in vielen Paarbeziehungen der Gruppe durchgekämpft wurde, wenn einer der beiden, meistens die Frau, mit der bisherigen Arbeits- und Gefühlsteilung nicht mehr zufrieden war und zwischen den Ansprüchen der Familie und ihres Berufs etwas Eigenes suchte.

Andererseits vermittelte mir die Frau von ihrer Ehekrise den Eindruck eines Kampfes mit besonderer Härte, Intensität und Dauer. In diesem Kampf, im täglichen Streiten vor den Kindern und um sie, im gegenseitigen Schlagen und in Trennungsdrohungen schienen sich Ellen und Helmut in nichts nachzustehen.

Ich gewann abwechselnd das Gefühl eines dramatisch aufregenden Geschlechterkampfes und dann wieder die Phantasie von großen, sich hauenden Kindern.

Ging es darum, wer die Hosen anhatte, wer von beiden der Mann war? Wütete die Frau gegen Fesseln des Mutterseins oder bekämpfte sie nichts so sehr wie einen möglichen Verlust mütterlicher Macht über den – jüngeren – Mann und die Kinder?

Oder forderte sie ihn umgekehrt dazu heraus, Macht über sie zu gewinnen – so wie sie sich viel später der Macht einer göttlichen Instanz anheimzugeben suchte?

Griff er sie an, weil er fürchtete, sie könne sich ihm entziehen, sei es als Mutter, sei es in sexueller Hinsicht?

Über den Mann konnte ich kaum mutmaßen; in Ellens Erzählungen war er der Einschränkende, Brutale, und in der Krabbelstube sah ich ihn traurig die kleine Tochter festhalten, weniger wie ein Vater, eher wie ein verstörter Bruder. Der mangelnde Kontakt zwischen ihm und mir ließ aber keine differenzierten Eindrücke von ihm zu.

Bei der Frau empfand ich Widersprüche zwischen ihren Selbstbildern als Mutter und als Frau. Die Kinder schienen für sie eine Aufwertung zu sein, etwas, was ihr Stärke gab. Dick-schwere Kinder, die sie nicht nur wie Gewichte herunterzogen, sondern die auch drall-kräftig bei ihr waren, mitsamt denen sie, selbst schon gewichtig, erst recht nicht umzublasen war. Oder auch: ihr Besitz, Ausdruck ihrer Potenz, ihrer Macht und der Beweis, etwas zu haben bzw. geben zu können. Das Geben mußte jedenfalls für sie wichtig sein: Geben, Vollmachen, Stopfen oder Verweigern, Hungern- und Hängen-lassen.

Neben diesem Muttersein gab es aber die andere Ellen R., die in eine männliche Domäne eindrang, die einen ausgesprochenen Männerberuf erlernte. Von dieser Seite fand ich sie kühn; zugleich erinnerte sie manchmal an Fotos von sowjetischen Heldinnen der Arbeit, von schweren Frauen, die imposant und behelmt beispielsweise auf einem Fernmeldemast saßen, die ihren Mann standen und es mit jedem Mann aufnehmen konnten. So wie es Ellen R. aufnahm mit den Männern, in ihrem Eindringen in eine Männerwelt und im Gleichziehen mit dem Ehemann. Ihre Lust an dieser Herausforderung war ebenso unübersehbar wie es ihre Fähigkeiten dazu waren. Aber es schien, als müsse sie sich, um gegen »die Männer« zu bestehen, wappnen mit der unbewußten Phantasie eines männlichen, eines »phallischen« Körpers.

Nach meinem Eindruck bestand Ellens Anteil an der Ehekrise möglicherweise darin, daß sie, quer zu den mütterlichen und »phallischen« Selbstbildern, auf der Suche nach ihrer »autonomen Weiblichkeit« war und dabei in heftige Identitätsängste geriet. In diesem Zusammenhang verstand ich es als Externalisierung, wenn sie nur in den anderen, vor allem in Doris und in Helmut, gegen Kräfte anfocht, die hemmend, festhaltend und trennungsunfähig waren.

Vielleicht teilte sie mit dem Mann die Phantasie, daß es gefährlich sei, etwas so Eigenes wie einen Französisch-Kurs zu wagen, da er weder zum Bereich des Mutterseins paßte noch zum beruflich-männlichen, »phallischen« Bereich gehörte. Zumal ja »Französisch« für sie die Aura des Verlockenden, Fremdartig-Erotischen, Weiblich-Geheimnishaften haben konnte.

Das dauernde und eskalierende Streiten zwischen Ellen und Helmut empfand ich als halböffentlichen Nebenschauplatz, wo es Aufregung und Tätlichkeiten gab, wo aggressive Spannungen erotische Spannung vertraten, wo »was los war«, ein Sich-Messen, ein beängstigendes Angreifen und Verletztwerden, in dem aber auch viel Nähe gebündelt war.

Wenn es das Verlangen nach mehr Autonomie und nach der eigenen sexuellen Weiblichkeit bei Ellen gab, so schien es – vorerst nur – destruktiv auf bisher gültige Beziehungsphantasien der Frau und des Mannes zu wirken. Dieses Verlangen schien alle zerstörenden Kräfte des »oralen Arrangements« und der »phallischen Balance« wachzurufen.

Kehren wir nun wieder zu Doris zurück. Nachdem sie in der Getrenntheit von den Eltern in der Krabbelstube zunehmend Sicherheit gewonnen hatte, ihre Lebens- und Entwicklungslust immer mehr entfaltete, gab es Rückschläge. Auf das Streiten der Eltern reagierte sie mit erneuter Angst vor der Trennung, mit Anklammerung und Weinen, mit wutentbranntem bis hin zu panischem Protest. Wenn sie die Trennung dann akzeptieren mußte, half sie sich mit der Zuflucht auf den Schoß der »Ersatzmütter« und zu oralen Tröstern, war insgesamt apathischer und depressiver.

Wieder heftige, sogar überwältigend schlimme Gefühle, Kontrollverlust im »Ausflippen«, dann teilweise Regression und depressiver Rückzug. Ich fand Doris' Reaktionen verständlich und ihrer Lage angemessen.

So wie sie die Situation erlebte, durften die Eltern eigentlich nicht fortgehen und sich selbst überlassen bleiben, denn dann, so mußte Doris glauben, würden sie sich vielleicht endgültig erschlagen. Sie mußte fürchten, daß ihr Zorn auf beide Eltern, die im gegenseitigen Angreifen nur noch einander sahen und die Tochter allein ließen, – daß dieser Zorn die Eltern schließlich beschädigen würde, wenn sie nicht fortwährend aufpaßte.

In der Spannung zwischen den Eltern kam dem kleinen Mädchen eine trügerische »Hauptrolle« zu – sie war das »Gemeinsame« der Eltern, im Unterschied zum Sohn aus Ellens erster Ehe, der eindeutig zur Mutter gehörte, sie war ihr Faustpfand in Trennungsdrohungen und ihr Trost. Trügerisch war diese Rolle, weil Doris nur scheinbar im Mittelpunkt stand, es eigentlich jedoch gar nicht um sie selbst als Person mit eigenem Recht ging. Nach meiner Beobachtung suchte sie diese Situation für sich zu nutzen, indem sie sich vermehrt klammerte an den Elternteil, der sich an ihr gerade festhielt. Die übergroße Offenheit, die wir an ihr im Umgang mit einer angsterregenden Erfahrung miterlebt hatten, war sicher auch den Eltern gegenüber im Spiel – allzu widerstandslos sog sie in sich auf, was von ihnen kam.

Es läßt sich auch spekulieren, ob Doris nicht in dieser Situation eine grandiose Machtphantasie über ihre Schlüsselrolle entwickelte – über das mächtige kleine Mädchen, das alle Mittel zu Zwist und Vereinigung der Eltern in sich selbst wähnen konnte. Wenn es eine solche Phantasie gab, so muß sie sich für Doris ängstigend und lähmend angefühlt haben; vielleicht war das auch ein Grund für ihre erneut anwachsende Passivität.

Ellens Mitteilung

Gegen Ende von Doris' drittem Lebensjahr, so der Bericht, nahm die Belastung für sie und die Eltern zu. Zu dieser Zeit hielt ich eine Mitteilung von Ellen fest, die mich sofort irritierte, ohne mir damals wirklich verständlich zu werden. Es schien mir ziemlich sicher, daß beide Situationen zusammengehörten: Doris' heftiger Kastrationsvorwurf und ihre verzweifelte Penisforderung, und auf der anderen Seite die vorausgegangene Szene im Bad; ihre wiß- und schaubegierige Bitte an die Mutter und deren Weigerung, ihr Genitale der Tochter zu zeigen (immerhin waren ja Ellen beide Szenen hintereinander eingefallen).

Was wollte Doris sehen, und was war ihr von der Mutter »geraubt« worden?

Die Szene im Bad

Einerseits war der Wunsch, den Doris äußerte: das Geschlecht der Mutter zu sehen, normal und höchstens etwas früher als bei anderen Kindern aufgetaucht; ich habe ihn von Dreijährigen ebenso gehört wie von jüngeren Schulkindern beiden Geschlechts. Von dieser Seite wäre Doris' Frage ein Beispiel der gewöhnlichen kindlichen Sexualforschung, in welche bei dem erst zweidreivierteljährigen Mädchen noch alle bekannten Unsicherheiten über Geschlechts- und Generationsunterschiede einflössen.

Andererseits gab es Anhaltspunkte dafür, daß sich hinter der Aufforderung der Tochter: Zeig mir mal deine Möse, Mama – etwas Spezifisches verbarg, das über gewöhnliche Sexualneugier hinausging:

Erinnern wir uns, wie sehr nicht nur die Mutter-Tochter-Beziehung von Füttern und Essen, von Geben und Nehmen strukturiert war, sondern wie wesentlich auch noch in Doris' ganzem Verhältnis zur Welt und zu den Objekten das Verschlingen war. In diesem Zusammenhang halte ich es für möglich, daß sie sich auch die Vulva als gierigen und verschlingenden Mund vorstellte, den wie sie selbst auch die Mutter haben konnte. Aber das wollte sie vielleicht gerade überprüfen.

Gierig konnte dieser Mund in Doris' Phantasie vielleicht auch deshalb sein, weil sie möglicherweise vermehrt genitale Empfindungen verspürte. Ich sah sie in der Krabbelstube ab und zu in forschende und streichelnde Berührung ihres Genitales versunken, so wie es auch bei den anderen kleinen Mädchen häufig der Fall war.

Das orale Erleben rückte für Doris um so mehr wieder regressiv in den Vordergrund, je öfter sie sich neben den streitverstrickten Eltern hilflos oder zwischen ihnen hin- und hergerissen fühlte.

Mit ihrer Bitte an die Mutter wollte Doris aber nicht nur der oralaggressiven Phantasie nachgehen. Sondern ihre Frage läßt auch die Deutung zu, sie habe überprüfen wollen, um was die Mutter stritt mit dem Vater, ob es im Streit vielleicht darum ging, wer von beiden einen Penis hatte und ihn behalten durfte.

F. Morgenthaler nimmt, ausgehend von den »phallischen, sadistischen und aggressiven Phantasien, wie auch Gefühlen von Neid und Rivalität«, die bestimmte Patienten in spezifischen Übertragungsphasen haben, an,

> »daß die sexuelle Polarität der Eltern häufig als eine aggressive Beziehung der Eltern zueinander erlebt worden ist. Der eine Elternteil erscheint immer als Aggressor, der andere als Opfer, wobei der phantasierte Aggressor sowohl der Vater als auch die Mutter sein kann. Man bekommt immer deutlicher den Eindruck, daß alle Aktivitäten der Elternfiguren wie überwältigende und erniedrigende Sexualtätigkeiten erlebt werden, daß aber der Vergleich dieser Elternfiguren mit sich selbst so enttäuschend und entmutigend ausfiel, daß ein bedrohliches Gefühl von Ohnmacht und Hilflosigkeit entstanden ist.«[1]

Für meine Überlegungen bedeutet Morgenthalers retrospek-

[1] F. Morgenthaler, Störungen der männlichen und weiblichen Identität in der psychoanalytischen Praxis, in: Psyche 1972, 1, S. 62

tive Annahme – die ja auch eine reale Konfliktspannung zwischen den Eltern impliziert –, daß ich mir bei Doris wechselnde Identifikationen, sowohl mit dem jeweils mächtigeren Aggressor als auch mit dem jeweils unterworfenen Elternteil, vorstelle. Ich vermute, daß sie die Auseinandersetzungen als sehr körperlich erlebte, auch dann, wenn sich die Erwachsenen nicht tätlich angriffen, als Kämpfe um körperliche und sexuelle Überlegenheit, als Austragen von Machtunterschieden, in die der anatomische Geschlechtsunterschied zwischen Mutter und Vater auf sehr unklare Weise verwoben war.

Ich habe früher davon gesprochen, daß ich Aspekte von Ellens Persönlichkeit als »männlich«, als »phallisch« empfand, und davon, daß mir ihr Streiten mit Helmut manchmal auch sexuelle Spannung zu vertreten schien.

Es ist anzunehmen, daß Doris von ähnlichen Eindrücken berührt war wie ich, daß ihrem archaisch widersprüchlichen Erleben eine wirklich verwirrende Doppeldeutigkeit seitens der Erwachsenen entgegenkam: ein aggressiver, aber zugleich ein sexueller Kampf, eine »weibliche«, aber zugleich eine »männliche« Mutter, ein Vater, der aber zugleich ein Sohn war.

Die Aufforderung des Mädchens an die Mutter kann sich also zusammensetzen aus der Frage an sie, um was die Eltern wirklich stritten, aus einem Stück sexueller Realitätsprüfung und aus einer unbewußt gezielten Provokation gegen die Mutter.

Ellen R. hat, wie sie erzählte, sich geschämt und Doris ihr Genitale nicht gezeigt. Ihre Weigerung enthielt zwei Aspekte: Dem Schämen lag für mein Gefühl zugrunde, daß Ellen ihre »Männlichkeit«, ihren »phantasierten Phallus« nicht zeigen wollte. Vor dem klaren Blick des Kindes hätte sie die Phantasie aufgeben müssen. Andererseits vollzog Ellen im Nicht-Zeigen eine Trennung zwischen der Tochter und sich, setzte eine Schranke – etwas Ungewöhnliches in dieser Familie, in der wenige Schranken galten, in der es keine Schranke zu geben schien, Doris vor den heftigen Auseinandersetzungen zu schützen, und in der kein Schämen verhinderte, daß man sich vor den Kindern im Streit entblößte.

Wäre Ellen R. bei ihrer Weigerung gelassen und möglicherweise zu einer Erklärung fähig gewesen, so hätte das die Tochter nicht unbedingt verstören müssen (wenn auch eine solche Weigerung meiner Auffassung nach bedauerlich ist, weil sie dem kulturellen Tabu gehorcht, das weibliche Genitale, im Gegensatz zum männlichen, geheimzuhalten oder aber pornographisch zu veröffentlichen. Ohne diese Mystifizierung bräuchten beide Geschlechter vermutlich nicht gar so verschlungene Umwege, um das Geheimnis des weiblichen Unterleibes zu enträtseln).

Doris' dramatische Vorwürfe an Ellen wenig später deuten darauf hin, daß sie auf die Scham der Mutter und deren ungewohnte Abgrenzung bestürzt reagierte und die Erklärung für Ellens verwirrende Haltung in sich selber suchte. Ich glaube, daß das – von mir angenommene – spezifische unbewußte Motiv der Mutter: ihre reale Penislosigkeit, ihr »beschämendes« Weiblichsein vor der Tochter zu verbergen, für Doris zu einer Mitteilung von etwas Unerhörtem wurde. Es eignete sich, um in ihr den Verdacht entstehen zu lassen, die Mutter verstecke in ihrem Geschlechtsteil etwas – einen Penis. Nur – welchen? Den der Mutter selbst, oder den des Vaters, oder vielleicht Doris' geraubten Penis?

Die »Kastration«

Ellen berichtete also von Doris, daß sie immer wieder verzweifelt und unter Schlägen die Mutter beschuldigte, ihr den »Pimmel« abgeschnitten zu haben; ebenso vehement verlangte sie danach, ihn (wieder-) zu bekommen. Der Verweis auf die Klitoris konnte das kleine Mädchen nicht trösten; Ellen war hilflos und stand vor einem Rätsel. In der Hoffnung, es aufzulösen, erzählte sie es am Elternabend, aber ich sah damals nur den Gesichtspunkt der Identifikation – d. h., daß für Doris ihr Geschlecht nicht (mehr) intakt war, weil auch die Mutter sich des ihren schämte.

Wenn dieser Gesichtspunkt auch wichtig ist, so scheint er mir doch zur Erklärung nicht auszureichen.

Was hat es mit dem Abschneiden auf sich? Sehr deutlich zu spüren ist Doris' Vorwurf – sie wollte etwas von der Mutter haben, was diese ihr weggenommen hatte; etwas, was eigentlich ihr, Doris, gehörte. Zunächst verweist der Vorwurf wieder auf das Hin und Her von Geben und Nehmen, wie es zwischen Mutter und Tochter auf der oralen Ebene bestand. Ob Doris' Körper(-gefühl) voll, ganz und gut war oder leer, mangelhaft und beschädigt, dazu lag für sie noch alle Macht und alle Schuld bei der Mutter.

So konnte es ihrer Vorstellung nach auch nicht anders sein, als daß die Mutter ihr bösartig etwas geraubt, sie körperlich verletzt hat, so wie sie selbst sich angsterregende, mächtige Attribute der Eltern, zumal wenn sie sich stritten, in der Phantasie räuberisch einverleibte. In den sadistischen Kastrationsabsichten, die sie der Mutter zuschrieb, spiegelten sich auch ihre eigenen starken Aggressionen; woraus diese entsprangen, muß noch deutlicher werden.

Ich habe mich gefragt, ob es sich hier um die Situation handelte, die M. Torok[1] anhand von Analysen erwachsener Frauen für die frühe Mutter-Tochter-Beziehung rekonstruiert: die Umwandlung des Wunsches an die Mutter, autonom über den eigenen Körper, das eigene Geschlecht und das Selbst verfügen zu dürfen, in das vergebliche Verlangen nach dem Penis und in den Neid um ihn.

Wenn Doris Mutters »dickes Anhängsel« war und ihr Machtbeweis, Trösterin und Zankapfel der Eltern, verfügte nicht sie selbst über ihren Körper, sondern die anderen.

Indessen empfand ich Doris durchaus als eigen, zugreifend mit Zähnen und Klauen, verschluckend und verschlingend. Weniger das Eigene schien ihr zu fehlen als vielmehr eine Begrenzung, um es zu schützen. Es gab keine Resistenz gegen äußere Einflüsse, kein »Nein«, kein Festhalten. Zuviel ging in sie hinein und wieder hinaus.

Wie wir in der Krabbelstube erlebt hatten, bedeutete Doris' bedingungsloses Aufnehmen nicht nur Verletzlichkeit und das Fehlen einer Schranke, sondern auch eine Art von Überlebensstrategie; indem sie alle Grenzen öffnete, suchte sie jeden Eingriff und Übergriff unmöglich zu machen dadurch, daß es kein Ein und kein Über gab. Dennoch wurde sie verletzt und hilflos gemacht.

Ich vermute nun, daß Doris bis zu jener Szene im Bad in der Gewißheit lebte, ihr werde noch ein Penis wachsen, oder

[1] M. Torok, »Die Bedeutung des ›Penisneides‹ bei der Frau«, in: J. Chasseguet-Smirgel, Hrsg., Psychoanalyse der weiblichen Sexualität, a. a. O., S. 199

auch mit der Phantasie, sie habe, wenn sie nur wolle, ebenso einschüchternd mächtige, aggressive Geschlechtsorgane wie die Eltern.

Daß diese Szene im Bad bedeutungsvoll wurde und die spätere Kastrationsphantasie aus ihr erwachsen konnte, muß aber durch unmittelbar vorausgegangene Erfahrungen vorbereitet worden sein:

So ist Doris vielleicht gerade in jener Zeit in der Krabbelstube an den nackt spielenden Kindern die Tatsache des körperlichen Geschlechtsunterschiedes allmählich unabweisbar zu Bewußtsein gekommen.

Zum anderen mag sie deutlicher als bis dahin gefühlt haben, daß die Eltern den Bruder viel weniger zwischen sich schoben und zerrten als sie, daß er auf irgendeine Weise geschützter war vor der verzweifelten Hilflosigkeit, die sie neben den Eltern erlebte. Auch das konnte ihr den Geschlechtsunterschied schärfer und schmerzlicher als bisher spürbar machen.

Und nun zeigte die Mutter nicht, was sie »zwischen den Beinen« hatte, war dabei merkwürdig unsicher. Daran ihren Argwohn zu heften, war Doris offenbar nur zu bereit, fand sie doch jetzt endlich eine Erklärung für den Verlust ihrer Gewißheit. Sie begriff, daß sie niemals einen Penis haben würde, setzte aber gewissermaßen trotzig dagegen, daß sie ihn sehr wohl gehabt, die Mutter ihn aber weggenommen hatte und die Beute nun in ihrer »Möse« versteckt hielt.

Doris' heftiges Unglücklichsein und ihre aggressive Anklage gegen die Mutter sprachen dafür, daß mit dem »Pimmel« mehr noch gemeint war als das reale, sichtbare Sexualorgan des anderen Geschlechts, das sie nicht besaß. Ich sehe drei Bedeutungen, die der Penis zu dieser Zeit für Doris haben konnte:

– Er hatte möglicherweise den Sinn, eine Grenze zu ziehen. Wie ein Stein, der im Ganzen fehlte, durch dessen Fehlen Doris nicht abgeschlossen war. Dieses letzte Glied, das sie nach außen hin abschließen würde, müßte die Schranke sein, die sie gegen verletzende Übergriffe endgültig schützen würde. Auch zur besseren Verdauung konnte der Penis helfen – eine Grenze mit ihm zu setzen hieß, daß es nicht so schnell raus, aber auch nicht so schnell rein ging. Die streitend übermächtigen Eltern konnten dann nicht so in sie hineinragen, und sie mußte erworbene Fähigkeiten nicht so plötzlich verlieren.

- Einen Penis zu haben schien in Doris' Vorstellung andererseits das Bild für einen Zustand zu sein, in dem man den Eltern nicht ausgeliefert war und nicht zwischen ihnen hin- und hergeworfen wurde. Mit einem »Pimmel« wäre sie stark und großartig genug, um unverletzt das Wüten der Eltern zu überleben, könnte sie letztlich selbst kleinmachen. Durch ihn konnte die narzißtische Verwundung, die Doris jedesmal erlitt, wenn sie sich klein und hilflos neben den Eltern fühlte, geschlossen, aber auch böse gerächt werden.
- Im elterlichen Streit ging es bei Trennungsplänen um sie, nicht um den Bruder; der schien eindeutig zur Mutter zu gehören. Er war ja tatsächlich nicht gemeinsames Kind von Ellen und Helmut. Daß er größer war und älter, konnte sich vermischen mit dem Merkmal, das ihn endgültig von ihr unterschied. Wie sie am Bruder erlebte, bewahrte einen ein Penis nicht nur davor, als Zankapfel und Faustpfand benutzt zu werden. Darüber hinaus schien er auch eine unangreifbare Verbindung zur Mutter zu bedeuten.

Die Vehemenz in Doris' Weinen und Anklagen wies auf der einen Seite darauf hin, wie sehr das kleine Mädchen daran litt, abgeschnitten von der Möglichkeit zu sein, sich unversehrt, geschützt und in Harmonie mit den Eltern zu fühlen. Auf der anderen Seite sind hier aber auch Auflehnung und Schläge, ein fast überfälliger Protest nach Monaten häuslichen Unglücks, in denen Ellen R. mir keinmal von einer annähernd heftigen Reaktion der Tochter daheim erzählte.

Ellens Trost

Ein Element aus Ellens Erzählung am Elternabend wurde bisher vernachlässigt, und zwar ihr Trostversuch, von dem Doris nichts wissen wollte, nämlich, daß sie doch einen schönen Kitzler habe. Gegen den idealisierten Penis schien die reale Klitoris in diesem Augenblick für das kleine Mädchen nichts zu sein.

Nach meiner Erfahrung war es indessen bemerkenswert, daß Ellen überhaupt von diesem Organ sprach. In aller Regel sagen Erwachsene dem kleinen Mädchen, wenn sie ihm seinen Körper erklären, daß es eine Scheide habe und später Kinder bekommen könne. Die Existenz der Klitoris bleibt in der Aufklärung für das Mädchen – wie für den Jungen – meistens ungenannt.[1]

Ob Ellen R. damals die beginnende Masturbation ihrer Tochter wahrnahm, mit welchem Gefühl und Verhalten sie darauf reagierte, weiß ich nicht. Ihr Gebrauch des Wortes »Kitzler« klingt mir aber in seiner Nähe zum lustbetonten Wort »kitzeln« und in Verbindung mit »schön« wie eine Art impliziter Onanieerlaubnis und eine Bejahung dieses weiblichen Lustbereiches.

Anfangs, in der Periode heller Verzweiflung und Wut, ignorierte Doris Frau R.s Aussage völlig, behandelte sie als wertlosen, falschen Trost, mit dem die Mutter ihrem Vorwurf auswich – was ja auch, auf einer für Frau R. unbewußten Ebene, zutraf.

Dann, einige Tage später, ließ ihre Äußerung mir gegenüber: »Die Mama sagt, ich hab einen Kitzler und sie hat auch einen. Und du auch.« – spüren, daß sie im nachhinein immerhin bereit war, auch den anderen Anteil der Aussage, Ellens Trost- und Identifikationsangebot, anzunehmen – etwas Gemeinsames, Weibliches und Reales, das einen eigenen Namen und eigene Lust besaß.

Ob und wieweit sie dafür die Penis- und Kastrationsphantasien endgültig aufgab oder verdrängte, ob sie diese mit der neuen, realitätshaltigen Körpervorstellung, ungeachtet ihrer Widersprüchlichkeit, nebeneinander für eine Zeitspanne im Bewußtsein behielt, wie es Kinder in diesem Alter oft tun, erfuhr ich nicht.

Denn wiewohl Doris die Realität ihres kindlichen, weiblichen Körpers jetzt etwas deutlich erfahren konnte, blieb ja doch ebenso die Realität ihrer feindlich verstrickten Eltern weiterhin bestehen und damit quälende Erfahrungen, die im Kastrationsvorwurf verschlüsselt gewesen waren.

[1] H.E. Lerner hat dieses Nicht-Benennen der Klitoris in der gewöhnlichen Sexualaufklärung anhand von Material aus der Analyse einer Frau diskutiert; vgl. ihren Aufsatz »Elterliche Fehlbenennung der weiblichen Genitalien als Faktor bei der Erzeugung von ›Penisneid‹ und Lernhemmungen«, in: Psyche 34/12; S. 1092.

Nun folgt im Bericht ein Zwischenspiel, das in seiner unerwarteten Heiterkeit etwas vorwegnimmt von der überraschenden Wendung ins Gute, die zwei Jahre später das Schicksal des Mädchens und seiner Familie nahm. Man kann annehmen, daß Doris sich ein Stück weit vom Schock des phantasierten Kastrationserlebnisses erholt hatte. In den elterlichen Auseinandersetzungen muß es eine Atempause gegeben haben zum Zeitpunkt des Films, oder aber es muß Doris gelungen sein, Bedrückendes wegzuschieben, wenn sie in der Krabbelstube war.

Im Film war sie zu sehen als selbstbewußtes Mädchen, stolz auf ihren Körper und ihre Fähigkeiten. Sie spiegelte sich selbstgefällig im Fensterglas, zeigte sich zuschauenden Erwachsenen und der Kamera, führte Künste vor wie das Springen und das Entdecken der Schaufel. Wo sie, provoziert durch Joachims Apfelschneiden, nicht mit gleicher Fähigkeit aufwarten konnte, füllte sie die Lücke durch Hinweis auf den großen Bruder.

Während hier ihre Selbstliebe sichtbar wurde und der Gebrauch anderer zur Widerspiegelung ihrer selbst, ließen andere Elemente ihre libidinöse Hinwendung zur Außenwelt erkennen. Mit Erwachsenen schäkerte sie liebevoll, lernte Fertigkeiten von ihnen und hörte ihnen zu; mit Kindern erfand sie Geschichten, schwatzte und verhandelte verschiedenes mit ihnen auf recht selbstverständliche Weise. Man kann sie als extrovertiert und ihre Kommunikation als offen und dialogisch bezeichnen, darin in ausgewogenem Verhältnis zu ihren unmittelbar narzißtisch-exhibitionistischen Aktivitäten.

Auch über Doris' derzeitigen Umgang mit feindseligen und mit oralen Bedürfnissen gab der Film Auskunft:

Allein oder mit einer Komplizin genoß sie einem neuen Gruppenmitglied gegenüber die Position der Stärke, genoß es, einzuschüchtern, auszuschließen und zu schlagen (ohne durch meinen Appell an ihr Mitgefühl irritiert zu werden). Anders als in dieser selbstsicheren Ausstoßung einer Schwächeren war sie in der späteren Wut, im Weinen, dessen Auslöser im Film unsichtbar blieb, hilflos, zweifellos, weil sie einem stärkeren Kind oder einem Erwachsenen gegenüber unterlag.

Wie kaum anders zu erwarten, genoß Doris das Essen und zeigte dabei, wie sie sowohl eigene als auch äußere Begrenzungen ihrer Eßlust gebrauchte: Was sie essen wollte und was nicht, entschied sie selbst; wieviel sie bekam, entschied die Betreuerin für sie, als sie gierig zuviel nehmen wollte, und Doris akzeptierte es.

Als aufschlußreiches Detail des Films bietet sich, vor dem Hintergrund der einen Monat zurückliegenden traumatischen Episode über den »abgeschnittenen« Penis, das Element des Schneidens an: Messer und Schere beschäftigten sie, sie ließ sich die Handhabung zeigen und übte. Es wirkt, als habe sie sich von dem Gefühl, geschnitten, kastriert worden zu sein, anspornen lassen zu dem Wunsch, die Technik des Schneidens zu beherrschen, wie, um tun zu können, was ihr »widerfuhr«.

Bemerkenswert daran war die Fähigkeit, eine traumatische, passive (Phantasie-)Erfahrung zu bearbeiten durch aktives, praktisches Lernen, aber auch der implizite Hinweis darauf, daß sie sich ein Stück des – projizierten bzw. realen – mütterlichen Sadismus' aneignete und sublimierte.

Daß es ihr gelang, einen Teil der sadistischen Regungen während der Verinnerlichung umzuwandeln, zu sublimieren, war wahrscheinlich ein Grund dafür, daß sie ihren Mädchenkörper stolz und zeigenswert, und nicht wie »beschnitten«, wertlos empfand.

Tiefpunkt

Eigentümlich für Doris war erneut der Eindruck des »Totalen« – als sei in der Folgezeit das Gute, die begonnene Entfaltung libidinöser und progressiver Tendenzen, total überrollt worden von dumpfer Verzweiflung, gänzlich aufgegeben und durch regressive und destruktive Kräfte ersetzt.

In den zufälligen Gesprächen mit Ellen und den beiden Betreuerinnen der Kindergruppe gewann ich im Lauf des darauffolgenden Jahres den Eindruck, die Zerrüttung der Familie strebe ihrem Tiefpunkt zu.

Beide Elternteile gingen vorübergehend von zu Hause fort, und es gab wieder körperliche Gewalt, wenn auch aus der Mitteilung der Betreuerin über Doris' Satzfragment nicht erkennbar wird, wer wen schlug. Während im Inneren die Fetzen flogen, wurde nach außen eine Schranke errichtet, das Sprechverbot für die Tochter: »Ich soll nichts sagen.« – Auch für Ellen R. war das Sprechen über die häusliche Situation in der Krabbelstube nicht mehr möglich, seit ich als ihre Vertrauensperson nicht mehr dort arbeitete.

Die Verständigung zwischen ihr und den anderen Leuten brach ab, schließlich trennte man sich.

Diese Zeitspanne, Doris' viertes Lebensjahr, muß für das kleine Mädchen alptraumhaft gewesen sein. Von schwerer Trennungsangst berichteten die Betreuerinnen und von Apathie, von massiver Regression und dem Verlust eigenen Willens.

Doris' übergroße Offenheit schien ihr zum Verhängnis zu werden; alles miterlebte Schlimme war in sie eingedrungen, und der Versuch, etwas davon mitzuteilen, scheiterte am elterlichen Gebot, dichtzuhalten.

Wenn ich versuche, mir die Doris dieser Periode vorzustellen, dann empfinde ich sie erneut als untergetaucht, abgetaucht aus dem Familienchaos in die Regression, fort und zurück ins Baby-Sein. Während sie gezwungen war, das Schlimme in sich hineinzufressen, konnte sie das Gute nur noch ausspucken. Ichfähigkeiten gab sie in einem Maße auf, als lohne es sich in ihrer Lage nicht mehr, irgend etwas davon festzuhalten.

Den Körper und den Geist zu bewegen wurde offenbar ebenso zur Gefahr wie den eigenen Willen zu spüren. Gegen das Fühlen half nur noch Apathie. Nur in den morgendlichen Trennungskämpfen beim Abschied in der Krabbelstube sehe ich Doris wild bewegt vor mir, vermutlich noch »ausgeflippter« als zu meiner Zeit. Immerhin erreichte sie damit, daß die Eltern es aufgaben, gegen ihre (Doris') Trennungsangst anzukämpfen und sie aus der Kindergruppe herausnahmen.

Ich frage mich, mit welchen aggressiven und omnipotenten Phantasien Doris hinter den Schutzschilden der Apathie und des Baby-Seins lebte. Vermutlich waren sie vernichtend, bedenkt man das Maß ihrer tatsächlichen Hilflosigkeit.

Wiederherstellung

Die beiden letzten Teile meines Berichts bezeugen einen Prozeß der Veränderung, der erstaunlich klingt und sich in seinen Ursachen unserer Erklärung entzieht.

Im ersten der beiden Teile, während Doris' fünftem Lebensjahr, war es, anders als früher, der Vater, der mir von der Familie erzählte. Damals weckte seine Schilderung, wie ich gestehen muß, meinen Unglauben; so viel Positives klang fast zu schön, um wahr zu sein, nach allem, was es an Haß und Zerrüttung gegeben hatte. Rückblickend vom späteren Eindruck während meines Besuchs jedoch sah ich, daß er von der tatsächlichen Verbesserung berichtet hatte.

Es gab zwei Ortswechsel, die offenbar allen Beteiligten guttaten – Helmut war in eine eigene Wohnung gezogen und Doris in einen anderen Kindergarten gekommen. In beiden Fällen schien es entlastend zu wirken, sich aus verquälten, alten Verhältnissen zu entfernen – aus der gemeinsamen Wohnung, aus der Krabbelstube. Die Distanz ermöglichte offenbar eine Art Neubeginn auf einer anderen Ebene, für das Paar wie für Doris. Warum das Auseinanderziehen der Eltern nicht, wie bei anderen Paaren der Krabbelstube, mit einer allmählich endgültigen Trennung einherging, kann ich weder anhand von Erzähltem noch spekulativ erraten. Ebenso wenig gelingt mir eine rechte Vorstellung von Doris auf ihrem Weg aus der Regression zurück bzw. vorwärts in die Stabilität einer Vierjährigen, die mit neuen Erfahrungen in Familie und Kindergarten gut zurechtkam.

Der Besuch

Damals, während ich bei den R.s war und am Ende des mehrstündigen Besuchs, war ich bestimmt vom Gefühl der Zufriedenheit über den guten, offenen Kontakt zwischen uns, vom Staunen über die Versöhnung der Eltern und die Genesung des Mädchens.

Wenn ich heute den Verlauf des Besuchs untersuche, so fällt als erstes auf, wie die Familie inmitten des umgebenden, gegenwärtigen Chaos und trotz der vergangenen Wirrnisse gemeinsam eine klare Struktur entfaltete: Erst teilten die Eltern etwas über sich und ihre Zukunft mit, dann sorgte Doris für eine ausführliche Darstellung der Lage aus ihrer Sicht. Danach zeigten wieder die Eltern, was sie bewegte, insbesondere, wie sie die krisenhafte Vergangenheit interpretierten, und zum Schluß war noch einmal Doris mit ihrem eigenen Kommentar zur Vergangenheit dran. Dabei stellte sich der unbewußte rote Faden in Doris' Spiel jeweils als genaue Anknüpfung an den roten Faden in den elterlichen Mitteilungen heraus.

Im ersten Teil erfuhr ich etwas über die Familie auf drei Zeitebenen. Früher hatten Eltern und Kinder in dieser enormen Enge miteinander gelebt – daß vorhandene Konflikte da besonders heftig explodiert waren, wurde mir ebenso vorstellbar wie die Unmöglichkeit, sich abzuschirmen gegen elterlichen Streit.

Jetzt, als Befreiung von dieser beengenden Vergangenheit, war der Vater von seiner eigenen Wohnung aus zu Besuch, und sie konnten die Dinge leichter zwischen sich handhaben, weil es die reale Möglichkeit zur Distanz gab.

Die Zukunftsperspektive schließlich bestand darin, daß sie erneut planten zusammenzuleben und dafür eine größere Wohnung suchten, d. h. einen Ort, an dem sowohl Distanzierung als auch Nähe möglich war.

Die anschließende lange Spielsequenz zwischen Doris und mir wurde von ihr eröffnet auf die Art, die für sie offenbar immer noch am schönsten war – sie schenkte mir etwas Süßes zu essen. Fühlbar war ihrem Schenken ein Element von Zwang beigemischt, ich mußte annehmen, essen und einpakken, da gab es gar keine Frage – ein Element, das an die von früher vertraute, bezwingende Verführung der Eltern zum Essen und Trinken erinnert.

Das Spiel, das Doris nun begann und in dessen Regeln sie mich unterwies, wurde zum Rahmen der folgenden Ereignisse zwischen uns. Immer wieder kam sie auf die beruhigende, sachliche Struktur vorgegebener Regeln zurück, um sich dann erneut mit Gefühlen auseinanderzusetzen.

Anfangs war ich es, die von den Regeln abwich und sie dazu verlockte, gemeinsam unsere Phantasie schweifen zu lassen. Wir vermischten Körperphantasien mit Objektwahrnehmungen, verdrehten und verfremdeten sie auf amüsante Weise und genossen die leicht anale Note des Spiels. Es war auch eine Reminiszenz: Lustvoll chaotische Sprachspiele und Wortsalate waren etwas Typisches zwischen mir und den Kindern in der Krabbelstube gewesen.

Mit meiner »Busen«-Assoziation brach das Spiel ab – Doris war ganz offenbar betroffen, ich hatte ein heikles Thema berührt, nämlich die kränkende Differenz zwischen ihr als kleinem Mädchen und mir als Frau. Sie gab mir prompt zu verstehen, daß sie zur Zeit eine erotische Konkurrenz mit der Mutter ausfocht und dabei die Überlegenheit der Mutter keineswegs ertragen wollte.

Nachdem sie eine Runde des Würfelspiels eingelegt hatte, folgte denn auch ihre Wut auf mich. Mein Pappkäfer wurde, halb spielend, halb ernst, von dem ihren gestoßen, geschlagen und gejagt. Nach einer weiteren Würfelspiel-Runde kam sie auf das heikle Thema zurück und konstruierte ein Dreieck: ihr Käfer, mein Käfer und der Meister, d. h. das kleine Mädchen, die Frau mit dem Busen und der Mann. Ihre Frage war offensichtlich: Welche beiden innerhalb dieses Dreiecks würden heiraten, also ein Paar bilden? Und wer würde ausgeschlossen sein?

Doris konnte jedoch diese Szene, diese Frage nur darstellen, wußte keine Lösung für das Problem der Rivalität mit der Mutter oder vermied die Antwort. Statt dessen hob sie die Situation auf, indem sie das Streitobjekt, den Mann, zum bösen Kerl und ihn dann, samt dem ganzen heiklen Thema, zu Dreck werden ließ und auf die Müllkippe warf. Es schien sicherer, den Mann schlechtzumachen und fortzuräumen aus dem Bewußtsein, als die Verbindung zur Mutter ernsthaft zu gefährden.

Nachdem sie mir die Heiratsphantasie mitgeteilt und die mit ihr verknüpfte Angst unter Kontrolle gebracht hatte, wandte sie sich noch einmal der Beziehung zur Mutterfigur zu. Sie zeigte ein Stück Alltag zwischen ihnen – Wohnen, Schlafen, Zärtlichkeit, andererseits auch Streit, Machtkampf und Abgrenzung der Interessensphären. Diese Szene behielt etwas Zweideutiges: Wiewohl sie nach der Logik der vorausgegangenen Szenen und nach der abschließenden Namensgebung zweifellos von zwei weiblichen Figuren, von Tochter und Mutter handelte, klang in ihr zugleich eine Darstellung der Elternbeziehung mit (von Zärtlichkeit im Schlafzimmer über Machtkämpfe bis zur räumlichen Separierung).

Man könnte sagen, daß Doris, nachdem ihre Eltern mir die freudige Nachricht von der Wiedervereinigung der Familie gegeben hatten, im Spiel etwas von den Fragen und Ängsten mitteilte, die dieser Plan neben der Vorfreude in ihr weckte:

Wenn sie alle wieder zusammenleben würden, wie sollte sie dann mit Neid und Eifersucht auf die Mutter zurechtkommen? Wer von ihnen beiden sollte den Vater bekommen? Andererseits, nachdem sie, bei allem Trennungsleid, lange die Mutter nicht mit dem Vater hatte teilen müssen, wie würde sie es aushalten, wieder mehr vom Elternpaar ausgeschlossen zu sein? Wer würde sie, das kleine Mädchen, brauchen, wenn die Eltern sich wieder vertrugen?

Szenenwechsel: Kaffeetrinken mit der ganzen Familie. So wie Doris mir einen Schokoladentaler geschenkt hatte, gaben mir jetzt die Eltern Kuchen. Zuneigung ging in dieser Familie durch den Magen und schmeckte süß. Während aber Doris mich das bezwingende Element des Essens hatte spüren lassen, wurde mir jetzt die genießerische, großzügige Seite zuteil.

Im anschließenden Erzählen ließen mich die Eltern erkennen, wie sie sich als einzelne, als Paar und in bezug auf Doris fühlten. Ellen R. schien nicht mehr so zu kämpfen um Anerkennung als Studentin und Berufsanwärterin in einem »männlichen« Bereich. Sie zeigte selbstverständlicher ihre Kompetenz. Ihr Mann sprach demgegenüber von der Grenze seiner Leistungsfähigkeit und davon, was für ihn realistisch war, nämlich eine gleiche berufliche Position zu suchen wie seine Frau. Die Schilderung der beiden klang durchaus nach Einigung mit sich selbst und miteinander darüber, was jeder mit seiner beruflich-»männlichen« Seite wünschte und verwirklichen konnte. Zugleich blieb offen, ob in der Selbsteinschätzung des Mannes und in der Entscheidung über seine berufliche Zukunft nicht auch eine Art von Einigung enthalten war, nämlich darüber, daß keiner von beiden erfolgreicher sein sollte als der andere.

Um einen anderen Anteil ging es in Frau R.s religiösem Glauben – er erscheint mir als Pendant zu Herrn R.s eigener Wohnung. Ich zog Frau R.s Erklärung der Krise und der Überwindung für sie nicht in Zweifel, aber ich sah in ihr nicht die ganze Begründung für den Verlauf der Geschehnisse.

Den Glauben der Frau und die eigene Wohnung des Mannes kann man als Beispiele für den Prozeß verstehen, in dem beide ein Stück Individualität (wieder-)fanden, das sie im Strudel ihrer frühen Ehejahre verloren hatten. Dann erscheint ihre lange Krise als Verstrickung, in der jeder um mehr Autonomie kämpfte und das gleiche Bestreben beim anderen mit Panik und Haß verfolgte.

Ellen R. sprach »von einem Teil von mir«, den sie jahrelang »verdrängt« habe, von unbegreiflichen Ängsten und Nöten, die erst nachließen, als sie den verdrängten Teil wieder annehmen konnte. Sie begriff dabei als wesentlich den Inhalt dieses Teils von sich, eben den Glauben. Die starke Wirkung religiöser Überzeugungen bestreite ich nicht. Aber aus meiner Sicht war mindestens ebenso entscheidend, daß es ihr gelungen war, wieder mehr in Einklang mit einem lange verleugneten Teil ihres Selbst zu kommen und daß es ihrem Mann jetzt möglich war, diesen Anteil von ihr offenbar vorbehaltlos zu akzeptieren.

Vielleicht kann man in der mühevollen und zeitweise zerstörerisch anmutenden Wiederaneignung dieses zuvor abgetrennten Anteils die Suche nach dem Eigenen, nach dem »autonomen, weiblichen Selbst« sehen, wie ich es früher für Ellen R. behauptet habe. Zur »Suche« würde passen, daß nach den Worten der Frau »alles noch unfertig, im Fluß« war, aber mittlerweile doch »ruhiger, besser«.

Daß der eigene Teil von ihr, zu dem sie »jetzt mehr stehen« konnte, jenseits von Mütterlichkeit und Maschinenbau, religiöser Glaube war, scheint mir, wenn ich es bewerten will, von einer schillernden Zweideutigkeit.

Nach der einen Seite kann man die gläubige Einstellung übersetzen mit Frau R.s gewachsener Fähigkeit, zu vertrauen und sich hinzugeben, wo es zuvor nur die aktiven Wege mütterlicher Kontrolle und »phallischer« Selbstbehauptung gegeben hatte. Religiöser Glaube stünde dann für nachlassende Angst vor passivem Geschehenlassen, vor unbeeinflußbaren Kräften, erwiese sich nicht, wie früher befürchtet, als Gefährdung, sondern als Bereicherung des Vermögens, Maschinen zu bauen und Mutter zu sein.

Nach der anderen Seite zeigt sich aber doch ein, wie ich meine, regressives, kindliches Element im wiederaufgenommenen Glauben an eine allmächtige, helfende Vaterfigur. So bedeutungsvoll das Zulassen dieser Sehnsucht für Ellen R.s Identitätssuche war, so nachdenklich stimmt andererseits ihre »unbewußte Entscheidung«, nicht trauernd Abschied zu nehmen vom phantasierten und ersehnten, »göttlichen« Vater, sondern ihn vielmehr wieder zu reinstallieren. Damit war sie zweifellos ihren Weiblichkeitswünschen nähergekommen; aber man könnte behaupten, sie habe mit der Hinwendung zur Religion die Position der erwachsenen Frau noch vermieden und sei eher zur Haltung einer Tochter zurückgekehrt.

Die dritte Ebene der Mitteilungen betraf das Verhältnis zur Tochter. Mit ihrer Schilderung der krisenhaften Vergangenheit drückten die Eltern aus, daß sie keine Schuldgefühle wegen Doris' damaliger Not und Regression spüren wollten. Für sie waren die Betreuerinnen mindestens ebensosehr »schuld« gewesen an Doris' Not wie sie selbst. Auch ich, die ich sie »allein gelassen« hatte, wurde implizit für mein Verlassen angeklagt.

Die Vehemenz der Kritik und das rasche Hinweggehen über den eigenen Anteil verweisen auf den Abwehrcharakter ihrer Haltung. Dunkel ahnten sie das erhebliche Leid, das sie unwillentlich der kleinen Tochter im eigenen Kampf und Streit zugefügt hatten. Jedoch sträubten sie sich, es in seinem ganzen Umfang zu empfinden. In dieser Abwehr war die Frau mit dem Mann einig – als tollen Kerl bewunderte sie ihn dafür, daß er eine äußere Feindin so prächtig niedergemacht, »zur Schnecke gemacht« hatte.

Das andere auffällige Moment an der Darstellung der Vergangenheit ist die Mitteilung, daß Doris sich am eigenen Schopf aus dem Sumpf gezogen habe. Nicht sie als Eltern seien fähig gewesen, einen Weg für Doris aus dem Unglück zu finden, auch nicht die Bezugspersonen hätten geholfen, sondern das Kind selbst habe sich allein geholfen, indem es sich für den Ortswechsel, den anderen Kindergarten entschieden habe.

Wenn Frau R.s Sicht zutraf, so war Doris' Selbsthilfe widersprüchlich zu bewerten – auf der einen Seite als Entlastung der Eltern und damit als Selbstüberforderung des Mädchens; auf der anderen Seite als bewundernswerte, rettende Fähigkeit, allein einen Ausweg zu finden.

Wie Doris selbst diese Art der »Rettung« empfand, macht die Betrachtung der nachfolgenden Spielszene mit mir deutlich. Wir beide griffen unsere Beziehung von zuvor wieder auf, gingen noch einmal in ihr Zimmer, spielten mit den früher gewählten Namen »Sissi« und »Sabine« weiter. Es ging Doris also darum, das Thema der Mutter-Tochter-Beziehung weiterzuführen und, wie sich herausstellte, ein zweites Mal der Sicht der Eltern entgegenzustellen. Wo sie vorhin Fragen und Ängste über die Zukunft mit Vater und Mutter ausgedrückt hatte, zeigte sie nun mit ihrem Spiel etwas von ihren Gefühlen über die Vergangenheit.

Eine Katastrophe hatte sich ereignet, ein Schiff war untergegangen, sie und die Mutter hatten sich gerettet. Die folgenden Attacken der Tochter gegen die Mutterfigur lassen etwas von Doris' Haß ahnen – tatsächlich nur ahnen, denn sie spielte mit kontrollierten Affekten, durch eine feste Abwehrschicht geschützt vorm Meer der schlimmen Gefühle. Sie geriet keineswegs nahe an ernste Wut wie zuvor beim Spielen des aktuelleren Rivalitäts-Themas.

Damals, als die Wogen des Streitens über der Familie und der Verzweiflung über Doris zusammengeschlagen waren, hatte sie zwar, wie sie mit ihrem Spiel sagte, mit der Mutter gefühlsmäßig und räumlich in einem Boot gesessen, war dem Untergang entkommen. Aber wie schrecklich es ihr in dieser »Notgemeinschaft« ergangen war, war schon aus dem Bericht über ihr »alptraumhaftes« viertes Lebensjahr deutlich geworden und wurde jetzt von ihr selbst bestätigt durch das Maß ihrer Rachsucht gegen die Mutter. Doris ertränkte sie und fraß sie auf, bedrohte sie mit ihrem gefährlichen Maul »im Wasser und unter Wasser und in der Welt«.

Ihrer gefräßigen Macht würde nicht die Mutter und niemand auf der Welt entkommen – es sei denn, man würde um Gnade betteln und versprechen, lieb, »ihr Freund« zu sein.

Noch einmal sollte dann die Mutter hilflos im Meer zappeln, damit Doris das Machtgefühl auskosten und die gnädige Rettung wiederholen konnte. Zu diesem Zweck ließ sie, herablassend im wahrsten Sinn des Wortes, diesmal eine Treppe zur Mutter herunter. Nicht, daß ich glaubte, sie habe als Hai etwa nur ein bedrohliches Maul; nein, sie konnte auch ausfahren aus ihrem Hai-Körper, was immer sie wollte und wie lang es auch sei.

Als hilflos ausgelieferte »Sissi« spürte ich Doris' Genuß

von Rache- und Omnipotenzgefühlen der Mutter gegenüber, aber auch etwas von der Hilflosigkeit, die das kleine Mädchen damals empfunden hatte.

Natürlich wußte Doris genau, daß solche »Mätzchen« wie dumme Sprüche oder erfundene Treppen nicht halfen, wenn man ernsthaft in Not war. Sie hatte in ihrer Not damals ernsthafte Hilfe gebraucht und nicht bekommen, sondern sich selbst helfen müssen. Die Wunden der Vergangenheit, so sagte sie mit ihrem Spiel, waren noch nicht so glatt verheilt, wie es die Mutter für Doris behauptet hatte.

In der letzten Szene variierte Doris das Thema von Triumph und Rache noch einmal. An die Stelle des früheren wütenden Verschlingens trat genüßliches Speisen – sie labte sich an leckeren Fischen und ebenso genüßlich daran, daß die Mutterfigur leer ausging. Das erinnerte nicht nur daran, daß Essensentzug für Doris eine gefürchtete Strafe und für die Eltern ein bevorzugter Weg der Machtausübung war. Sondern ihre Schadenfreude: »Ich habe etwas, was du nicht hast«, verwies auch auf die Kränkung, die sie anfangs durch mich empfunden hatte: »Du hast etwas, was ich nicht habe – einen Busen.«

Der Gesamteindruck von Doris während meines Besuchs teilte sich in zwei Ebenen. Auf der ersten Ebene lagen die Inhalte ihres Spielens, die bisher betrachtet wurden: ihre Ängste vor dem Wieder-Zusammenziehen der Eltern als Angst vor ödipaler Konfrontation und ihre Haß- und Rachegefühle aus der Zeit der Familienkrise.

Auf der anderen Ebene lag die Form, in der sie mir diese Empfindungen mitteilte, verbunden mit ihrem sonstigen Verhalten an diesem Tag. Und hier wirkte sie stabil und selbständig, spielte frei und laut, mit Phantasie und Humor. Gefühle mir gegenüber bzw. gegen mich als Mutter-Vertreterin äußerte sie prompt – Zuneigung, Kränkung und Wut, Rivalität und Schadenfreude. Bedürfnisse äußerte sie klar – z. B. mich in ihr Zimmer zu holen, das Würfelspiel zu machen, die Szenen zu entwickeln –, akzeptierte andererseits Aufschub oder Veränderung. Ein anderer Beweis ihrer Belastungsfähigkeit wurde sichtbar, als sie der emotionalen Beeinträchtigung durch den hörbar nahen, elterlichen Disput widerstand. Doris schien sich in ihrem Körper zu Hause zu fühlen und war im Kontakt mit mir auf abgegrenzte Weise präsent; spürbar hatte sie eine Schranke und beachtete meine.

Die Chance, mich als eine von früher vertraute Person wiederzusehen, gebrauchte sie, um einige ihrer augenblicklich zentralen Anliegen auszudrücken. Dabei zeigte sie, mit ihrer Spielweise einerseits und mit dem ausgeglichenen Umgehen mit den realen Eltern andererseits, daß sie ihre Konflikte zu diesem Zeitpunkt als innere handhabte und sich bemühte, die liebevolle Beziehung zu den Eltern zu schützen.

So positiv jedoch das Urteil über Doris' Befinden und Genesung hier ausfällt – wie war das Verhältnis zur ersten Ebene? Über Angst und Kränkung, Haß und Hilflosigkeit spielen zu können, war schon viel, bedenkt man die tiefe Apathie des vorausgegangenen Jahres, in der sie nicht mehr spielen konnte; aber es hob Konflikte und Bedrückungen nicht auf.

Als wunder Punkt erscheint mir erstens die Diskrepanz zwischen Doris' fortschwelender Rachebereitschaft und demgegenüber der elterlichen Weigerung, das Ausmaß von Doris' vergangenem Kummer und die eigene Verantwortung dafür anzuerkennen.

Zweitens sprach das Mädchen eine Warnung aus: Es war tatsächlich möglich, daß sie die Wiedervereinigung mit einer offenen Krise beantworten bzw. sie boykottieren würde. Ihre ratlose »Lösung« im Spiel – den Vater wegschaffen, leugnen, daß es ihn und das schwierige Personen- und Gefühlsdreieck gab –, würde in der Realität des kommenden Zusammenlebens keine Entsprechung finden können.

Progression und Regression

Um meinem ersten Anliegen zu folgen, zeichne ich nun das Wechselspiel progressiver und regressiver, destruktiver und heilsamer Kräfte nach, wie es sich in der Geschichte bei Doris und auf seiten der Eltern entfaltete.

Das vorliegende Material läßt über die Anfangszeit die These zu, Familie R. habe in einem oralen Arrangement und in der Form von Zweipersonen-Beziehungen, noch ohne Triangulierung, miteinander gelebt.

Essen spielte, konkret und als Träger verschiedener Gefühle, eine ebenso entscheidende Rolle wie orale Mechanismen, so etwa bei Doris Introjektion bzw. Inkorporation als Angstabwehr, bei den Eltern beispielsweise Projektion und scharfe Gut-Böse-Spaltung. Das kleine Mädchen zeigte eine hohe und ambivalente Bereitschaft zum Aufnehmen – sie war sehr fähig, rasch zu imitieren, Neues anzunehmen, mußte wenig festhalten an Hemmungen und konnte dann ihrer Lebenslust freien Lauf lassen. Dieser positiven Seite des Aufnehmens stand die andere gegenüber, die die Zeichen der Angst und die Gefahr der Regression in sich trug – durch das allzu schrankenlose Aufnehmen blieben Erfahrungen wenig differenziert, unverdaut und verlierbar.

In der nächsten Phase wurde sichtbar, wie die Mutter auszubrechen suchte aus ihrer Position in der Familienkonstellation, wie sie jenseits mütterlich-oraler Kontrolle und »phallischer« Selbstbehauptung, zugleich im Konflikt mit diesen Anteilen ihrer selbst, nach ihrer »autonomen Weiblichkeit« suchte.

Späteres Material machte im nachhinein deutlich, daß nicht nur die Frau für sich, sondern beide Eltern untergründig um eine befreiende Veränderung ihrer selbst und der Paarbeziehung rangen. Die Gestalt, die diese Suche nach etwas Neuem, Gemeinsamem annahm, war ein zweijähriger, erbitterter Kampf zwischen Mann und Frau, den beide Seiten mit destruktiver Aggressivität und dumpfer Verzweiflung gegeneinander führten, kaum noch fähig zu Rücksicht auf Doris (und den Bruder).

In dieser von Haß und Kampf geprägten Periode wurde ein wichtiger Differenzierungs- und Entwicklungsschritt des kleinen Mädchens, nämlich das Verstehen des Geschlechtsunterschiedes, zu einem bedrohlichen Erlebnis: Doris erfuhr sich schockartig als geschlechtlich beschädigt und die Mutter als grausame, kastrierende Macht.

Indessen deutete sich bei diesem traumatischen Erlebnis und in seiner Folge an, daß Doris daran arbeitete, sich aktiv mit ihm auseinanderzusetzen. Sie zeigte sich bereit, den tröstenden Verweis der Mutter auf die Klitoris identifikatorisch anzunehmen und damit notwendigerweise ein Stück weit die Penis-Illusion aufzugeben. Diese Fähigkeit, sich partiell von einer pathogenen Phantasie zu trennen, kam ihr, wie ich glaube, später in der Überwindung der schweren Depression zugute. Eine andere Form gewinnbringender Auseinandersetzung wurde im »Schneidenlernen« erkennbar, das sich verstehen ließ als Anzeichen für Identifikation mit dem mütterlichen Sadismus und zugleich als Ansatz zu dessen Sublimierung.

Im Film sahen wir Doris auf vielfältige libidinöse und mäßig aggressive Weise agieren; neben oralen Modi gebrauchte sie auch die anderen Umgangsweisen mit sich selbst und der Welt, die für ihre Altersstufe typisch waren.

Dann, nach diesem Intervall, trat die massive Regression »zum Baby« ein. Doris' Aufnahmefähigkeit erwies sich in dieser Zeit als ungeschütztes Offensein gegen alles miterlebte Streiten der Eltern; es entstand der Zwang, alles Schlimme in sich hineinzufressen und »dichtzuhalten«. Umgekehrt zeigte sich Doris' Fähigkeit, nicht festhalten zu müssen (an Hemmungen, an Phantasien usw.), nur noch von der negativen Seite, nicht mehr festhalten zu können, was es noch an Gutem gab.

In dieser Zeit war Doris' Haß verborgen, während der der Eltern nur allzu offenkundig war. Bei dem Mädchen vermutete ich vernichtende aggressive und omnipotente Phantasien hinter den Schutzschilden von Apathie und »Babysein«, also aufgehoben in ihrer Symptomatik. Demgegenüber war die Aggressivität der Eltern »draußen«, in ihrem feindlich gegeneinander gerichteten Agieren, spürbar. Indirekt bestätigte Doris später meine Vermutung durch ihr rachsüchtiges Haispiel gegen die Mutterfigur. Die Mutter wiederum interpretierte ihr Streiten und Kämpfen gegen den Mann im nachhinein als Ausdruck des Ankämpfens gegen eigene unbewußte Tendenzen, die aus der Verdrängung wiederaufstiegen und ihr Angst und Not bereiteten.

Diese Phase bleibt am dunkelsten, einmal, weil ich sie nur aus den spärlichen Berichten der Beteiligten kenne, dann, weil sie, trotz späterer Erklärungen, das Ausmaß der Verzweiflung verbirgt, das Doris und ihre Eltern an diesem Tiefpunkt erlebten.

Der Besuch dokumentierte, daß es der Familie gelungen war, gemeinsam einen Prozeß der Reorganisation und Reifung zu vollziehen, daß das Kämpfen einen Sinn gehabt hatte. Die Eltern konnten einander mehr Individualität und

Autonomie zugestehen, konnten Nähe und Distanz zwischen sich besser als früher regulieren. In ihrer Interaktion spielte die Oralität keine so vorherrschende Rolle wie früher. Essen war wichtig als Genuß und als Ausdruck von Zuneigung, nicht mehr im gleichen Maß wie früher, so bezeugten die schlankeren Körper, als Mittel des Trostes und der Erpressung.

Der Frau war es möglich geworden, sich Wünsche zuzugestehen und als Teil ihrer selbst zu integrieren, die sie zuvor sehr gefürchtet und abgewehrt hatte. Diese Wünsche gehörten, so meine Annahme, zu der Suche nach einer eigenen, weiblichen Identität, die im Muttersein und in »phallischer« Selbstverteidigung nicht aufging.

Daß die Wünsche von ihr zugelassen werden und innerhalb der Paarbeziehung Raum bekommen konnten, wurde wahrscheinlich erleichtert dadurch, daß Frau R. für sich die Form des religiösen Glaubens fand, also eine mitteilbare, sozial anerkannte Form gefahrloser, seelischer Hingabe an eine starke, schützende und überpersönliche Vater-Instanz (die dann nicht mehr im Mann ersehnt und bekämpft werden mußte).

Das kleine Mädchen war aus Apathie und Regression wiederaufgetaucht – wie, entzog sich letztlich unserer Kenntnis. Das Nachlassen der elterlichen Kämpfe wird ebenso dazu beigetragen haben wie Doris' vehementes, triebstarkes Temperament, ihre starke, lustsuchende Lebendigkeit. Möglicherweise mußte Doris keine depressive Neigung zurückbehalten, weil ihr das wenig kontrollierte Gefühlsleben ihrer Familie nunmehr zugute kam, wo Verstrickungen ausgelebt und bis zu einem (guten) Ende durchgekämpft wurden.

Der orale Modus war nicht mehr organisierendes Zentrum allen Erlebens und Handelns, sondern war, neben anderen, ein Teil ihrer libidinösen Gefühlsäußerungen (der Schokoladentaler) wie ihrer aggressiven Empfindungen (Verschlingen, Hungernlassen). Das Thema von Mangel, Neid und Besitzenwollen hatte allerdings seine Brisanz behalten: Ging es früher um den Penis, so jetzt um das Haben oder Nichthaben von Busen, Meister und Fisch. Die Objekte ihres Verlangens waren aber getrennt von ihr, nicht phantasierter, verlorener Teil des Selbst. Den Mangel beantwortete Doris mit direkter, mäßiger Aggression, mit Verleugnung und Umkehrung ins

Gegenteil. Vielleicht lag der wichtigste Unterschied darin, daß sie das Thema selbst in Spielszenen darstellen und in eigener Regie behalten konnte, während damals das Thema des Penismangels auf erschütternde wie gewaltsame Weise von ihr Besitz ergriffen hatte, ein passives, wie real erlebtes Körperschicksal wurde. Das »Phallische« hatte keinen auffälligen Stellenwert, klang lediglich einmal in der Vorstellung der aus dem Körper ausfahrbaren Treppe, also als phantasierter Zaubertrick zur Machterweiterung an.

Beunruhigend war nicht mehr der Geschlechtsunterschied, sondern der Generationsunterschied und das heißt die Rivalität mit der Mutter um den Vater. Doris war bereit, so zeigte sie, sich mit der Realität dreier verschiedener Personen (über den zweifellos wichtigen Bruder kann ich nichts sagen, da sie über ihn nicht spielte) und dem ödipalen Konflikt auseinanderzusetzen. Wieweit sich die Eltern darauf einstellen würden, den Konflikt der Tochter und ihre Angst vor Ausschließung ernst zu nehmen, blieb ungewiß, da sie zwar Lösungen für ihre eigenen Probleme gefunden hatten, aber Doris' Betroffenheit in der Vergangenheit (und vielleicht auch in der Zukunft) ein Stück weit ausblendeten.

Peniswunsch und »Kastration«

Der andere Fragenkomplex – was der Sinn von Doris' Peniswunsch und Kastrationsphantasie und wie deren Zusammenhang mit den elterlichen Konflikten sei – fand im Verlauf der Interpretation eingehende Bearbeitung. Abschließend fasse ich einige Gesichtspunkte zusammen, die mir an dieser Problematik bedeutsam erscheinen:

Die Konflikte der Frau und innerhalb der elterlichen Ehebeziehung spitzten sich in Doris' drittem Lebensjahr zu, in dem Jahr also, in dem das Mädchen anfing, sich aus der oralversorgenden Mutter-Tochter-Beziehung herauszulösen, als es begann, in der Krabbelstube seine Autonomie zu entdekken und zu genießen. Es entsteht der Eindruck, der einsetzende Loslösungsprozeß des Kindes habe auf seiten der Eltern eigene intensive Ambivalenzen, Loslösungswünsche ebenso wie Verlassensängste, wachgerufen.

Der ängstliche Teil der Ambivalenz wurde sichtbar darin, wie beide Eltern ihr Kind wieder mehr an sich banden, unbewußt Doris' Abhängigkeit und Anklammerung wieder vergrößerten, aber auch im verzweifelt-brutalen Kampf des Mannes gegen die Veränderung der Frau. Ellen R. hatte ihre Ängste offenbar delegiert an den Mann und an Doris, vertrat selbst den rebellischen Kampf für Autonomiewünsche, aber so, daß nun die Tochter nicht weitergehen konnte auf den begonnenen eigenen Wegen, statt dessen ängstlicher, und damit ihr, der Mutter, wieder sicherer war.

Es wurde schon hervorgehoben, daß diese destruktive Periode in der elterlichen Ehe von großer Bedeutung dafür war, wie destruktiv Doris die Entdeckung des Geschlechtsunterschiedes erlebte. Jetzt kann man, darüber hinausgehend, sagen, die Eltern selbst fürchteten, in dieser Phase ambivalenter Loslösungsgefühle, wie die Wahrnehmung anderer Unterschiede, Eigen- und Fremdheiten aneinander, so auch die Wahrnehmung des stärksten, nämlich des Geschlechtsunterschiedes zwischen sich. Diese Differenz war bisher entweder eingeebnet im oralen, versorgenden Arrangement oder verleugnet in der »phallischen« Konkurrenz, die Wahrnehmung der realen, geschlechtlichen Polarität also vermieden.

»Männlichkeit«, einen Penis zu haben, hieß in dieser Familie: stark sein, Furcht einflößen, angreifen, auch schlagen können, sich durchsetzen, Maschinen bauen. Das Gefühl, einen Penis zu haben oder später zu bekommen, hieß für Doris, mit der Phantasie zu leben, jetzt oder aber wenigstens eines Tages so stark, furchteinflößend usw. wie Vater und Mutter, mindestens aber so groß wie der Bruder zu werden und dann geschützt wie er zu sein.

Doris' Partizipation an der elterlichen »phallisch«-aggressiven Omnipotenzphantasie zerbrach, als sie sich der Erforschung der realen Körper, des mütterlichen und des eigenen zuwandte. Der Verlust der grandiosen »phallischen« Illusion bedeutete die Konfrontation mit der ernüchternden, realen, eigenen Weiblichkeit. Weiblichkeit fiel ineins mit Ernüchterung, Verletzlichkeit, Schwäche und Mangel. Damit erschien Doris ihr weibliches Geschlecht so mangelhaft, wie den Eltern im Lichte ihrer Angst und Abwehr Weiblichkeit als anderes, unterschiedenes Geschlecht mangelhaft erschien.

Während die Geschlechterdifferenz für die Eltern eine bedrohliche Bedeutung hatte, mit der sie seelisch nicht zurechtkamen, wurde sie für die dreijährige Doris zu einem konkreten, körperlichen Drama, erhielt die Bedeutung, Ergebnis massiver körperlicher Gewalt zu sein.

4. Leo

Seine Geschichte

Leo war zehn Monate alt, als ich begann, ihn und fünf andere Kinder jeden Vormittag in der Krabbelstube zusammen mit einem Elterndienst zu betreuen. Er war ein herziges, molliges Bübchen, das lebhaft herumkrabbelte und sich mit dem Gehenlernen Zeit ließ bis Mitte des zweiten Lebensjahres. In unserer ersten gemeinsamen Woche notierte ich:

> »Leo und ich gewinnen rasch Kontakt zueinander. Er hat am deutlichsten eine Beziehung zu mir aufgenommen, krabbelt auf mich zu, umarmt mich, gebraucht mich, ›erzählt‹, sucht Trost und nimmt ihn von mir an.«

In der folgenden Zeit bauten wir auf diesem gelungenen Kontakt auf, und ich konnte Leo bis in den Beginn seines vierten Jahres hinein in seinen Lebensäußerungen im großen und ganzen annehmen und liebevoll unterstützen.

Ebenfalls in jener ersten Woche zeichneten sich zwei weitere Erfahrungsbereiche ab, die Leo zu charakteristischen Bestandteilen seiner Persönlichkeit machen sollte:

Wach und mit Freude nahm er die neue Umgebung auf, zeigte lebhaftes Interesse an allem, was es zu sehen und zu befühlen, zu hören und zu schmecken gab. Immer wieder war er entzückt über Entdeckungen in seiner dinglichen und natürlichen Umwelt, genoß es aber gleichermaßen, sich intensiv in eine Beschäftigung zu vertiefen.

Der zweite Erfahrungsbereich war die Kindergruppe; Leos spontane Bereitschaft, sich vertrauensvoll neuen Erlebnissen zu öffnen, wurde deutlich auch in seiner spielerischen Hinwendung zu den Kindern. Sehr bald entwickelte er ein Repertoire auffordernder Gebärden und Blicke, um sie einzuladen zum Mitkrabbeln, zum Mitquieken und zum Spielen.

Meistens wurde Leo gebracht von Hiltrud B., seiner Mutter, einer anziehenden Frau Ende Zwanzig. In der ersten Zeit, als sie noch mit ihrem Kind zur Eingewöhnung länger in der Gruppe blieb, oder wenn sie Elterndienst hatte, genoß ich oft die hellen Seiten ihres Wesens, ihre sinnliche und amüsante Art, mit den Babies zu spielen, ihre Wärme und Phantasie – Eigenschaften, denen Leo spürbar seine Weltzugewandtheit und Kommunikationsfreude verdankte.

Früh, nämlich auch schon in der ersten Woche, lernte ich andere, düstere Seiten von Hiltrud B. kennen, Unglück, Klagen und Depressionen. An einem Tag kam sie bedrückt und sagte zu mir: »Der arme, kleine Kerl, er ist ganz verstört, weil er einen Riesenkrach zwischen Gerhard und mir mitgekriegt hat.« Sie weinte und erzählte von einer Auseinandersetzung mit ihrem Mann, dann von vielen vorausgegangenen Konflikten.

Sie sagte, Gerhard, ihr Mann, habe sich in der Zeit der Schwangerschaft von ihr abgewandt und sei nach Auseinandersetzungen aus der gemeinsamen Wohnung ausgezogen. Sie versorgte ihr Baby dann allein und bestritt den Lebensunterhalt, wie schon vor Leos Geburt, durch Nachhilfestunden und Schreibarbeiten; als Lehrerin hatte sie zuvor keine Stelle gefunden.

Als das Kind ein halbes Jahr alt war, wollten es die Eltern erneut miteinander versuchen, und Gerhard B. zog wieder zu Hiltrud und Leo. Der Mann war freiberuflich tätig und jetzt darum nicht nur gefühlsmäßig bereit, sondern auch zeitlich in der Lage, eine Beziehung zu seinem kleinen Sohn herzustellen und ihn mitzuversorgen.

Aufgrund seines Berufs wechselten längere Zeiten des Ausruhens mit Monaten angespannter Arbeit und damit auch Zeiten intensiven Daseins für Leo mit solchen fast völliger Abwesenheit. Zu diesem Rhythmus kam Herrn B.s stark fluktuierende Neigung, sich für seinen Sohn zu engagieren, sicher auch abhängig davon, wie die Dinge zwischen ihm und seiner Frau standen.

Im Kontakt mit mir erlebte ich den Mann als überaus verschlossen, fast scheu, seinem Kind gegenüber jedoch sehr bemüht, um Liebe werbend.

In Hiltrud B.s Klagen ging es um ihn als jähzornigen, manchmal brutalen Patriarchen, unter dem sie und Leo litten. Es schien, daß sich sein männlicher Stolz und ihre Ansprüche hart stießen. Den eigenen Jähzorn verschwieg die Frau nicht, sowenig wie ihre Unsicherheiten, und nach ihren Erzählungen konnte ich ihre Verstrickung mit ihrem Mann teilweise gut nachvollziehen. Andererseits empfand ich auch Ärger gegen sie, weil ich mich manchmal vom Ausmaß ihrer Leidensgeschichten erdrückt fühlte und sah, daß sie auch Leo mit ihren depressiven Stimmungen zudecken konnte.

Wenn auch in manchen Zeiten das »Düstere« in Hiltrud B. und ihren Beziehungen vorherrschend wurde, so gab es doch in guten Zeiten ihre Wärme, ihre Spontaneität und Diskussionsbereitschaft, von der ich ebenso wie die ganze Elterngruppe profitierte.

Mit Beginn seines zweiten Lebensjahres akzeptierte Leo allmählich die morgendliche Trennung von Mutter oder Vater; jedoch dauerte es noch ziemlich lange, bis er sich bei mir sicher genug fühlte, um bei Müdigkeit in der Krabbelstube einzuschlafen.

Aus seiner Freude am Kommunizieren entwickelte er früh ein breites Spektrum von Lauten und machte reichen Gebrauch von Gesten, Mimik und jeder Art von Körpersprache.

Seine Liebe zu den Kindern drückte er verschiedenartig aus; ich notierte:

> »Leo macht ausdrückliche Zärtlichkeitsversuche: Er schmiegt seinen Kopf an Schulter, Rücken, Bauch eines anderen Kindes, gibt dabei leise gurrende Töne von sich, macht Wuschelbewegungen mit der Hand über die Haare des anderen Kindes.«

Einige Monate später, als er fast zwei war:

> »Er trägt Arme voll Autos und verteilt eins nach dem anderen an die Kinder, lädt sie ein zum Spielen. Oder er läuft in einen andren Raum, ruft lange und liebevoll die Namen der andren.«

Leo entwickelte zur Gruppe als Ganzem und insbesondere zu bestimmten Kindern ein inniges Verhältnis, in dem er, der zu Hause oft einem Wechselbad von Gefühlen ausgesetzt war, seine ganze Sehnsucht nach Harmonie auslebte. Er spielte hingebungsvoll und auf eine Weise, die ihn und die anderen selten in Streit geraten ließ.

Wie zu erwarten, entstanden trotzdem Konflikte, die Leo

große Not bereiteten. Phasen des wehrlosen Opferseins wechselten mit Phasen heftigen, überfallartigen Beißens. Auf jeder Entwicklungsstufe, wenn seine Anstrengungen um Vermeidung von Konflikten versagten, schwankte er erneut zwischen der alten Opferhaltung und den jeweils neuen aggressiven körperlichen Mitteln, über die er dann verfügte. Notiz: »Er hatte lange Zeit Hiltruds Opferhaltung, ließ Schläge auf sich niederregnen. Jetzt schlägt er massiv zurück.«

Eine spielerische Form war, ein Tier zu sein, zu krabbeln und dabei drohende Lauerbewegungen zu machen und aggressive Schreie auszustoßen.

Im Lauf des Jahres erwarb er körperliche Sicherheit im Umgang mit dem Sich-Entfernen und Wiederkommen. Nachdem er mit siebzehn Monaten schließlich schnell und mühelos laufen gelernt hatte, wurde er trotz seiner Pummeligkeit noch agiler. Voller Kletterfreude, mit guter Koordination und Balance, eignete er sich zusammen mit den anderen Kindern seine Umgebung an.

Zwischendurch gab es immer wieder, mit schwankender Häufigkeit, Zeiten, in denen Leo bedrückt für sich allein saß. Nachdem ich das in einem unserer Videofilme, deutlicher als zuvor im Gruppenalltag, gesehen hatte, achtete ich mehr auf solche bekümmerten Stimmungen bei ihm und wandte mich ihm dann vermehrt zu. Wahrscheinlich vermißte er im Bedrücktsein seine Mutter; jedoch teilte er das gestisch oder lautlich nicht mit, wie es andere Kinder seines Alters taten, die etwa zur Tür zeigten oder krabbelten, mit fragendem: »Mäm-mäm?« oder mit Weinen.

Hiltrud B. sprach immer wieder von ihrer unerträglichen Lage mit Gerhard und von der Zwiespältigkeit ihrer Wünsche – daß sie ihren Mann ändern und bei ihm bleiben, oder aber, daß sie sich von ihm trennen wollte. Wenn es ihr dann schlecht ging, wurde sie unverläßlich für Leo, holte ihn nicht ab, vergaß Angelegenheiten, die ihn betrafen oder auch uns in der Krabbelstube.

Gerhard B. wiederum war manchmal schlagartig für längere Zeiten wie verschwunden, sei es durch seine Arbeit, sei es aus Zorn auf seine Frau. Dann tauchte er plötzlich wieder auf und holte den verwirrten Leo unerwartet und mit Geschenken in der Krabbelstube ab. Es gelang mir nicht, mit ihm über Leos Verwirrtsein zu reden; er schien kein Vertrauen zu mir zu haben.

Zu Anfang von Leos drittem Lebensjahr notierte ich:

»Leo hat zu reden begonnen: Lampe, Licht, Aua, auch als Hinweis auf andere Kinder: Doris aua, dann Tierstimmen und Teile von Versen und Liedern. Seine Zeiterfahrung ist: Mama hier, Mama weg, Mama kommt.«

In der Krabbelstube lehnte er es ab, sich auf Topf oder Toilette zu setzen. Statt dessen stellte er sich gern wie ein Star vor sein Publikum und pinkelte breitbeinig, sprudelnd auf den Boden, auch wenn er Hosen anhatte. Mit der Zeit bevorzugte er das Erwachsenenklo zum Pinkeln, beharrte aber darauf, sein großes Geschäft in die Hose zu machen, weswegen ihm seine Mutter immer wieder Windeln anzog, obwohl sie sie ihm eigentlich, wenn auch nach meinem Eindruck halbherzig, abgewöhnen wollte. Wenn Leo nackt war, spielte er gern mit seinem Penis und hatte, wie schon als älteres Baby, häufig Erektionen.

Mit zweieinhalb Jahren entdeckte Leo ein Thema, das ihn für Jahre nicht mehr losließ: »Kaputt und wieder ganz«, anhand von jedweden Gegenständen, die real beschädigt oder in seiner Phantasie kaputt und dann wieder ganz waren.

So schleppte er etwa alle Puppen und Bären auf einen Berg, untersuchte sie sorgsam, auch den Augenmechanismus, und stellte zutreffend fest: »Puppa ganz.« – »Puppa putt.«, unermüdlich.

Oder er spielte das Thema pantomimisch, mit Phantasiefiguren; eine Notiz:

»Leo ist morgens der erste. Während wir noch allein sind, spielt er bei mir, am Boden. Er habe, sagt er mir, ein kleines Schwein. ›Swein Leo liebhabt‹, erklärt er mir. Nun wird es mit den entsprechenden Gebärden von ihm gebadet, aber zu heiß. – ›Wasser heiß! Au, au!‹, schreit er stellvertretend für das Schwein. Mit veränderter Stimme: ›Setz Leo waarm macht‹, jetzt macht er also das Badewasser warm statt heiß und stößt für das Einlaufen des kühlen Wassers zischende Laute aus. Dann tritt er das phantasierte Schwein: ›Swein putt, aua‹. – Darauf hebt er es hoch, sagt: ›Swein Leo Aarm nehmt.‹ – Er schaukelt es mit den Worten: ›Swein wieder ganz.‹

Das macht er in ständigem Wechsel. Dann soll ich auch das Schwein in den Arm nehmen, damit es wieder ganz ist. Ich wiege es, er sieht mir zu. Um die Szene aufschreiben zu können, schlage ich ihm vor, das Schwein nach dem Baden schlafen zu legen. Darauf macht er fürsorglich aus dem Arztkoffer ein Bett. Ein sehr anrührendes Spiel.«

Leos bevorzugte Form, Gefühle auszudrücken, wurde – zumindest in der Krabbelstube – das Rollenspiel. So krabbelte er immer wieder raubtierhaft durch die Räume, riß den Mund gefährlich auf und brüllte: »Uuuu–aaa–hhh!« Dazu stellte er fest: »Tiger.« Das wiederholte er unendlich oft. Seine Lieblingsfreunde, zwei etwas jüngere Jungen, lud er gern zum Mitbrüllen ein und genoß es mit ihnen, andere Kinder und uns Betreuer zu erschrecken.

Neben den Themen »Kaputt-Wieder ganz« und »Tiger« stellte er auch die Fürsorge für kleine Kinder bzw. kleine Tiere immer wieder dar, meist gemeinsam mit seinen Freunden. Die versorgende Position nahm er im Wechsel mit der des Babys ein, glitt leicht von der einen in die andere. Damit verwandt war das Thema der Gefahren, die Leib und Leben der kleinen Tiere bedrohten – Feuer und Überschwemmungen, Verletzungen und Unfälle.

Während der ersten Hälfte dieses selben Jahres hatte ich Hiltrud B. zunehmend unglücklich und zugleich immer entschlossener zur Trennung von ihrem Mann erlebt. In der Mitte des Jahres schließlich war sie von Gerhard fortgezogen und teilte seither eine Wohnung mit einer anderen Frau und deren Kleinkind. Von den Veränderungen in ihrem Leben sprach sie wie befreit, oft euphorisch; sie war überzeugt, daß jetzt alles anders und gut werden würde. Bald nach dem Umzug begann sie eine Umschulung zur medizinisch-technischen Assistentin. Wenig später verliebte sie sich in einen Mann. Als sie nach kurzem ein Kind von ihm erwartete, entschloß sie sich, trotz großen Kummers, angesichts ihrer unsicheren finanziellen und persönlichen Lage, zur Abtreibung.

Die Beziehung zum neuen Freund dauerte nicht lange. Auch mit der Mitbewohnerin kam es zu Spannungen; gegen Ende des Jahres zog diese aus, gefolgt von zwei weiteren Frauen, die jeweils nach einigen Monaten ebenfalls auszogen, weil man sich in den Ansprüchen aneinander nicht einigen konnte. Im Verlauf von Leos viertem Lebensjahr beschloß Hiltrud B., nunmehr die Wohnung für sich allein zu gebrauchen.

Über das Auf und Ab all dieser Ereignisse erzählte sie oft, sowohl mir beim Bringen und Holen von Leo als auch an Elternabenden. Und wenn sie nicht da war, gab es Geschichten über sie; ihr wechselreiches Leben war beliebter Gegenstand von Berichten und Klatsch aller Art.

Zu Beginn von Leos viertem Lebensjahr verliebte sich Frau B. erneut. Als sie schwanger wurde, entschied sie sich dafür, das Kind auszutragen; sie hoffte, daß ihre neue Liebe zu einer stabilen Beziehung werden würde. Jürgen C., ihr Freund, lebte bald überwiegend bei ihr und Leo in der Wohnung, so daß Leo oft mit Mutter und »neuem Vater« zusammen war. Das bedeutete für den kleinen Jungen, sowohl von neuem ausgeschlossen zu sein wie auch als Familie gemeinsam unbeschwertes Glücklichsein zu erleben.

Zugleich war Leo immer wieder von Gefühlsdramen zwischen seinen Erwachsenen konfrontiert, denn die Beziehungen seiner Mutter zu ihren Liebespartnern – wie zu ihren Mitbewohnerinnen und partiell auch zu uns in der Krabbelstube – waren von hohen moralischen Ansprüchen und stürmischen Auseinandersetzungen bestimmt.

Im Verlauf der Schwangerschaft brach Hiltrud B. die Umschulung ab. Die kleine Laura wurde geboren, als Leo knapp vier Jahre als war. Ähnlich wie damals Herr B. vor der Geburt seines Sohnes, so zog sich nun Jürgen C., Lauras Vater, für Monate von der Frau und den beiden Kindern zurück; aus welchen Gründen, erfuhr ich nicht. Danach näherte er sich ihnen wieder an, und während der folgenden zwei Jahre hielten er und Hiltrud B., bei zwischenzeitlichen, vorübergehenden Trennungen, ihre Beziehung aufrecht.

Seit Frau B.s Trennung von Leos Vater hatte sich, nach Mühen und Wirren, ein Modus eingependelt, nach dem dieser in Abständen seinen Sohn besuchte oder zu sich abholte. So war allmählich das plötzliche Kommen und Gehen, mit dem der Vater früher Leo verwirrt hatte, einer gewissen Vorhersehbarkeit gewichen.

Leos viertes Lebensjahr war zu Hause bewegt von den skizzierten Veränderungen – dem Ein- und Ausziehen der

Mitbewohnerinnen, vom Dasein des neuen Freundes der Mutter und von ihrer – beschwerlichen – Schwangerschaft.

In der Krabbelstube fielen mir in diesem Jahr besonders sein Umgang mit dem eigenen Körper und wiederum seine Spiele auf. Leo bestand neuerdings darauf, immer eine lange Hose zu tragen. Dazu erklärte er mir: »Weil mich sonst der Hund ins Bein beißt.« – Von zu Hause berichtete Hiltrud, daß er einige Male angesichts seines erigierten Penis in Angst geriet und hilfesuchend zu ihr lief – sie solle ihn wieder weich machen.

Die Ausscheidung begann in diesem Jahr zu einem Problem für Leo zu werden. Erst verlor er die inzwischen gewonnene Kontrolle vorübergehend, dann bleibend. Während der Stunden in der Kindergruppe machte er die Hosen naß oder voll und weigerte sich strikt, wenn die andere Betreuerin oder ich ihm die Hosen wechseln oder darüber mit ihm sprechen wollten. Langsam verfestigte sich das Einnässen bzw. Einkoten zum Symptom, das in manchen Zeiten zwar verschwand, in anderen Zeiten aber regelmäßig auftauchte.

Die Kinder der Gruppe nahmen keinen Anstoß an Leos stinkenden oder nassen Hosen. Im Gegenteil, sie akzeptierten ihn als Wortführer und ältestes Kind, warben um seine Gunst und imitierten seine Spiele und Phantasien.

Leo seinerseits schloß sich immer enger an einen seiner Lieblingsfreunde an. Zwischen beiden entstand eine zwillingshafte Beziehung, in der einer des anderen Alter ego und Echo war. Stundenlang spielten sie in ihrer geschlossenen Zweier-Phantasiewelt, ohne kaum jemals in Streit zu geraten. Nur vorübergehend nahmen sie auch andere Kinder und dann gewöhnlich nur Jungen in ihr Spielen auf.

Als Leo dreieinhalb Jahre alt war, schrieb ich zum Beispiel:

> »Leo und Ingo halten Rohre vor die Augen und sagen: ›Knips, knips. Wir machen Bilder von euch.‹ – Dasselbe Rohr, in Verlängerung des Arms gehalten, dient jetzt als Pistole: ›Peng, peng‹, in den Raum hinein. – Dann: ›Ich bin ein Polizist. Wir machen ein Feuer. Wir sind die Feuerwehr, hier aus dem Rohr kommt Feuer raus. Sch-sch-sch.‹
>
> Es wechselt immer wieder hin und her: Schießgewehr –

Löschgerät – Telefon – Sprechrohr – Fotoapparat – Pistole – Feuerrohr.

Sie selbst spielen immer wieder: ›Wir sind Polizisten. Wir schießen mit Pistolen auf Tiere, die gefährlich sind.‹«

In einer anderen Spielsequenz:

»Sie springen über die Matratzen. Leo führt die Phantasie an, sagt: ›Wir sind die Polizei. Die Polizei fällt um.‹ – Dies stellen sie, wie alle folgenden Aktionen, die sie benennen, körperlich, pantomimisch dar. –

›Ist so viel Verkehr. Umfallen. Umfallen. Da ist auch ein Küken.‹ – Ingo: ›Ich bin der Kapitän. Ich bin die Kapitän-Ente. Ich bin die Baby-Ente.‹ – Leo: ›Die Polizei hat auch ein Küken, ein Baby.‹

Abwechselnd krabbeln sie quakend am Boden, dann fahren sie wieder als Polizisten Auto (Dreirad). Ihr Thema ist dann: ›Der große Polizist gibt Essen für den kleinen Fuchs. Die Polizei schießt Feuer auf den kleinen Fuchs. Die Polizei ertränkt den kleinen Fuchs.‹«

Es war manchmal schwer zu entscheiden, wieviel bei Leo freies Spiel war und wieviel ritualisierte, fast zwanghafte Wiederholung. Oft genug »spielte« er nicht mehr den schießenden Polizisten, er »war« es und dabei ernst oder erregt in einem Maße, daß er nicht aus der Phantasie »aussteigen« konnte. In den Spielen über Versorgung und Kleinsein wirkte er offener, ansprechbarer und bezog leichter andere mit ein.

In mir weckte das endlose Schießen und Polizeispielen oft Abneigung. Es gelang mir damals nicht, Distanz und Verständnis gegenüber diesen Spielen und den sie tragenden Motiven aufzubringen, und so entstand eine Situation, in der Leo auf seinem Thema beharrte und monomanisch Polizist mit Pistolen spielte und ich andererseits auf meiner Abneigung beharrte und vor lauter Schießen das Kind nicht mehr genug sah.

In seinem fünften Lebensjahr war Leo mittlerweile ein schlankes Kind geworden, mit großen Augen und einem rundbäckigen, intelligenten Gesicht und lebhaften, ausdrucksvollen Bewegungen. Manchmal wirkte er verschlossen und ernst, gelegentlich auch altklug, wenn er etwa moralisierende Erwachsenensprüche hersagte; es konnte auch wie eine ungemein treffende Persiflage klingen.

In der Krabbelstube sprach Leo äußerst selten direkt von zu Hause, von der erwarteten und dann geborenen Schwester, vom Dasein und später vom Fortbleiben des neuen Vaters oder von Gerhard B.

Statt dessen spielte und spielte er. Mit seinem Zwillingsfreund und manchmal mit zugelassenen weiteren Freunden, darunter seltener Mädchen der Gruppe, baute er große Gebilde aus Möbeln und Matratzen, Kisten und Kästen. Das Gebilde war dann ein Haus oder ein Schiff, das später zerstört und als Müll verstreut wurde. Müll, Schrott, Abfall – aufgetürmt aus dem gewohnten Krabbelstuben-Mobiliar oder Spielzeug – war in immer neuen Variationen wichtig.

Aus den Aufzeichnungen:

»Leo und Ingo schütten Kisten mit verschiedenen Bauteilen, die Körbe mit den Puppen, Bilderbüchern, Tieren und so weiter in der Mitte des Zimmers aus und stapeln darauf Decken, Stühle, so viel sie nur finden.

Sie stellen fest: ›Das ist unser Schiff‹, holen dann weitere Spielsachen, die für sie Proviant auf der Schiffsreise sind. Nachdem sie eine ganze Weile zum Thema Versorgung gespielt haben, kippt die Stimmung um.

Sie schreien: ›Die Polizei macht alles kaputt‹ und schmeißen die Sachen im Zimmer herum. – ›Wir reparieren alles‹, sagen sie und werfen die Sachen zurück auf den Haufen. Dann tanzen und schreien sie um den Haufen: ›Die Polizei macht Feuer! Es brennt!‹ – Dann: ›Die Polizei löscht das Feuer.‹ – Sie werfen Tücher auf den Haufen, halten darauf Rohre, mit Zischlauten. –

Jetzt sind die Rohre Schießgewehre: ›Pengpeng! Die Polizei muß Tiere totschießen. Daß man was zu essen hat auf dem Schiff.‹ Schießend richten sie die Rohre auf den Haufen oder auf andere Gegenstände. – Danach halten sie die Rohre an Ohren oder Münder: ›Jetzt telefoniert die Polizei.‹

Im Lauf des Vormittags wird der Haufen mehrfach abwechselnd zum Schiff und dann wieder zum Müllhaufen. Wenn er Müll ›ist‹, flippen Leo und Ingo jedesmal ziemlich aus, und das Spiel wird zum Chaos.«

Während dieser Aktivitäten geriet Leo, sich hochschaukelnd mit Ingo, meist in wachsende Aufregung. Mich brachte ihr

Spielen in einen Zwiespalt, denn während es mich einerseits faszinierte, war ich andererseits wütend über das Tohuwabohu. Ich setzte den Kindern Grenzen, indem ich »Schießpausen« verlangte, sie auf nur einen der Räume einschränkte oder indem ich sie zum Mitaufräumen aufforderte.

Das Räumen wurde zum Machtkampf, denn Leo sträubte sich heftig dagegen, den »Müllhaufen« zurückzusortieren.

Auch während dieses Jahres hatte Leo sehr häufig vormittags die Hosen naß oder vollgemacht, ohne aber zuzulassen, daß wir ihm frische Sachen anzogen; er wollte um keinen Preis entblößt sein.

Wir Erwachsenen – bei ihm zu Hause ebenso wie in der Krabbelstube – entwickelten eine verleugnende Toleranz gegenüber diesem Symptom, das als solches nicht anerkannt wurde. Erleichtert wurde die Verleugnung durch die Art, in der in der Krabbelstube den Kindern individuell und ausgiebig Zeit gelassen wurde bei der analen und urethralen Körperkontrolle. Während aber die anderen Kinder im dritten und vierten Lebensjahr von selbst ihre Ausscheidung beherrschen lernten, machte Leo auch im fünften und sechsten Lebensjahr immer wieder in die Hose und verteidigte den Inhalt beharrlich.

In dieser Periode hatte ich kaum je mehr Gelegenheit, mit Hiltrud B. zu sprechen; sie schien von ihrem Baby und von den Auseinandersetzungen mit ihrem Freund zu absorbiert zu sein, um wie früher zu erzählen und zu diskutieren. Später sagte sie mir, daß sie mit Leo, als er sechs Jahre alt war, wegen seines Ausscheidungsproblems eine Beratung aufgesucht habe.

Als Leo viereinhalb war, verließ ich die Krabbelstube; an dieser Stelle beende ich auch meinen Bericht über ihn.

Rekonstruktion

Mein Interesse an Leo setzt an drei Bereichen an – an seinem Spielen, an seinem Umgang mit Erregtsein, an seiner Männlichkeit.

- Seit ich Leo kannte, war es sein Spielen, das mich besonders berührt hat. Während ich in den ersten Jahren von seiner Phantasie und Spielfähigkeit ausschließlich begeistert war, wurde diese Faszination später zunehmend ambivalent. Darum sind es gerade die Spiele, die ich untersuchen will mit der doppelten Frage, was Leo in ihnen verhandelte und wie er das tat.

- In Leos Objektbeziehungen, aber ebenso in Körperzuständen und in seinem Spiel kam der Aufregung, dem Erregtsein, eine besondere Bedeutung zu. Was hieß es für das Kind auf den unterschiedlichen Stufen der Entwicklung jeweils, körperlich bzw. in seinen spielerischen wie »realen« Interaktionen Erregung zu erleben, und wie ging es damit um?
- Je älter Leo wurde, desto deutlicher trat hervor, daß seine Spiele und seine Erregungsgefühle in spezifischer Weise etwas damit zu tun hatten, daß er ein Junge war und wie er diese Tatsache erfuhr. Die Themen, die Leo mit seinen Freunden, vor allem ab dem vierten Lebensjahr, spielte, waren bei den Mädchen der Gruppe nie in vergleichbarem Maß eigene Spielinhalte, wurden von ihnen nur vorübergehend nachgeahmt und mitgemacht; auch das monomanische Wiederholen und »Ausflippen« gab es so bei den Mädchen nicht (vgl. Kap. III).

Vielleicht läßt sich ein Zusammenhang erschließen zwischen dem, was Leo über seine männliche Körpererfahrung mitteilte, und der Bedeutung, die »Männlichkeit« für seine Erwachsenen hatte.

Wechsel, Drama und Offenheit

Bevor ich die oben umrissenen Bereiche ins Zentrum der Untersuchung rücke, wende ich mich dem Zeitraum bis zum vollendeten zweiten Lebensjahr des Jungen zu, um charakteristische Elemente einerseits in seiner familialen Erfahrung und andererseits im Repertoire seines Verhaltens hervorzuheben.

An den geschilderten Ereignissen in der Familie fällt zunächst das Element des Wechsels auf.

Die Eltern waren unbeständig auf je eigene Art. Beim Vater wechselte langes Verschwundensein mit plötzlichem Sichkümmern, wichen Jähzorn und Liebeswerben gleichgültigem Fortgehen. Bei der Mutter, die zwar durch alle Veränderungen beständig bei Leo blieb, waren es Wechsel in Stimmungen und Beziehungen, die Leo miterlebte: Umschwünge vom

Überglücklichsein abwärts zum düsteren, alles zudeckenden Leiden und wieder aufwärts; und wechselnde Versuche des Zusammenlebens, sei es in Wohngemeinschaft mit Frauen, sei es in Liebe mit Männern.

So wandten sich ihm zeitweise seine Erwachsenen liebend und zärtlich zu, um ihn dann wieder schier zu vergessen über eigenen Leid- und Liebesangelegenheiten. In meinen Notizen faßte ich diesen Eindruck in Formulierungen wie »Wechselbad von Gefühlen« oder »Leos Kalt-Heiß-Duschen«.

In der Krabbelstube beobachtete ich bei Leo im Umgang mit den Erfahrungen verschiedenartigen Wechsels ein starkes Bedürfnis nach Kontinuität und Harmonie, was weniger erstaunlich ist als die Tatsache, daß er außer dem Wunsch auch die Fähigkeit zur Treue in bemerkenswertem Maß entwikkelte. – Im Unterschied zu Leo stellte etwa ein Mädchen, das ebenfalls während seiner ersten Lebensjahre rund um die Mutter einen Wechsel der Freunde und Wohngemeinschaften erlebt hatte, in der Krabbelstube eher diffuse, oberflächliche Beziehungen zu Kindern und Betreuern her. – Leo war seinen Freunden in der Gruppe über Jahre treu, anhänglich bis zur Abhängigkeit; auch mir gegenüber war seine Zuneigung lange Zeit beständig.

Neben dem Element des Wechsels von Gefühlen und Personen scheint mir für die Atmosphäre in Leos Zuhause eine spezielle Mischung von Drama und Sinnlichkeit typisch gewesen zu sein. Hiltrud B., so mein Bericht, war anziehend, warm und sinnlich. Sie konnte ihr Kind ebenso genießen wie Lust und Liebe mit Männern. Aber zu diesem Genießen gehörte offenbar etwas Dramatisches, ein Auf und Ab der Leidenschaften zwischen siebtem Himmel und Feindesgetümmel. Zu Feinden wurden die anderen, zuvor geliebten, so wie Frau B. es empfand und erzählte, und sie selbst zum Opfer.

Leo erlebte die Kämpfe seiner Mutter mit Männern und ihr Leiden an ihnen, aber neben angstmachender Aufregung auch aufregend schöne Ereignisse zwischen den Erwachsenen: Die Männer waren »böse« zur Mutter, verließen sie, die Mutter litt, und doch machten sie sie auch sehr lebenslustig, glücklich – und schwanger.

Wie die Auszüge aus meinen Notizen zeigen, gefiel mir nicht nur Hiltrud B.s helle, genießerische Seite, sondern auch

Leos Sinnenfreude, seine schon frühe Zärtlichkeit den Kindern und mir gegenüber. Später schien Leo seine Fähigkeit, sich an der Welt und an Menschen zu freuen, auch zu benutzen, um niederdrückende häusliche Erlebnisse fortzuschieben.

Auf das dramatische Element in seinem Zuhause verweist Leos Umgang mit fremder und eigener Aggression. Sein geducktes Hinnehmen von Angriffen in den »Phasen wehrlosen Opferseins« läßt daran denken, wie er Gefühlsausbrüche der Eltern und der späteren Freude über sich ergehen ließ, wie er mit ihm unangemessenen Gefühlen überschüttet wurde, sei es Jähzorn, sei es anklagendes Leiden. Es läßt aber auch, wie meine damalige Notiz zeigt, an »Hiltruds Opferhaltung« denken – fast, als gäbe es bereits bei einem kaum zweijährigen Kind eine so komplexe Identifikation mit der mütterlichen Haltung.

So waren also zwei Modi bei Leo beobachtbar: Entweder man wurde überschüttet oder man überschüttete selbst, wie im überfallartigen Beißen. Jedesmal wirkte das Ausschütten der heftigen Affekte seltsam unverbunden mit der Beziehungssituation. Mutters oder Vaters Affekte kamen »von woanders her«, nicht aus der jeweiligen Szene zwischen Leo selbst und einem von ihnen. Auch sein überfallartiges Beißen, sein unangemessen massives Zurückschlagen waren nicht sinnvoll verknüpft mit dem unmittelbaren Geschehen in der Gruppe, waren ein Schub aggressiver Impulse, jäh wie »von woanders her«.

Auffällig war also Leos Neigung, Konflikten passiv oder aber mit unintegrierbar heftiger Aggressivität zu begegnen. Daneben zeichneten sich jedoch auch früh zwei Wege ab, die zu milderen Formen der Handhabung von Konfliktpotential führen sollten: das Ausschließen von Gegensätzen in der aktiven libidinösen Hinwendung zu Kindern, eine Form, die später in der Herstellung völligen Gleichklangs mit seinem Lieblingsfreund gipfelte; andererseits die spielende Inszenierung aggressiver Gefühle in der Rolle eines gefährlichen Wesens (»Tiger«).

Das dritte charakteristische Element, das ich neben dem des Wechsels und dem von Drama und Sinnlichkeit in Leos familialer Erfahrung sehe und in seinem Verhaltensrepertoire wiedererkenne, ist das der Offenheit.

Leos Mutter teilte viel von sich und ihrem Leben mit, zeigte sich uns und war offen für Erfahrungen anderer. Wie beschrieben, konnte das Sich-Mitteilen umkippen in ein erdrückendes Ausbreiten ihres Leidens.

Auch bei Leo waren die Offenheit, seine Lust zum Mitteilen und Teilen unübersehbar. Folgerichtig entwickelte er früh differenzierte Mittel der Kommunikation – Sprache und Körpersprache, Zärtlichkeit, Einladen und Schenken. Mit Leidensgefühlen ging er jedoch, zumindest in der Krabbelstube, anders um als seine Mutter; anstatt um Hilfe zu appellieren, nahm er die Bedrückung nach innen.

Für das zweite Lebensjahr läßt sich festhalten, daß Leo neben Verhaltensweisen, in denen ein Modus der Mutter deutlich wiederzuerkennen ist, in der Krabbelstube auch andersartige eigene Modi herausbildete – sein besonderes Treueverhalten, den spielenden Umgang mit Aggressionen und die Wendung von Kummer nach innen.

Sexualität und Aggression

Im ersten Teil des Berichts über das dritte Lebensjahr erfährt man nicht nur etwas über Leos schon genanntes und wachsendes Sprachvermögen, sondern auch etwas Neues, was seinen Körper, seine infantile Sexualität betraf. Nacktheit erlebte er noch, vergleicht man es mit der Situation ein Jahr später, ungefährdet und masturbatorische Erregung frei und konfliktlos. Auch beim Pinkeln genoß er es, seinen Penis zu gebrauchen, und zeigte ihn mit exhibitionistischem Stolz, vielleicht auch mit aggressiver Lust.

Während er allmählich bereit war, sich mit seinen urethralerotischen Triebimpulsen unseren Sauberkeitsbedürfnissen anzupassen und zur Toilette zu gehen, hielt er an der frühkindlichen Tradition der analen Entleerung in die Windeln fest. Die Entleerung in ein äußeres Gefäß, Topf oder Toilette, und das Anschauen des Produkts schien ihn, im Unterschied zu den gleichaltrigen Kindern der Gruppe, besonders zu den Mädchen, nicht zu reizen. Im Gegenteil, reizvoll schien das Ausscheiden und Beisichbehalten auf die alte, vertraute und unkontrollierte Art zu sein.

Dazu fühlte er sich vermutlich eingeladen durch die im Bericht genannte Halbherzigkeit der Mutter im Umgang mit der

Windel-Entwöhnung. Ich glaube, daß Sohn und Mutter hier begannen, gemeinsam ein Stück frühkindlicher intimer Beziehung gegen den Lauf der Zeit festzuhalten: Frau B. konnte im fortgesetzten Hantieren an Leos Windeln Kontrolle über seinen Körper und Nähe zu ihm behalten, und Leo genoß offenbar weiterhin die Befriedigung frühkindlicher passiver Wünsche.

Neben diesem Aspekt der – vielleicht gegenseitigen – Verführung sehe ich, vor dem Hintergrund der vielfältigen Trennungen, denen Leo gerade in diesem Lebensjahr ausgesetzt war, in seinem Beharren auf den Windeln und ihrem festen Inhalt auch eine körpersprachliche Trennungsverweigerung. Er hatte sich von seiner ersten Wohnung trennen müssen und vom Zusammenleben mit dem Vater, später von Mutters neuem Freund, von der Mitbewohnerin und ihrem Kind. Und auch die Mutter »verlor« er ja zeitweise ein Stück weit – an die neue Arbeit (die Umschulung) und an den neuen Geliebten.

So passiv er diesen Verlusten ausgesetzt war, so aktiv suchte er vielleicht zu verhindern, daß er sein Ausscheidungsprodukt verlor, wollte es, mit welchen Phantasien auch immer, bei sich am Körper behalten. Jedenfalls konnte auch Protest gegen die Mutter darin liegen, die in dieser Zeit euphorisch alles neu machte, alle alten Verhältnisse verlassen wollte.

Eine interessante Frage, die ich nicht beantworten kann, ist, warum Leo seinen Darminhalt *am* Körper, nicht aber *im* Körper, als Verstopfung also, bei sich behielt.

Auf andere, vermittelte Weise ging es auch in Leos Forschungen und Spielen um seinen Körper, um das, was mit ihm geschah, wenn er von destruktiven Impulsen bewegt war. Die Auseinandersetzung mit diesen Kräften konnte der Junge bereits auf verschiedene Weise nach außen kehren, vergegenständlichen und dramatisieren.

An äußeren Gegenständen wie den erwähnten Puppen konnte er den Gegensatz des Ganz- und Kaputtseins »objektivieren«, dabei sowohl um Gefühle des eigenen Ganz- und Verletztseins kreisen wie auch an nichtlebendigen Objekten den intakten vom beschädigten, d.h. in der Phantasie angegriffenen Zustand unterscheiden.

In den Spielen über das phantasierte Schwein und über die

anderen Tiere inszenierte er die Gefahren, die, wie er fürchtete, ihm selbst und seinen Liebesobjekten aus seinen aggressiven Gefühlen erwuchsen – körperliche Angriffe, Feuer und Überschwemmungen, Verletzungen und Unfälle. Er war, wie die Spiele zeigten, um die Unversehrtheit seines Körpers sehr besorgt.

Die Gefahren suchte er nicht nur zu kontrollieren, indem er sie darstellte, sondern auch, indem er ihnen beschützende Kräfte entgegenstellte – Wiegen, Umarmen und »Wiederganzmachen«, Fürsorge und Rettung. Diese letzteren, gewonnen sicher vorwiegend aus der Identifikation mit sanften Seiten der Mutter, zeigen seine Liebe zu ihr.

Schließlich war er wieder, wie schon früher, die Gefahr selbst, der bedrohliche Tiger, der andere erschrecken und überfallen konnte – aber »gespielt«, nicht wie im überfallartigen Beißen selbst von aggressiver Erregung gepackt.

Während Leo früher gependelt hatte zwischen dem passiven Erleben des Zugeschüttetwerdens und des Zuschüttens mit Aggression, war es nun, auch natürlich entsprechend der alterstypischen emotionalen Differenzierung, ein Gewinn für ihn, sich in den beschriebenen Formen mit zerstörerischen Gefühlen auseinanderzusetzen.

Aber die Unablässigkeit, mit der Leo wieder und wieder diese Gefühle magisch beschwor und bändigte, war auch ein Hinweis darauf, daß er mit besonders intensiven Ängsten vor der Übermacht aggressiver Gefühle zu kämpfen hatte. Über das jäh wechselnde und dramatische Klima in seinem Zuhause habe ich schon gesprochen. In diesem Jahr gab es vermehrt Ereignisse, deren Auf und Ab solche Ängste bei Leo steigern konnte. Er erlebte, wie verschiedene Verbindungen der Mutter »kaputtgingen« – zum Mann, zum neuen Freund, zu den Mitbewohnerinnen; überdies hatte die Mutter eine Abtreibung. Und den Trennungen jener Zeit gingen ja jeweils heftige Auseinandersetzungen zwischen den Erwachsenen voraus.

Daher habe ich den Eindruck, daß Leos Spiel über das Sichverbrennen an heißem Wasser oder über Feuer nicht nur auf innere Triebgefahr verweist, sondern auch auf die Erfahrung, daß zwischen ihm und seinen Erwachsenen oft nicht die »richtige Temperatur« herrschte. Die emotionalen Gefahren des Überschwemmens, Verletzens und Kaputtmachens gab es in Leo, von innen her, und außen, zwischen den Großen. In Leos Erleben verbanden sich wahrscheinlich die inneren, aggressiv erregten Vorgänge mit den äußeren auf eine Weise, die beide wechselseitig bedrohlicher erscheinen ließen.

Für Leos drittes Lebensjahr kann man festhalten, daß es in diesem Zeitraum einen ausgeprägten Wechsel der Lebensumstände und der Personen gab, daß sich die Veränderungen auf teilweise dramatische Weise ereigneten und sich der Umgebungen intensiv mitteilten.

Betrachtet man das Mitgeteilte unter den Gesichtspunkten der oben genannten charakteristischen Elemente, so zeigt sich zum ersten, daß Leo in der Krabbelstube seine Bindung an die kleinen Spielgenossen festigte. Andererseits begann er, im Widerstand gegen sein Größerwerden, aber vermutlich auch gegen das Maß der ihm zugemuteten Veränderungen, an einer alten, frühkindlichen Form der Ausscheidung und der Beziehung zur Mutter festzuhalten.

Zweitens zeigte sich, daß in Leos sinnlichen Erfahrungen der Genuß des eigenen Körpers, vor allem die Lust am Penis, einen ersten Rang einnahm. Sein Modus der analen Entleerung blieb noch ganz in der Schwebe zwischen ungehemmter Lust und beginnendem Symptom. Während der Junge sexuelle (genitale) Empfindungen stolz, ohne Angst erlebte, ließ sein Spielen in der Krabbelstube erkennen, daß er aggressiv erregte Gefühle als bedrohend für sein Körper-Selbst und sein wichtigstes Liebesobjekt, die Mutter, erfuhr.

Drittens wurde deutlich, wie ausgeprägt schon Leos Vorliebe für Phantasiespiele als Kommunikationsform war. Andere Kinder erzählten oft direkter von zu Hause, etwa: »Ich hab gebadet.« – »Die Mama hat mir ein Pflaster gegeben« usw. – Leo bezog in sein Spielen die Kinder und mich ein, während er ab dem folgenden Jahr zunehmend Mädchen von seinen Spielen ausschloß und sich gegen uns Betreuerinnen abschirmte.

Wenden wir uns nunmehr dem Bericht über Leos viertes Lebensjahr zu, in dem es um diejenigen Spiele und Konflikte geht, die mich hier vorrangig interessieren.

Zuvor sei untersucht, was sich in der Familie ereignete und zu welchen Annahmen über Leos Befinden uns diese Ereignisse berechtigen. Hiltrud B., so der Bericht, verliebte sich wieder, wurde schwanger und war ebenso glücklich mit dem neuen Freund und über das erwartete Baby wie auch erneut in Kämpfe verstrickt mit dem Mann und von Beschwerden gedrückt im Schwangersein. (Den noch in dieses Jahr hineinreichenden Wechsel in der Wohngemeinschaft und Hiltruds Umschulungstätigkeit vernachlässige ich hier.) – Dies hieß für Leo zweierlei:

Zum einen war die Mutter absorbiert; befangen in Gefühlen ihrer neuen Beziehung und ihres Körpers, damit emotional weniger erreichbar, weniger vorhersehbar für ihn. In dieser Zeit, so können wir wohl folgern, hatte Leo nicht selten Grund, sich allein, ungeborgen und bedürftig zu fühlen.

Zum anderen war die Körperlichkeit der Mutter sehr spürbar für ihn, sowohl in ihrem erotischen Zusammensein mit dem Geliebten, das der Dreijährige bewußter als früher erlebte und das ihn erneut ausschloß, als auch in der Schwangerschaft. Ich glaube, daß Leo in dieser Zeit, in der seine infantile Sexualität einen ersten Höhepunkt erreichte, die Mutter intensiv als sexuelle und als weibliche Person erfuhr, deren – vermutlich z. T. mitgehörte, mitgesehene – Leidenschaft ihn ebenso beschäftigen, das heißt erregen und eifersüchtig machen konnte wie ihr sich verändernder Körper. Damit war eine Situation gegeben, die den »normalen«, erwartbaren ödipalen Konflikt bei Leo zuspitzte.

Und neben der Mutter gab es die Väter – den eigenen, den Leo nur besuchsweise sah und mit dem das Kind eine dramatische Trennungs-Vorgeschichte teilte, und den zweiten neuen Mann als Vater des erwarteten Babys. Keiner von beiden gehörte tatsächlich ungeteilt zu ihm, jeder war auch ein Störer seiner Liebesbeziehung zur Mutter, der eine im immer noch nachdauernden Streiten mit ihr, der andere als neuer Liebhaber, der der Mutter obendrein auch noch ein neues Kind »machte«, einen weiteren Konkurrenten. Wir können annehmen, daß diese Konstellation Leo nicht nur Anlaß gab zu feindseliger Konkurrenz, sondern auch zu einem Loyalitätskonflikt beiden Vätern gegenüber und, nicht zuletzt, zu idealisierender Sehnsucht nach einem eigenen, »richtigen«, mächtig großen Vater.

Lust und Ängste

Erinnern wir uns an das, was im Bericht über Leo selbst mitgeteilt wird. Wieder geht es um seinen Körper, seine infantile Sexualität, aber jetzt überschattet von Ängsten.

Zu Beginn eine wenig verhüllte Äußerung von Kastrationsangst, die ich auch damals in diesem Sinn verstand und in abgewandelter Form ebenfalls bei anderen kleinen Jungen der Gruppe erlebte, die ihrerseits mit drei, vier Jahren nicht mehr nackt, besonders nicht ohne Hose herumlaufen wollten. Der Hund werde ihn sonst ins Bein beißen, erklärte Leo, darum müsse er jetzt immer lange Hosen tragen. Diese Erklärung war weder von phobischem Verhalten begleitet – Leo hatte keine Hundephobie – noch mit einem auffälligen Interesse an Spielen über Hunde und am Thema des Beißens assoziiert. In Leos Spielen, die uns bald beschäftigen werden, ging es hingegen um Pistolen und die Polizei.

Während er seine Angst um den Penis mir gegenüber verschob und verschlüsselte, zeigte er sie vor der Mutter unverstellt. Hiltrud B. hatte erzählt, daß »er angesichts seines erigierten Penis in Angst geriet und hilfesuchend zu ihr lief, sie solle ihn wieder weich machen«. (Leider notierte ich nicht, was sie über ihre eigene Reaktion darauf berichtete.) In offensichtlicher Triebnot hatte er sich an sie gewandt mit der Bitte um Schutz vor einer Erregung, die er selbst nicht beherrschen konnte. In dieser Szene schien indessen nicht nur Hilflosigkeit, sondern zugleich auch etwas Verführerisches zu liegen, eine sexuelle Annäherung an die Mutter.

Ich habe keine Anhaltspunkte dafür, welche Phantasien seine genitalen Empfindungen auslösten und begleiteten, aber ich vermute doch, daß sie in irgendeiner Weise begehrlich auf die Mutter bezogen waren. Zur phallischen Lust mischte sich, anders als noch im Vorjahr und bedingt wohl durch eine Wandlung der Phantasien, Angst hinzu; der begehrliche Wunsch nach der Mutter führte zum Hilferuf an sie *gegen* eben diesen Wunsch.

In der Krabbelstube schützte Leo sich selbst, die lange

Hose war seine äußere Grenze. Was früher Erlebnis ungetrübter Lust gewesen war, Nacktheit und Masturbation, urethraler und exhibitionistischer Genuß, war jetzt gefährlich und mußte verborgen werden. Sich nackt und stolz erregt zu zeigen war Leo gar nicht mehr, genitale und urethrale Lust zu erleben nur noch heimlich möglich.

Auch aus einem anderen, älteren Motiv beharrte Leo darauf, die Hosen anzubehalten – keineswegs wollte er sich von seinem Kot, den er deutlich »riechbar« an sich trug, trennen, weder ihn dem Topf überlassen noch uns Betreuerinnen das Hosenwechseln erlauben. Dagegen verteidigte er sich, als könne ein Teil seines Körpers, sei es nun Penis, Urin oder Kot, in Gefahr geraten, wenn er gesehen oder berührt würde.

Eine der befürchteten Gefahren war wohl mit dem Gefühl der Scham uns gegenüber verbunden. Zum anderen glaube ich, daß die Gründe, die ich beim Zweijährigen fürs Behalten des Kotes in der Windel sah, noch galten – Leo hatte ja nicht weniger, sondern inzwischen eher mehr Anlaß, regressiv an einem frühkindlichen Ausscheidungsmodus, an Trennungsverweigerung und an trotzigem Protest gegen die Mutter festzuhalten. In diesem Zusammenhang konnten Einnässen und Einkoten auch Mittel sein, die Mutter zu körperlicher Intimität zu verführen oder gar zu zwingen, sie, die ihn ausschloß aus der Intimität mit dem neuen Geliebten. Nicht wir in der Krabbelstube durften ihn ausziehen, sein Häufchen bekommen und ihn nackt sehen, sondern nur die Mutter sollte das tun. Vielleicht wäre hier auch ein Anteil von Bestrafung für Mutters »Treulosigkeit« zu sehen, möglicherweise aber auch ein Anteil von Selbstbestrafung für verbotene lüsterne und böse Wünsche gegen das ausschließende Paar.

Denkt man an die Schwangerschaft der Mutter in diesem Jahr, so wäre es nicht allzu überraschend gewesen, wenn Leo, entlang einer alterstypischen Phantasie über Mutters größer werdenden Bauch und identifiziert mit ihr, Verstopfung bekommen hätte. Jedoch war das nicht der Fall, denn Leo behielt den Darminhalt nicht im, sondern am Körper, ein Umstand, für den ich schon früher keine ausreichende Erklärung fand. So bleibt unklar, ob und wie der Junge exkrementelle Lust und die Empfindung des bei sich bewahrten Kotes mit Vorstellungen über Schwangerschaft und Geburt verknüpfte.

An diesem Punkt läßt sich nur konstatieren, daß Leos Beharren auf der langen Hose sich aus Triebwünschen und Ängsten sowohl analer wie phallischer Herkunft speiste. Wie beide sich zusammenfügten, ist noch nicht deutlich und erschließt sich vielleicht ein Stück weit in der Untersuchung von Leos Spielen. Denn während er in den Stunden des Vormittags »Schießen« und »Polizei« spielte, näßte und kotete er ein. Also hatten die erregten Körpergefühle, die dann zu nassen und vollen Hosen führten, etwas mit dem Spielgeschehen zu tun.

Die Spiele

Vergleichen wir zuerst die beiden notierten Szenen des Dreijährigen mit den Spielen des vergangenen Jahres. Aus dem damaligen Umgehen mit den Gefahren: Feuer, Unfall und Verletztwerden hatte Leo offenbar inzwischen Mittel der Beherrschung entwickelt: Feuerwehr, Polizei und Schießen, also jeweils ziemlich genau das aktive Pendant zur passiv erlebten Bedrohung. (Im Fall der Überschwemmungsgefahr gab es in Leos Spiel nach meiner Beobachtung keine aktive Entsprechung.)

Damals hatte er als Hilfe, als Wiederganz- und -gutmachung für die kleinen Tiere mütterliches Besänftigen dargestellt, während es jetzt mächtige (und männliche), überpersönliche Instanzen: Feuerwehr und Polizei bzw. aggressive Mittel: Pistolen, Schießgewehr zur Kontrolle gab.

Die Gefahren mußten inzwischen anders und komplexer geworden sein und mit ihnen Leos Wege zu ihrer Beherrschung. Deren erhöhte Aggressivität verwies auf ein verstärktes Gefühl der Bedrohung.

»Pistolen«

In der ersten der beiden Spielsituationen inszenierte Leo zusammen mit seinem »Alter-ego-Freund« Ingo eine Geschichte, in der sich die Gestalt des omnipotenten phantasierten Penis und mit ihm sein phallisches Selbst immer wieder verwandelte: Fotoapparat-Pistole-Polizist-Feuermacher-Feuerwehr-Löschgerät-Schießgewehr-Telefon, und wieder Fotoapparat-Pistole... Mit Hilfe dieses omnipotenten Phallus konnte Leo in der Phantasie also angreifen und kontrollieren, entflammen und löschen, kommunizieren und beherrschen.

Es war zu einer Spaltung in Leos Körperselbst-Erleben gekommen, denn während er den realen Penis und seinen realen kleinen Körper nie mehr zeigte, vielmehr ängstlich verbarg, zeigte er unentwegt, wie getrieben, den idealen, phantasierten Penis und eine mächtige große Figur, beides in wechselnden Variationen sowohl von vertretenden Gegenständen (Rohren, Stöcken usw.) als auch von Phantasiebedeutungen.

Den beschämenden, angstbesetzten und verletzbaren Anteil der Penis-Repräsentanz hatte der reale Penis. Der Anteil von Aktivität und Beherrschung, überhöht zu Allmacht und Unverletzlichkeit, war in den imaginären und dinglichen Vertretungen repräsentiert. Die Rohre usw. waren im Gegensatz zum wirklichen eigenen Penis immer wieder zu ersetzen; wurden sie ihm weggenommen, konnte er sich ein anderes langes Gerät dafür nehmen.

Vielleicht entsprach es nicht nur dem Kaleidoskop seiner grandiosen phallischen Vorstellungen, wenn die Pistole ständig die Gestalt wechselte; sondern das Changieren war auch sicherer für Leo: So war der Penis wiederum nicht dingfest zu machen, nicht greifbar für andere und für ihn selbst. Denn das Bedrohende war für ihn nicht nur außen, wurde nicht nur auf andere projiziert (»Tiere, die gefährlich sind«). Er lokalisierte es auch in sich selbst (»*Wir* machen Feuer«).

Unverkennbar stellte der kleine Junge seine »brennende« genitale Erregung dar, benannte und inszenierte immer wieder einen erregten Körperzustand, um Lust und Macht darin zu spüren, aber auch, um den Aufruhr der Gefühle zu bändigen und zu einer Erledigung zu bringen. Während er einen Teil der Erregung symbolisch faßte und dabei in aggressive körperliche Aktion umsetzte, widersetzte sich offenbar ein anderer Teil der Erregung diesen Wegen und strebte einer direkten Lösung zu, dem Einnässen (»... das der Pollution des Erwachsenen gleichzustellen (ist)«.[1]

Wie die Entleerung des Darms mit diesem Zusammenhang verschränkt war, bleibt hier noch weiterhin unklar, weil es für sie weder gegenständliche noch sprachliche Äquivalente in

[1] S. Freud, Der Untergang des Ödipuskomplexes, GW XIII, S. 397

Leos Spiel gab; – es sei denn, man würde in der »geläufigen Wortvertauschung« von »Schießen und Scheißen«[1] einen vagen Ansatzpunkt suchen.

Es fragt sich, warum Leo die phallische Thematik so »hundertfach« und »monomanisch« wiederholte, wie es im Bericht heißt, woraus der Zwang entstand, sie fortgesetzt darzustellen. Ich sehe drei Gründe dafür. Zum einen in der Vorgeschichte – die ihn jetzt umtreibende Kastrationsangst konnte erst auf dem Hintergrund seiner früheren ausgeprägten Verletzungsängste so stark werden. Das Pendant zum gefährdeten Körpergefühl war immer wieder die Angst, zum Teil auch das tatsächliche Erleben gewesen, von nicht-integrierbarer aggressiver Erregung überschüttet, von destruktivem Haß auf seine Liebesobjekte überwältigt zu werden. Im häufig dramatischen, trennungsreichen Zusammenleben mit seinen Erwachsenen hatte der kleine Junge wenig Gelegenheit gehabt, angstmildernde, integrierende Schritte der Gefühlsbewältigung zu verinnerlichen.

Zum anderen speiste sich der Drang zur ständigen Wiederholung der phallischen Thematik aus Leos gesteigerten Triebwünschen, die, wie ich oben annahm, zusätzlich stimuliert wurden durch das neu entflammte Liebesleben der Mutter. So gefährlich erschienen die Triebwünsche wohl auch deshalb, weil sie sich mit regressiven, symbiotischen Wünschen vermischten. Vielleicht mußte Leo so fortgesetzt seine Körper-Ich-Grenze aggressiv markieren, weil er Angst hatte vor dem Sog seiner Tendenzen zurück zur frühen Einheit mit der Mutter.

Schließlich mußte Leos vormals stolzes phallisches Selbstgefühl eine empfindliche Kränkung erlitten haben, als zum zweiten Mal ein neuer Mann auftauchte, der ihn erneut aus der Position von Mutters Einzigstem absetzte und der sich, anders als sein Vorgänger, auch nicht so schnell »vertreiben« ließ. Das hundertfache Pistolenspiel ließ spüren, wie ihn diese aussichtslose Rivalität quälte und wie er gegen den Eindruck eines beschämend kleinen Penis (und überhaupt eines kleinen Jungenkörpers) ankämpfte mit grandiosem, aggressivem Phantasieren.

[1] S. Freud, Analyse der Phobie eines fünfjährigen Knaben, GW VII, S. 334

Anders als im »klassischen« ödipalen Kräftespiel stand dieser Rivalität nicht eine ähnlich starke Liebe zum Mann der Mutter gegenüber, die die erstere hätte hemmen können; Jürgen C. war für Leo nicht »Pfleger, Spielgenosse und Vorbild«[1] gewesen. Vielleicht hatte diese ungemilderte Nebenbuhlerschaft auch Leos Ängste und damit seine aggressiven Abwehrbemühungen gesteigert.

»Polizei«

In der zweiten wiedergegebenen Szene stellte Leo gemeinsam mit Ingo eine Interaktion zwischen der Polizei und dem Küken, bzw. dem Kapitän und der Babyente oder dem kleinen Fuchs dar. Dieses Verhältnis hatte dicht nebeneinander liebevoll pflegende und sadistische Züge.

Die Polizei hatte Aspekte der Mutter – sie fiel um, was an das häufige Leiden und Hinlegen der Mutter in der Schwangerschaft erinnert; sie versorgte den kleinen Fuchs mit Essen, und sie verlor die Beherrschung, was in der unvermittelten Aggression gegen den kleinen Fuchs auftaucht, im Schießen und Ertränken.

Zugleich hatte die Polizei auch väterlich-männliche Aspekte – sie war motorisiert, wie Frau B.s Männer, die anders als sie selbst Autos hatten; sie war mächtig und bewundernswert als Kapitän und großer Polizist, und sie war bedrohlich in ihrer Aggressivität.

Vielleicht das wichtigste war aber, daß die Polizei mächtiger als Mutter und Vater zusammen war: nicht eine Person, sondern eine Gruppe, ein Prinzip, nicht jemand, der depressiv (oder auch schwanger!) wie die Mutter werden konnte oder unverläßlich wie die Väter.

Die Polizei war also auch eine vervollständigte und überhöhte Elternfigur, von der sich Leo stärkeren Schutz als von seinen realen Erwachsenen erhoffte, deren Macht aber auch wieder furchteinflößend war.

Damit bin ich bei der innerpsychischen Bedeutung der Polizei für Leo. Ich hatte oben die Polizei als eines von Leos aktiven Mitteln zur Beherrschung von Triebgefahren charak-

[1] Vgl. S. Freud, Analyse der Phobie eines fünfjährigen Knaben, a. a. O., S. 356

terisiert. Wie sehr das »Prinzip Polizei« noch im Entstehen begriffen war, wird daran deutlich, daß diese sich immer wieder in den wilden Feind verwandelte, den sie kontrollieren sollte. Als Überichvorläufer bezog sie ihre Dynamik aus eben den triebhaften Vorgängen, die sie einschränken sollte, und so wurde der kleine Junge von der aggressiv-sexuellen Erregung gepackt, die er als Polizist packen wollte.

Ich glaube aber, daß Leo mit Hilfe der Polizei nicht nur eine Triebgefahr, sondern auch eine Identitätsbedrohung durch seine regressiven Wünsche in Schach halten wollte. In den Attacken der Polizei gegen das kleine Tier, das Baby, sehe ich auch Leos aggressive Verteidigung gegen die eigene Sehnsucht, abhängig versorgtes Baby der Mutter zu sein, seinen Kampf also auch um Abgrenzung und Autonomie.

Das Kräftespiel konnte keinen Ausgang, keine Ruhe finden, mußte fortgesetzt dargestellt werden. So gewiß in diesem wie in jedem kindlichen Wiederholen ein allgemeiner und zentraler Weg psychischer Strukturbildung liegt[1], so spürbar war andererseits, daß Leo (und sein Zwillingsfreund Ingo) im Vergleich zu den anderen Kindern von einer besonders hohen Spannung zum Wiederholen angetrieben war.

»Schiff und Müllhaufen«

Wenn man nun einen Sprung macht und das Protokoll der Spielszene aus Leos fünftem Lebensjahr betrachtet, so findet man bekannte Themen wieder: das Kaputtmachen und Reparieren; den Funktionswechsel des Rohres zwischen Angriff, Versorgen und Kommunikation; das Fluktuieren der Polizei zwischen den Fronten des Feuerlegens und -löschens. Der Junge war also weiterhin intensiv beschäftigt mit aggressiv und sexuell erregenden Gefühlen, der Angst vor ihnen und der Kontrolle über sie.

Neu war der Berg aufgehäufter Spielsachen, der in Leos Phantasie vom Schiff zum Müllhaufen wurde, eine Metamorphose, die von chaotischer Auflösung begleitet war – nicht nur die Sachen flogen wild durch den Raum, sondern auch

[1] Vgl. S. Mentzos, Neurotische Konfliktverarbeitung, München 1982, S. 163

Leo »flippte« aus. Der Haufen mußte für das aufgeregte Agieren bedeutungsvoll sein.

Was im vergangenen Jahr ein körpersprachliches, symptomatisches Erleben blieb, das nach meiner Beobachtung keine Darstellung im symbolischen Spiel fand – das Einkoten –, wurde jetzt, zusätzlich zum fortbestehenden Symptom und zur phallischen Problematik, inszeniert. Zum Haufen in der Hose kam der Haufen im Raum.

Gemeinsam mit Ingo schüttete Leo Spielzeug auf einen Berg, baute, so die verbalisierte Phantasie, ein Schiff. Daß das Phantasieschiff die dingliche Gestalt eines wild aufeinandergeschütteten Berges hatte, war nicht ohne Beziehung zum konfliktreichen analen Thema, das Leo hier verhandelte. Denn er konnte längst, wie ruhige Spielsituationen zeigten, tatsächlich strukturierte Gebilde, zum Beispiel Schiffe, altersangemessen bauen. Hier aber mußte Leo offenbar genau diesen chaotischen Müllhaufen in den Raum setzen, um seinen Konflikt zu dramatisieren und um die erregten Gefühle, die das Haufenmachen begleiteten, versuchsweise zu beherrschen.

Dies war eine schwierige Anforderung, weil darüber hinaus ja Leos genitale Wünsche und Ängste in ähnlicher Spannung wie früher weiterbestanden und nach Erledigung drängten. So kann man kaum entscheiden, ob er mit analen Mitteln einen phallischen Konflikt zu bewältigen suchte oder umgekehrt. Das Material beider Quellen war jedenfalls, wie das Spiel zeigte und wie schon im Vorjahr das Nebeneinander von Einkoten und Einnässen erkennen ließ, eng verknüpft.

Für beide galt, daß der Junge seine Angstlust an ihnen bis zur Erschöpfung darstellte, ohne aber einen Ansatz zur wirklichen Kontrolle und Integration zu finden. Das Schiff, das auf die Reise in die Autonomie gehen sollte, zerfiel immer wieder in seine Bestandteile und wurde überflutet von der Macht der Körpergefühle.

Auf die Frage, warum und wie eigentlich beide Komplexe bei Leo miteinander verschränkt waren, sehe ich keine ausreichende Antwort. Über die Tatsache der Verschränkung hinaus verweist das Material des Berichts nur auf eine Gemeinsamkeit in der Verlustgefahr (Kot bzw. Penis verlieren), möglicherweise auch in der aggressiven Komponente (Schießen als Stellvertretung von »Scheißen« wie als phallische Attacke).

Zu vermuten ist, daß die regressiven, verführenden und trotzigen Motive, die ich früher als ausschlaggebend für das Einkoten annahm, noch weiter galten. Aber es müssen, im Zusammenhang mit Leos eigener Weiterentwicklung und mit seiner neuen Situation daheim, andere Motive bzw. andere unbewußte Phantasien hinzugekommen sein, die dann in Verbindung mit dem Kastrationskomplex zum Motor von Leos Symptom- und Spielhandlungen wurden.

Die Form der Spiele

Untersuchen wir nun die Form, in der die Schieß-, Polizei- und Haufenspiele verliefen.

Leo brauchte für sie sein bevorzugtes kindliches Liebesobjekt Ingo, seinen »Zwillingsfreund«, »Alter ego« und »Echo«, brauchte die mit Ingo herstellbare »geschlossene und streitlose Zweierwelt«. Meistens leitete Leo die gemeinsame Phantasie, und Ingo folgte ihm. Offenbar waren beide kleinen Jungen füreinander über eine längere Periode ihrer Kindheit in nahezu vollkommener Weise Spiegel ihrer selbst. Als ein solcher Spiegel mußte der andere männlich sein, durften auch bei Erweiterung der Szenerie gewöhnlich nur Jungen mit einsteigen.

(Nach einer Information seiner Erzieherin aus dem Kinder-Hort spielt er auch jetzt, mit sechseinhalb Jahren, nur mit Jungen und hat keine Freundschaften mit Mädchen.)

Leos Beharren auf männlichen Spielgefährten mag sich über die »Spiegelfunktion« hinaus erklären aus seinem schmerzlichen Mangel an Männern, die bei ihm geblieben wären und sich als Identifikationsobjekte angeboten hätten.

Die geschlossene Zweierwelt mit Ingo hatte natürlich auch Elemente der verlorenen Geschlossenheit seiner früheren Welt mit der Mutter, wurde vielleicht um so wichtiger für ihn, als das idealisierte Verlorene gegenwärtig wiederbelebt war durch die neugeborene Schwester. Aus seiner Zweierwelt schloß Leo andere, Dritte aus, ließ höchstens Verdopplungen zu, sowohl im Thema wie in der Personenzahl.

Das Spielen mit Ingo war eine geschützte Form, den ansonsten gefährlichen regressiven Wunsch nach der verlorenen

Dyade doch partiell zu befriedigen: Erstens bestimmte Leo darin, wie es gehen sollte, und zweitens war sein Gegenüber männlich und ein Kind wie er.

Ein anderer wesentlicher Aspekt lag in der hohen Sicherheit, die beide Kinder einander über Jahre gewährten. Die Art ihrer narzißtischen Beziehung und ihres Spielens gab ihnen eine sichere Form, sich mit all ihren Ängsten, mit Haß, Größenphantasien und regressiven Bedürfnissen ohne Scham voreinander zu beschäftigen, intensiv und doch indirekt, mit schützender Distanz zu den ursprünglich gemeinten Objekten.

Allerdings weiß ich nicht, ob Leos Spiel jetzt ein zusätzlicher Nebenschauplatz war – so wie damals zu Beginn seines vierten Lebensjahres zum Zeitpunkt seiner hilflos-sexuellen Annäherung an die Mutter – oder ob es ein Ersatz war für den direkten Ausdruck seiner Gefühle (evtl. also diffuses Schießen *anstelle* gerichteter Wut gegen die Mutter etwa).

Als Kehrseite der Intensität im Miteinanderagieren der beiden Jungen empfand ich deren Geschlossenheit nach außen, das rauschhafte Abheben und Wegdriften ins Reich der Polizei und Pistolen. Leos Spielen mit Ingo hatte den Effekt, vielleicht auch den Zweck, den Kontakt zur Realität und zu den Personen um ihn herum herabzumindern (diesen Aspekt des »Beziehungsabbruchs« empfand ich als kränkend). Wahrscheinlich war das, ähnlich wie sein Schweigen über die tatsächlichen Ereignisse daheim, ein Hinweis darauf, daß er überhaupt weniger wagte, sich direkt mitzuteilen.

Des weiteren fällt auf, wie dominant und expansiv Leo in seinen Spielen agierte. In der Regel war er Produzent, Regisseur und Hauptdarsteller der Szenen und bestand auch auf diesen Funktionen. Als zwei kleinere Mädchen ein Gebilde errichteten und sagten: »Das ist unser Schiff«, erhob Leo entrüstet Einspruch: »Nee, *wir* bauen das Schiff immer, das ist unser Schiff. « –

So wie seine Schießerei als Polizist keine Grenzen kannte, ignorierte er auch die ihn umgebenden realen Grenzen in der Kindergruppe, wenn er spielte, verteilte sein »Schiffs- und Müll«-Material überall hin und durchdrang mit seinem »Pengpeng!«-Geschrei das Spielen der anderen Kinder.

Entsprechend empört war er als großartiger Polizist, wenn er sich zum Aufräumen herbeilassen sollte, also wieder vier Jahre alt sein und erwachsenen Erwartungen nachkommen sollte. Dagegen sträubte er sich, wie berichtet, heftig und verwickelte mich nicht selten in einen Machtkampf. Ich vermute, daß sein Sträuben auf einer tieferen Ebene, jenseits der trotzigen Machtprobe, auch die Weigerung enthielt, den Haufen wegzutun – ganz ebenso wie im Fall des Haufens in der Hose. Vielleicht so, als wäre der Haufen im Raum der sichtbare Beweis dafür, daß nach der Erregung doch noch alles »da« war, daß auch noch alles am Körper, dann also auch noch der Penis dran war.

Wenn man überlegt, ob die Spiele Leo bei der Verarbeitung seiner Konflikte geholfen haben, so lautet die Antwort: Nein und Ja.

Nein – denn das belegt allein schon die fortdauernde Notwendigkeit seines Einnässens und Einkotens. Den Gefühlsanteil, der im Symptom gebunden war, konnte Leo nicht mehr in Spielen und in der Sprache, sondern nur mehr am Körper darstellen und damit nicht in die Regie des bewußten Ich nehmen. Auch in der spielenden Inszenierung selbst gelang es ihm nicht, seine konflikthaften Gefühle zu integrieren, so oft er sie wiederholen und so viel phantasierte Omnipotenz er auch aufbieten mochte. Offenbar konnten die Größenphantasien seine Angst nicht ausreichend mildern. Das lag sicher nicht nur an der individuell und alterstypisch begrenzten Tauglichkeit seiner Mittel, auch nicht nur an der Stärke seiner Aggressivität, sondern ebenso, wie mir scheint, an der Qualität seiner familialen Erfahrung. Es mangelte Leo an Vorbildern und an Hilfe bei der Integration aggressiver Affekte; ein bestimmtes Maß an realem Drama zu Hause scheint der befreienden Funktion der Dramatisierung im Spiel entgegenzustehen.

Ja – Leos Spiele halfen ihm durchaus bei der Bewältigung seiner Konflikte. Durch sie schützte er seine Beziehungen in gewissem Maße vor offenem Haß. Kaum je erlebte ich ihn grausam gegen Kinder der Gruppe oder feindselig gegen seine Familie.

Die Spiele waren auch Leos »autonomes Versuchsgelände«, auf dem er, abgeschirmt gegen erwachsene Einmischung, Bewältigungsstrategien erprobte und mit seinem Selbstbild experimentierte.

Bei späteren Besuchen konnte ich übrigens beobachten, wie der Junge immer noch »Polizei« spielte, jedoch strukturierter und ruhiger als früher und jetzt als »Regelpolizist«, wie er sagte, also nicht schießend, sondern verkehrsregelnd. Das Überich hatte von seinem Schrecken verloren und war auch stabiler geworden: Die Polizei fiel (vgl. das zweite Spielprotokoll aus dem vierten Lebensjahr) nicht mehr um, und es war offenbar nicht mehr gar »so viel Verkehr«.

Überblickt man abschließend die Analyse der Spiele, so zeigt sich, daß darin ein Element, ähnlich wie in der »wirklichen« Geschichte, unzureichend Anerkennung fand, nämlich das von Leos Lust am Chaos. Überwiegend wurden Leos Spiele in ihren problematischen, angst- und konfliktvollen Elementen beleuchtet. Aber es kann für das jetzige Verständnis der Spiele nicht unbedeutend sein, daß ich selbst, wie im Bericht zweimal mitgeteilt, mich oft von ihnen gestört fühlte. Der damaligen negativen Wahrnehmung scheint die heutige, einseitig problematisierende Interpretation unvermutet ein Stück weit gefolgt zu sein.

Setzt man also die Lust des kleinen Jungen, sich dem machtvollen Schießen und dem Chaos hinzugeben, in ihr Recht, so erscheint das Verhältnis zwischen Leo und meiner damals eingrenzenden bzw. ablehnenden Haltung in einem anderen Licht. Offenbar spielte sich zwischen uns beiden eine wechselseitige, unbewußte Delegation ein mit dem Ergebnis, daß ich »nur Überich« und er »nur Es bzw. Trieb« zu sein schien.

Je kontrollierender ich war, um so »triebhafter« konnte Leo sein. Solange er mich erfolgreich zu vorwiegend einschränkenden Reaktionen provozierte, brauchte er kaum Schritte der Selbstverantwortung, der Verinnerlichung zu tun.

So gewiß Leo aus den früher entfalteten, konflikt- und angstbestimmten Gründen die Schieß- und Chaosspiele inszenierte und hundertfach wiederholen mußte, so überzeugend scheint andererseits, daß durch die wechselseitige unbewußte Delegation der lustvolle Anteil eine Verstärkung erfuhr, daß also der Junge an der Befriedigung phallischer und chaotischer Lust festhalten konnte.

Das Muster des gemeinsamen, unbewußten Festhaltens an

einer »primitiven« bzw. regressiven Form körperlichen Erlebens, wie ich es für das Symptom des Einkotens postuliert habe, gab es also nicht nur zwischen der Mutter und Leo, sondern, auf einem anderen Gebiet, auch zwischen ihm und mir.

Der nun deutlicher hervorgehobene Aspekt von Leos »triebhafter Lust« in seinen Spielen und in seiner Beziehung zu mir macht auf einen weiteren aufmerksam, nämlich den der Möglichkeit zur Opposition gegen mich.

Während es ihm aufgrund der großzügigen Moral der Krabbelstube hinsichtlich analer Körperkontrolle und später zusätzlich durch unsere Verleugnung nicht gelang, mich (bzw. die Mutter) mit seiner Verweigerung wirklich zu ärgern, erreichte er diese Wirkung vollauf mit seinem phallisch-aggressiven und chaotischen Agieren.

Dann fungierten die Spiele auch als verschobenes Austragungsfeld für Leos ins Leere laufenden »analen Trotz«, ermöglichten ihm Erlebnisse der Lust und Macht, der Opposition und der Abgrenzung gegen mich und nicht nur gegenüber der Mutter und ihren Männern.

Erregung

Während die eingangs gestellten Fragen zum ersten Bereich, zum Spielen, verfolgt wurden, entfalteten sich auch verschiedene Stadien und Facetten des zweiten Bereichs, der Bedeutung des Erregtseins für Leo.

Meinen Eindruck von diesem letzteren Thema möchte ich zum Schluß in zwei entgegengesetzten Thesen zusammenfassen: Es scheint, daß durch die Vermischung gesteigerten regressiven Verlangens nach der Mutter mit frühzeitigen inzestuösen Triebwünschen an sie für Leo ein fortdauernd aggressiver Abgrenzungs- und Abwehrkampf notwendig wurde, dessen Erregung dann zum Teil ähnlich schwer zu kontrollieren war wie die der bedrohlich empfundenen libidinösen Strebungen.

Gewissermaßen andersherum könnte man aber auch mutmaßen, ob es nicht Leos frühes, häufiges Erleben von äußerer und innerer aggressiver Erregung war, das eine narzißtisch-grandiose Erotisierung und Sexualisierung erfuhr. Vielleicht wurde die wiederkehrende passive Erfahrung, von ungemilderter, nicht-integrierbarer Aggression überrollt zu werden, zu einem Motor für das Kind, immer wieder aktiv erregende Situationen herzustellen.

Männlichkeit

Welches Ergebnis läßt sich für den dritten Fragenkomplex, Leos Männlichkeit, festhalten?

Der kleine Junge war in jenen Jahren der einzige beständig bei der Mutter bleibende, kleine »Mann«. Aus der Einzigkeit wurde er wiederholt vertrieben, durch Hiltruds Liebhaber und später durch die Schwester. Ich glaube, daß die Art der Beziehung zwischen seinen Erwachsenen zu Hause für Leo ein besonderes Dilemma in der männlichen Identifikation mit sich brachte.

Es lag vorrangig an Männern, daß er entthront und entwertet wurde – er mußte sie fürchten und hassen, weil die Mutter ihn für sie, die fremden erwachsenen Liebhaber, zurücksetzte. Bevor er aber, zum Schutz gegen diese narzißtische Entwertung, eine Identifikation mit den Angreifern, den bedrohlichen und von der Mutter begehrten Eindringlingen aufbauen konnte, waren die Männer ihrerseits partiell wieder entwertet – schwache und böse Gestalten, so die Vorwürfe der Mutter, die sie enttäuschten und verließen.

So wurde die schützende Wunschphantasie, (omni-)potent wie Mutters Mann zu sein, gebrochen, und Leos Versuch, durch die Phantasie Stärke zu gewinnen, mißlang. Die Identifikationsobjekte verloren an Wert, sei es durch – berechtigte wie unberechtigte – Klagen der Mutter, sei es durch eigenes Agieren, zum Beispiel durch ihr Fortbleiben. (Mit Leos eigenem Vater war das bereits geschehen.)

Auf der einen Seite gab es etwas in Hiltruds Objektwahl, das zu dem wiederholten dramatischen Beziehungsverlauf führen mußte und das auf ein widersprüchliches Männerbild schließen ließ; etwas wie die Suche nach einem (omni-)potenten, tollen Kerl, der sich später mit Notwendigkeit als enttäuschend schwacher und bösartiger Mann herausstellen würde.

Auf der anderen Seite ließ sich in Leos Umgehen mit seinem Körper eine Spaltung seines sexuellen Selbstbildes erkennen: in der Vorstellung eines beschämend kleinen Jungenkörpers mit gefährdetem, verletzbarem Penis und andererseits in der aufgeputschten Phantasie vom großartigen Pistolenheld.

Beide Bilder, das Männerbild der Mutter und das Körperselbstbild des kleinen Sohnes, ähneln einander in der aufgespaltenen Verquickung von erregendem, idealisiertem und von entwertetem Teil.

Vielleicht hat Leo nicht nur die Identifikation mit den Angreifern, Hiltruds Liebhabern, gesucht, sondern auch mit der erotischen Phantasie der Mutter. Die Quellen seines Agierens lägen dann sowohl im Verhältnis zu sich selbst, im Betroffensein von den eigenen triebhaften Gefühlen, als auch im Verhältnis zur Mutter, zu ihren phantsierten und realen Männern.

V. Resümee

Das Resümee erfolgt in zwei Schritten: Zuerst fasse ich die Ergebnisse der vier Fallgeschichten zusammen; dann, im zweiten Schritt, beziehe ich diese Ergebnisse auf die kritischen Fragen, die zu Anfang in der Diskussion theoretischer Konzepte geschlechtlicher Entwicklung herausgearbeitet wurden.

1. Die Fallgeschichten

Bevor ich die Fallgeschichten hinsichtlich geschlechtsspezifischer Besonderheiten untersuche, möchte ich einige besondere Eindrücke mitteilen, die ich bei der Betrachtung der Geschichten gewonnen habe.

Während ich zunächst im wesentlichen die Macht von Lebensverhältnissen aufzeigen wollte, die durch den Alltag der Eltern und durch ihr Unbewußtes auf das Kind wirken und es formen, so zeigte sich bald der Einfluß des Kindes umgekehrt als von mir unterschätzt. Es bewies seine ebenso große Wirkung auf die Erwachsenen.

In jeder der Geschichten wurde deutlich, wie das weibliche ebenso wie das männliche Kind mit seinem kleinen und triebhaften Körper einstürmte auf die Erwachsenen und ihre verdrängten Gefühle.

Es beschenkte, verführte und bedrohte sie durch seine frühe, symbiotische Existenzweise und durch die Unbedingtheit seines Nähebedürfnisses.

Es bedrohte, ja überforderte sie fast, wie die Fälle zeigen, mit seiner Loslösung und, damit verquickt, mit seiner Geschlechtlichkeit.

Diese Entwicklungsperiode im dritten und vierten Lebensjahr (der Loslösungskampf und der Komplex genital-sexueller und ödipaler Gefühle) löste bei einigen der Eltern starke Bewegungen aus, Angst und Beunruhigung, sogar, nach meiner Auffassung, äußere Flucht, Paarkonflikte und Trennungen.

Das kleine Kind schien die Abwehr der Eltern, in Charakter, Neurose und Paarbeziehung verfestigt, zu verflüssigen und in den Erwachsenen lebhafte, auch angstvolle Kämpfe zu entfachen, die ihrerseits besonders stark übergriffen auf die Entwicklung des Kindes.

Der zweite Eindruck bezieht sich auf die unbefriedigende Tatsache, daß die Fallgeschichten – mit Ausnahme der Joachims – so wenig über die Väter Auskunft gaben.

Hatte ich vorn, im ersten Kapitel, an verschiedenen psychoanalytischen Konzepten über die Entwicklung in den ersten Lebensjahren die systematische Auslassung der Männer kritisiert und die Untersuchung der Bedeutung des Vaters für unverzichtbar erklärt, so nützte mir dieser Anspruch wenig. Es gab in meinen Notizen allzu wenig Material über die Väter – Ergebnis sowohl ihrer praktischen wie emotionalen Abstinenz in den frühen Lebensjahren ihrer Kinder als auch, ohne Zweifel damit vermischt, Ergebnis meines partiellen Ausblendens in Wahrnehmung und Darstellung.

So blieb bei drei der vier Kinder so besonders »schwer analytisch faßbar« und »schattenhaft« weniger »die erste Mutterbindung«, wie es S. Freud in der Arbeit »Über die weibliche Sexualität«[1] für die präödipale Vorzeit des Mädchens fand, als vielmehr das frühe und das ödipale Erleben der Vaterbeziehung für beide Geschlechter.

Wenn Freud seinen Eindruck auch dem Umstand zuschrieb, daß die Patientinnen ihm als Mann gegenüber vorwiegend eine Vaterübertragung und darin auch einen Widerstand gegen das Aufleben der verdrängten Mutterbindung entwickelten,[2] so läßt sich vielleicht in abgewandelter Weise die schattenhaft gebliebene Vater-Kind-Beziehung in meinem Material verstehen. Als Frau, als Mutterersatz, nahm ich leichter und deutlicher die Mutter-Kind-Beziehungen wahr, brachten mir umgekehrt Kinder und Mütter mehr von der Dynamik ihres Verhältnisses nahe als dies im Fall der Väter und ihrer Kinder zutraf.

[1] S. Freud, GW XIV, S. 519
[2] S. Freud, a. a. O.

So muß man in den Geschichten hinsichtlich der Männer immer wieder weiße Flecken, gelegentlich mehr Spekulation als Interpretation oder wenig differenzierte, blasse Kennzeichnungen hinnehmen. Selbst Joachims Vater, der sich für einen wesentlichen Zeitraum seinem Sohn fühlbar nahe und damit meiner Wahrnehmung deutlich sichtbar zeigte, entschwand ab einem bestimmten Punkt aus der Geschichte seines Sohnes.

Die letzte Bemerkung, die ich vorausschicke, betrifft die Schwierigkeit des Zusammenfassens. Nachdem ich mich so eingehend vertieft habe in die Geschichte der Kinder, erscheint mir jedes von ihnen als so besonderes, einzelnes Individuum, daß »das gemeinsame Weibliche« bzw. »das gemeinsame Männliche« sich zunächst nicht zeigen will. Andererseits scheint es eine ebenso schwer zu umschiffende Gefahr, im Resümieren des Gemeinsamen, hier des Geschlechtstypischen, die Besonderheit des einzelnen Kindes zu verwischen.

Was hatte Leo wirklich gemeinsam mit Joachim, und was unterschied beide, aufgrund ihres Geschlechts, von Cilly und Doris?

Vielleicht gelingt der Einstieg leichter mit einer verdrehenden Fragestellung:

Als bei den Mädchen Krise und Ohnmacht wuchsen, warum rannten sie nicht diffus und aggressiv agierend herum, warum attackierten sie nicht andere Kinder, inszenierten keine Polizei- und Chaos-Spiele, sondern erstarrten und regredierten?

Und umgekehrt: Als Hilflosigkeit und Ängste der Jungen zunahmen, warum wurden sie nicht apathisch oder zum »Baby«, blieben nicht scheu im Raum oder quengelnd an den Fersen eines Erwachsenen, sondern tobten hektisch und schießend umher?

Beginnen wir also mit dem Vergleich von Abwehrformen bei den Jungen und den Mädchen.

»Das Männliche« – Körperbewegung statt Gefühlen, aggressives, grandioses Agieren zur Abwehr von Verletzlichkeit und Kleinsein – entsprang bei den beiden Jungen aus unterschiedlicher Erfahrung – bei Leo aus der Notwendigkeit, sich gegen starke Kastrationsangst und gegen intensive Regressionswünsche zu verteidigen; bei Joachim aus Verzweiflung und dem Kampf gegen Angst vor Selbstverlust.

»Das Männliche« entsprang der kindlichen Wahrnehmung beider Geschlechter, des Vaters und der Mutter, sowie ihres Verhältnisses zueinander: bei Leo der Identifikation mit den Aggressoren, den Männern der Mutter, mit ihren gefürchteten, idealisierten wie auch entwerteten Aspekten nicht weniger als mit der erotischen Männerphantasie der Mutter, schließlich jedoch ebenso dem passiven Erleben mütterlicher Dramatik.

Bei Joachim entsprang »das Männliche« als körperlose Abwehrstrategie (im Unterschied zur körperlichen Erregungsangst bei Leo) der Identifikation mit beiden forciert-männlich agierenden Eltern, mit ihrer gemeinsamen unbewußten »phallisch«-aggressiven Phantasie. Zu einem körperlichen Erlebnis wurde »das Männliche« erst später, dann in irritierender, isolierter Weise, unzureichend verbunden mit dem ganzen Körperselbst und mit objektlibidinösen Gefühlen.

Wenn die Jungen gerade Gefühle wie Kummer und Kleinheit, Angst und Verletzlichkeit fürchteten und zeitweise unablässig auf kontraphobische Weise gegen sie ankämpften, so verwies das auf den Umstand, daß sie in eben diesen Empfindungen von ihren Erwachsenen früh alleingelassen bzw. nicht ernst genommen worden waren. Joachims Bedürftigkeit fand weder beim narzißtisch zerstreuten Vater noch bei der organisierenden Mutter genügend Raum; dieser Einfühlungsmangel wurde später, während der Ehekrise, zum weitgehenden Ignorieren von Joachims Kummer. Leos Mutter und seine Väter wiederum waren so viel mit sich selbst und dem Auf und Ab ihrer Leidenschaften beschäftigt, so wechselhaft in ihrer Fähigkeit, für ihn da zu sein, daß sie den abhängigen und verletzten kleinen Leo unzureichend wahrnahmen und schützten.

Es entsteht der Eindruck, die Erwachsenen wollten gerade an Söhnen, an »kleinen Männern«, Schwäche nicht sehen, seelischen Schmerz nicht fühlen. So verwiesen sie die Jungen auf die äußere Realität, auf Unternehmungen, Toben, Autos usw., aus Verlegenheit, ihrer inneren Realität zu begegnen. Hier würde dann die Neigung beider Jungen anknüpfen, in erhöhter Krisenzeit dem inneren Gefühl davonzulaufen und die äußere Realität mit Krach, Chaos und Attacken scheinbar zu beherrschen.

Die »typisch weibliche« Abwehrform, mit der beide Mädchen auf anwachsende innere Konflikte reagierten: Regression, Starre, im Übermaß Abhängigkeit, Schwäche und Ängstlichkeit – verdankte sich einer anderen Entwicklung. Zum einen wurden Gefühle wie Ängstlichkeit und Kummer bei Cilly wie bei Doris in der Frühzeit von den Erwachsenen überwiegend angenommen. Als weiblichen Kindern schien ihnen erlaubt, auch zu leiden. Dann jedoch, im dritten Lebensjahr der Mädchen, trat eine Veränderung ein, die dieser Erlaubnis schwere Gewichte aufbürdete, sie zum Zwang machte – die delegierte, drückende Loslösungsangst der Mütter und ihre unbewußte Blockade gegen die zunehmende seelische Separation der Mädchen.

In diesem Lebensjahr gerieten die Mütter beider Mädchen in Krisen, in Auf- und Ausbruchstimmung, begehrten auf gegen die eigene bisherige Position und gegen den Mann. Sie stritten heftig um mehr Autonomie als Frau und konnten zeitweise die kleine Tochter nicht mehr ausreichend wahrnehmen. Cilly wurde von der Mutter vorübergehend fallengelassen, Ellen R. konnte sich auf Doris nicht mehr einstellen.

Für Astrid L. sollte die Tochter endlich selbständig werden. Sie wurde als weibliches Kind von ihr entwertet, war ein lästiger Klotz am Bein auf dem Flug in die Emanzipation. Für Ellen R. war die Tochter ein schweres Gewicht, das sie hinderte, in die Autonomie abzuheben.

An beide Töchter delegierten die Frauen eigene Loslösungsängste und eigene, weibliche Wertlosigkeitsgefühle, verstärkten so die Abhängigkeit der Mädchen und hinderten sie daran, Schritte begonnener Selbständigkeit fortzusetzen. Cilly und Doris reagierten mit Angst vor Trennung und Verlust, mit depressiven Stimmungen, dann, als die Konfliktspannung stieg, mit Regression und Starre.

Während in ihrer Not die Bindung der Töchter an die Mutter manifest enger und infantiler, der Körper bewegungsloser wurde, fragt sich, warum die beiden Jungen keine so umfassende Regression zeigten, eher ihren Körper um so mehr bewegten und sich keineswegs sichtbar mehr anklammerten.

Eine mögliche Erklärung ist, daß sie eine so deutliche und

appellierende »Rückwärtsbewegung« wie die Mädchen nicht brauchten. Bewahrten sie nicht frühe Liebes- und Trieberlebnisse, eingegrenzt in einem separaten, wie heimlichen Bereich mit der Mutter, ohnehin seit langem auf? Gemeinsam mit seiner Mutter hielt Leo über Jahre am übermäßig langen Wikkeln, später am Symptom des Einnässens und Einkotens fest. Joachim und seine Mutter hielten ebenfalls, in ihrer Art etwa des Ankleidens oder der gemeinsamen nächtlichen Nähe, miteinander Modi frühkindlicher Intimität und Körperlichkeit fest. Joachims Wunsch nach meiner Nähe auf der Toilette samt meinem bereitwilligen Eingehen darauf gehört auch hierher.

Leo und Joachim blieben auf diese Weise real ihren Müttern in einem eingegrenzten körperlichen Bereich länger verbunden. So konservierten sie ein frühes Befriedigungs- und Selbsterleben, zu dem sie als Jungen nicht eigens regredieren mußten. Umgekehrt konnten sie sich unabhängigere, »progressivere« Formen der Verarbeitung als die Mädchen »leisten«, weil sie im Hintergrund das »Séparée« mit der Mutter behielten, das Band zur Frühzeit ebenso wie die Mutter nicht losließen.

Andererseits forderte die gemeinsame »Fixierung« wiederum ihren Preis in anderen Bereichen – in der Notwendigkeit nämlich von mehr demonstrativer und aggressiver Abgrenzung.

Als mitbeteiligte Motive für das Festhalten an der Nähe zum »kleinen männlichen Körper« des Sohnes und an der Verfügung über ihn ließen sich bei Lydia A. und bei Hiltrud F. Enttäuschung über den erwachsenen Mann, aber vielleicht auch Angst vor dem »großen männlichen Körper«, vor der Nähe zum erwachsenen Mann erkennen.

Kehren wir zurück zur Regressionsneigung bei Cilly und Doris. An ihnen fiel auf, wie sie, in Reaktion auf spezifische Erfahrungen, ein erreichtes Niveau der Entwicklung aufgaben. Weiterhin zeigte sich, daß eine ursächliche Rolle dabei die Flucht vor einem aggressiven Konflikt spielte.

Haß auf die Mutter war bei Cilly anfangs ausgeschlossen, dann verboten, versteckt, quenglerisch zerdehnt, in der Krise dann ganz fest in sich eingesperrt, aber verschlüsselt doch dargestellt. Bei Doris blieb der Haß ebenso in dumpfer Depression verdeckt und autoaggressiv gewendet, wurde zeitweise aber in Ausbrüchen sehr offen sichtbar, vor allem im dramatischen Kastrationsvorwurf.

Doris' Mutter hatte etwas abgeschnitten, Cillys »böse Frau am Fenster« hatte ein gefährliches Messer – beide Töchter verbanden sadistische Phantasien mit einem Gefühl des Bedrohtseins durch die Mutter und ließen damit auf eigene sadistische Absichten gegen sie schließen. Doris erlebte diese Phantasie konkret, wie eine physische Erfahrung. Cillys grausame Phantasie blieb eher nur angedeutet in der messerbewaffneten »Frau am Fenster«. Bei ihr war sie Ausdruck einer unlebbaren Rivalität mit der Mutter, gehörte also in einen beginnenden ödipalen Kontext, der sich aber nicht entfalten durfte.

Die mütterliche Ausschließung der Konkurrenz kam zum bestehenden Aggressionstabu der Mutter hinzu. Dies verschärfte den Konflikt für Cilly, weil Frau L. ihr verstärkt zu Haß Anlaß gab. Denn sie behinderte unbewußt die zunehmende Ablösung der Tochter, entzog sich ihr mehr und hatte die frühere, symbiotische Vollkommenheit, so das Empfinden der Tochter, zerstört.

Zerstörerin einer bis dahin geltenden Gewißheit war die Mutter auch für Doris, wobei ihre Allmachtsphantasie weniger die Qualität symbiotischer Vollkommenheit als vielmehr jene »phallischer« Größe und Verteidigung besaß, d. h. selbst schon kompensatorischer war und Aggressivität, anders als in Cillys Fall, sehr wohl einschloß.

Diese zugelassene, im Familienklima eher zu wenig kontrollierte Aggressivität und Doris' eigene, zeitweise offen ausbrechende Wutanfälle und Attacken komplizieren das Verständnis ihrer dennoch vorhandenen, starken Regressionsneigung. Denkt man an die Dominanz oraler Mechanismen sowie an die kumulativ traumatische Erfahrung langdauernder, destruktiver Eltern-Kämpfe, so muß man die Regression dieses Mädchens zum einen, verglichen mit Cilly, als in höherem Grade pathologisch bezeichnen, zum anderen ihr, bei aller Ähnlichkeit der Symptomwahl und des zentralen Konflikts mit der Mutter, eine andere Zusammensetzung bescheinigen.

Wie gingen die Mädchen jenseits der krisenhaften Zuspitzungen mit aggressiven Gefühlen um? Bei Cilly wurden Aggressionshemmung, Reaktionsbildung und moralischer Sadismus vorherrschend, während sie andererseits noch eine ganze Zeit lang, wie abgespalten, Schwächere rachsüchtig angriff. Damit begannen Überich und Ichideal jenem der Mutter zu gleichen, feindselige Wünsche wurden verdrängt bzw. als Anteil der eigenen Handlungen energisch verleugnet.

Doris zeigte in ungestörten Zeiten weder eine auffällige Hemmung feindseliger Impulse noch eine erhöhte Neigung dazu. Später, nach ihrem Auftauchen aus Krise und Regression, ließ sie oralaggressive Macht- und Rachewünsche in der gespielten Phantasie erkennen, während ihr Verhalten zu den Eltern nicht von aggressiver Spannung getragen war.

Betrachten wir die Aggression der Jungen. Leo machte einen mehrjährigen Prozeß der Verarbeitung seiner Aggressivität durch. Vom passiven Geschüttelt-Werden arbeitete er sich vor bis zur aktiven Inszenierung von Aggression, zur Regie über sie, aber wie es schien, fast nur auf der Bühne seiner Spiele. Direkter Ärger, gerichteter Zorn waren zunehmend weniger beobachtbar. Er schien seine Feindseligkeit immer mehr aus seinen realen Beziehungen, z. B. zu den Rivalen, die ihm die Männer der Mutter waren (aber auch aus seinem Verhältnis zu Kindern und Erwachsenen in der Krabbelstube), herauszutrennen und stellte unentwegt den Umgang mit ihnen dar, Sieg und Niederlage, Größe und Kleinheit. Dazu gehörte die ständige Produktion machtvoller Gefühle und Phantasien, ein Stück Realitätsverlust, Rausch.

Dieses Element gab es auch bei Joachim. In der Zeit seiner großen Not und deren aggressiv agierter Abwehr war er nicht mehr Joachim, sondern Strohhalm, Mann, großes Schulkind, so wie Leo dann unbedingt der große Polizist WAR. Warum diese Abtrennung, Darstellung, Verfremdung, dieses Element, das bei den Mädchen nicht zu finden war?

Joachim war zu Hause zeitweise starker Verwirrung und Ohnmacht ausgesetzt, durfte und konnte keine authentische, emotionale aggressive Reaktion, keinen zornigen Affekt zeigen, im Grunde nicht empfinden. Auch bei Leo stand Ohnmacht dahinter. Er fühlte sich den mütterlichen Dramen und der Übermacht der erwachsenen Rivalen ausgeliefert.

Die Jungen fürchteten den eigenen Haß auf Mutter oder

Vater ebenso wie die Mädchen. Um ihn aus der gefährdeten Objektbeziehung und dem bewußten Ich zu beseitigen, katapultierten sie ihn in verfremdeter Form nach »draußen« in ihre soziale Umwelt, während beide Mädchen in dem gleichen Ziel ihren Haß nach »innen«, in die Verdrängung versenkten, ihn andererseits den Objekten ihrer Haßliebe auf Schritt und Tritt nachtrugen, ebenfalls in unkenntlicher Form.

Aber warum war für die Jungen im Umgang mit ihren aggressiven Gefühlen ein Nebenschauplatz ebenso zwingend notwendig wie Grandiosität? Ein Grund dafür lag vielleicht in folgender Diskrepanz. Joachims Eltern überschätzten und überhöhten die Macht des Männlichen. Dazu bildete Joachims machtlose Kleinheit einen besonders krassen Kontrast, da er selbst ein männliches Wesen war. Ähnlich bei Leo. Das Männerbild der Mutter hatte stark idealisierende Züge; die realen Männer wurden für eine gewisse Zeit mit dieser Macht ausgestattet, um sich dann als enttäuschend Schwache und Böse herauszustellen. So konnte ebenfalls in Leos Gefühl diese Diskrepanz zwischen männlichem Größenbild und der Empfindung des realen, eigenen, männlichen Kleinseins entstehen.

Es schien, als entstünde in beiden Jungen eine Kluft, ein Abgrund zwischen dem echten körperlich-seelischen Selbstgefühl, vor allem dem Gefühl als kleinem Jungen einerseits und andererseits den aufgeblähten erwachsenen und eigenen Erwartungen an märchenhafte Größe, Stärke usw. von Männern. Dieser Abgrund war im Grunde nicht zu überbrücken, wuchs auch nie ganz zu. Leo und Joachim mußten immer für eine Art Druckausgleich sorgen, mußten Spannung erzeugen und abführen. Sie fühlten sich getrieben, die Kluft zu füllen.

Ihrem grandios-aggressiven, kontraphobischen Agieren kam das Repertoire der sozialen, männlichen Geschlechtsrolle entgegen – Bilderbücher mit kühnen Jungs, Medien mit Pistolenhelden, ein Straßenbild mit Polizisten und anderen »wichtigen« oder angstmachenden Männern usw.

Auch Cilly und Doris erlebten durch ihre Eltern die Überhöhung von Männlichkeit. In Frau L.s Augen gewann Ingo als Junge plötzlich das an Wert und Macht, was Cilly an Vollkommenheit für sie verloren hatte, wurde zum Prototyp des besseren, leistungsfähigeren Geschlechts. Doris sah ihre Eltern ebenfalls um Männlichkeit wetteifern. Sie gewann die Illusion, daß ein männliches Wesen größer, angsteinflößender, geschützter sei. Der Schock, in diesem Sinne nicht männlich, nicht geschützt und nicht so mächtig zu sein und es nie sein zu können, war eine einschneidende Erfahrung, die Cilly erlitt und anklagte und die Doris dramatisch bekämpfte.

Jedoch schien diese Erfahrung nicht zu einem so schwelenden Unruheherd zu werden wie bei den Jungen. Für beide Mädchen fiel der Verlust frühkindlicher Vollkommenheit bzw. Omnipotenz ineins mit der Entwertung des eigenen Körpers, dem Erlebnis des Weiblichen als Mangel – in der eigenen wie in der mütterlichen Phantasie. So kränkend der Verlust phantasierter Unverletzlichkeit und Größe war und so schmerzlich das definitive Gefühl, diesen weiblichen und keinen anderen Körper zu haben, so mühevoll wirkte andererseits der Zwang, unter dem sich Leo und Joachim fühlten, ständig der phantasierten Größe nachzujagen, die männlichen Körpern offenbar eigen zu sein hatte.

Nahm die Aggressivität im Fühlen und Agieren der Jungen auch deshalb mehr Raum ein, weil, gemäß der psychoanalytischen Annahme, ihr Haß auf den väterlichen Rivalen ungebrochener und andererseits die Angst vor ihm (bzw. vor der Kastration durch ihn) stärker war als zwischen Mädchen und Müttern?

Untersuchen wir die Väter und ob sie den kleinen Jungen in besonderem Maß Grund zu starker Ohnmacht, Rivalität und Kastrationsangst gaben. Leos eigener Vater und dessen Nachfolger wurden umrißhaft sichtbar als begehrt und ersehnt, einschüchternd, fern, unberechenbar, bzw. auf einer anderen, mütterlichen Erlebnisebene als böse und schwach.

Es war Leo nicht möglich, seine Gefühle zu den Vätern innerhalb einer kontinuierlichen Beziehung zu erfahren, zu verändern und »durchzuarbeiten«. Die Über- und Abwertung der Männer wechselte zu stark und verwirrte ihn. Hinzu kam, daß Leo immer wieder aus Mutters Bett geschickt wurde, wenn der erwachsene Liebhaber kam.

Joachim erlebte nicht wie Leo einen mehrfachen, sondern einen einzigen Bruch. Zwischen ihm und dem Vater gab es nicht nur die Dimensionen »groß-klein«, »mächtig-ohnmächtig«, »gleich-rivalisierend«; vielmehr eine komplexe, libidinöse Bindung. Aber relativ abrupt veränderte sich, vom Vater ausgehend, diese Beziehung, verlor Intensität und Perspektive, ohne daß Joachim ausreichend die Möglichkeit hatte, diese Veränderung mitzuvollziehen, »durchzuarbeiten«. Auch er wurde später aus Mutters Bett geschickt, in diesem Fall wegen einer Liebhaberin. Beide Jungen konnten in ihrer ganzen Persönlichkeit, insbesondere aber in ihrer Aggressionsentwicklung, nicht am Vater reifen, ihren Haß nicht zu mildern lernen.

Die Entwertung des Vaters, sei es durch den Sohn selbst, durch die Mutter oder durch des Vaters eigenes Verhalten, spielte in diesem Zusammenhang eine bedeutende Rolle. Vielleicht forderte diese Entwertungstendenz gegenüber dem verinnerlichten Vater eine Gegenkraft heraus. Die Jungen mußten sich selbst, das Männliche, den Vater in sich ständig vergrößern, überhöhen, um sich vor der Wertlosigkeit zu retten. Und sie mußten es agierend darstellen.

Das Darstellen war bei den Jungen sowohl Fähigkeit wie Zwang. Während Doris und Cilly in der Not ganz nah an ihren Objekten blieben, sie quengelnd und hadernd verfolgten oder babyhaft und ängstlich ihre körperliche Berührung suchten, flohen Leo und Joachim gerade die Nähe der Objekte. Sie stellten, außerhalb der belastenden Beziehung, ihre innere Situation immer wieder dar, gezwungen, sie ständig zu wiederholen, zugleich fähig zu dem Versuch, sich durch die Veräußerlichung von ihrer inneren Not zeitweise zu befreien.

Offenbar ging der Mechanismus der Identifikation mit dem Aggressor, den beide Jungen gebrauchten, notwendig einher mit der Darstellung des Aggressors und der inneren Szene, die beide jeweils dazu phantasierten.

Die Mädchen, im Wunsch, die Verbindung zur Mutter aufrechtzuerhalten, aber auch von ihr zu mehr Trennungsangst und Anklammerung getrieben, blieben dem ängstlich-ohnmächtigen Teil ihrer Gefühle näher als die Jungen. Sie fühlten anstatt zu inszenieren. Die Integration des aggressiven Gefühlsanteils mißlang ihnen jedoch wie den Jungen. In der Regression kapselten Doris und Cilly ihren Haß ein. Er konnte innerhalb der Objektbeziehung nicht ausgedrückt und überwunden, allenfalls verdrängt werden.

Einige Elemente in Joachims und Leos Verhalten bringen mich zu der Frage, ob ihrer beider symbiotische Primärbeziehung weniger geschützt war als im Fall der Mädchen. Auffällig in dieser Hinsicht waren die starken Verletzungsängste, eine zeitweise deutliche Unsicherheit der Körpergrenzen und die höhere Notwendigkeit zu abgrenzenden Aktivitäten, ihr spannungssuchendes, selten entspannungsfähiges Verhalten.

Es scheint, daß demgegenüber die Mädchen sich in ihrem Körper weniger beunruhigt und – bis zu dem Bruch in der Mutterbindung – mehr oder weniger sicher fühlten. Mehr – das galt zweifellos für Cilly, die eine ganz beschützte, wie sich zeigte, allzu beschützte symbiotische Epoche erlebte. Weniger – das traf für Doris zu, die in ihren ersten drei Lebensjahren durchaus Unglück und Angst erfuhr, aber offenbar doch in der oral-symbiotischen Welt der Mutter ihren festen Platz und in der »phallischen« Allmachtsphantasie eine (wenn auch illusionäre) Gewißheit hatte.

Beide Mädchen bedeuteten in der frühen Periode für ihre Mütter eine relativ ambivalenzfreie, narzißtische Erweiterung. Doris war Mutters Besitz, Ausdruck und Vergrößerung ihrer oralen, versorgenden »Macht«. Cillys »Vollkommenheit« erhöhte und komplettierte die Mutter ebenfalls.

Ein relativ höheres Sicherheitsgefühl vermute ich in den beiden Mutter-Tochter-Beziehungen, weil ihr zwar massive Enttäuschung und Entwertung folgten, nicht aber in vergleichbarem Maße Ängste um den Körper, Gefühle der Schutzlosigkeit und hektische Selbstschutzbemühungen wie bei den Jungen.

Es scheint, als hätten Leo und Joachim, so weitgehend sich ihre Primärbeziehungen im übrigen unterschieden, die Schwierigkeit gemeinsam, daß ihre Erwachsenen sie in der ersten Lebensperiode untergründig ambivalenter empfanden und behandelten als dies bei den Mädchen der Fall war.

Es schien krassere Dissonanzen, nicht zueinanderpassende Erfahrungen in den frühen symbiotischen Beziehungen der Jungen zu geben – liebende Zuwendung und abrupte Abwendung, Wechsel zwischen unsensiblem Fallenlassen und lustvollem Verschmelzen, Brüche zwischen innerer Abwesenheit und überwältigender, bedrängender oder kontrollierender Präsenz.

Dieser Blick auf den frühkindlichen Hintergrund kann, verbunden mit dem Verweis auf die zuvor diskutierten Aspekte – die erwachsene Abwehr von Leidgefühlen bei kleinen Jungen und die separate, geheime Erhaltung regressiver Befriedigungsmodi –, verständlich machen, daß Leo und Joachim ein fragileres, von Spannungen und Widersprüchen eher betroffenes Körperselbst als die Mädchen hatten.

Die Überlegung, warum das so war, führt mich zu der Frage, ob von Anfang an in die Liebe zum kleinen Sohn mehr Haß einfloß. Die Untersuchungsergebnisse, die diese Frage nahelegen, weisen jedenfalls in eine andere Richtung als die vorn diskutierten Ansätze der Frauenforschung, die, in der Analyse der benachteiligenden Mädchensozialisation, für Jungen eine gelungenere, stabilere Entwicklung als gegeben ansehen. Auf diesen Punkt werde ich im zweiten Teil des Resümees zurückkommen.

Wenden wir uns nun noch einmal den Vätern zu. Es wurden Aspekte von Leos und Joachims Vaterbeziehung untersucht. Welche Elemente lassen sich demgegenüber im Verhältnis der kleinen Mädchen zu ihren Vätern hervorheben?

Cillys Vater hatte es schwer, in und neben der »vollkommenen« Mutter-Tochter-Liebe einen Platz zu gewinnen. Er wagte nicht – bzw. Frau L. gestattete ihm nicht –, eine eigene wichtige Bedeutung für Cilly zu gewinnen.

Herr R. versorgte zwar nach der Information beider Eltern Doris in gleichem Maße wie seine Frau. Aber seine Position hatte etwas vom großen Sohn, Doris gegenüber etwas vom großen Bruder. Jedenfalls war er neben der Mutter für Doris zweitrangig. Beide Väter wollten und sollten für die Tochter lange Zeit eine freundliche Zweitausgabe der Mutter sein.

Daß sich eines Tages oder auch allmählich ein Umbruch in den Gefühlen der Mädchen ereignete, ließ sich erahnen – aus Cillys Rivalitätskonflikt, aus Doris' Spiel über den Meister. Daß in der jeweiligen Interaktion zwischen Vater und Tochter eine Veränderung eintrat und welcher Art sie war, kann ich nur vermuten, nicht aus dem Material erkennen. Während zweifellos Cilly und Doris irgendwann den Vater mit anderen Augen, ihn jenseits seiner Muttterersatz-Funktion sahen und begannen, ihn als »distinkte Person« zu empfinden und auch zu lieben, blieb in den Geschichten undeutlich, ob Herr L.

und Herr R. diese Gefühle bemerkten, ob sie sich darüber freuten oder wie anders sie ihnen begegneten. Wenn diese Undeutlichkeit als ein Indiz zu nehmen ist, dann vielleicht für eine Ratlosigkeit der Väter. Meine These wäre: Die Väter empfanden zwar den Wunsch, die kleine Tochter auf eigene, väterliche, männliche Weise zu lieben, waren aber zugleich ratlos, wie dies zu bewerkstelligen sei. Diese Ratlosigkeit könnte mit der Angst verbunden gewesen sein, gegenüber der Frau eine wirklich andersartige, eigene, nicht imitierende, gefühlvolle Beziehung zur Tochter zu haben, ohne die Ehebeziehung zu gefährden – als ob es eine wirkliche Untreue zu befürchten gab.

Betrachten wir abschließend einige Aspekte des Umgangs mit dem eigenen Körper bei Jungen und bei Mädchen.

Bei beiden Mädchen spielte das Zeigen des ganzen Körpers eine wichtige Rolle; man denke an das Tonband über Cilly: »Guck mal, was ich kann und mache«, und an Doris im Film: »Guck mal, wie schön ich bin und wie gut ich springen kann.« In keinem Stadium zeigten sie ihr Geschlecht, weder lustvoll exhibierend wie Leo in seiner urethralerotischen Vorführung noch beunruhigt bzw. verführend wie beide Jungen später gegenüber der Mutter. Andererseits verbargen Doris und Cilly ihr Genitale auch nicht ängstlich, wie Leo es tat, noch erforschten oder manipulierten sie es sichtbar zum Zweck der Angstminderung wie Joachim. In der Periode vor dem Einbruch der phantasierten Allmacht war bei beiden Mädchen lustvolle Masturbation zu beobachten, die später unsichtbar, aus der Öffentlichkeit der Kindergruppe herausgenommen wurde.

Es ist eine Frage, ob Körper und Geschlecht im Erleben der Mädchen miteinander verbundener waren oder ob es bei ihnen mit etwa drei Jahren eine ähnliche Spaltung im Körpergefühl gab wie bei Joachim und Leo, mit dem Unterschied, daß die Jungen diese Spaltung deutlich zeigten.

Leo isolierte im Symptom des Einnässens eine Summe konflikthafter, genitaler Gefühle, während bei Joachim das Moment des Isolierens in seiner befremdlichen Manipulation des Penis auftauchte.

Das demonstrative, isolierende Moment schien ein Versuch der Kontrolle über genitale Erregung zu sein, gleichzeitig auch Ausdruck einer ungenügenden Integration des Genitales ins Selbst- und Körperbild. Dazu schien es Resultat einer Besetzung zu sein, die in jeder Hinsicht »gemischter« war als bei den Mädchen – mit höherer Ambivalenz, mit Angstlust, mit Kampflust.

Wie kann man demgegenüber bei beiden Mädchen das Moment der Unauffälligkeit im Umgang mit dem eigenen Geschlecht beurteilen? Es legt zunächst den Eindruck nahe, bei den Mädchen habe weniger Angst bestanden, weniger Zwang zur Demonstration und zu demonstrativem Verbergen, die Mädchen hätten also ihr Geschlecht ein Stück weit integriert und vorwiegend libidinös besetzen können. Gegen diese Sicht steht die Erinnerung an die Ambivalenz beider Mütter gegenüber der eigenen und töchterlichen Sexualität – an Astrid L.s gänzliche Ausblendung von Cillys Genitalität, an Ellen R.s Leugnung und Beschämung.

Vor diesem Hintergrund würde das charakteristische Zeigen des Körpers bei den Mädchen auch die Deutung zulassen, ein wichtiger Teil der Besetzung des Genitales sei sicherheitshalber auf den ganzen Körper verschoben worden.

Das war einerseits Ausdruck einer positiven Möglichkeit – Cilly und Doris waren in ihrer »prägenitalen Frühzeit« mit ihrem ganzen Körper narzißtischer Stolz und Liebesobjekt der Mutter gewesen, konnten also eine relativ sichere Basis libidinöser Körper-Selbst-Besetzung gewinnen. Andererseits erlebten sie damals genitale Lust, die sie durchaus kannten, noch nicht als trennend, noch nicht verknüpft mit Besitz- und Eifersucht, mit Angriffs- und Angstspannung.

Insofern war das Zeigen des ganzen Körpers, verbunden mit dem gleichzeitigen »Unauffälligmachen« des Geschlechts ein Rückgriff auf einen harmonischeren Zustand und zugleich Zeichen verlorener »Unschuld«. Denn die Mädchen »wußten« inzwischen, das bewies die Vermeidung, daß genitale, leidenschaftliche Empfindungen in ihnen selbst und offenbar auch in der Mutter bedrohliche, weil trennende Gefühle auslösen konnten.

In der physischen, sichtbaren Beschäftigung mit dem Penis und mit genitaler Erregung wirkten Leo und Joachim »sexueller«, wirkten demgegenüber die Mädchen »asexueller«. Diese Wirkung konnte darüber hinwegtäuschen, ein wie bedeutsamer Motor für die sexuelle Betätigung der Jungen die Angst war. Allerdings gab es eine Situation, in der Cilly und Doris die täuschende asexuelle Wirkung ihres Körpers offensichtlich anstrebten. Dann nämlich, wenn sich ihr Konflikt mit der Mutter verschärfte und der Mechanismus der Verschiebung auf den ganzen Körper nicht mehr ausreichte, wenn sie sich in der Regression harmlos stellten wie »der kleine Hase, der von nichts weiß« oder »dumm wie ein kleines Baby, das noch keine Ahnung hat«. Dann war dies ein Weg, Lust ebenso wie Wut vor der Mutter und dem eigenen Bewußtsein zu verstecken.

Ein Aspekt des Körperzeigens soll noch erwähnt werden. Cilly und Doris suchten im »Guck mal« libidinöse Besetzung von außen, mit Hilfe der bewundernden Augen der Erwachsenen. Leo und Joachim hingegen suchten den Körper in dieser Periode vorwiegend von innen libidinös zu besetzen, im Spüren der Muskeln und Funktionen und im aggressiven Agieren. Die Mädchen sogen die gebotene narzißtische Befriedigung genießerisch auf, waren dabei allerdings ganz abhängig von Anwesenheit und Freude der Erwachsenen. Sehr wahrscheinlich kannten beide Mädchen mittlerweile auch die strahlenden Augen von Erwachsenen und die freudigen Worte, wenn sie schön anzusehen waren, so daß sie mit dem Körperzeigen auf eine relativ sichere Quelle narzißtischer Bestätigung zurückgriffen.

Hingegen brauchten die Jungen für das lustvolle Spüren ihres ganzen Körpers – anders als im Umgang mit dem Penis – keine Betrachter, waren unabhängig, suchten nur das wildbewegte Zusammenspiel mit anderen Jungen oder versponnenen Alleingang. Dabei liefen sie Gefahr, vor lauter narzißtischem Körpergefühl zeitweise den Kontakt mit der Umwelt zu verlieren.

Genau umgekehrt verhielt es sich mit der Abhängigkeit bei Jungen und Mädchen in einem anderen, schon diskutierten Aspekt der Körperlichkeit, nämlich bei der »Körperpflege«.

Hier überließen Leo und Joachim, wie beschrieben, ihren Körper in einem abgetrennten Bereich auf frühkindliche Weise der Mutter, blieben abhängig von ihren Pflegeleistungen und nahmen, in aller Ambivalenz, passiv ihre Nähe und ihre Handgriffe in Anspruch.

Demgegenüber hielten Doris und Cilly weder in Symptomen noch im alltäglichen Verhalten an frühkindlicher Körper-Intimität mit der Mutter fest, waren deutlich früher als beide Jungen selbständig im Bereich der Ausscheidung und des Sich-An-und-Ausziehens, hier also unabhängiger von der Mutter, getrennter und aktiv.

Den Jungen wurde in ihrem »Séparée« von der Mutter körperliche Lust und narzißtische Bestätigung gegeben, andererseits lange die Möglichkeit verweigert, die lustvolle mütterliche Versorgung in Ichfähigkeiten umzuwandeln. Die Mädchen erfuhren sich umgekehrt in diesem Bereich früher als losgetrennt, nicht mehr mütterlicher Kontrolle unterworfen, sondern dem mütterlichen Wunsch folgend, sich selbst zu kontrollieren. Neben dem Zwangselement enthielt aber dieser verinnerlichte mütterliche Wunsch auch die Erlaubnis, in diesem Bereich über den Körper und auf ihn bezogene Ichfunktionen zu verfügen.

2. Diskussion der Untersuchungsergebnisse und der Literatur

Im folgenden fasse ich die Fragen, die sich in Kapitel I bei der Diskussion der theoretischen Konzepte frühkindlicher und geschlechtlicher Entwicklung ergaben, zu vier Fragenkomplexen zusammen und verknüpfe sie mit meiner Untersuchung.

Das erste Bündel von Fragen betrifft soziologische und sozialpsychologische »blinde Flecken« in einigen der diskutierten Konzepte. Die sozialen Lebensumstände der Eltern, ihre Interaktionsform und Geschlechtsidentität, die miteinander das Kind als weibliches bzw. männliches Individuum hervorbringen, werden dort nicht thematisiert[1] – weder in den Konzepten, die auf der Kinderanalyse bzw. der direkten Beobachtung von Kindern beruhen, noch in jenen, die wie die Narzißmustheorien und die genannten französischen Arbeiten von der Analyse Erwachsener ausgehen.

[1] Vgl. Kap. I, S. 13f., dort: D. W. Winnicott, 1973 und 1974; B. Bettelheim, 1970

Es erhebt sich die Frage nach der Mutter als Person und nicht allein als Funktion des Kindes und in gleicher Weise nach der Person und Bedeutung des Vaters.

Mit dem Blick auf beide Eltern rückt auch ihr Verhältnis zueinander in den Vordergrund und die in den kritisierten Konzepten nicht erörterte Frage, was dieses von früh an für das geschlechtliche Selbsterleben des Kindes heißt.

In den Fallgeschichten zeigt sich, welche zentrale Bedeutung die Art der Beziehung zwischen den Erwachsenen für die Entwicklung des Kindes zum Individuum und für seine sexuelle Identitätsfindung hat.

Als treffend erweist sich das von Mitscherlich-Nielsen umrissene Bild einer für unsere Gesellschaft typischen Familienkonstellation, in der beide Eltern in je unterschiedlichen Seiten sowohl idealisiert als auch verachtet sind.[1]

Allerdings vermittelt das Fall- und Gruppenmaterial den Eindruck, daß die in dieser Konstellation enthaltene aggressive Spannung zwischen den Geschlechtern sich nur für begrenzte Zeit in einen regelmäßigen, gemeinsamen (Ehe-)Alltag einschließen läßt, um dann nicht selten in dramatische Auseinandersetzungen zwischen den Eltern auszubrechen oder die elterliche Beziehung und damit die Familie zu sprengen.

Was in der psychoanalytischen Theorie – durchaus zu Recht – als notwendig für die Individuations- und Loslösungsentwicklung des Kindes postuliert wird: daß eine Brücke zwischen den Eltern bestehe, gegenseitige Empathie[2] und eine vom Vater dem Kinde vorgelebte, »gefahrlose Trennungsbeziehung zur Mutter«[3], erscheint im Licht meines Materials eher als Utopie, vielleicht auch als romantisierende Verleugnung, selten aber als gegenwärtige Realität der elterlichen Beziehung, die Kleinkinder erleben können. Es sieht so aus, als erführen sie nicht selten beide Eltern in bezug auf den Partner als gefahrvoll bzw. gefährdet oder auch in

[1] Vgl. M. Mitscherlich-Nielsen, Zur Psychoanalyse der Weiblichkeit, a. a. O., S. 683

[2] Vgl. M. Mitscherlich-Nielsen, a. a. O., S. 678

[3] M. Rotmann, Über die Bedeutung des Vaters in der »Wiederannäherungsphase«, a. a. O., S. 1109

schmerzlicher Distanz zueinander. Im Grunde kann es nicht überraschen, wenn die Kinder das »Geschlechtlichwerden« sekundär als bedrohlich erleben, es wie die Mädchen als Verletzung erfahren und versuchen zu ignorieren oder wie die Jungen abspalten.

Die Seite der Frau in Lorenzers Begriff der Einigung[1], ihre weibliche Geschichte und Lebenspraxis, die in ihre körperlich-seelische Beziehung zum Kind eingehen, läßt sich in der Untersuchung fassen als Geschichte(n) von Frauen, die sich von Lebensformen ihrer Mütter befreien wollen und dabei mit äußeren wie inneren Widerständen zu kämpfen haben. Viele der Frauen sind intensiv mit der eigenen Weiterentwicklung befaßt, suchen nach mehr Autonomie als Mutter, im Berufs- und Beziehungsleben.

Diese Suche nimmt häufig die Gestalt von Konflikten zwischen diesen drei Feldern an und verstrickt sich nicht zufällig oft mit dem Loslösungs- und Autonomiekonflikt des Kindes. Die Suche der Mutter wird zeitweise zwangsläufig zum Angriff gegen das Kind, so wie umgekehrt Loslösung und Lust des Kindes »zum Angriff gegen die Mutter wird«.[2]

An einer Fallgeschichte zeigt sich beispielhaft, daß der Mann, sowie er sich einläßt in die frühe und nahe Liebe zum Kind, als facettenreiche Person und mit seinen für das Kind belastenden Seiten sichtbar wird wie sonst in der Darstellung die Mütter. Die übrigen Väter bleiben vergleichsweise schattenhaft, sowohl in der Realität als auch in meiner Beschreibung, eine Problematik, die ich bereits erörtert habe.[3]

Gegenüber dem dargestellten realen Verhalten von Vätern klingt die psychoanalytische Auffassung vom Vater als neuem, von der Mutter befreiendem Objekt, als »Ritter und Retter«[4] eher einer Wunschphantasie aus der Perspektive des kleinen Kindes über den idealisierten Vater verwandt. Als zweites Element schimmert in dieser Auffassung von der emi-

[1] Vgl. Kap. I. S. 15

[2] Vgl. C. Hagemann-White, Frauenbewegung und Psychoanalyse, a. a. O., S. 30. Die Autorin sagt dort: »Zu erklären ist (...) vielmehr, warum die Lust der Tochter zum Angriff auf die Mutter wird.« – Ich meine, dies trifft ebenso zu für die Lust des Sohnes.

[3] Vgl. S. 283

[4] Vgl. M. Rotmann, op. cit., S. 1118

nenten und strahlenden Bedeutung des Vaters eine väterlich-männliche Neigung zur Selbstüberschätzung durch.

Meine Bewertung der elterlichen Beziehung in ihrem Einfluß auf Selbstbild und Geschlechtlichkeit des Kindes möchte ich abschließend stützen mit einer Aussage von E. Balint:

> »Die Qualität der Objektbeziehung zwischen Mutter und Vater, wie sie vom Kind gesehen und gefühlt wird, d. h. der Grad ihrer Fähigkeit, den Eindruck gegenseitiger Fürsorge, Rücksichtnahme und Fairness zu vermitteln, ist ein wichtigeres Introjekt als die Funktion jedes Elternteils für sich genommen, sowohl als Introjekt wie als äußeres Objekt.«[1]

Der folgende Fragenkomplex zielt auf die präödipale Zeit des Kindes bzw. auf die Vorgeschichte der »Entdeckung des anatomischen Geschlechtsunterschiedes«.

Die Analyse des Materials läßt keinen Zweifel daran, daß in die Einigung der Mutter mit dem männlichen Kind von früh an ihre Phantasien über Männlichkeit, verwoben mit ihrer Geschichte und aktuellen Lebenspraxis mit Männern, eingehen, sowie in die Einigung mit der kleinen Tochter die emotionale Erfahrung mit anderen Frauen und mit der eigenen Person.

Mitscherlich-Nielsens Aussage über die unvermeidlichen Enttäuschungen, die beide Geschlechter an der Mutter gleichermaßen und auf allen libidinösen Entwicklungsstufen erleiden,[2] würde ich aufgrund des vorliegenden Materials dahingehend variieren, daß der Charakter der frühen *elterlichen* Idealisierung des Jungen bzw. des Mädchens für diese (d. h. für die Kinder) jeweils spezifische Versagungen und Enttäuschungen mitprägen kann.

So idealisieren manche Mütter bzw. Väter an kleinen Jungen deren motorisches und aggressives Agieren, aber ebenso passiv-infantile Anteile, während einige Töchter eine hohe und langdauernde libidinöse Besetzung als Besitz der Mutter oder als Vervollkommnung ihres Selbst erfahren.

Wenn man die frühen Idealisierungen des Kindes durch die

[1] E. Balint, Gerechtigkeit und gegenseitige Anerkennung, in: Psyche 1973/2, S. 123

[2] M. Mitscherlich-Nielsen, Zur Psychoanalyse der Weiblichkeit, a. a. O., S. 681

Eltern und ihre unbewußten Delegationen an das Kind als Versuche der Erwachsenen faßt, seiner für sie auch bedrohlichen Triebhaftigkeit und Eigenart zu begegnen bzw. sich zu entziehen, dann könnte der häufig eintretende Bruch am Ende des Kleinkindalters eine besondere Erklärung finden.

In dem Maß, in dem sich die Kinder den Eltern als eindeutig geschlechtliche und zunehmend selbständige Personen, eben als definitiv eigene, andere Wesen zeigen, müssen die elterlichen Idealisierungen und narzißtische Zuweisungen ins Wanken geraten, vielleicht sogar einstürzen, eine Erfahrung, die in den Eltern Haß auf das Kind auslösen kann.

Aus der Untersuchung gewinne ich den Eindruck, daß Erwachsene das Kind, diesen Auslöser ihrer Enttäuschung, unbewußt strafen. Sie lassen es emotional abrupt fallen oder ziehen sich immer wieder vorübergehend und unberechenbar zurück aus einer vormals verläßlicheren und intimen Nähe – sie entwerten das Mädchen und stoßen den Jungen weg von sich in forcierte »Männlichkeit«.

Wenn mein Eindruck zutrifft, dann würde hier ein weiterer elterlicher Anteil an der Dynamik liegen, die die Entdeckung der eigenen Getrenntheit und des Geschlechtsunterschiedes für Mädchen und Jungen zu einer so beunruhigenden Erfahrung werden läßt.

Die nächste Gruppe von Fragen bezieht sich auf die geschlechtliche Sozialisation des Jungen und richtet sich kritisch gegen die Tendenz verschiedener Ansätze, die männliche Entwicklung zu idealisieren.

In diesem Punkt gleichen die Konzepte S. Freuds Auffassung, »daß nur das Verhältnis zum Sohn ... der Mutter uneingeschränkte Befriedigung (bringt); es ist überhaupt die vollkommenste, am ehesten ambivalenzfreie aller menschlichen Beziehungen«.[1]

Die Annahme, das männliche Kind wachse geliebter, ungestörter und freier als das Mädchen auf, kann durch die Untersuchung nicht bestätigt werden. Wenn etwa Chasseguet-Smirgel für das weibliche Schicksal spezifische Störungen in der besonders unbefriedigenden Mutterbeziehung und in

[1] S. Freud, Neue Folge der Vorlesungen, GW XV, 1933, S. 143

übermäßigen Versagungen begründet sieht,[1] so klingt darin die Überzeugung mit, die männliche Trieb- und Ichentwicklung verlaufe befriedigender und bleibe von vergleichbarer Schädigung verschont.

Ähnlich verhält es sich in den genannten Ansätzen der Frauenforschung, bei Scheu, Belotti und Schultz.[2] Die engagierte Darstellung des Prozesses, in dem Mädchen von früh an verletzt und zugerichtet werden zu einer gefügigen »Weiblichkeit«, unterstellt aber mit dem Konzept der Benachteiligung und Unterdrückung, es gebe auf der Gegenseite, bei den Jungen, in der Frühkindheit Vorteile und Freiheiten, die die Jungen so stark machten, daß sie dann später als Männer mühelos Privilegien und Macht gegenüber Frauen gewinnen könnten.

Eine solche Sicht wird auch von C. Hagemann-White kritisiert, für die die

> »Heftigkeit, mit der (von Teilen der Frauenbewegung; U. Sch.) abgelehnt wird, von Schwäche, Angst oder psychischer Schädigung beim Mann zu reden, (...) in Beziehung zu einer ins Negative gekehrten Idealisierung (steht)«.[3]

Wie die Analyse des hier ausgebreiteten Materials zeigt, ist eine Vielzahl von Jungen-Aktivitäten, die sich als Anfänge oder Grundmuster von »typisch männlichem« Verhalten verstehen lassen, keineswegs nur Ausdruck von Stärke und Ergebnis von Befriedigung. Vielmehr werden hier spezifische Zumutungen der Erwachsenen, der Väter ebenso wie der Mütter, in den ersten Lebensjahren deutlich.

Dazu gehört die sehr frühe Neigung von Eltern, Kummer und Verletztheit des kleinen Jungen nicht ausreichend ernst zu nehmen, ebenso die schon genannte, an ihn gerichtete Überforderung, mit Idealisierungen von kraß gegensätzlichem Charakter zurechtzukommen, d. h. sehr groß und andererseits sehr klein sein zu sollen.

Jede der beiden, nach meiner Beobachtung bevorzugten, unbewußten Zuweisungen von Eltern an den Jungen geht für ihn zwar einher mit lustvollem narzißtischem oder triebhaf-

[1] Vgl. Kap. I, S. 17
[2] Vgl. Kap. I, S. 18
[3] C. Hagemann-White, Frauenbewegung und Psychoanalyse, a. a. O., S. 32

tem Erleben. Aber es wird erkennbar, daß ihm, der Wirkungsweise von Delegation und Idealisierung entsprechend, andererseits untergründige Ablehnung und Unsicherheit vermittelt werden, was auf seiner Seite Angst und Verwirrung, die Nötigung zum Abspalten und eine kaum zu überbrükkende innere Kluft entstehen ließ.[1]

Mitscherlich-Nielsen schreibt über den Jungen:

»Zutreffend ist, daß der Knabe, der von der Mutter unmittelbarer angenommen und geliebt wird, mit der Mutter zusammen sein männliches Glied idealisieren kann, in unserer Gesellschaft und bei unserer Art Erziehung mehr Chancen hat, einen geglückten Narzißmus zu entwikkeln.«[2]

Indessen macht mich mein Eindruck von der komplexen, belastenden Wirkung, die die beschriebenen elterlichen Idealisierungen von Anteilen des Jungen auf ihn selbst hatten, skeptisch, ob diese Chancen für ihn tatsächlich gegeben sind.

Anders auch als Mahlers et al. positive Bewertung der »aktiven und aggressiven Strebungen«, der »geschlechtsbedingten motorischen Orientierung«[3] des Jungen legt die Untersuchung eine kritischere Sicht der frühen männlichen Körpererfahrung nahe.

Zum einen erweisen sich die aggressiven und motorischen Strebungen des Jungen als Produkt seiner Interaktion mit den Erwachsenen, als Antwort auf deren unbewußte Wünsche.

Zum anderen fungiert die aktive und aggressive Körperbewegung häufig als Abwehr, Flucht und Zwang, als hyperaktiver Ausdruck innerer Spannungen, Dissonanzen und Ängste.

Zweifellos enthält das motorische und aggressive Agieren auch Lust und zum Teil das Gefühl großartiger Unabhängigkeit. Jedoch ist es nicht das einzige Körpererleben des Jungen, sondern koexistiert mit der passiv-regressiven Abhängigkeit im »Séparée« mit der Mutter. Darin hält der kleine Sohn separat von all dem beeindruckenden Sich-Trennen,

[1] Vgl. S. 290

[2] M. Mitscherlich-Nielsen, Psychoanalyse und weibliche Sexualität, a. a. O., S. 786

[3] M. Mahler et al., a. a. O., S. 266

Herumlaufen und Großsein gemeinsam mit der Mutter an frühkindlicher Liebe und Körperlichkeit fest.

Mitscherlich-Nielsen spricht von der Gefahr, daß die Mutter den Jungen auf traumatische Weise von sich weg und in eine forcierte »Männlichkeit« hineinstößt.[1] Ein solches abruptes Wegstoßen findet sich im Material eher bei Vätern, die zuvor mit dem Sohn und seiner Kleinkindlichkeit identifiziert waren. Sie wenden sich vom Sohn als narzißtisch besetztem Objekt ab, sei es, weil sie im Kontext eigener innerpsychischer Dynamik bzw. der ihrer Beziehung zur Frau den Sohn als Verkörperung peinlich gewordener Gefühle abwehren und fallenlassen, sei es, daß der kleine Junge mit seinem Wachstum und mit unvorhergesehenen Lebensäußerungen die narzißtische Identifikation des Vaters auf die Dauer unmöglich macht.

Bei Müttern erlebte ich dem kleinen Sohn gegenüber seltener eine plötzliche emotionale Ausstoßung, die der teilweise abrupt verlaufenen Entwertung von Mädchen entsprochen hätte. Vielmehr handelt es sich bei einigen Frauen nach meinem Eindruck um eine von früh an die Liebe durchziehende Ambivalenz, die sie den kleinen Jungen – im übertragenen Sinne – mit der einen Hand »hochputschen«, mit der anderen verwöhnen und mit beiden Händen manchmal vehement abwehren läßt.

So, wie das erwachsene Geschlechterverhältnis gegenwärtig ist, kann die Beziehung von Müttern zu kleinen Söhnen unmöglich ambivalenzfreier und vollkommener sein als andere menschliche Beziehungen. Es muß in sie das Ensemble schmerzhafter Widersprüche und konflikthafter Empfindungen eingehen, das Frauen in jeweils individueller Weise auf der Basis ihrer Unfreiheit gegenüber Männern erleben.

Die letzten Fragen betreffen Besonderheiten der weiblichen, frühkindlichen Entwicklung. Die Feststellung, das Mädchen erleide von Anfang an mehr Versagungen als der Junge, wie sie von Torok und Chasseguet-Smirgel und von den schon kritisierten Vertreterinnen der Frauenforschung aufgestellt wird, läßt sich in dieser Form nicht mit meinen Beobachtun-

[1] Vgl. Kap. I, S. 20

gen verbinden. Diese stimmen eher mit der Auffassung von Mitscherlich-Nielsen überein, die besagt, daß sich die Störung der Mutter-Tochter-Liebe häufig erst in der Loslösungs- und Individuationsphase anbahne, während die symbiotische Phase im großen und ganzen durchaus unbeeinträchtigt verlaufen kann.[1]

Auch mein Gruppen- und Fallmaterial legt den Eindruck nahe, ein Mädchen fordere oft erst später als der Junge, dann allerdings massiv die offene Ambivalenz der Mutter heraus, erst, wie dargelegt, mit seinen sexuell-ödipalen Gefühlen und mit seiner eindeutigeren Bereitschaft zur Separation.

Es fragt sich, in welchem Maß dieser Eindruck durch die spezifische Situation der Mütter der hier untersuchten Gruppe hervorgerufen wird, die auf der Suche nach befreiender Veränderung für sich als Frauen sind. Die Hoffnung auf einen Neubeginn und die Schritte zu mehr Selbstachtung mögen eine Erklärung dafür sein, daß eine Tochter etwa in den ersten beiden Lebensjahren wie die Verkörperung eines neuen, glücklicheren Selbst geliebt werden kann.[2]

Dies impliziert sowohl die Möglichkeit einer relativ geschützten, libidinösen Frühzeit als auch den notwendig folgenden Bruch.

In Umkehrung der Mahlerschen These, das Mädchen erfahre seine Getrenntheit durch seine anatomische »Unzulänglichkeit«, ergibt sich aus meinem Material die These, das Mädchen erlebe sich als anatomisch unzulänglich, als entwertet, durch den Verlauf seiner Separation von der Mutter als individuelles und sexuelles Wesen bzw. durch die Gefühle, die dieser Prozeß in der Mutter auslöst.

Sadistische und Kastrationsphantasien lassen sich auch als Antwort auf das mehr oder weniger plötzliche Ende der Idealisierung durch die Mutter und auf ihre anschließende entwertende Ablehnung der Tochter verstehen.

[1] Mitscherlich-Nielsen, Zur Psychoanalyse der Weiblichkeit, a. a. O., S. 677

[2] Diese Konstellation ist aber nach meiner Auffassung nicht so spezifisch, wie es scheint. Sehr häufig bedeutet überhaupt ein (Wunsch-)Kind für die Frau ein Stück Neubeginn und Wunscherfüllung. Diese Bedeutung gewinnt, anders als in noch stärker frauenverachtenden Gesellschaften und Epochen, heute in unserer gesellschaftlichen Situation für sehr viele Frauen in besonderem Maß eine kleine Tochter.

Aus der Analyse des Materials wird deutlich, daß Vorwürfe und Klagen des Mädchens, seine quengeligen und depressiven Stimmungen Ergebnis gestiegenen Hasses gegen die Mutter sind und ebenso der Angst vor dem mütterlichen Aggressionstabu entspringen.

Es ist erstaunlich, wenn psychoanalytische Autoren, die mit der ätiologischen Rolle der Aggressivität bei der Depression natürlich vertraut sind, schreiben, »... daß das Mädchen stärker zu depressiven Verstimmungen neigt als der Junge«,[1] sogar, »... daß die Neigung zu einer depressiven *Grund*stimmung bei den Mädchen stärker ist als bei den Jungen«[2].

Die Depression des kleinen Mädchens wird von Mahler et al. als nicht weiter zu analysierende, geschichtslose Gegebenheit gesehen, deren Ursache in der Natur des weiblichen Körpers liegt, nicht in weiblicher Erfahrung.

Mir scheint, die Theorie verhält sich hier wie die beschriebenen Mütter: Sie distanziert sich vom Mädchen an einem krisenhaften Punkt, an dem es ein Individuum aus eigenem Recht und im sexuellen Sinne weiblich zu werden beginnt. Sie verweigert dem Mädchen die Einfühlung, verweist es auf die Natur seines Körpers und nimmt die Feindseligkeit im eigenen Urteil nicht wahr.

[1] M. Mahler et al., a. a. O., S. 267
[2] Dies., a. a. O., S. 270

Anhang

Literaturverzeichnis

E. Balint, Gerechtigkeit und gegenseitige Anerkennung, in: Psyche 1973/2, S. 123

M. Balint, Therapeutische Aspekte der Regression, Stuttgart 1970

E. Belotti, Was geschieht mit kleinen Mädchen? München 1975

B. Bettelheim, Liebe allein genügt nicht, Stuttgart 1970

–, Die Kinder der Zukunft, München 1973

J. Chasseguet-Smirgel, Hrsg., Psychoanalyse der weiblichen Sexualität, Frankfurt 1974

D. Cohn-Bendit, Eine Schwalbe macht noch keinen Sommer, in: E. Kraushaar (Hrsg.), Autonomie oder Getto? Frankfurt 1978

M. Dannecker, R. Reiche, Der gewöhnliche Homosexuelle, Frankfurt 1974

E. Devereux, Angst und Methode in den Verhaltenswissenschaften, Frankfurt 1976

C. Eckart, Teilzeitarbeit in den sechziger Jahren, unveröffentlichtes Manuskript, Frankfurt 1982

–, Die Teilzeitarbeit von Frauen – eine prekäre Strategie gegen Einseitigkeit und Doppelbelastung, in: E. Talos, G. Vobruba (Hrsg.), Perspektiven der Arbeitszeitpolitik, Wien 1983, S. 83–102

–, Halbstags durch das Wirtschaftswunder – Die Entwicklung der Teilzeitarbeit in den 60er Jahren, in: H. Kramer, C. Eckart, I. Riemann, K. Walser, Grenzen der Frauenlohnarbeit, Frankfurt/New York 1986, S. 183–250

–, Es führt kein Weg zurück – Historische Veränderungen der Existenzsicherung von Frauen durch Ehe und Erwerbstätigkeit, in: Kommune 1986/5, S. 23–30

–, *U. Jaerisch, H. Kramer,* Frauenarbeit in Familie und Fabrik, Frankfurt 1979

E. H. Erikson, Kindheit und Gesellschaft, Stuttgart 1965

B. Frauenknecht, Nationaler Bericht der BRD zur Situation in der Tagesbetreuung für 0-3jährige Kinder von erwerbstätigen Müttern, München 1977

M. French, Frauen, Reinbek 1978

–, S. Freud, Analyse der Phobie eines fünfjährigen Knaben, GW VII, S. 234–377

–, Der Untergang des Ödipuskomplexes, GW XIII, S. 393–402
–, Über die weibliche Sexualität, GW XIV, S. 515–537
–, Neue Folge der Vorlesungen zur Einführung in die Psychoanalyse, GW XV
C. *Hagemann-White*, Frauenbewegung und Psychoanalyse, Frankfurt 1979
C. *Heide*, Kind in Deutschland, Hamburg 1981
H. *Keller*, Hrsg., Geschlechtsunterschiede – Psychologische und physiologische Grundlagen der Geschlechterdifferenzierung, Weinheim 1979
M. *Khan*, Selbsterfahrung in der Therapie, München 1977
E. *Kiderlen*, Immer wieder drüber reden, in: Feministisches Frauengesundheitszentrum (Hrsg.), Mutterfrust – Mutterlust, Handbuch für Schwangere und Mütter, Frankfurt 1979, S. 6f.
E. *Kloehn*, Typisch weiblich? Typisch männlich? Hamburg 1980
H. *Kohut*, Narzißmus, Frankfurt 1973
S. *Kontos*, K. *Walser*, ... weil nur zählt, was Geld einbringt, Gelnhausen 1977
H. *Lerner*, Elterliche Fehlbenennung der weiblichen Genitalien als Faktor bei der Erzeugung von ›Penisneid‹ und Lernhemmungen, in: Psyche 34/12
A. *Lorenzer*, Zur Begründung einer materialistischen Sozialisationstheorie, Frankfurt 1972
M. *Mahler*, F. *Pine*, A. *Bergman*, Die psychische Geburt des Menschen, Frankfurt 1978; Fischer Taschenbuch 6731.
F. *Merz*, Geschlechterunterschiede und ihre Entwicklung, Göttingen 1979
A. *Miller*, Das Drama des begabten Kindes und die Suche nach dem wahren Selbst, Frankfurt 1979
M. *Mitscherlich-Nielsen*, Entwicklungsbedingte und gesellschaftsspezifische Verhaltensweisen der Frau, Psyche 1971/12
–, Psychoanalyse und weibliche Sexualität, Psyche 1975/9
–, Zur Psychoanalyse der Weiblichkeit, Psyche 1978/8
M. *Moeller-Gambaroff*, Emanzipation macht Angst, Kursbuch 47, Berlin 1977
F. *Morgenthaler*, Störungen der männlichen und weiblichen Identität in der psychoanalytischen Praxis, Psyche 1972/1
C. *Olivier*, Les enfants de Jocaste, Paris 1980
H. *Ortmann*, Bewußte Mütterlichkeit und mütterliche Bewußtheit, in: Alma mater – Mütter in der Wissenschaft, München 1982
T. *Parsons*, R. F. *Bales*, Family, Socialization and Interaction-Process, New York 1955
U. *Prokop*, Weiblicher Lebenszusammenhang – Von der Beschränkt-

heit der Strategien und der Unangemessenheit der Wünsche, Frankfurt 1976
M. Rotmann, Über die Bedeutung des Vaters in der »Wiederannäherungsphase«, Psyche 1978/12, S. 1105
H. Sander, Die Kinderfrage seit '68 – Mütter sind politische Personen, in: Courage 1978/9
U. Scheu, Wir werden nicht als Mädchen geboren, wir werden dazu gemacht, Frankfurt 1977; Fischer Taschenbuch 1857.
D. Schultz, Ein Mädchen ist fast so gut wie ein Junge – Sexismus in der Erziehung, Berlin 1978
B. Sichtermann, Leben mit einem Neugeborenen, Frankfurt 1981; Fischer Taschenbuch 3308.
–, Vorsicht Kind – Eine Arbeitsplatzbeschreibung für Mütter, Väter und andere, Berlin 1983
R. A. Spitz, Vom Säugling zum Kleinkind, Stuttgart 1972
H. M. Trautner, Psychologische Theorien der Geschlechtsrollen-Entwicklung, in: A. Degenhardt, H. M. Trautner, Hrsg., Geschlechtstypisches Verhalten – Mann und Frau in psychologischer Sicht, München 1979
I. Turgenjew, Erste Liebe, Goldmann Verlag, München
C. Vogel, E. Voland, M. Winter, Geschlechtstypische Verhaltensentwicklung bei nicht-menschlichen Primaten, in: A. Degenhardt, H. M. Trautner, Hrsg., op. cit.
–, *K. Wahl, G. Tüllmann, M.-S. Honig, L. Gravenhorst,* Familien sind anders! Wie sie sich selbst sehen, – Anstöße für eine neue Familienpolitik, Reinbek 1980
–, *C. v. Werlhof,* Der Proletarier ist tot. Es lebe die Hausfrau?, in: dies., M. Mies, V. Bennholdt-Thomsen, Frauen, die letzte Kolonie, Reinbek 1983, S. 113–135
D. W. Winnicott, Die therapeutische Arbeit mit Kindern, München 1973
–, Reifungsprozesse und fördernde Umwelt, München 1974; Fischer Taschenbuch 42255.

Sonstige Literatur

U. Auhagen, Weiblichkeit, Mütterlichkeit und Gegenübertragung, Psyche 1975/6
M. Balint, Die Urformen der Liebe und die Technik der Psychoanalyse, Stuttgart 1969
B. Bettelheim, Die symbolischen Wunden, Pubertätsriten und der Neid des Mannes, Frankfurt 1982
J. Benjamin, Die Antinomien des patriarchalischen Denkens, Kriti-

sche Theorie und Psychoanalyse, in: W. Bonß, A. Honneth, Sozialforschung als Kritik, Frankfurt 1981
E. Bergler, L. Eidelberg, Der Mammakomplex des Mannes, Psyche 1966/9, S. 670
M. Brückner, Die Liebe der Frauen – Über das Verhältnis von Weiblichkeit und Mißhandlung, Frankfurt 1983
R. Calogeras, T. Alston, F. Schupper, Der Ödipuskomplex in der heutigen psychoanalytischen Theorie, Psyche 1976/3
J. Chasseguet-Smirgel, Bemerkungen zu Mutterkonflikt, Weiblichkeit und Realitätszerstörung, Psyche 1975/9
P. Chessler, Über Männer, Hamburg 1979
G. Devereux, baubo – Die mythische Vulva, Frankfurt 1981
D. Eicke, Vom Einüben der Aggression, München 1972
G. Falconnet/N. Lefaucheur, Wie ein Mann gemacht wird, Berlin 1978
D. et E. Flamant-Paparatti, Emmanuelle ou l'enfance au féminin, Paris 1979
E. Freud, Die Beobachtung der frühkindlichen Entwicklung im Rahmen der psychoanalytischen Ausbildung, Psyche 1967/8
Frauen als bezahlte und unbezahlte Arbeitskräfte – Beiträge zur 2. Berliner Sommeruniversität für Frauen, Berlin 1978
Frauen und Mütter – Beiträge zur 3. Sommeruniversität für Frauen, Berlin 1979
–, H. Kallert, W. Großmann (Hrsg.), Beiträge zur frühkindlichen Erziehung, Bd. 1–6, Frankfurt 1983–1987
A. Köhler-Weisker, Teilnehmende Beobachtung der frühen Kindheit in der psychoanalytischen Ausbildung, Psyche 1980/3
A. Lorenzer, Über den Gegenstand der Psychoanalyse oder: Sprache und Interaktion, Frankfurt 1973
M. Mitscherlich, S. Gomez y Hamacher, Psychoanalyse und weibliche Sexualität, in: Psychoanalyse heute, Stuttgart 1977
M. Mitscherlich-Nielsen, Probleme der Idealisierung, Psyche 1973/12
J. Money, A. Ehrhardt, Männlich-Weiblich, Die Entstehung der Geschlechtsunterschiede, Hamburg 1975
Z. Odes Fliegel, Freuds Theorie der psychosexuellen Entwicklung der Frau, Psyche 1975/9
A. Oakley, Soziologie der Hausarbeit, Frankfurt 1978
B. Rendtorff, Weibliches Prinzip – Weibliche Praxis, Gießen 1985
V. Renz, Die Situation der Frau in der frühen Mutter-Kind-Beziehung dargestellt in Bezug auf die Entstehung psychischer Erkrankungen, Dipl. arbeit, Frankfurt 1975
H. E. Richter, Eltern, Kind und Neurose, Hamburg 1967

–, *H.J. Wirth,* Zwei-Wochen-Paartherapie, Familiendynamik, 1978/1

R. Schlesier, Konstruktionen der Weiblichkeit bei Sigmund Freud, Frankfurt 1981

B. Sichtermann, Weiblichkeit, Zur Politik des Privaten, Berlin 1983

R. Staewen-Haas, Identifizierung und weibliche Kastrationsangst, Psyche 1970/1

K. Theweleit, Männerphantasien, Frankfurt 1977

K. Walser, Dienstmädchen – Frauenarbeit und Weiblichkeitsbilder um 1900, Frankfurt 1985

B. Wartmann, Hrsg., Weiblich-Männlich, Kulturgeschichtliche Spuren einer verdrängten Weiblichkeit, Berlin 1980

L. Weitzman, Sex Role Socialization, Mayfield Publishing Company 1979

J. Will, Der Kampf der Geschlechter als Kollusion, Familiendynamik 1978/1

Namen- und Sachregister

(Die Namen aus dem Literaturverzeichnis wurden nicht aufgenommen)